PORPHYRE

DE L'ABSTINENCE

LIVRES II et III

COLLECTION DES UNIVERSITÉS DE FRANCE
publiée sous le patronage de l'ASSOCIATION GUILLAUME BUDÉ

PORPHYRE

DE L'ABSTINENCE

TOME II

LIVRES II et III

TEXTE ÉTABLI ET TRADUIT

PAR

JEAN BOUFFARTIGUE
Maître-assistant
à l'Université de Paris X

ET

MICHEL PATILLON
Professeur agrégé au Lycée
Montesquieu du Mans

Quatrième tirage

PARIS
LES BELLES LETTRES
2022

Conformément aux statuts de l'Association Guillaume Budé, ce volume a été soumis à l'approbation de la commission technique, qui a chargé M. Alain-Philippe Segonds d'en faire la révision et d'en surveiller la correction en collaboration avec MM. Jean Bourffartigue et Michel Patillon.

95 boulevard Raspail, 75006 Paris
www.lesbelleslettres.com

Premier tirage 1979

ISBN : 978-2-251-00282-8
ISSN : 0184-7155

AVANT-PROPOS

Édition, traduction, notice et notes du livre II sont dues à M. Jean Bouffartigue, celles du livre III à M. Michel Patillon. Les auteurs tiennent à dire leur dette envers leur réviseur, M. Alain Segonds, pour le concours exceptionnel qu'il a apporté à la mise au point scientifique de ce volume.

SIGLA

V = Vaticanus gr. 325, saec. XIV, e quo pendent
- M = Marcianus gr. 392, saec. XV ;
- K = Leidensis B.P.G. 33 D, ca. 1540 ;
- L = Lipsiensis gr. 25, e M descriptus, saec. XVI ;
- P^a = Parisinus gr. 2083, saec. XVI.

E codice deperdito Ψ fluxerunt
- G^a = Monacensis gr. 461, saec. XIV-XV ;
- B^a = Bodleianus Auct. F.4.6, saec. XV ;
- F = Laurentianus 80, 15, saec. XV ;
- P^b = Parisinus gr. 2084, saec. XVI ;
- T = Taurinensis B-I-12, saec. XVI.

Ed. pr. = editio princeps (Florentiae, 1548), e qua descriptus est
- B^b = Bodleianus Auct. F.3.17.

Codd. = tota traditio ubi consentit, ut quidem apparet e codicibus supra collectis.

Cett. = omnes codices supra collecti praeter eos quorum propriae lectiones indicantur.

Fe. = Felicianus (latina interpretatio).
Fo. = Fogerolles.
Va. = Valentinus.
Re. = Reiske.
Ab. = Abresch.
Rh. = De Rhoer.
He. = Hercher.
Be. = Bernays.

LIVRE II

I

ANALYSE DU LIVRE II

Deux thèmes principaux apparaissent dans le livre II. D'une part, Porphyre s'efforce de démontrer que la religion des cités, qui non seulement ignore l'abstinence mais encourage la consommation de viande, repose sur une infraction à la loi divine ou sur une mauvaise interprétation de celle-ci. D'autre part, il révèle un danger redoutable — et insoupçonné jusque-là — de la nourriture carnée : elle sert de véhicule aux mauvais démons qui peuvent, grâce à elle, s'introduire dans l'homme. Au premier thème est consacrée en gros la première moitié du livre, et au second une partie seulement de la seconde moitié. Le point culminant du livre se situe en effet au ch. 50 ; mais, dans son souci de n'omettre aucun argument, Porphyre a ajouté onze chapitres qui présentent un aspect beaucoup plus banal.

Le plan du livre peut s'établir ainsi :

1° ch. 1-4 : préliminaires ;

2° ch. 5-33 : les sacrifices d'animaux ne sont pas conformes à la volonté divine ;

3° ch. 34-50 : théologie et démonologie : la viande comme véhicule des mauvais démons ;

4° ch. 51-53 : le problème de la mantique ;

5° ch. 53-57 : sacrifices humains et anthropophagie ;

6° ch. 58-61 : reprise d'un certain nombre d'arguments déjà employés et conclusion.

1° *Préliminaires.*

La composition du second livre est un peu plus confuse que celle du premier. Cette confusion apparaît dès le début, puisque Porphyre, en commençant son livre, déclare qu'il a omis de présenter certains arguments (ch. 1). L'exposé de ces arguments est aussi maladroit que leur insertion dans l'ouvrage : énoncés au ch. 2, ils sont à peu de choses près répétés au ch. 4. Ces arguments sont simples et de portée limitée : ce n'est pas parce qu'on doit tuer certains animaux qu'il faut les tuer tous ; ce n'est pas parce qu'on doit les tuer qu'il faut les manger ; ce n'est pas parce que certains hommes ont besoin de manger de la viande que tous doivent en faire autant. Le ch. 3, fort mal placé, est important : afin de ne pas être accusé de combattre la religion de la cité, Porphyre répète que son livre ne concerne que les philosophes[1].

A la fin du ch. 4, Porphyre annonce l'essentiel du contenu du livre II, du moins jusqu'au ch. 50. Et il précise honnêtement qu'il traitera la question des sacrifices tantôt d'après ses recherches personnelles, tantôt d'après des emprunts aux anciens.

2° *Les sacrifices d'animaux ne sont pas conformes à la volonté divine.*

Le premier de ces emprunts commence au ch. 5. Voulant démontrer l'impiété des sacrifices d'animaux, Porphyre trouve un allié de choix en Théophraste qui, dans son *Περὶ Εὐσεβείας*, s'était donné la même tâche. Porphyre recrute donc Théophraste et lui fait même accomplir la majeure partie de la besogne puisque, dans les chapitres 5 à 32, le texte consiste pour près de 80 % en extraits de Théophraste recopiés par Porphyre qui mentionne scrupuleusement sa source. Les principaux points de la démonstration sont les suivants :

1. — A l'origine l'homme n'offrait en sacrifice que des végétaux (ch. 5-6-7).

1. Voir *Introduction*, t. I, p. LIX-LX.

2. — Les sacrifices d'animaux ont pour origine soit des calamités, soit des mouvements de colère de la part des hommes (ch. 9-10).

3. — Les sacrifices d'animaux ne relèvent pas d'une loi universelle, mais sont conformes aux intérêts propres de chaque peuple (ch. 11).

4. — Les sacrifices d'animaux sont entachés d'impiété dans la mesure où ils lèsent des êtres vivants (ch. 12-13).

5. — Ils sont coûteux, et la divinité n'aime pas les sacrifices coûteux (ch. 13 à 20).

6. — Il est impossible de sacrifier des animaux sans injustice ou sans impiété : injustice si l'on tue des animaux inoffensifs, impiété si l'on sacrifie les autres, qui sont indignes d'être offerts (ch. 22-23-24).

7. — Les Grecs, à la différence des Juifs, ne sacrifient les animaux que pour leur plaisir (ch. 25-26).

8. — Les sacrifices d'animaux ne sont que des substituts de sacrifices humains (ch. 27).

9. — A titre d'exemple, le sacrifice des *Bouphonia* à Athènes a pour origine un mouvement de colère (ch. 29-30).

10. — Les produits des récoltes, qui sont un don des dieux, constituent pour eux l'offrande la plus précieuse (ch. 32).

Les chapitres omis dans cette énumération contiennent soit des redites, soit des digressions, soit des arguments disparates. Notons toutefois qu'au ch. 31 Porphyre fait état, sans l'expliquer encore, de la souillure causée par la consommation de viande.

Au ch. 33, Porphyre conclut cette partie du livre en faisant observer qu'il ne prétend pas abolir les lois des cités, et que la pratique des sacrifices tels qu'il les conçoit n'est nullement interdite par la religion officielle.

3° *Théologie et démonologie: la viande comme véhicule des mauvais démons.*

Le ch. 34 marque un rebondissement. Théophraste avait su voir que de toute façon les dieux ne sauraient agréer les sacrifices sanglants. Mais Porphyre, qui s'inspire là d'Apollonios de Tyane[1], va plus loin : selon lui, il existe des dieux qu'on ne peut honorer par aucun sacrifice matériel, même purement végétal. C'est tout d'abord le dieu suprême, à qui l'on ne doit offrir que le silence, la pure pensée intellectuelle, et sa propre élévation vers lui. Aux dieux intelligibles, ses enfants, on offre en plus la prière parlée. Une connaissance approfondie de la théologie est nécessaire pour que le sacrifice soit conforme aux exigences de la divinité à laquelle il s'adresse (ch. 35). Et Porphyre prend l'exemple des Pythagoriciens qui offrent à chacun des dieux le nombre qui lui est propre (ch. 36).

Ensuite Porphyre esquisse une théologie descendante, du dieu suprême aux démons (ch. 37). Ces derniers font l'objet d'une étude qui s'étend sur les ch. 38-43[2], et qui permet à Porphyre de conclure que seuls les mauvais démons peuvent se réjouir des sacrifices d'animaux.

Nouveau rebondissement au ch. 44 : Porphyre a bien établi que la destination des sacrifices sanglants était perverse. Il feint néanmoins de consentir qu'on les pratique, afin de démontrer qu'en aucun cas on ne doit consommer les victimes. Il constate que dans tous les secteurs de la religion les sacrifices d'êtres vivants s'accompagnent de purifications, ce qui prouve que l'opération est en elle-même impure (ch. 44-45). Cette impureté réside dans la présence, autour du sacrifice et particulièrement du sacrificateur, des mauvais démons qu'attirent la chair et le sang (ch. 46).

En outre les sacrifices sanglants n'attirent pas que les démons. S'appuyant sur une croyance très ancienne, Porphyre rappelle que les âmes des êtres victimes de

1. Voir *infra*, p. 34.
2. Voir *infra*, p. 35-37.

mort violente demeurent auprès de leurs corps. Si l'on consomme les corps des animaux tués, on absorbe donc en même temps leur âme ; et le contact d'une âme de qualité inférieure ne peut que souiller l'âme humaine (ch. 47-48).

Au ch. 49, Porphyre rappelle que la philosophie a pour fin l'union à Dieu et que le philosophe est le prêtre du dieu suprême. Dans ces conditions, quand on pense que la religion d'ici-bas impose aux prêtres d'éviter tout contact avec la mort, on imagine sans peine que le prêtre du dieu suprême doit s'en garder avec la plus grande rigueur (ch. 50).

4° *Le problème de la mantique.*

Le ch. 50 se présente comme l'aboutissement de la pensée exprimée dans le livre II. Par la suite, Porphyre quitte le cœur de son sujet pour considérer des problèmes secondaires. Tout d'abord, du ch. 51 au ch. 53, il répond à une objection possible : « On dira peut-être que nous ruinons une partie importante de la mantique... si nous nous abstenons de détruire les animaux. » Pour y répondre, Porphyre commence par avancer l'argument suivant : on se passe bien de sacrifier les hommes, et pourtant les entrailles humaines indiquent bien mieux l'avenir que celles des animaux (ch. 51). De plus, ajoute Porphyre, le sage n'a pas besoin de connaître l'avenir (ch. 52). Si toutefois il a besoin d'être guidé, les bons démons sont là pour remplir cet office sans qu'on les sollicite par des offrandes de victimes (début du ch. 53).

5° *Sacrifices humains et anthropophagie.*

Cette question réglée, Porphyre croit devoir proposer, en faveur de l'abstinence, un argument supplémentaire : admettons, dit-il, que les sacrifices d'animaux soient indispensables à la mantique ; même dans ce cas, il n'est pas nécessaire de consommer les victimes. La démonstration est lourde : on n'a jamais, dit Porphyre, considéré comme nécessaire la consommation des victimes des sacrifices humains (fin du ch. 53). Les ch. 54-55-56 sont consacrés à l'énumération de divers cas de sacrifices humains, et le ch. 57 à démontrer à l'aide de deux exemples seulement que l'anthropophagie a toujours été considérée comme abominable.

6° *Arguments divers et conclusion.*

Le relâchement du ton et de la pensée, déjà constaté aux chapitres précédents, s'accentue aux ch. 58 et 59. Le premier apporte, comme preuves de l'excellence des sacrifices d'objets inanimés, quelques citations de poètes. Le second reprend une démonstration déjà faite par Théophraste au ch. 5 et fondée sur l'étymologie du vocabulaire sacrificiel.

Le ch. 60 contient en revanche un argument nouveau, qui vaut en fait contre les sacrifices somptueux plutôt que contre les sacrifices d'animaux : si l'on attache de l'importance au coût des sacrifices, on est amené à croire qu'un sacrifice coûteux pourra racheter une injustice, et à commettre cette injustice le cœur léger si l'on a les moyens de la racheter par la suite.

Le ch. 61, quant à lui, conclut vigoureusement le livre II. Il règle les rapports entre la religion choisie par Porphyre et la religion de la cité. Les dieux n'ont pas besoin des sacrifices. On peut néanmoins leur en offrir à titre gratuit, à condition qu'ils soient purs et que ceux qui les offrent soient des « hommes de bien ». Si toutefois un conflit se présente entre la religion de la cité et celle du philosophe, celui-ci n'a pas à hésiter : sa religion passe avant toutes les autres, et l'opinion des dieux avant celle des hommes.

II

LES SOURCES DU LIVRE II[1]

1. *La littérature pythagoricienne*[2].

En ce qui concerne le végétarisme, voici comment, en II, 28, 2, est définie l'attitude des Pythagoriciens : « Les Pythagoriciens... s'abstenaient durant toute leur vie de manger des animaux ; et lorsque pour donner aux dieux leur part ils leur consacraient un animal au lieu de l'un d'entre eux, ils ne consommaient que de celui-là ; quant aux autres, en vérité ils n'y touchaient de leur vie. » En fait, sur le sacrifice ou la consommation d'animaux chez les Pythagoriciens, les témoignages sont nombreux mais divergents.

— Certains font état d'une interdiction totale : défense à tous les hommes de tuer et donc de manger aucun animal : Cicéron, *De Rep.* III, 11, 19 ; Sextus Empiricus, *Adv. Math.* IX, 127 ; Diogène Laërce, VIII, 13 ; Jamblique, *V. Pyth.* 68 ; 168, etc.

— D'autres font état d'une interdiction partielle, touchant seulement certains animaux ou certaines parties des animaux : Aristote, fr. 179 Rose[3] ; Héraclide Pontique en *D.A.* I, 26, 3 ; Plutarque, *Quaest. Conv.* VIII, 8, 3 (729 C) ; Porph., *V. Pyth.* 34 ; 36 ; 43 ; Jambl., *V. Pyth.* 85 ; 98 ; 150, etc.

1. Rappelons ce que nous disions à propos des sources du livre I (t. I, p. 9) : seules seront examinées ici les sources dont l'apport doctrinal est intéressant, ou qui sont longuement citées, ou qui posent de sérieux problèmes d'identification.

2. Le cas d'Apollonios de Tyane sera traité séparément p. 30. Sur l'influence générale de la littérature pythagoricienne sur le *D.A.*, voir *Introduction*, t. I, p. xxxvii.

Pour l'interprétation de ces divergences, nous renvoyons aux travaux de M. Detienne[1]. Constatons simplement ici que Porphyre est tributaire de la seconde tradition.

L'idée, exprimée en II, 34, 1, que les différentes puissances supérieures à l'homme doivent recevoir des sacrifices différents apparaît comme pythagoricienne chez Diogène Laërce[2]. L'idée du culte silencieux, exprimée au paragraphe suivant[3], a la même origine, si l'on en croit Firmicus Maternus : « *Pythagoras etiam et noster Porphyrius religioso putant animum nostrum silentio consecrari*[4] ». Quant à l'offrande des hymnes (II, 34, 4), elle est évoquée par Plotin[5], mais on sait d'autre part que les hymnes jouaient un grand rôle dans la tradition pythagoricienne[6].

En II, 36, 1, Porphyre évoque l'arithmologie pythagoricienne : « Les Pythagoriciens, appliqués à l'étude des nombres et des lignes, faisaient de ces derniers l'essentiel des présents qu'ils consacraient aux dieux. Tel nombre était appelé par eux Athéna, tel autre Artémis, tel autre encore pareillement Apollon ; de même il y en avait un qu'ils nommaient « Justice » et un autre « Tempérance ». Même chose pour les figures géométriques. » Porphyre rejoint ici les nombreux témoignages cités par E. Zeller[7] ainsi que par

1. *La Cuisine de Pythagore*, *Arch. de Sociol. des Rel.* 29, 1970, p. 144-148 ; *Les Jardins d'Adonis*, Paris 1972, p. 78-85.

2. VIII, 33 : τιμὰς θεοῖς δεῖ νομίζειν καὶ ἥρωσι μὴ τὰς ἴσας.

3. II, 34, 2, au milieu d'une paraphrase d'Apollonios de Tyane. Mais la formule de Porphyre, διὰ σιγῆς καθαρᾶς, ne paraît pas remonter au texte cité (voir *infra*, p. 31). En revanche, on la trouve dans un autre ouvrage de Porphyre, en *De Antro* 27 : σεβόμενοι ὑπὸ σιωπῆς θεόν.

4. Firm. Mat., *Math.* VII, 1, 1.

5. *Enn.* II, 9, 9, 33.

6. Cf. D.L., VIII, 24.

7. *Die Philosophie der Griechen*, Leipzig 1919, 6e éd., I, 1, p. 496-502.

F. E. Robbins[1]. A Apollon correspondait le nombre un, à Artémis le nombre deux, à Athéna le nombre sept, à la Justice les nombres trois, quatre ou neuf. De même le triangle équilatéral correspondait à Athéna, le dodécagone à Zeus, etc.

L'existence des dieux-astres, affirmée également en II, 36, 3, sous l'autorité des Pythagoriciens, est conforme à la doctrine pythagoricienne telle que nous la connaissons[2]. On peut comparer le texte de Porphyre : « les dieux qui sont à l'intérieur du ciel... au premier rang desquels il faut placer le soleil et en second lieu la lune » à une formule rapportée par Diogène Laërce dans son chapitre sur Pythagore[3] : « le soleil, la lune et les autres astres sont des dieux ».

Un peu plus loin, en II, 36, 4, Porphyre attribue à un personnage nommé ὁ θεόλογος des préceptes exigeant des sacrifices non sanglants. Ce nom désigne-t-il Pythagore, comme le pense J. Haussleiter[4] ? En tout cas des préceptes semblables sont clairement attribués à Pythagore chez Porphyre[5] et chez Diogène Laërce[6]. En particulier l'expression : « le feu, dit-il, ne doit pas s'élever d'un autel ensanglanté (ἡμαγμένης) » (*D.A.* II, 36, 4) est assez proche d'une autre formule rapportée par Diogène Laërce[7] : « n'adorer que l'autel non sanglant (ἀναίμακτον) ».

Un problème plus complexe est celui de l'utilisation par Porphyre, dans le livre II du *D.A.*, de recueils de sentences « pythagoriciennes ». Un certain nombre de ces recueils nous ont été conservés. Ils réunissent

1. *Posidonius and the sources of Pythagorean arithmology* in *Class. Phil.* 15, 1920, p. 309-322, et *The tradition of Greek arithmology* in *Class. Phil.* 16, 1921, p. 97-123.

2. Rappelons ici la formule de W. Burkert, *Weisheit und Wissenschaft*, Nuremberg, 1962, p. 340 : « Il n'est pas possible de ramener directement à Pythagore le « complexe » constitué par ces doctrines. »

3. VIII, 27.

4. *Der Vegetarismus in der Antike*, *R.G.V.V.* 24, 1935, p. 323.

5. *V. Pyth.* 36.

6. VIII, 20.

7. VIII, 22.

des sentences à caractère moral et religieux, dont le nombre et la forme varient plus ou moins d'un recueil à l'autre, et qui sont souvent expressément attribuées à Pythagore. La plupart de ces recueils paraissent avoir été constitués à l'époque byzantine[1]. Mais le plus ancien et le plus riche est connu d'Origène et donc antérieur à la mort de celui-ci en 253/254 ; il porte le nom de *Sentences de Sextus*[2]. Dans la *Lettre à Marcella*, à plusieurs reprises[3], Porphyre aligne de longues séries de sentences qui trouvent leurs parallèles, la plupart du temps textuels, aussi bien dans certains recueils réputés pythagoriciens que dans les *Sentences de Sextus*. Mais sur l'origine de ces sentences Porphyre reste d'un mutisme absolu. Rien ne prouve donc que leur attribution aux Pythagoriciens (alors que les apports stoïciens, épicuriens, et même chrétiens dans le cas des *Sentences de Sextus*, y sont importants) ait été faite avant Porphyre. Tout ce qu'on peut dire, c'est qu'elle s'est faite avant Jérôme (fin IVe-début Ve), qui parle du « livre du Pythagoricien Sextus »[4], et avant Hiéroclès (Ve), qui reproduit un certain nombre de ces sentences en les attribuant aux Pythagoriciens[5].

Le tableau ci-dessous montre les rapprochements possibles entre des formules du livre II du *D.A.* et des sentences figurant dans la *Lettre à Marcella*, dans le recueil de Sextus, et dans un recueil « pythagoricien » transmis par deux manuscrits grecs et un syriaque[6].

1. Voir H. Chadwick, *The Sentences of Sextus*, Cambridge 1959, p. 140-141.

2. Éditées par H. Chadwick, *op. cit.* Dans le même ouvrage sont également édités un recueil de sentences attribuées à Clitarque, et un recueil de sentences attribuées aux Pythagoriciens. Sur Origène et les *Sentences*, voir p. 107-116.

3. Ch. 8, 9, 11, 12, 13, 14, 15, 16, 19, 21, 32, 34, 35. Voir H. Chadwick, *op. cit.*, p. 141-158.

4. *Lettre* 133, 3, et *Comm. Jérémie* IV, 41. Sur Jérôme et sa condamnation de Rufin, traducteur des *Sentences*, voir H. Chadwick, *op. cit.*, p. 117-137.

5. *Commentaire sur les Vers d'Or*, I, 16-19 Köhler (= Mullach, *Fr. Philos. Gr.* I, p. 420).

6. Les références à ces deux recueils sont celles de l'éd. H. Chadwick.

D.A. II	*Lettre à Marcella*	*Sentences de Sextus*	*Sentences pythagoriciennes*
33, 2 : Οὔτε γὰρ χείρους ἡμῶν οἱ θεοί, ἵνα... δέωνται...	18 : Ὅστις δὲ τιμᾷ τὸν θεὸν ὡς προσδεόμενον, οὗτος λέληθεν ἑαυτὸν δοξάζων τοῦ θεοῦ κρείττων εἶναι.		25 : Εἴ τις τὸν θεὸν τιμᾷ ὡς προσδεόμενον, λέληθεν ἑαυτὸν δοξάζων τοῦ θεοῦ εἶναι κρείττονα.
		49 : Ὁ μὲν θεὸς οὐδενὸς δεῖται, ὁ δὲ πιστὸς μόνου θεοῦ. (Cf. 382)	
34, 2 : (τῷ θεῷ) οἰκεῖος οὐδ' ὁ ἔνδον (λόγος) ὅταν πάθει ψυχῆς ᾖ μεμολυσμένος...		407 : Ἀκαθάρτῳ ψυχῇ μὴ τόλμα λέγειν περὶ θεοῦ.	
ibid. : διὰ δὲ σιγῆς καθαρᾶς καὶ τῶν περὶ αὐτοῦ καθαρῶν ἐννοιῶν θρησκεύομεν αὐτόν.		578 : Τιμὴ μεγίστη θεῷ θεοῦ γνῶσις ἐν σιγῇ (1).	
	16 : Σοφὸς γὰρ ἀνὴρ καὶ σιγῶν τὸν θεὸν τιμᾷ.	427 (= 589) : Σοφὸς ἀνὴρ καὶ σιγῶν τὸν θεὸν τιμᾷ.	14 b : σοφὸς γὰρ καὶ σιγῶν τὸν θεὸν τιμᾷ.

1. Il est vraisemblable qu'à l'époque de Porphyre la collection attribuée à Sextus ne comprenait que les 451 premières sentences (sur 610), ou peut-être moins encore. En effet, elles sont seules à figurer dans la traduction latine faite par Rufin à la fin du IVe siècle.

D.A. II	*Lettre à Marcella*	*Sentences de Sextus*	*Sentences pythagoriciennes*
34, 3 : Δεῖ... ὁμοιωθέντας αὐτῷ τὴν ἑαυτῶν ἀναγωγὴν θυσίαν ἱερὰν προσάγειν τῷ θεῷ ... et		44 : Τιμὴ μεγίστη θεῷ θεοῦ γνῶσις καὶ ὁμοίωμα.	
34, 5 : ἀπαρξόμεθα αὐτοῖς (*scil.* τοῖς θεοῖς) ἐννοιῶν τῶν περὶ αὐτῶν καλῶν...	16 : τιμήσεις μὲν ἄριστα τὸν θεόν, ὅταν τῷ θεῷ τὴν σαυτῆς διάνοιαν ὁμοιώσῃς.	381 : Τιμᾷ θεὸν ἄριστα ὁ τὴν ἑαυτοῦ διάνοιαν ἐξομοιώσας θεῷ εἰς δύναμιν. 46 a : Ἱερὸν ἅγιον θεοῦ διάνοια εὐσεϐοῦς. 46 b : Ἄριστον θυσιαστήριον θεῷ καρδία καθαρὰ καὶ ἀναμάρτητος.	102 a : Τιμήσεις τὸν θεὸν ἄριστα, ὅταν τῷ θεῷ τὴν διάνοιαν ὁμοιώσῃς.
34, 5 : ἡμᾶς διὰ τῆς αὐτῶν θέας ἀληθινῶς τρέφουσι (οἱ θεοί)...		413 : Τρέφε σου τὴν μὲν ψυχὴν λόγῳ θείῳ, τὸ δὲ σῶμα σιτίοις λιτοῖς.	
42,3 : δυναμοῦται (τὸ πνευματικὸν τῶν κακῶν δαιμόνων) ταῖς ἐκ τῶν αἱμάτων καὶ σαρκῶν κνίσαις.		564 : Τὸν αἵματος καὶ κνίσσης δεόμενον μὴ τόλμα λέγειν θεόν.	
46, 1 : τὸν... ἐκτὸς ἡμῶν χιτῶνα τὸν δερμάτινον οὐχ ἁγνὸν προσήκει διατηρεῖν ;		449 : Ἀσπίλωτόν σου τὸ σῶμα τήρει ὡς ἔνδυμα τῆς ψυχῆς παρὰ θεοῦ, ὡς καὶ τὸν χιτῶνά σου τηρεῖς ἀσπίλωτον ἔνδυμα ὄντα τῆς σαρκός.	

D.A. II	*Lettre à Marcella*	*Sentences de Sextus*	*Sentences pythagoriciennes*
49, 3 : ὁ τοῦ ἐπὶ πᾶσι[1] ἱερεὺς *(scil.* ὁ ὄντως φιλόσοφος) ἔμπειρος... (Cf. 50, 1).	16 : Μόνος οὖν ἱερεὺς ὁ σοφός, μόνος θεοφιλής, μόνος εἰδὼς εὔξασθαι.		15 b : Μόνος οὖν ἱερεὺς ὁ σοφός, μόνος θεοφιλής, μόνος εἰδὼς εὔξασθαι.
61, 8 : ἀποθνήσκειν τοῖς ἄλλοις...			9 : Βούλει γνωσθῆναι θεοῖς ; ἀγνοήθητι μάλιστα ἀνθρώποις.

Ce que ce tableau montre avec le plus d'évidence, c'est qu'à la différence de ce qui se passe dans la *Lettre à Marcella*, aucune des sentences figurant dans les recueils dont nous disposons n'est proprement citée au livre II du *D.A.* Il n'y a que des parallélismes, parfois assez incertains. La parenté de pensée est indéniable, mais la parenté littéraire n'apparaît pas. Si Porphyre a utilisé un recueil, ou bien ce recueil était d'une autre forme que ceux qui nous restent, et en tout cas différent de celui qu'il a consulté pour écrire la *Lettre à Marcella*, ou bien Porphyre a voulu dissimuler ses emprunts, et mieux vaut alors économiser les hypothèses sur les motifs qui auraient pu l'y pousser. L'origine des formules relevées dans le *D.A.* est donc imprécise[2] et, en tout cas, elles ne sont jamais accompa-

1. L'expression ἐπὶ πᾶσι dont Porphyre use volontiers pour désigner le dieu suprême apparaît une fois dans les *Sent. Sext.* (n° 587).

2. Plusieurs de ces formules rappelant certaines sentences sont concentrées dans les ch. 33 et 34. Or, au ch. 34, Porphyre paraphrase Apollonios de Tyane. Mais on ne peut rien en déduire sur une relation possible entre Apollonios de Tyane (authentique ou supposé) et les sentences pythagoriciennes, car, précisément, les formules relevées ici semblent bien être étrangères au texte paraphrasé par Porphyre : voir *infra*, p. 33.

gnées d'une référence quelconque à Pythagore ou aux Pythagoriciens.

2. *Platon*[1].

Les passages du livre II en relation avec les textes mêmes de Platon sont les suivants :

1° Ch. 37-41. Les citations ou réminiscences platoniciennes, assez nombreuses dans cette partie du livre, sont probablement indirectes, puisqu'elles se rencontrent dans un développement emprunté, selon Porphyre, à « certains Platoniciens »[2]. Elles seront donc signalées en notes *ad locum.*

2° II, 47, 2 : à la suite de morts violentes on a vu, dit Porphyre, « beaucoup d'âmes se lamenter » auprès des corps. L'expression rappelle *Phédon* 81 d : « (autour des tombeaux et des sépultures) on a vu (ὤφθη) d'ombreux fantômes d'âmes. » De même le verbe διείργεται rappelle le substantif εἰργμός de *Phédon* 82 e. La croyance selon laquelle les âmes des morts sans sépultures (ἄταφοι) et des victimes de mort violente (βιαιοθάνατοι) ne trouvaient pas le repos mais rôdaient autour des cadavres, ou des tombeaux, ou des lieux où le meurtre avait été commis, est très ancienne et très populaire. Relayée par Platon[3], elle a fourni au moyen et néo-platonisme une illustration remarquable de ses théories eschatologiques[4].

3° II, 61, 4 : citation, avec référence à Platon, de *Lois* IV, 716 d et 717 a, où Platon déclare que seul le sacrifice de l'homme de bien est légitime.

4° II, 61, 8 : « le chœur divin des dieux et des hommes divins » rappelle l'εὐδαίμων χορός décrit en *Phèdre* 250 b.

1. Sur l'influence générale de Platon sur le *D.A.*, voir *Introduction*, t. I, p. XXXIII-XXXV.
2. II, 37, 1 ; voir *infra*, p. 34-37.
3. *Phédon*, *loc. cit.* et *Lois* IX, 865 d-e.
4. La meilleure étude à ce sujet est celle de F. Cumont, dans *Lux Perpetua*, Paris 1949, ch. 1, 7 et 8.

3. *Théophraste.*

Les larges extraits du *Περὶ Εὐσεβείας*[1] de Théophraste contenus dans le livre II du *D.A.* ont été dégagés pour la première fois par J. Bernays dans son ouvrage *Theophrastos' Schrift über Frömmigkeit* publié à Berlin en 1866. Plus récemment W. Pötscher, dans un ouvrage intitulé *Theophrastos' Περὶ Εὐσεβείας*[2], a donné une nouvelle édition des extraits du *Περὶ Εὐσεβείας*. Le mérite de cette nouvelle édition est d'asseoir l'authenticité des extraits sur une critique philologique très minutieuse. De plus, W. Pötscher s'est attaché à classer les extraits du *Π. Εὐσ.* dans l'ordre où ils devaient se trouver dans l'ouvrage original.

Aucun des deux éditeurs n'a cependant répondu à la principale question posée par l'existence de cette œuvre. On a été, jusqu'ici, peu sensible au fait que Théophraste se pose là en réformateur religieux. Quelles raisons psychologiques, culturelles, historiques, politiques l'ont poussé à écrire ce livre? Quelle est exactement cette nouvelle εὐσέβεια qu'il semble vouloir promouvoir dans le nouveau monde qui se fonde autour de lui? Ces questions sont d'une telle importance qu'elles ne peuvent se satisfaire d'une réponse en quelques lignes. Surtout elles doivent être traitées non pas dans notre perspective qui associe Théophraste à Porphyre, mais dans une perspective associant Théophraste aux mouvements culturels de son temps. Il reste que l'examen de la relation entre Théophraste et Porphyre est nécessaire, puisque seul Porphyre a cité le *Π. Εὐσ.*, ce qui oblige à se demander en premier lieu si le Théophraste du *D.A.* n'est pas dénaturé par Porphyre.

L'impression prévaut que Porphyre n'a pas voulu altérer le contenu doctrinal des morceaux qu'il a

1. Le titre n'est pas mentionné par Porphyre. Il est donné par Diogène Laërce (V, 50). L'identification ne fait aucun doute ; elle est confirmée par le scholiaste d'Aristophane (voir *infra*, p. 88, n. 3).

2. *Philosophia Antiqua* 11, Leyde 1964.

empruntés à Théophraste. Il est tentant de croire que la plupart d'entre eux, souvent fort longs, ont été purement et simplement recopiés. On note que Porphyre signale très consciencieusement les débuts des extraits cités, en nommant Théophraste[1]. En revanche, il n'use pas de signal de fin de citation, sauf une fois, en II, 32, 3, pour clore la série des extraits. La fin d'un extrait se déduit d'une nouvelle mention de Théophraste annonçant, selon toute vraisemblance, le début d'un autre extrait, ou de la mention d'un auteur différent signalant un emprunt d'une autre origine[2]. Mais rien ne vient indiquer une interruption de citation lorsque Porphyre insère dans un extrait de Théophraste des informations ou réflexions étrangères au texte cité.

Ces extraits, relativement bien délimités, sont-ils reproduits fidèlement ? Les manuscrits du *D.A.* présentent, dans les passages annoncés comme théophrastiens, une proportion importante de graphies οὐθείς, οὐθέν, etc., alors que dans le reste du *D.A.* cette orthographe est exceptionnelle[3]. Il peut s'agir d'une forme élémentaire de pastiche, mais nous préférons y voir le signe d'une fidélité formelle au modèle. On aimerait constater aussi une différence de style, mais celle-ci est loin d'être manifeste. Le traducteur, toutefois, est à même de l'éprouver : Théophraste est plus clair, plus « pédagogique » que Porphyre. Une étude stylistique fondée sur des méthodes rigoureuses devrait donner des résultats positifs, limités cependant par le caractère défectueux de la tradition manuscrite.

Reste que si Porphyre a voulu, çà et là, remplacer des mots d'une grande importance doctrinale par d'autres mieux adaptés à son projet, le subterfuge restera indécelable. Mais il n'est guère utile de l'en soupçonner. Sa pratique, dans le *D.A.*, ne consiste

1. *D.A.* II, 5, 1 ; 7, 3 ; 12, 1 ; 20, 2 ; 26, 1. Il en est de même en III, 25, 1.

2. Par exemple en II, 16, 1, où Porphyre annonce une citation de Théopompe.

3. Voir *Introduction*, t. I, p. LXXXIV.

pas tant à faire dire aux auteurs cités autre chose que ce qu'ils ont dit[1], qu'à faire le silence sur toute la partie de leur doctrine qui les sépare de lui ou même les oppose à lui. Nous ne savons pas ce que Théophraste disait de l'abstinence, dans le *Π. Εὐσ.*, en dehors des passages cités par Porphyre. Nous n'avons aucune idée du rapport de quantité entre les passages cités et le reste de l'ouvrage. Mais ces passages permettent de dégager chez Théophraste une attitude claire et cohérente, et de bien voir qu'il ne milite pas pour le même objectif que Porphyre.

Les différences qui les séparent peuvent se résumer ainsi : la perspective de Porphyre est individualiste et intemporelle, celle de Théophraste est sociale et historique. Là où Porphyre parle de perversion de l'âme, Théophraste parle de perversion des usages. Pour Porphyre, la catastrophe se situe au moment de la chute de l'âme : il y a perversité (μοχθηρία) et oubli (λήθη)[2] ; pour Théophraste, elle s'est située au moment où l'humanité, après des débuts prometteurs, a été poussée au crime par la misère : il y a eu acte illégitime (παρανομία), faute (ἁμαρτία)[3]. Pour Porphyre, il s'agit avant tout de ne pas manger de viande ; pour Théophraste, il s'agit de ne pas rendre un culte mauvais. Pour Porphyre, il faut que chacun se rende semblable à Dieu[4] ; pour Théophraste, il faut que les hommes entretiennent de bons rapports avec la divinité[5]. La religion de Théophraste est très proche de la religion du contrat : les dieux sont les partenaires des hommes ; ils attendent rémunération de leurs services[6] ; ils font

1. Cela arrive pourtant quelquefois : voir *Introduction*, t. I, p. XXXII-XXXIII.

2. *D.A.* I, 30, 7 ; 33, 2.

3. *D.A.* II, 7, 2 ; 9, 2 et sans doute 31, 4 (voir *infra*, p. 26).

4. Voir *Introduction*, t. I, p. LVI.

5. Voir les expressions κεχαρίσθαι (II, 15, 1), κεχάρισται τοῖς θεοῖς (II, 32, 2), θεοῖς κεχαρισμένον (II, 13, 4), τοῖς θεοῖς... κεχαρισμένα (II, 25, 6).

6. II, 24, 4.

connaître leur volonté[1] ; et Théophraste n'hésite pas, pour appuyer sa thèse, à les mettre sur le même plan que les hommes[2]. La divinité, pour Porphyre, est transcendante ; elle n'a besoin de rien, elle ne dit rien, elle ne veut rien. Enfin, dans le meurtre et la consommation des animaux, Porphyre ne voit qu'une victime, qui paradoxalement est l'homme, ou plutôt son âme ; Théophraste milite aussi pour les animaux : il déplore la cruauté[3] de l'homme à leur égard ; il est sensible au dommage qu'on leur cause en leur ôtant l'âme[4].

Un certain nombre de critères externes et internes permettent donc de dégager, dans le livre II du *D.A.*, de longs extraits du *Π. Εὐσ.* dont chacun possède l'apparence de la continuité. Il reste que la délimitation exacte de ces extraits n'est pas toujours possible, comme nous allons le voir :

1° Un premier extrait s'ouvre en 5, 1, signalé par ὥς φησι Θεόφραστος. Il développe une histoire des sacrifices jusqu'au moment où l'homme va commencer à sacrifier des animaux, contraint par la famine et les guerres. Il s'achève en 7, 2.

2° Un second extrait s'ouvre immédiatement après,

1. II, 15.
2. II, 24, 1 et 2.
3. Ὠμότης (II, 7, 2).
4. II, 12, 3. L'attitude de Théophraste préfigure celle de Plutarque, qui affiche, dans le *De esu carnium*, sa pitié pour les animaux (I, 4, 994 E ; II, 1, 996 F-997 A). Sur la pitié pour les animaux dans l'Antiquité, voir U. DIERAUER, *Tier und Mensch im Denken der Antike*, Amsterdam 1977, p. 286-290. L'auteur distingue deux groupes de végétariens : ceux pour qui la fin est d'épargner les animaux, et ceux qui ont pour but le bien de l'âme — et parfois du corps — de l'homme. Malgré le livre III du *D.A.* qui est un plaidoyer pour les animaux, Porphyre, que l'auteur n'a pas cherché à classer, appartient fondamentalement au second groupe. L'ouvrage d'U. Dierauer est également à consulter sur l'opinion de Porphyre relativement à la transmigration des âmes (p. 80-89), et sur les positions de Théophraste relativement à la psychologie animale et à la conduite à tenir vis-à-vis des animaux (p. 162-177).

en 7, 3. Il ne faisait pas suite au précédent dans le *Π. Εὐσ.* En effet il est signalé par la mention ὥς φησιν ὁ Θεόφραστος et comporte en son début un démonstratif qui n'a aucun référent dans le texte qui précède[1]. Il expose deux exemples de châtiments infligés par la divinité à des peuples coupables l'un de ne pas sacrifier, l'autre de sacrifier mal.

La fin de cet extrait est imprécise. Les deux récits de châtiment sont suivis, en 9, 1, de l'énoncé suivant : « Le sacrifice d'animaux est donc plus tardif que les autres ; il est même le plus récent. Et il ne tire pas sa cause d'un bienfait, comme le sacrifice de produits récoltés, mais d'une situation difficile née de la famine ou de quelque autre infortune. » Ces lignes semblent conclure un développement sur l'histoire des premiers sacrifices d'animaux, dont le récit des châtiments peut fort bien constituer la fin. Elles n'ont pas beaucoup de sens dans le *D.A.* qui omet la démonstration prouvant que la faim est à l'origine des sacrifices d'animaux. Elles sont suivies de l'annonce d'une série d'exemples destinés à montrer qu'à Athènes en particulier les sacrifices d'animaux ont leur origine dans « l'ignorance, la colère ou la crainte ». Il n'y a aucune raison de supposer que cette annonce n'est pas de Théophraste. Elle est liée à la phrase précédente par l'expression « par exemple » (αὐτίκα) ; celle-ci s'appuie sur les mots « autre infortune », qui désignent à la fois les guerres dont Théophraste a sans doute parlé, et les réactions brutales de certains hommes, dont il va parler. On a ensuite, en 9, 2, un exemple de ce genre d'incident, avec l'histoire de Clyméné.

Mais l'anecdote du paragraphe suivant (9, 3) n'a rien à voir avec un premier meurtre d'animal, ni peut-être avec Athènes. La citation de Théophraste est donc au moins interrompue. Suivent (10, 1 et 2) deux anecdotes attiques concernant des premiers meurtres, mais la seconde n'est probablement pas due à Théophraste :

1. Voir note *ad locum.*

elle raconte en effet l'origine du rite des *Bouphonia* dans une version très différente de celle qui est proposée en *D.A.* II, 29, 1-2 et qui, elle, est sûrement de Théophraste[1]. Porphyre a abandonné Théophraste et ne renoue sans doute pas avec lui avant le ch. 12. Dans le développement qui suit 10, 2, plusieurs indices semblent montrer que Porphyre s'exprime pour son propre compte : présence du mot ἐμψύχων (10, 3), idée, déjà exprimée en *D.A.* I, 2, 3, que des hommes préféreraient manger de la chair humaine plutôt que de certains animaux (11, 2).

3° Un troisième extrait commence en 12, 1. Il est signalé par l'expression ὁ Θεόφραστος ἀπαγορεύει (11, 3). Par une phrase de transition, Théophraste indique d'abord qu'il en a fini avec les raisons historiques interdisant les sacrifices d'animaux. Le développement qui suit montre que le sacrifice animal est source de dommage, ce qui le disqualifie, puis que la divinité préfère les sacrifices peu coûteux, et que seule compte à ses yeux la manière d'être (ἦθος) du sacrifiant (15, 3). Ce troisième extrait s'achève en 15, 3, puisque le ch. 16 est, comme Porphyre l'indique lui-même, une citation de Théopompe[2].

4° Après la mention de Théopompe, on ne trouve pas mention de Théophraste avant 20, 2. Malgré les avis de J. Bernays et de W. Pötscher, il paraît peu probable que le passage qui va de 19, 4 à 20, 1 soit une citation de Théophraste. Si l'on crédite Porphyre d'un comportement conséquent dans sa manière de citer Théophraste, on ne peut admettre qu'après une aussi longue interruption il ne signale pas son retour au texte du *Π. Εὐσ.* Du reste le contenu du passage litigieux ne comporte aucun élément décisif qui doive le faire attribuer à Théophraste[3].

1. Voir *infra*, p. 52-53.
2. Voir *infra*, p. 84, n. 1.
3. Voir *infra*, p. 87, n. 5.

Donc le quatrième extrait du *Π. Εὐσ.* commence en 20, 3, annoncé en 20, 2 par la mention : ὁ Θεόφραστος... ἐξηγεῖται. On y voit esquissée une rapide histoire des libations, appuyée par un extrait d'Empédocle. Puis Théophraste change de sujet : « Il faut encore examiner le point suivant » (22, 2). Suit une série d'arguments contre les sacrifices d'animaux. Le texte de Théophraste paraît être d'une seule venue jusqu'à la fin du ch. 25, avec toutefois deux brèves interruptions.

a) En 22, 3, on se heurte à un texte particulièrement énigmatique, tel du moins qu'il nous est livré par la tradition manuscrite : selon cette tradition, Théophraste, après avoir montré qu'il est peut-être nécessaire de tuer les animaux dangereux mais qu'il est criminel de tuer les autres, déclarerait : « Voilà qui semble prouver que le droit n'existe pas entre nous et les animaux » : ὃ δὴ καὶ ἐμφαίνειν ἔοικεν δίκαιον ἡμῖν μηδὲν εἶναι πρὸς τὰ λοιπὰ τῶν ζῴων. La correction de Bernays ἔοικεν ἕν, « il n'y a pas qu'une forme de droit », est très utile, bien que le tour ainsi obtenu reste insolite[1]. Mais il est évident que l'auteur répond ici à la célèbre formule de Chrysippe : μηδὲν εἶναι πρὸς τὰ ζῷα δίκαιον ἡμῖν[2].

1. Ce caractère insolite s'explique s'il s'agit d'un jeu de mots dans lequel Porphyre veut changer le sens de la formule en la retouchant le plus légèrement possible.

2. Plutarque, *De Esu* II, 7, 999 B = *S.V.F.* III, 374. Le texte du *D.A.* reprend mot pour mot la formule de Chrysippe. Cela suffit à écarter l'idée qu'il pourrait s'agir d'une réponse non de Porphyre à Chrysippe, mais de Théophraste à Aristote. Aristote est bien persuadé que le droit n'existe pas entre l'homme et les animaux. Mais il ne le dit qu'une fois de manière formelle, en *Eth. Nic.* VIII, 11, 1161 b 2-4, sous une formulation qui, comparée à la formulation stoïcienne transmise par Plutarque, est nettement éloignée de celle de *D.A.* II, 22, 3, et dans un contexte où ni le droit ni les animaux ne sont en cause, mais l'amitié et les relations entre les hommes. Il est d'autre part peu vraisemblable que Théophraste ait voulu se poser en contradicteur de son maître. Certes, sur la question du droit des animaux, la position de Théophraste dans le Π. Εὐσ. est hétérodoxe par rapport à la pensée d'Aristote, mais U. Dierauer fait très justement remarquer (*op. cit.*, p. 177) que certains des arguments

Or Chrysippe est postérieur à Théophraste. Il s'agit donc là d'une insertion de Porphyre, qui répond à un argument anti-végétarien qu'il considère comme capital, puisqu'il l'expose dès le ch. 4 du livre I.

b) En 25, 6, le texte présente une maladresse remarquable. Il affirme en effet qu'on ne sacrifie ni les ânes, ni les éléphants, ni d'une manière générale les animaux employés au service de l'homme mais dont la chair est sans attrait gastronomique. Or il contredit ainsi le paragraphe 3 du même chapitre, où il est dit que parmi les animaux qui nous rendent service « il n'y en a pas un dont nous nous abstenions ». La contradiction n'est pas moins violente avec le paragraphe 7 qui débute ainsi : « Du reste, en dehors des sacrifices, nous ne nous abstenons pas davantage des animaux ainsi définis (τῶν τοιούτων) ». Bernays[1] soupçonne une lacune dans le texte de Théophraste entre le § 6 et le § 7. W. Pötscher[2] estime que cette hypothèse n'est pas nécessaire. Nous pensons quant à nous que la double contradiction soulevée par le § 6 doit logiquement le dénoncer comme une glose. Si on le supprime, on retrouve un texte uni et cohérent, où τῶν τοιούτων renvoie aux animaux qui sont soit utiles soit bons à manger. De plus, nous pouvons imaginer les raisons de son introduction dans le texte de Théophraste. Il semble en effet que les Grecs aient cessé de manger de l'âne à partir d'une époque comprise entre le IIIe et le Ier siècles av. J.-C.[3]. Quant à l'éléphant, peu de Grecs ont dû en employer à leur service avant le

invoqués dans cet ouvrage destiné à convaincre un vaste public peuvent faire appel au sentiment populaire sans engager doctrinalement leur auteur. Du reste, parler d'hétérodoxie est une réaction de moderne : c'est accentuer indûment la fonction du dogme dans les écoles philosophiques de l'Antiquité et l'esprit de système dans la pensée de leur maître. La philosophie antique est autre chose : voir P. Hadot, *Exercices spirituels* in *Annuaire de l'E.P.H.E. VIe Section*, 1977, p. 25-70, en particulier p. 63-69.

1. *Op. cit.*, p. 108.
2. *Op. cit.*, p. 81.
3. Voir *D.A.* I, 14,3 et *Notice* du livre I, t. I, p. 26-27.

IIIe siècle. La phrase incriminée apporte donc une restriction à l'affirmation de Théophraste, qui a cessé d'être entièrement vraie. Quant au glossateur, il peut être antérieur ou postérieur à Porphyre, mais il peut être aussi Porphyre lui-même, et c'est pourquoi nous n'exponctuons pas la phrase.

5° L'expression φησιν ὁ Θεόφραστος réapparaît en 26, 1. Elle ouvre une description des usages sacrificiels « juifs »[1]. Il n'est pas certain qu'il s'agisse d'un cinquième extrait. Le texte se raccorde en effet très bien à ce qui précède : Théophraste vient de dire que les Grecs sacrifient pour satisfaire leur gourmandise ; il leur oppose les usages d'un peuple qui ne consomme pas la viande des victimes. Mais l'exemple des Juifs pouvait être précédé, chez Théophraste, de quelques autres, non retenus par Porphyre. Le texte continue ensuite dans une belle couleur théophrastienne jusqu'à 32, 2.

Il y a néanmoins une interruption de citation en 31, 2. La mention de la souillure causée par l'ingestion de corps d'animaux est incontestablement porphyrienne[2]. J. Bernays et W. Pötscher ont supposé que l'interruption était plus longue. Il semble que non. En effet :

a) l'enchaînement des idées est rompu entre les § 2 et 3 ;

b) les manuscrits offrent au § 3 la forme μηθέν (et non μηδέν), caractéristique des citations de Théophraste ;

c) le mot αἴσθησις y est employé d'une manière plus théophrastienne que porphyrienne, et qui rappelle de très près un autre passage de Théophraste[3].

D'autre part, le § 6 présente des indices troublants :

a) présence du mot αἴσθησις ;

1. Voir *infra*, p. 58 sq.
2. Cf. *D.A.* II, 45, 4 ; 47, 3 ; 50, 1.
3. Voir *D.A.* II, 22, 1 et la note.

b) ce mot est qualifié par l'adjectif οἰκεῖος. Or, comme F. Dirlmeier[1] l'a démontré avec assez de vraisemblance, la notion dite de l'οἰκείωσις a été conçue non par les Stoïciens, comme on l'admettait généralement, mais par Théophraste[2]. Elle est du reste bien exprimée dans le *Π. Εὐσ.*[3].

Non moins troublante est, au § 5, la présence des deux vers d'Empédocle. Celui-ci est volontiers cité dans le *Π. Εὐσ.*, alors que Porphyre le cite remarquablement peu dans le *D.A.*[4].

Enfin, si on restitue le § 6 à Théophraste, on doit lui adjoindre le § 4, puisque l'idée de faute à réparer, exprimée au § 6, est introduite au § 4. Ajoutons que le § 4 voit cette faute dans une perspective historique, tout à fait conforme au type d'explication choisi par Théophraste pour rendre compte du meurtre et de la consommation des animaux. En face de ces constatations, la présence de la forme οὐδείς dans les manuscrits ne pèse pas d'un grand poids, car elle apparaît parfois dans des passages incontestablement théophrastiens[5].

6° Le cas du passage qui va de 59, 1 à 61, 2 est

1. *Die Oikeiosis-Lehre Theophrasts, Philologus Suppl.* 30, 1937, Heft 1.

2. « *Der Schöpfer der Oikeiosis-Lehre ist Theophrast* », *op. cit.*, p. 81. Conclusion en partie contestée par S. G. Pembroke, *Oikeiosis* dans *Problems in Stoicism*, éd. A. A. Long, Londres 1971, p. 114-149. Voir aussi C. O. Brink, Οἰκείωσις *and* Οἰκειότης, *Theophrastus and Zeno on Nature in Moral Theory* in *Phronesis* 1, 1955-1956, p. 123-145, qui insiste sur la différence entre l'οἰκείωσις stoïcienne et l'οἰκειότης théophrastienne.

3. *D.A.* II, 22, 2 : οἰκειότητος οὔσης ἡμῖν πρὸς τοὺς ἀνθρώπους. Cf. la citation de Théophraste en *D.A.* III, 1-4 (sur l'origine de cette citation, voir *infra*, p. 29, n. 1). La doctrine a même pénétré dans l'épicurisme : voir *infra*, note à II, 22, 2.

4. Citations d'Empédocle par Théophraste : *D.A.* II, 21 et 27. Si les deux vers de II, 31, 5 ont été eux aussi fournis par Théophraste, il ne reste dans le *D.A.* qu'une citation d'Empédocle attribuable à Porphyre, un seul vers en III, 27, 3.

5. Les mss. donnent ainsi en II, 22, 1 οὐδεὶς οὐθέν et, trois lignes plus bas, οὐθεὶς οὐθενός.

embarrassant. Ce passage est cité par Eusèbe[1] à la fin d'une série d'extraits du livre II du *D.A.* présentés par Eusèbe comme des citations de Théophraste par Porphyre. De fait, sa couleur théophrastienne est indiscutable. On y trouve exprimées la nécessité de revenir aux usages sacrificiels anciens, l'argumentation fondée sur l'étymologie du vocabulaire sacrificiel, déjà rencontrée sous la plume de Théophraste en 5,3, la critique des sacrifices coûteux, la conviction que les dieux ne regardent que la manière d'être (ἦθος) du sacrifiant, l'expression κεχαρισμένα τοῖς θεοῖς[2], l'idée qu'il faut se comporter envers les dieux comme envers des hommes de bien[3].

Ces données externes et internes ont décidé W. Pötscher à faire de ce texte un fragment du *Π. Εὐσ.* S'il a raison, il est intéressant de constater que le passage contient, en 60, 2, une critique de la mère d'Alexandre, ce qui pourrait avoir une signification politique. Mais plusieurs éléments peuvent plaider contre l'attribution de ce morceau à Théophraste. D'abord, le nom de ce dernier n'apparaît pas, ce qui n'est pas conforme, nous l'avons vu[4], à la pratique de Porphyre citateur de Théophraste. De plus, la formule par laquelle, en 32, 3, Porphyre met fin aux citations du *Π. Εὐσ.* est suffisamment énergique et précise pour donner l'idée qu'il en a définitivement terminé avec Théophraste, au moins pour le livre II. D'autre part, il y a dans ce passage quelques lignes au moins qui paraissent écrites par Porphyre et non par Théophraste. Il s'agit du texte de 60, 4 et 61, 1 compris entre μεγίστη et ἀπαθής, et qui semble faire allusion à deux actes religieux déjà évoqués par Porphyre : l'offrande des

1. *P.E.* IV, 14, 8-9. Eusèbe cite seulement 60,3-61,2.
2. Voir *supra*, p. 19, n. 5.
3. Cf. 24, 1.
4. *Supra*, p. 18.

pures pensées concernant les dieux[1] et le sacrifice intellectuel[2]. Or ces lignes sont totalement impliquées dans l'enchaînement des idées du passage et ne peuvent être isolées sans dommage pour le contexte. Il faut observer enfin que dans ces chapitres Porphyre conclut son livre II en reprenant la question des sacrifices qui en constitue le sujet essentiel. Il est donc normalement amené à revenir sur des arguments déjà exposés. Il serait anormal au contraire qu'il rouvrît à ce moment-là le *Π. Εὐσ.* pour en tirer un nouvel extrait.

Les discussions qui précèdent montrent que le débat sur l'identification de quelques-uns des extraits du *Π. Εὐσ.* n'est pas clos. Mais il ne pouvait être question de mettre en discussion toutes les conclusions des deux éditeurs du traité de Théophraste. Dans l'immense majorité des cas, en effet, leurs conclusions sont indiscutables. Dans quelques autres au contraire elles sont si peu nécessaires ou concernent des points si limités en étendue ou en intérêt qu'une discussion à leur sujet eût inutilement grossi le problème. Le tableau suivant permettra de repérer aussi bien les extraits les plus sûrs que les plus contestables.

1. Αἱ περὶ τοῦ θεοῦ καθαραὶ ἔννοιαι (II, 34, 2). De même, ἀπαρχὴ ... ψυχὴ ἀπαθής (61, 1) rappelle ἐν ἀπαθείᾳ ... τῆς ψυχῆς ... ἡ θυσία (34, 3).

2. Νοερὰ θυσία (II, 45, 4).

PLACE DES EXTRAITS DU ΠΕΡΙ ΕΥΣΕΒΕΙΑΣ DANS LE LIVRE II DU *D.A.*

Selon J. Bernays	Selon W. Pötscher	Localisation proposée
	2,3 depuis οὐ γὰρ εἰ = fr. 1	
5 - 7, 2 = fr. 1	5 - 7, 2 = fr. 2	5 - 7, 2
7, 3 - 8 = fr. 2	7, 3 - 8 = fr. 3	7, 3 - 9, 2
	9, 1-2 = fr. 4	
	10, 1 = fr. 5	
	10, 3 - 11, 2 = fr. 6	
12 - 15 = fr. 3	12 - 15 = fr. 7	12 - 15
19, 4 - 20, 1 = suite du fr. 3	19, 4 - 20, 1 = fr. 9	
20, 3 - 28, 1 = fr. 4	20, 3 - 25 = fr. 12	20, 3 - 25 moins 22, 3 et 25, 6
	26 - 28, 1 = fr. 13	26 - 32, 2 moins 31, 2 et en 29, 1 les mots Δίομον ἢ : peut-être la suite de l'extrait précédent.
28, 4 - 31, 1 = suite du fr.4	28, 4 jusqu'à δεῖ = fr. 14	
	28, 4 depuis οὔτε jusqu'à σωμάτων = fr. 15	
	28, 4 depuis ἀλλὰ - 29, 1 jusqu'à 'Αθήνησιν = fr. 16	
	29, 1 les mots Δίομον ἢ = fr. 17	
	29, 1 depuis Σώπατρον - 31, 1 = fr. 18	
31, 7 - 32, 2 = suite du fr. 4	31, 7 - 32, 2 = fr. 19	
	51, 1-2 = fr. 11	
	59 - 61, 2 = fr. 8[1]	

1. Le fr. 10 selon Pötscher est tiré de Stobée, III, 3, 42 (III, 207, 17 sq. Wa.). Bernays ajoute un cinquième fragment, tiré de *D.A.* III, 25, 1-4. Pour Pötscher, cet extrait de Théophraste ne vient pas du Π. Εὐσ., mais du Περὶ ζῴων φρονήσεως καὶ ἤθους. U. Dierauer (*op. cit.*, p. 176) est au contraire persuadé qu'il s'agit d'un extrait du Π. Εὐσ ; cf. *infra*, p. 148 sq.

4. *Apollonios de Tyane.*

C'est Apollonios de Tyane[1] qui est désigné en II, 34, 2 par τις ἀνὴρ σοφός, et la déclaration qui lui est attribuée est extraite de son *Περὶ θυσιῶν*. Tout le mérite de cette découverte revient à un philologue très ancien qui n'est autre qu'Eusèbe de Césarée. En effet, dans sa *Préparation Évangélique* (IV, 10, 7), après avoir cité *D.A.* II, 34, 2-5, Eusèbe ajoute qu'on trouve des déclarations tout à fait voisines dans une citation[2] du *Περὶ θυσιῶν* d'Apollonios de Tyane. J. Bernays[3], puis E. Norden[4] en ont déduit que le « sage » cité par Porphyre était bien Apollonios. La vraisemblance de cette identification est très grande. Non seulement ἀνὴρ σοφός est une désignation qui convient parfaitement à Apollonios de Tyane, mais il est normal que Porphyre, traitant des sacrifices au livre II du *D.A.*, ait consulté ce qui pouvait rester d'un ouvrage intitulé *Sur les Sacrifices*. En outre, le contenu de l'extrait attribué, selon Eusèbe, à Apollonios est effectivement proche du texte du *D.A.* Voici la traduction de cet extrait :

« Voici donc la meilleure façon de rendre au divin le service qui lui est dû, et d'obtenir sa faveur et sa bienveillance, dont on aura, plus que tout homme au monde, le privilège : au dieu que nous appelons premier, qui est un et séparé de tout, mais après lequel il importe que les autres dieux soient reconnus, on ne fera rigou-

1. Apollonios de Tyane est un thaumaturge de la fin du Ier siècle ap. J.-C. Là s'arrête toute certitude. La légende s'est rapidement emparée du personnage et a pris des proportions considérables, s'épanouissant aussi bien chez les intellectuels mystiques que dans les milieux populaires. Sa plus ancienne biographie conservée, celle de Philostrate (début du IIIe siècle) est déjà construite sur des données légendaires. Sur le végétarisme d'Apollonios de Tyane, voir Philostrate, *V. Apoll.* I, 8 et VIII, 7, p. 303 Conyb., et aussi J. Haussleiter, *op. cit.*, p. 299-313.

2. Eusèbe dit : ὁ Τυανεὺς Ἀπολλώνιος γράφειν ... λέγεται.

3. *Theophrastos' Schrift...*, p. 136.

4. *Agnostos Theos*, Leipzig 1913, p. 39, n. 4 et p. 343-345.

reusement aucun sacrifice ; pour lui on n'allumera pas de feu et même on ne prononcera pas le nom du moindre objet sensible. Car il n'a besoin de rien, pas même de ce que pourraient lui offrir des êtres supérieurs à nous, et, parmi les végétaux que produit la terre, parmi les animaux nourris par elle, ou par l'air, il n'y en a pas un seul auquel ne s'attache quelque souillure. On n'emploiera jamais pour lui que le langage supérieur, c'est-à-dire celui qui ne passe pas par la bouche, et, au plus beau de tous les êtres, c'est par ce qu'il y a de plus beau en nous qu'on demandera ses bienfaits ; or ce qu'il y a de plus beau en nous, c'est l'intellect, qui n'a besoin d'aucun organe. Ainsi, par conséquent, il ne faut en aucun cas sacrifier au grand dieu suprême. »

La comparaison des deux textes fait ressortir d'évidentes similitudes, mais aussi des différences dont quelques-unes sont considérables et seront soulignées dans la colonne de droite du tableau suivant[1].

APOLLONIOS DE TYANE *in* EUS., *P.E.* IV, 10, 7	PORPHYRE *D.A.* II, 34, 2
τῷ ... ἐπὶ πάντων θεῷ	Θεῷ ... τῷ ἐπὶ πᾶσιν
μήτε ἀνάπτοι πῦρ μήτε ... τι τῶν αἰσθητῶν ἐπονομάζοι	μηδὲν τῶν αἰσθητῶν μήτε θυμιῶντες μήτε ἐπονομάζοντες
οὐδ' ἔστιν ... ᾧ μὴ πρόσεστί γέ τι μίασμα	οὐδὲν ... ἔστιν ἔνυλον ὃ μὴ τῷ ἀΰλῳ ... ἐστιν ἀκάθαρτον
τῷ (λόγῳ) μὴ διὰ στόματος ἰόντι	οὐδὲ λόγος ... ὁ κατὰ φωνήν
χρῷτο ... ἀεὶ τῷ κρείττονι λόγῳ	οὐδ' ὁ ἔνδον ὅταν πάθει ψυχῆς ᾖ μεμολυσμένος
διὰ τοῦ καλλίστου τῶν ἐν ἡμῖν αἰτοίη τἀγαθά · νοῦς δέ ἐστιν οὗτος.	διὰ ... σιγῆς καθαρᾶς καὶ τῶν περὶ αὐτοῦ καθαρῶν ἐννοιῶν θρησκεύομεν.

A vrai dire, le rapprochement entre les deux textes pose plus de questions qu'il n'en résout. Selon E. Norden,

1. La version de Porphyre étant plus courte que celle d'Eusèbe, il est plus intéressant de souligner ses additions que ses omissions.

le texte le plus authentique serait celui qu'Eusèbe donne pour l'extrait du *Περὶ θυσιῶν*. Le texte fourni par Porphyre dans le *D.A.* en serait une paraphrase. En fait, à supposer que l'un des deux textes soit authentique, c'est-à-dire, en l'occurence, fidèle au premier état d'un texte publié sous la signature d'Apollonios de Tyane, il n'est pas sûr qu'on puisse le désigner sans erreur possible. Le caractère sensiblement abrégé de la version porphyrienne peut sans doute suggérer l'idée d'une paraphrase, mais il serait plus juste de parler d'un remaniement de texte. En effet, le vocabulaire est quasi-méconnaissable d'un texte à l'autre. Seuls les mots θεός, αἰσθητός, ἐπονομάζειν et λόγος sont communs. L'ensemble donne plutôt l'impression d'un parti pris constant de synonymie[1]. En outre les deux textes ne disent pas la même chose. Le texte de Porphyre fait intervenir les notions de matériel et d'immatériel, inconnues dans le texte rapporté par Eusèbe. La différence est encore plus grande à propos du langage intérieur. La valeur de celui-ci n'est pas discutée dans le texte rapporté par Eusèbe, tandis que le texte de Porphyre précise que ce langage-là peut lui aussi être indigne s'il est « souillé par la passion de l'âme ». On serait tenté de voir là une addition de Porphyre qui a paru, au livre I du *D.A.*, farouchement décidé à affirmer que tout ce qui, dans l'âme, n'est pas proprement l'intellect peut être affecté par la passion. Enfin, l'idée du silence pur comme objet de sacrifice est étrangère au texte rapporté par Eusèbe. Or, si l'on en croit Philostrate[2], Apollonios de Tyane était précisément très sensible à la valeur du silence. Cette fois, on pourrait penser que c'est Porphyre qui fournit le texte « authentique ». En réalité, le silence pratiqué par Apollonios de Tyane est le silence pythagoricien,

1. 'Ανάπτοι πῦρ / θυμιῶντες, μίασμα / ἀκάθαρτον, διὰ στόματος / κατὰ φωνήν, τῷ κρείττονι (λόγῳ) / ὁ ἔνδον (λόγος), νοῦς / ἐννοιῶν.

2. *V. Apoll.*, I, 14 (I, p. 36 Conyb.) ; I, 15 (I, p. 42) ; I, 16 (I, p. 44) ; VI, 11 (II, p. 38).

celui du « bœuf sur la langue »[1]. Apollonios, selon Philostrate, le considère comme une ascèse[2] et n'en fait nullement l'objet d'une offrande.

Le plus remarquable est que les deux principales additions que le texte de Porphyre présente par rapport à l'autre ont des parallèles très marqués dans les *Sentences de Sextus*. Si l'on compare les passages soulignés du tableau précédent avec les sentences 407, 578, 427[3], on risque d'en retirer l'impression que Porphyre cite, par rapport au texte d'Eusèbe, une version truffée de sentences pythagoriciennes. Encore faut-il voir que le texte d'Eusèbe renferme lui aussi une de ces sentences : « Dieu n'a besoin de rien[4] ».

Ce qui reste sûr, c'est que Porphyre et Eusèbe nous offrent deux versions différentes d'un passage du *Περὶ θυσιῶν* d'Apollonios de Tyane. Celle de Porphyre est plus concise, plus philosophique et plus proche de l'atmosphère des sentences pythagoriciennes. Celle d'Eusèbe est plus rhétorique et d'une religiosité moins désintéressée : le souci d'obtenir de la divinité une récompense aux actes de piété y est très net. L'hypothèse immédiate est celle d'une adaptation lexicale et doctrinale effectuée par Porphyre, sur un texte dont Eusèbe nous donne l'état originel, dans le sens d'une plus grande simplicité d'expression et d'une plus grande technicité philosophique. Mais elle doit être avancée avec une extrême prudence, car, outre que les données du problème sont ambiguës[5], elle repose sur un postulat

1. *Ibid.*, VI, 11 (II, p. 38).
2. Γεγυμνασμένος, *ibid.*, I, 16 (I, p. 44).
3. Voir le tableau *supra*, p. 13.
4. Voir *supra*, p. 13, *Sent. Sext.* n° 49. Cette sentence ne figure pas dans la version porphyrienne ; peut-être Porphyre, qui venait d'énoncer une formule comparable en 33, 2, a-t-il voulu éviter une répétition.
5. Ainsi on se demande pourquoi Porphyre aurait écarté les données théologiques du texte d'Apollonios (sur la nature du premier dieu et l'existence des autres dieux) ; elles n'avaient rien de rhétorique ni rien qui puisse heurter ses convictions.

incertain, qui consiste à admettre qu'entre sa rédaction et son utilisation par Porphyre le texte d'Apollonios n'a subi aucune intervention.

5. *Le moyen-platonisme.*

a) Les Platoniciens de II, 36.

En II, 36, 6, Porphyre introduit ainsi les chapitres qu'il consacre à la question des démons : « Sur le reste, je veux observer le secret ; en revanche, on ne saurait me reprocher de mettre sous les yeux des lecteurs... les idées que certains Platoniciens ont rendues publiques. »

Ici commence un développement extrêmement important qui se prolonge jusqu'au ch. 43. Ce passage permet de situer Porphyre dans les tout premiers rangs, sinon au premier, des auteurs antiques ayant exposé une démonologie élaborée. C'est dire que les problèmes soulevés sont nombreux et vastes, et que leur étude pourrait demander des dizaines de pages. Nous ne pouvons donc que renvoyer aux études déjà consacrées à ce passage[1].

D'autre part, il est nécessaire de mettre en parallèle à ces chapitres la *Lettre à Anébon* de Porphyre et les *Mystères d'Égypte* de Jamblique.

Les commentateurs étudient en général dans le même ensemble les ch. 36 à 43. En fait le ch. 36 a une position

1. E. Zeller, *Die Philosophie der Griechen*, III, 2, 5e éd., Leipzig 1923 (1re éd., 1855), p. 727-735. W. Bousset, *Zur Dämonologie der späteren Antike* in *Arch. für Rel.-Wiss.* 18, 1915, p. 134-172. Andres, art. *Daimon, R.E.* Suppl. Bd. 3, col. 314-318 (1918). J. Bidez - F. Cumont, *Les Mages hellénisés*, Paris 1938, t. II, p. 275-283, H. Lewy, *Chaldaean Oracles and Theurgy*, Le Caire 1956, Exc. XI, p. 497-508. M. P. Nilsson, *Geschichte der Griechischen Religion*, II, 2, éd., Munich 1961 (1re éd. 1950), p. 443-444. M. Detienne, *Xénocrate et la démonologie pythagoricienne* in *Rev. Et. Anc.* 60, 1958, p. 271-279. Ce dernier article ne concerne pas directement notre passage, mais sa lecture est indispensable car il traite de l'ancienneté de divers éléments de la démonologie exposée par Porphyre.

détachée et Porphyre lui-même fait clairement sentir à la fin du ch. 36 que l'exposé cohérent et homogène ne commence vraiment qu'au ch. 37. Il est vrai toutefois que le problème de l'enchaînement de II, 37 sq. avec ce qui précède est intéressant.

Après la formule qui met fin aux citations de Théophraste (fin du ch. 32), Porphyre commence à poser le problème en des termes fortement influencés par le pythagorisme. La question portant sur la nature des sacrifices qu'on doit offrir aux diverses puissances divines, Porphyre esquisse un début de théologie. En fait il l'esquisse en deux temps, au ch. 34 et au ch. 36. D'abord il affirme l'existence d'un dieu suprême et de dieux intelligibles issus de lui (ch. 34). Puis, en se réclamant formellement des « Pythagoriciens », il fait une distinction entre les dieux-nombres et les dieux visibles (ch. 36). Or il semble qu'à partir du ch. 35 Porphyre cesse d'exposer une doctrine ancienne pour prendre position dans des controverses actuelles. On le voit d'une part (ch. 35) critiquer l'attitude de certains philosophes de son temps, et d'autre part (36, 5-6) se comporter en initié qui refuse de divulguer des mystères[1]. Tout cela laisse à penser que Porphyre expose ici avec certaines réticences des vérités qui avaient cours en milieu néopythagoricien[2]. Il apparaît assez nettement que dans ce milieu on s'efforçait de traiter la doctrine pythagoricienne comme une révélation destinée aux initiés. Cela n'a rien d'étonnant, le pythagorisme ayant toujours eu un goût bien connu pour l'ésotérisme.

Cette théologie néopythagoricienne du ch. 36 fait aussi mention, après les dieux visibles, des démons. Or Porphyre se refuse à rendre publique la démonologie qui avait cours chez les néopythagoriciens, s'estimant toujours lié par le secret. Néanmoins, pour traiter cette importante question, il lui reste la possibilité de repro-

1. Τί γὰρ δεῖ μεταγράφειν ταῦτα ; ... εὔστομα κείσθω.
2. Voir *Introduction*, t. I, p. XXII.

duire une doctrine publique, qui doit ressembler d'aussi près que possible à la doctrine secrète et qui n'est certainement pas incompatible avec elle. Cette doctrine publique, qui est une sorte de commentaire du *Timée*, est attribuée par Porphyre à « certains Platoniciens », ce qui pose le problème des sources de ce passage.

— H. C. Puech[1], F. Cumont[2], E. Zeller[3] et F. Thedinga[4] voient cette source chez Numénius et Cronius.

— J. Bidez et F. Cumont[5] font de *D.A.* II, 37-43 un fragment douteux du mage Ostanès.

— H. Lewy[6] pense que la source de ces chapitres est le néoplatonicien Origène.

— On doit également tenir compte de l'affirmation de Proclus[7] qui laisse entendre que Porphyre a, dans sa démonologie, mêlé les doctrines d'Origène et de Numénius.

En fait, nombreux sont les platoniciens qui ont exposé une démonologie annonçant celle de Porphyre (par exemple Xénocrate ou Maxime de Tyr[8]), ce qui explique facilement le pluriel Πλατωνικοί. Même si Porphyre fait un emprunt direct à une source unique, cette source contient probablement elle-même des citations d'auteurs antérieurs. De plus, Porphyre, d'une façon tout aussi vague, fait état d'autres sources qu'il

1. *Numénius d'Apamée et les théologies orientales au second siècle* in *Mélanges J. Bidez* (*Ann. Inst. Phil. Hist. Orient.* 2), 1934, p. 771.

2. *Les religions orientales dans le paganisme romain*, 4ᵉ éd., Paris 1929, p. 280, n. 53.

3. *Op. cit.*, p. 728, n. 2.

4. *Die Paränese in der Porphyrios Schrift* Περὶ ἀποχῆς ἐμψύχων in *Rhein. Mus.* 76, 1927, p. 97.

5. *Loc. cit.*

6. *Loc. cit.*

7. *In Tim.*, I, p. 77, 6-24 Diehl.

8. Voir Andres, *op. cit.* Mais, comme le montre M. Detienne (*op. cit.*), des pans entiers de cette démonologie dérivent du pythagorisme primitif.

appelle « les théologiens » et « l'Égyptien », et qu'il faut également tenter d'identifier. Nous commencerons par l'identification de l'Égyptien, parce que le problème est le plus simple et parce que le dossier est le plus mince.

b) Les *Hermetica.*

Au ch. 47 du livre II, Porphyre place certains arguments sous l'autorité d'un personnage désigné par ὁ Αἰγύπτιος. A. J. Festugière[1] a montré que ce nom d'Égyptien désigne ici, comme chez d'autres auteurs, Hermès Trismégiste. Cette identification a toutes les chances d'être exacte. Le début de la citation trouve un parallèle assez intéressant dans l'*Asclépius*[2], qui parle des âmes de ceux qui, « condamnés par les lois humaines, perdent violemment la vie », ce qui peut correspondre, chez Porphyre, à « l'âme mauvaise... qui quitte le corps à la suite d'un rapt violent ». L'idée exprimée dans l'*Asclépius* devait être, comme dans le *D.A.*, que ces âmes restaient attirées par le corps ; elle n'est malheureusement pas explicite et ne peut être restituée que par conjecture[3].

Il semble en tout cas que Porphyre ait trouvé cette doctrine concernant le sort des βιαιοθάνατοι dans un texte hermétique. Ensuite, Porphyre applique la même doctrine au cas de l'âme des animaux tués (47, 2).

1. *Une source hermétique de Porphyre : l'Égyptien du D.A.* II, 47 in *Rev. Ét. Gr.* 49, 1936, p. 586-595, repris dans *Études d'Histoire et de Philologie,* Paris 1975, p. 141-150. A. J. Festugière réfute l'identification avec Chérémon, proposée par R. Reitzenstein, *Historia Monachorum und Historia Lausiaca,* Göttingen 1916, p. 103, n. 1, et déjà suspectée par H. R. Schwyzer, *Chairemon,* Leipzig 1932, p. 48, qui fait de *D.A.* II, 47 un fragment douteux de Chérémon.

2. Ch. 29, p. 335, 22 Nock-Festugière, *Corpus Hermeticum,* t. II, C.U.F., Paris 1945.

3. Cette conjecture, proposée par A. J. Festugière, est d'une très grande vraisemblance philologique. Mais elle reste une conjecture, et nous n'irons pas jusqu'à dire, avec son auteur, que « l'*Asclépius* est la source de *D.A.* II, 47 ».

Comme aucun des textes hermétiques connus n'opère cette transposition, on pourrait penser que la citation hermétique ne dépasse pas le § 1. Mais le § 3 rend les choses plus ambiguës. Il renvoie à des auteurs non dénommés[1] qui, forts des arguments développés aux paragraphes précédents, ont pratiqué l'abstinence. Et le chapitre 48 est également présenté comme un emprunt aux mêmes sources[2]. Dans l'état actuel du texte, ces auteurs ne peuvent être que les « théologiens » qui ont été nommés juste avant la mention de l'Égyptien (47, 1). Ces théologiens sont-ils également des hermétistes ? La question sera examinée plus loin.

L'article d'A. J. Festugière concerne également d'autres passages du livre II du *D.A.* L'auteur se déclare sensible à « la parenté frappante qui relie la section du *D.A.* sur les démons avec la démonologie des *Hermetica* » (p. 593). En complétant et précisant les rapprochements qu'il suggère, on obtient le tableau suivant :

Corpus Hermeticum éd. Nock-Fest., t. II	*D.A.* II
XVI, 14, p. 236, 11 sq. : Οὗτοι πάντες τῶν ἐπὶ γῆς πραγμάτων τὴν ἐξουσίαν κεκληρωμένοι εἰσὶ καὶ τῶν ἐπὶ γῆς θορύβων, καὶ ποικίλην ταραχὴν ἐργάζονται καὶ κοινῇ ταῖς πόλεσι καὶ τοῖς ἔθνεσι καὶ ἰδίᾳ ἑκάστῳ	40, 1 : αὐτοὶ αἴτιοι γιγνόμενοι τῶν περὶ τὴν γῆν παθημάτων 40, 3 : τὰς ἐπιθυμίας τῶν ἀνθρώπων ἐκκαίειν ... ἐξ ὧν στάσεις καὶ πόλεμοι φύονται
ibid. : ποικίλην	42, 3 : ποικίλως διὰ τῶν ποικίλων
ibid. : ἀνεγείρουσι τὰς ψυχὰς ἡμῶν εἰς ἑαυτούς	40, 2 : ἡμᾶς ... ἐφ' ἑαυτοὺς ἐπιστρέψαι
Citation de l'*Asclépius* par Cyrille, *C. Jul.* IV, 130 E (= *Ascl.* 29, p. 335, 24 sq.) : μία δὲ φυλακή ἐστι καὶ αὕτη ἀναγκαία ἡ εὐσέβεια · εὐσεβοῦς γὰρ ἀνθρώπου καὶ ἁγνοῦ καὶ σεμνοῦ οὔτ' ἂν δαίμων τις κακὸς οὔτε εἱμαρμένη κρατῆσαι ποτὲ ἢ ἄρξειεν.	44, 3 : Εἶναι γὰρ τὴν ἁγνείαν φυλακὴν πρὸς εὐλάβειαν ... περὶ τοῦ μηδὲν παθεῖν ὑπ' ἐκείνων.

1. Ἱστόρησαν, ἐφυλάξαντο.
2. Elles sont désignées cette fois par τούτους.

Il faut sans doute tenir compte du caractère ponctuel de ces rapprochements. Il faut également noter l'absence dans le *D.A.* de certains traits caractéristiques de la démonologie des *Hermetica* : démons mixtes entre les bons et les mauvais[1], lien entre les démons et l'*heimarméné*[2], rôle du corps humain comme instrument des démons[3]. La relation entre Porphyre et les *Hermetica* pourrait être non pas linéaire, mais triangulaire (sources communes). Mais il reste que Porphyre a lu « l'Égyptien » et qu'il a pu tirer de cette lecture certaines pièces de son dossier sur les démons[4].

c) Les *Oracles Chaldaïques*[5].

Nous avons vu qu'à partir du ch. 37 Porphyre citait « certains Platoniciens ». La citation est de nouveau signalée en 38, 1 par le mot φασίν, puis ne l'est plus. En 43, 4, lorsqu'apparaît la phrase « ... nous sacrifierons nous aussi selon les principes énoncés par Théophraste », on a du même coup la certitude que la citation des Platoniciens est terminée ou interrompue. Or le texte continue ainsi : « Ces principes rejoignent du reste l'opinion exprimée par les théologiens, qui savent... » avec, quelques lignes plus loin (§ 5), l'expression « Comme disent les théologiens... », puis une autre occurence de ce nom en 44, 2. Enfin, en 47, 1, nouvelle occurence précédant immédiatement la mention de l'Égyptien. Cette dernière occurence apparaît d'abord comme un signal de fin de citation. Mais, comme nous l'avons vu, après avoir cité l'Égyptien, Porphyre

1. XVI, 13, p. 236, 10.
2. XVI, 15, p. 236, 18 sq., et Cyrille, *loc. cit.*
3. XVI, 16, p. 237, 8-9.
4. Nous avons déjà signalé (*Introduction*, t. I, p. xliii) un autre point de convergence possible entre le *D.A.* et les *Hermetica* : l'hésitation entre une vision positive et une vision négative du monde : comparer *D.A.* II, 46 avec *Corp. Herm.* X, 10 et 14.
5. On désigne communément sous ce nom un ou plusieurs recueils composés sans doute au IIe siècle de notre ère. Nous citons les *Oracles Chaldaïques* d'après l'édition E. des Places, Paris 1971.

recommence à citer des auteurs désignés par un pluriel indéfini. Il faut alors choisir entre trois hypothèses :

1° Le pluriel renvoie aux théologiens nommés en 47, 1, dont la citation n'est donc pas terminée, et les révélations de l'Égyptien ont été transmises par les théologiens.

2° Le pluriel renvoie aux théologiens, mais ceux-ci n'ont pas cité l'Égyptien : il y a un bref changement de source en 47, 1-2.

3° La mention de l'Égyptien introduit un changement de source définitif, et le pluriel qui suit, dès lors maladroit parce qu'ambigu, est une façon de désigner des auteurs d'écrits hermétiques, différents des théologiens.

Quoi qu'il en soit, après le ch. 48, le texte ne présente plus aucun signal de citation jusqu'en 53, 3, où réapparaît le nom de Théophraste, qui décidément sert de ponctuation à ce livre du *D.A.*[1]. A cet endroit l'inspiration de Porphyre change complètement et les sources qu'il utilise dans les quatre chapitres qui suivent sont des historiens. Toutefois, après avoir cité les historiens, Porphyre évoque encore brièvement les enseignements des théologiens en 58, 1-2.

Que disent ces théologiens ? Pour la commodité de l'exposé, examinons les occurences dans l'ordre inverse de leur présentation dans le texte. En 58, 1-2, ils affirment que les sacrifices sanglants sont destinés non aux dieux, mais aux démons et que, parmi les démons, ceux qui sont bons n'exigent point de tels sacrifices. En 47, 1, Porphyre les présente comme des partisans de l'abstinence. En 44, 2, les théologiens, très exactement « tous les théologiens », prescrivent de ne pas consommer les victimes des sacrifices expiatoires et de se purifier avant d'accomplir ces derniers. Ils ordonnent

1. En 53, 3 comme en 43, 4 (voir *supra*, p. 39), le nom de Théophraste n'introduit à coup sûr aucune citation de cet auteur. Il renvoie de manière évidente aux passages cités au début du livre.

aux sacrificateurs de jeûner avant le sacrifice et surtout de s'abstenir de viande. La non-consommation des victimes lors des sacrifices expiatoires était une règle universellement suivie dans la religion grecque[1]. Les purifications, elles, étaient requises dans tous les sacrifices. Quant à l'abstinence de nourriture animale précédant le sacrifice, elle était très répandue dans la religion officielle et populaire[2]. En revanche, la pratique du jeûne ne l'était pas du tout. Le jeûne rituel n'apparaît dans la religion grecque que dans quelques cas rares et précis. La longue liste de témoignages fournie par P. R. Arbesmann[3] ne doit pas faire illusion puisque l'auteur a pris le mot *Fasten* (jeûne) dans le sens le plus large possible. M. P. Nilsson[4] tire la question au clair quand il affirme qu'on ne trouve que trois cas de jeûne dans la religion grecque, le plus connu étant celui des Thesmophories. Il faudra attendre l'expansion des cultes d'Isis et de Cybèle pour que cette pratique s'étende dans le monde gréco-romain[5]. La religion des « théologiens » présente donc sur ce point précis un aspect « oriental ». Mais Porphyre semble bien conscient que les prescriptions qu'il rapporte en 44, 2 ne sont guère marquées de particularisme, puisqu'il les attribue cette fois à « tous les théologiens ». En cette occurence, le nom ne désigne pas le même groupe que dans les autres cas. Reste donc à examiner la première mention des théologiens, en 43, 4-5. Les déclarations que Porphyre leur prête sont là tout à fait significatives. Ils disent en effet que quiconque ne s'est pas affranchi de ses passions reste attaché (συναπτόμεθα) et soumis à la « puissance mauvaise », c'est-à-dire aux mauvais démons. C'est ce que disent aussi les « prophètes

1. Les sacrifices ἀποτρόπαιοι faisaient partie des θυσίαι ἄγευστοι ; voir M. P. Nilsson, *Gesch. Gr. Rel.* I, p. 122 ; Daremberg-Saglio, art. *Sacrificium, Grèce*, t. IV, 2, p. 972.

2. Voir les témoignages recueillis par T. Wächter, *Reinheitsvorschriften im Griechischen Kult*, *R.G.V.V.* 9, 1, 1910. p. 76-78.

3. *Das Fasten bei den Griechen und Römern*, *R.G.V.V.* 21, 1929.

4. *Gesch. Gr. Rel.* I, p. 85.

5. Voir P. R. Arbesmann, *op. cit.*, p. 83-87.

chaldéens » selon Jamblique[1]. Le texte cité par Jamblique oppose à ceux qui s'affranchissent des passions les individus qui, pleins de dépravations et de malice, « s'attachent aux esprits mauvais » (τοῖς κακοῖς πνεύμασι συνάπτονται).

Tout se passe donc comme si Porphyre renvoyait ici à un texte dont le contenu serait assez voisin de l'extrait « chaldaïque » cité par Jamblique. Or le nom de « théologiens » sert, d'une façon assez courante, à désigner les *Oracles Chaldaïques* et leurs premiers commentateurs[2]. Et l'on constate que le livre II du *D.A.* ne manque pas de formules parallèles à celles de la littérature chaldaïque, telle du moins qu'on peut la reconstituer. En voici une liste non limitative[3] :

1° 34, 5 : les dieux nous dispensent la « vraie nourriture » (entendons : la nourriture intelligible). Cf. *Oracles Chaldaïques*, fr. 17 des Places : « Pour qui a l'intellection, l'aliment est l'intelligible »[4]. Cf. aussi, dans le *D.A.*, l'allusion à la nourriture de l'âme dans une citation des théologiens, en 58, 2.

2° 35, 1 : Porphyre s'en prend ici à de prétendus philosophes qui « s'agitent autour des statues » et qui pratiquent des actes religieux sans avoir pris les instructions nécessaires. L'extrait chaldaïque cité par Jamblique[5] condamne également ceux qui « se ruent sans loi ni règle sur les choses divines ». Mais là où

1. *Les Mystères d'Égypte* III, 31, 176-177, 6, des Places. Voir F. W. Cremer, *Die Chaldäischen Orakel und Jamblich* de mysteriis, Meisenheim am Glan 1969, en particulier p. 25-36. Sur les *Oracles Chaldaïques*, voir H. Lewy, *Chaldaean Oracles and Theurgy*, Le Caire 1956, réimpr. Paris 1978 avec des suppléments de M. Tardieu.

2. Voir par exemple l'index de Proclus, *In Tim.*, s.v. *Oracula Chaldaica*, t. III, p. 366 Diehl.

3. On doit mettre hors de cause le « théologien » (au singulier) de 36, 3. Pour Porphyre, il est formellement lié au pythagorisme : voir *supra*, p. 11.

4. Mais cf. aussi Platon, *Phédon* 84a ; *Phèdre* 247 d; 248 b-c ; et *Sent. Sext.* 413 (voir *Notice*, p. 14).

5. *Myst.* III, 31, 176, 14-15.

Jamblique trouve dans la tradition chaldaïque l'occasion de condamner les mauvais théurges, Porphyre y cherche le moyen de récuser les théurges en général. Sa position est la même dans le *D.A.* que dans la *Lettre à Anébon.* Ceux qu'il stigmatise ne sont pas de simples charlatans, mais des gens qui ont le statut de philosophes. De plus, et c'est là le plus clair, il se refuse à distinguer entre une bonne et une mauvaise théurgie : « Quant à nous, nous ne chercherons pas à en disputer avec eux, et nous refuserons tout net d'employer notre zèle à résoudre... une telle question » (§ 2).

3° 37, 2 : bien que les contextes soient tout à fait différents, l'expression εὐτάκτως κινεῖσθαι, *se mouvoir selon l'ordre*, s'oppose à l'ἄτακτος κίνησις, *mouvement désordonné*, évoqué par les Chaldéens cités par Jamblique[1].

4° 39, 1 : la description du mode d'apparition des démons est traitée dans un vocabulaire qui pourrait être largement tributaire de la tradition chaldaïque. Pour μορφή, *figure*, cf. *O.C.*, fr. 145 et 148. Pour ἐκτυπούμεναι, *s'imprimant*, cf. *O.C.*, fr. 144 et 146, 3 ; SIMPLICIUS, *In Phys.*, p. 616, 18 sq. Diels. Le mot χαρακτηρίζουσαι, *donnant sa marque propre*, relève du vocabulaire technique de la littérature chaldaïque : cf. PSELLOS, *Commentaire des O.C.*, 1152 a ; PROCLOS, *In Tim.* II, 255, 31 Diehl[2] ; *In Crat.* 31, 8 Pasquali.

5° 39, 3 : les mauvais démons occupent la région proche de la terre (le περίγειος τόπος). Cf. PSELLUS, *ibid.*, 1152 d[3].

6° 40, 3 : les mauvais démons se font passer pour les dieux. Voir *infra*, 9°.

7° 41, 1-2 : l'idée que les dieux ne peuvent être causes de mal est aussi la première affirmation de

1. *Ibid.*, 176, 12. Mais cf. aussi PLATON, *Timée* 30a (voir *infra*, p. 103, n. 7).

2. Sur ces deux derniers textes, voir H. LEWY, *Chaldaean Oracles and Theurgy*, p. 252-253, n. 92-94.

3. Voir H. LEWY, *ibid.*, p. 283, n. 94.

l'extrait chaldaïque des *Mystères d'Égypte* (176, 3). Elle est également défendue par les oracles eux-mêmes : voir *O.C.*, fr. 15.

8° 41-42 : ces chapitres attaquent à plusieurs reprises les sorciers (γόητες). Or la polémique entre théurges et γόητες est, semble-t-il, un trait authentique de la littérature chaldaïque[1].

9° 42, 1-3 : la tromperie (ἀπάτη) et le mensonge (ψεῦδος) sont inhérents aux mauvais démons, qui, d'autre part, « veulent être dieux », et se réjouissent (χαίροντες) des victimes qu'on sacrifie, grâce auxquelles s'engraisse leur élément pneumatique (τὸ πνευματικόν ... πιαίνεται). Selon ARNOBE, *Adv. Nat.* IV, 12, les « Mages », qui sont ici sans nul doute les Chaldéens[2], nomment *antitheos* les mauvais démons, qui ont un élément pneumatique fait de matière plus épaisse *(materiis ex crassioribus spiritus)*, se font passer pour des dieux (voir *supra*, 6°), trompent *(ludant)* les hommes par leurs mensonges et leurs simulations *(mendaciis et simulationibus)* et se réjouissent *(gaudeant)* des victimes sacrifiées.

10° 43, 4-5 : voir *supra*, p. 41-42.

11° 45, 3 : les sorciers sont remplis (πλήρεις) de passions et pleins (μεστοί) d'impureté. Ceux que condamne l'extrait chaldaïque des *Mystères d'Égypte* (177, 2-3) sont remplis (πλήρεις) de plaisirs dépravés et pleins (ἀνάμεστοι) de vice.

12° 46, 2 : le lien entre les mauvais démons et la matière est caractéristique de la tradition chaldaïque. Cf. *O.C.*, fr. 88.

13° *ibid.* : après la consommation de viande, notre corps emporte les émanations des démons matériels[3] amis de l'impureté des chairs et du sang. Un premier

1. Voir F. W. CREMER, *op. cit.*, p. 34-36.
2. Voir *ibid.*, p. 29. Selon JAMBLIQUE, *Myst.* III, 31, 177, 12, les Chaldéens nomment les mauvais démons ἀντιθέους.
3. Sur le problème textuel δαιμονίων / δαιμόνων, voir note *ad locum.*

rapprochement s'impose avec un autre ouvrage de Porphyre, la *Philosophie des Oracles*, p. 149 Wolff, où on lit : « Les corps en sont pleins (*scil.* de mauvais démons) » et plus loin : « Ils trouvent leur plus grande joie dans le sang et les impuretés. » L'autre parallèle se trouve dans les *O.C.*, fr. 157 : « Ton vase (*scil.* ton corps) sera la demeure des bêtes terrestres (*scil.* des mauvais démons) »[1]. On remarquera que dans le *D.A.* Porphyre atténue la doctrine qu'il présente dans la *Phil. Or.* Ce ne sont plus que des émanations qui habitent le corps humain, non les démons eux-mêmes. Dans la *Lettre à Marcella* 11 et 21, Porphyre dit que les mauvais démons habitent l'âme quand Dieu n'y est pas. Enfin, dans son *Commentaire sur le Timée*, fr. 23, p. 14, 10 sq. Sodano, Porphyre admet la présence dans l'âme de « puissances matérielles » qui appartiennent au règne des démons, mais qui ne sont plus que des « tournures d'esprit » (τρόποι).

14° 47, 3 : la présence des mauvais démons est gênante, encombrante. L'idée est exprimée par le verbe ἐνοχλεῖν. Pour exprimer la même idée, l'extrait chaldaïque des *Mystères d'Égypte* (176, 9) emploie le verbe παρενοχλεῖν.

15° 51, 2 : comme dans ce passage, la condamnation de la mantique par examen des entrailles est formelle dans les *O.C.*, fr. 107, 8 et 217, 4.

16° Si l'on partage la conviction de H. Lewy[2] selon laquelle le système chaldaïque unifie, en la personne d'Hécate, l'Ame du Monde, la Nature et la Destinée *(Heimarméné)*, on donnera peut-être une origine chaldaïque à l'idée que les âmes humaines sont issues de l'Ame universelle (*D.A.* II, 38, 2) et à celle d'une Nature intellectuelle qui révèle « noétiquement » l'avenir

1. Voir H. Lewy, *op. cit.*, p. 265. Cette représentation avait également cours dans la littérature hermétique : cf. *Corp. Herm.* XVI, 14, p. 236, 16-17 Nock-Fest.
2. *Op. cit.*, p. 83-98 ; p. 353-366 (surtout p. 358).

(*D.A.* II, 53, 2). Mais on doit se garder d'aller aussi loin en l'absence de textes formels[1].

Finalement, la récolte de parallèles est presque trop abondante. Nous avons trouvé des parallèles chaldaïques à des formules situées bien avant la première mention des « théologiens », ou encore à des formules étroitement imbriquées avec d'autres qui pouvaient sembler d'origine hermétique[2]. Jamblique nous avertit[3] que Porphyre, dans sa *Lettre à Anébon*, s'est informé auprès des sages chaldéens, auprès des Égyptiens et auprès des philosophes. Nous retrouvons là les théologiens, l'Égyptien et les Platoniciens. Porphyre a donc, dans le *D.A.*, utilisé les mêmes sources que dans la *Lettre*. Mais les critères internes ne peuvent fonctionner pour démêler leurs apports respectifs : une tentative de ce genre finit toujours par postuler que ce qui a été pensé par les uns n'a pas pu être pensé par les autres, postulat particulièrement dangereux à propos des trois sources dont il est question.

Que penser maintenant de l'identité des auteurs cités par Porphyre après l'Égyptien? L'hypothèse la plus vraisemblable est qu'il s'agit toujours des théologiens des chapitres précédents, c'est-à-dire d'auteurs de traités religieux soit résolument chaldaïques, soit s'inspirant à la fois des *O.C.* et des *Hermetica*. L'extrait proprement hermétique de 47, 1-2 est une simple incise, peut-être insérée par Porphyre lui-même. Et il se pourrait que la doctrine soutenue par cet extrait offre un des rares exemples d'incompatibilité avec la doctrine chaldaïque. Dire que les âmes des victimes de mort violente ne peuvent s'éloigner du corps contredit en effet le fr. 159 des *O.C.*, qui affirme que ces mêmes âmes sont plus pures que celles qui quittent le corps après une maladie[4].

1. Sur ces deux questions, voir notes *ad locum*.
2. Par exemple en 42, 3 : voir *supra*, p. 38 et p. 44, 9°.
3. *Myst.* I, 1, 4, 12-16.
4. On a tenté de corriger ce texte pour lui faire dire le contraire : voir l'app. crit. et la note de l'éd. des Places.

Il est donc assuré que la démonologie de Porphyre est tributaire de la scholastique platonicienne, de la théurgie chaldaïque et des recherches hermétiques. Mais on ne gagnerait rien à tenter de renvoyer à ses affluents l'eau du fleuve ainsi formé. Il faut prendre comme un tout cet exposé structuré, auquel Porphyre a voulu donner une forme systématique en disposant sans doute souverainement des idées qu'il y assemblait. Hors de tout respect et de toute courtoisie, il est plus utile de considérer Porphyre comme un fondateur de doctrine que comme un compilateur.

6. *Plotin*[1].

Le problème de la dépendance de Porphyre à l'égard de Plotin se pose dans le livre II à propos des thèmes suivants :

1° L'idée des hymnes dus aux dieux intelligibles (34, 4). Elle rappelle, chez Plotin, *Ennéade* II, 9, 9, 33[2]. Mais il s'agit peut-être d'un précepte pythagoricien adopté séparément par Plotin et Porphyre[3].

2° La notion de δίκη universelle. En 45, 3, Porphyre affirme que les magiciens, qui violent les lois de l'univers, sont châtiés par « cette justice qui a l'œil sur toutes les œuvres des mortels ». La δίκη évoquée ici par Porphyre est celle dont Plotin définit le rôle à plusieurs reprises dans les *Ennéades*. En IV, 4, 45, 28, c'est précisément à propos de la magie et de la sympathie de l'univers que Plotin en vient à évoquer l'action de la Justice Universelle. La δίκη, chez Plotin, est ce qui maintient chaque partie de l'univers à sa place. L'idée est nettement exprimée en II, 3, 8, 2-5[4]. Plotin rationa-

1. Sur l'influence générale de Plotin sur le *D.A.*, voir *Introduction*, t. I, p. XXXV-XXXVI.

2. Νοητοῖς δὲ θεοῖς ... τὴν ... ὑμνῳδίαν προσθετέον (Porphyre) = τοὺς νοητοὺς ὑμνεῖν θεούς (Plotin).

3. Voir *supra*, p. 10.

4. Κἂν εὐθυποροῖ (ἡ ψυχή) καὶ ταράττοιτο αὖ, καὶ ἕπεται τοῖς δρωμένοις ἐν τῷ παντὶ δίκη, εἴπερ μὴ λυθήσεται. Μένει δ' ἀεὶ

lise la représentation philosophico-religieuse de la Diké qui surveille les actions des hommes. Cette représentation, bien connue des tragiques[1], a joué un rôle important dans la théologie orphique, et c'est probablement à partir de l'orphisme qu'elle a été transmise à Plotin[2]. Proclus aussi tire de l'orphisme ses concepts de πρὸ τοῦ κόσμου δίκη et d'ἐγκόσμιος δίκη[3]. D'autre part, c'est dans un fragment orphique[4] que l'idée est exprimée sous la forme la plus proche de l'énoncé de Porphyre. Là encore on ne saurait dire que Porphyre dépend exclusivement de Plotin.

3o Le thème de l'approche du principe suprême « seul à seul » (49, 1). L'expression μόνος μόνῳ διὰ τοῦ ἑαυτοῦ θεῷ προσιέναι appelle la comparaison avec des textes de Numénius[5] et de Plotin[6]. L'origine de la formule a été étudiée par E. R. Dodds[7]. Elle est ancienne, mais E. R. Dodds montre que Plotin a pu en découvrir toute la portée mystique chez Numénius. Porphyre peut aussi bien tenir cette formule de

ὀρθουμένου τοῦ ὅλου τάξει καὶ δυνάμει τοῦ κρατοῦντος. Sur le concept de τάξις dans le néoplatonisme, voir W. Theiler, *Porphyrios und Augustin* in *Schriften d. Königsb. Gelehrt. Gesellsch., Geistesw. Kl.* 10, 1933, p. 181-184, repris dans *Forschungen zum Neuplatonismus*, Berlin, 1966 (= p. 18-20), et la note 45 sur la relation entre τάξις et δίκη.

1. Voir en particulier Sophocle, fr. 11 Nauck ; et *Adesp.*, fr. 421 Nauck : ἔστιν Δίκης ὀφθαλμός, ὃς τὰ πάνθ' ὁρᾷ, assez souvent cité.

2. Sur les rapports entre Plotin et l'orphisme, voir P. Cilento, *Mito e poesia nelle Enneadi di Plotino, Entretiens Fond. Hardt* 5, *Les sources de Plotin*, Vandœuvres-Genève 1960, p. 258.

3. *In Alc.* 219, 20 et 220, 10.

4. Fr. 23 Kern (*Orphicorum Fragmenta*, Berlin 1922) : (Δίκην) φησὶ πάντα τὰ τῶν ἀνθρώπων ἐφορᾶν. Cf. fr. 160.

5. Fr. 2, 10-12 des Places : οὕτως δεῖ τινα ἀπελθόντα πόρρω ἀπὸ τῶν αἰσθητῶν ὁμιλῆσαι τῷ ἀγαθῷ μόνῳ μόνον. Noter l'emploi de l'expression ὁμιλητὴς τῷ κρείττονι par Porphyre en *D.A.* II, 50, 1.

6. *Enn.* I, 6, 7, 9 : αὐτῷ μόνῳ αὐτὸ μόνον ἴδῃ ; VI, 7, 34, 7 : ἵνα δέξηται μόνη (ἡ ψυχή) μόνον (τὸ ἀγαθόν) ; dernier mot des *Ennéades*, VI, 9, 11, 50 : φυγὴ μόνου πρὸς μόνον.

7. *Numenios and Ammonios, Entr. Fond. Hardt* 5, p. 16-17.

Numénius que de Plotin, dont il admirait fort les expériences mystiques[1].

4° La métaphore du statuaire. « Le prêtre du dieu suprême, dit Porphyre en 49, 3, est expert dans l'art de faire de lui-même une statue. » Or Plotin, en *Enn.* I, 6, 9, 13, donne ce conseil : « Ne cesse pas de sculpter ta propre statue[2]. » Ici Plotin adapte la comparaison du *Phèdre*[3], où Platon parle de l'amant sculptant l'âme de l'aimé pour en faire une représentation de la divinité. Pour Plotin, il s'agit de sculpter sa propre statue en ne gardant de soi que l'essentiel, de la même façon que le sculpteur dégage sa statue du bloc de marbre informe[4]. Porphyre revient à une symbolique religieuse : la sculpture de soi-même (sous-entendu : à l'image de Dieu) équivaut à l'acte qui consiste à orner de statues un temple divin.

5° L'emploi symbolique d'*Odyssée* XIX, 178 : Διὸς μεγάλου ὀαριστής (52, 4). P. Hadot[5] a décelé dans ce passage une allusion aux expériences mystiques. En effet, en *Enn.* VI, 9, 7, 23, Plotin cite le même vers de l'*Odyssée* dans un passage décrivant l'union mystique à l'Un[6]. Ce rapprochement éclaire nettement le sens du texte de Porphyre : le philosophe peut rencontrer la divinité pendant sa vie terrestre, et bien mieux que les théurges ou les usagers de la mantique ; il lui suffit de contempler le dieu qui est en lui. Et il peut y parvenir à condition de se dépouiller de tout ce qui est extérieur à Dieu et à lui-même[7]. Cette approche seul à seul ne concerne pas la fin dernière, c'est-à-dire la vie définitive-

1. Voir *V. Plot.* 23.

2. Μὴ παύσῃ τεκταίνων τὸ σὸν ἄγαλμα.

3. 252 d : ὡς θεὸν αὐτὸν ἐκεῖνον ὄντα ἑαυτῷ οἷον ἄγαλμα τεκταίνεται ... ὡς τιμήσων τε καὶ ὀργιάσων.

4. Cf. *Enn.* V, 3, 17, 34 : ἄφελε πάντα.

5. Dans un cours sur l'expérience mystique chez Plotin donné à l'École Pratique des Hautes Études, 5e Section, en 1969-1970.

6. Appelée par Plotin τὴν ἐκεῖ συνουσίαν : cf., chez Porphyre, ἐκεῖ συρρεύσας (II, 52, 4).

7. Αὐτὸς δι' ἑαυτοῦ (52, 4).

ment unie à Dieu après la mort, mais les expériences terrestres où l'on reçoit les instructions pour la vie éternelle[1].

Tous ces cas d'influence possible de Plotin sur Porphyre présentent un point commun : Plotin y est toujours en concurrence avec une source antérieure : littérature pythagoricienne, littérature orphique, Numénius, Platon, Homère. Porphyre ne manifeste aucune intention d'exploiter la pensée de Plotin pour elle-même, mais il est très sensible aux commentaires que son maître a pu faire sur des formules qui animaient le moyen-platonisme.

1. Τοῦ αἰωνίου βίου ... ὑποθήκας (*ibid.*)

III

QUESTIONS PARTICULIÈRES

1° *Le rite des Bouphonia* (II, 30 et II, 29-30).

Théophraste nous offre, aux chapitres 29-30 du livre II du *D.A.*, la pièce maîtresse d'un dossier fort complexe, celui des *Bouphonia*. Ce nom désigne une série de rites accomplis au cours de la fête des *Diipolia*, fête annuelle tombant à Athènes le 14 Skirophorion (juin-juillet). Entre les différents témoignages anciens que nous possédons à ce sujet les divergences sont telles que l'on n'a pu jusqu'à présent parvenir à aucune certitude tant sur le déroulement du rite que sur son histoire. Ces témoignages sont les suivants :

a) sur le mythe étiologique :

— ANDROTION, fr. 16 Jacoby[1] — Scholie à ARISTOPHANE, *Nuées* 985.
— PAUSANIAS, I, 28, 10.
— PORPHYRE, *D.A.* II, 10, 2.
— *Souda*, s.v. Βουφόνια et Θαύλων.
— Scholie à *Iliade* XVIII, 483, t. IV, p. 530, 7 Erbse.

b) sur le rite :

— PAUSANIAS, I, 24, 4 et une phrase de I, 28, 10.
— ÉLIEN, *Hist. Var.* VIII, 3.
— HÉSYCHIOS, *s.v.* Βουτύπον.

1. F. JACOBY, *Die Fragmente der griechischen Historiker*, 1re éd. Berlin 1923, réimpr. Leyde 1940-1958, III B, p. 65 ; III b (Supp.) 1, p. 138-189 ; III b (Supp.) 2, p. 129.

c) sur le mythe et le rite :

— THÉOPHRASTE, *in* PORPH., *D.A.* II, 29-30.

Il existe en outre un certain nombre d'allusions plus vagues, comme par exemple PLUTARQUE, *De soll. anim.* 2, 959 E.

Les questions soulevées par ces témoignages ont été traitées dans un grand nombre d'ouvrages et d'articles[1]. Ce qui nous intéresse directement est d'abord la compréhension immédiate des deux témoignages figurant dans le *D.A.*, mais aussi le statut et la valeur de ces témoignages, ainsi que les relations qui peuvent exister entre eux.

Il n'est guère douteux que le second (II, 29-30) est extrait du *Περὶ Εὐσεβείας* de Théophraste, alors que le premier (II, 10, 2) provient d'une autre source utilisée par Porphyre. C'est bien le second, en effet, qui fait le mieux apparaître le caractère impie du premier meurtre du bœuf, ce qui correspond tout à fait aux intentions de Théophraste. On imagine en outre

1. Par ordre chronologique, J. TÖPFFER, *Attische Genealogie*, Berlin 1889, p. 149-160. P. STENGEL, *Buphonien*, *Hermes* 28, 1893, p. 489-500, repris dans *Opferbräuche der Griechen*, Leipzig-Berlin 1910, p. 203-221. H. VON PROTT, *Buphonien*, *Rhein. Mus.* 52, 1897, p. 187-204. H. HUBERT et M. MAUSS, *Essai sur la nature et la fonction du sacrifice* (1899), repris dans M. MAUSS, *Œuvres*, I : *Les fonctions sociales du sacré*, Paris 1968, p. 274-283. J. HARRISON, *Prolegomena to the study of Greek religion*, Cambridge 1903, réimpr. New York 1955, p. 111-113 ; *Themis*, Cambridge 1912, p. 142-150. L. DEUBNER, *Attische Feste*, Berlin 1932, réimpr. Hildesheim 1966, p. 158-174. K. MEULI, *Griechische Opferbräuche*, *Phyllobolia für Peter von der Mühl*, Bâle 1945, p. 275-277. W. F. OTTO, *Ein griechischer Kultmythos vom Ursprung der Pflugkultur* (1950), repris dans *Das Wort der Antike*, Stuttgart 1962, p. 140-161. L. GERNET, *Sur le symbolisme politique : le foyer commun* (1952), repris dans *Anthropologie de la Grèce ancienne*, Paris 1968, p. 391-392. U. PESTALOZZA, *Le origini delle Buphonia Ateniensi*, *Rendic. Istit. Lombardo Sc. e Lett.* 89-90, I, Milan 1956, p. 433-454. W. PÖTSCHER, *Theophrastos...* p. 128-132. W. BURKERT, *Homo Necans*, *Relig. Gesch. Vers. u. Vorarb.* 32, Berlin 1972, p. 153-161. H. W. PARKE, *Festivals of the Athenians*, Londres 1977, p. 162-167.

l'intérêt que pouvait présenter aux yeux de Théophraste, qui fonde en grande partie sur l'histoire sa réflexion sur les sacrifices, un rite qui, dès le ve siècle, frappait les Athéniens par son archaïsme[1]. La version de Théophraste, avec ses deux volets, mythe et rituel, est de loin la plus complète et la plus riche de toute la littérature ancienne. Toutes les autres sont infiniment plus brèves (une à dix lignes) et plus schématiques. En ce qui concerne le mythe, elle représente une tradition tout à fait isolée. Les autres témoignages se bornent en général à signaler la faute du bœuf, le meurtre qui s'ensuit, et parfois l'exil du meurtrier. Théophraste est le seul à préciser que la victime était un bœuf laboureur[2]. Et quand les autres témoignages deviennent plus précis, les divergences s'accusent. Ainsi, selon Pausanias (I, 28, 10), la hache fut jugée et acquittée après l'exil du tueur, alors que Théophraste ne dit rien sur le sort de cet instrument. Quant au nom du tueur, ce n'est jamais Sopatros, comme chez Théophraste, mais une fois Diomos (*D.A.* II, 10, 2) et plusieurs fois Thaulon[3]. A propos du nom de Diomos, on ne saurait affirmer que Théophraste en ait eu connaissance, bien que son récit dise « Diomos ou Sopatros » (29, 1). Il y a trop de chances en effet pour que Porphyre, ou quelque glossateur, ait tenté, en introduisant le nom de Diomos dans le récit de Théophraste, de rendre la seconde version compatible avec la première.

En ce qui concerne le rituel, deux autres témoignages seulement sont quelque peu détaillés. L'un d'eux, celui

1. Voir Aristophane, *Nuées* 985. Le rite s'est pourtant maintenu (peut-être simplifié) au moins jusqu'à l'époque de Pausanias (IIe s. après).

2. L'importance de ce détail est considérable, car il contribue à expliquer l'exceptionnel sentiment de culpabilité qui transparaît dans le rite. Sur le sacrifice du bœuf laboureur et les répugnances qu'il suscite, notamment dans le pythagorisme, voir M. Detienne, *Les Jardins d'Adonis*, Paris 1972, p. 100-114. Cf. aussi *infra*, III, 19, 1 et n. 2.

3. Témoignages d'Androtion, de la *Souda*, de la scholie à l'*Iliade* et aussi peut-être d'Hésychios.

d'Élien, semble utiliser un résumé de Théophraste. L'autre, celui de Pausanias, I, 24, 4 ne corrobore qu'en partie la version de Théophraste. Les divergences qui existent entre Théophraste et Pausanias peuvent s'expliquer par des modifications — et notamment une simplification — survenues avec le temps. Mais la version de Pausanias a nui à la crédibilité de Théophraste. La très complexe mise en scène décrite par ce dernier prend un aspect fabuleux si on la compare avec la modeste cérémonie brièvement rapportée par Pausanias. On a donc pu soupçonner Théophraste d'avoir embelli la réalité ou d'avoir enrichi le rite athénien en y adjoignant des éléments pris à d'autres rituels[1]. Il faut en réalité écarter toute idée de falsification volontaire. Si Théophraste avait menti en prétendant décrire un rite athénien contemporain, on se demande comment ses lecteurs d'Athènes auraient pu prendre son livre au sérieux. On a trop souvent admis que Théophraste donnait l'ensemble du rituel pour contemporain. Or si l'on prête attention au texte, on s'aperçoit qu'il ne se présente guère comme la description d'un état présent.

Certes, le rite y est bien présenté par trois fois comme encore observé à Athènes[2]. La première de ces trois affirmations est liminaire et précède le récit du mythe. La deuxième se situe juste avant la description du rituel. Mais s'agit-il vraiment de la description d'un rituel contemporain? Théophraste dit exactement ceci (29, 5-30, 1) : « Ils organisèrent la chose de la façon suivante, telle qu'elle est encore en vigueur chez eux. Ils choisirent des jeunes filles comme porteuses d'eau : ces jeunes filles apportent l'eau pour aiguiser[3]... » Il y a là un curieux mélange de passé et de présent. Est-ce une façon d'exprimer la permanence, en niant toute différence entre passé et présent? Ou une façon de

1. C'est une hypothèse que suggère, avec d'importantes réserves, H. W. Parke (*op. cit.*, p. 167).

2. 28, 4 ; 29, 5 et 30, 4.

3. Ce dernier verbe au futur de l'indicatif dans le texte.

trier les usages qui existent encore et de les distinguer des usages disparus ? La suite du texte, en tout cas, est franchement au passé : c'est elle qui décrit la partie la plus extraordinaire du rituel. Puis vient la troisième affirmation de la permanence du rite, suivie de la preuve de cette permanence (θέντες γάρ...). Cette fois, le texte passe au présent, mais il contient peu d'éléments rituels : l'essentiel consiste en un exposé sur les noms des personnes qui participent à la cérémonie. Le retour brutal de l'aoriste à la fin de la dernière phrase pose un problème textuel. Les manuscrits donnent en effet : ὅταν πρὸς τὴν κρίσιν ἀχθῶσιν, κατεπόντωσαν τὴν μάχαιραν, ce qui n'a aucun sens, puisque la subordonnée ὅταν ἀχθῶσιν nie le passé qu'exprime la principale. La vraie place de κατεπόντωσαν τὴν μάχαιραν est plus haut, plus ou moins loin après la phrase τὴν μάχαιραν, καθ' ἧς... τὸν φόνον κατέγνωσαν (30, 3). Replacés à cet endroit, ces trois mots fournissent au récit du procès la fin qui lui manque, c'est-à-dire l'exécution de la sentence. La lacune qu'ils sont maladroitement venus combler devait contenir un ou plusieurs verbes au présent. Il y a du reste une autre raison de suspecter l'intégrité du texte : il est surprenant que Théophraste ne mentionne pas, dans le rite, l'exil du tueur, formellement attesté par Pausanias. Mieux : le sort du tueur est littéralement gommé : dans le procès, on met en cause l'homme qui a donné la hache, et celui-ci, au lieu de se retourner, comme on s'y attend, contre celui qui l'a employée, accuse directement l'homme qui a employé le couteau. Cela s'explique si le tueur à la hache est en exil, mais ce détail indispensable manque dans l'exposé de Théophraste.

Compte tenu de ces données, on peut dresser le tableau suivant, qui permet une plus juste comparaison entre le témoignage de Théophraste et celui de Pausanias.

Théophraste *in D.A.* II, 30		Pausanias, I, 24, 4
au passé	au présent	
On choisit des porteuses d'eau		
	Les porteuses d'eau apportent l'eau pour aiguiser hache et couteau	
	On pose des gâteaux sur une table de bronze	On pose sur l'autel de l'orge et du blé
	On fait circuler des bœufs tout autour	On fait venir un bœuf choisi à l'avance
Un homme donna la hache		
	L'un d'eux mange les gâteaux	Le bœuf mange les grains
Un homme tua le bœuf	On tue le bœuf	Un des prêtres nommé *Bouphonos* tue le bœuf
		Le *Bouphonos* jette sa hache et part en exil
Un homme égorgea le bœuf		
D'autres l'écorchèrent		
On le mangea	On festoie avec sa viande	
On empailla sa peau	On remplit sa peau	
On l'attela		
On jugea tous les participants	On soumet (des gens?) à un procès	On juge la hache (au Prytanée, cf. I, 28, 10)
Transferts successifs d'accusation (seul le tueur à la hache n'est pas mis en cause)		
Le couteau fut condamné		
Il fut jeté à la mer		

Si l'on ne conserve, pour les comparer au témoignage de Pausanias, que les passages où Théophraste s'exprime au présent, on n'élimine pas pour autant toutes les divergences entre les deux auteurs, mais on en supprime au moins une : le désaccord sur l'instrument jugé coupable, qui, chez Pausanias, est la hache, alors que ce rôle semblait dévolu au couteau dans l'exposé de Théophraste. Tout se passe en fait comme si c'était bien la hache qui tenait le premier rôle au temps de Théophraste. Pour Théophraste, le bœuf est tué avec la hache[1]. Le couteau sert à l'égorger (sans doute pour le vider de son sang) et à le dépecer pour le festin[2]. Il est très probable que l'expression au présent qui manque à la fin du texte faisait mention de la hache. Le déplacement de κατεπόντωσαν τὴν μάχαιραν est peut-être dû à un correcteur trop logique qui n'a pas toléré la discordance entre l'évocation de la forme réelle du rite et le récit de sa fondation.

Si le rituel a changé entre Théophraste et Pausanias, il ne s'est donc pas appauvri autant qu'on le croyait, mais Théophraste ne doit pas être accusé d'avoir altéré la vérité. Sur la forme originelle du rite, Théophraste ne fait que transmettre les informations qu'on lui a données. Ce sont elles qui sont peu crédibles : le transfert successif d'accusation, qui aboutit à la condamnation du couteau, a tout à fait l'aspect d'une fable dont les épisodes répétitifs sont multipliés à plaisir.

Quant à la version de 10, 2, elle ne doit rien à Théophraste. Pour penser le contraire, il faut admettre que les chapitres 29-30 ne sont pas de Théophraste, ce que personne n'imagine, ou que Théophraste n'a pas su ou pas voulu choisir entre les noms de Diomos

1. Πατάξαι (29, 1) ; ἐπάταξε (30, 1) ; πατάξαντος (30, 5). Toutefois κόπτεται (30, 4) est ambigu.

2. Ἄλλος δ' ἔσφαξεν · τῶν δὲ μετὰ ταῦτα δειράντων, ἐγεύσαντο τοῦ βοός (30, 1) ; τὸν ἐπισφάξαντα, καὶ ὁ τοῦτο δράσας τὴν μάχαιραν (30, 3) ; τοὺς δὲ ἀπὸ τοῦ ἐπισφάξαντος δαιτροὺς ὀνομάζουσι διὰ τὴν ἐκ τῆς κρεανομίας ... δαῖτα (30, 5).

et de Sopatros[1]. Quand bien même on admettrait ce dernier point, il resterait une grande différence : Diomos est prêtre de Zeus Polieus, donc un Athénien revêtu de fonctions officielles ; Sopatros est un simple particulier et, de plus, un métèque. Il est impensable que Théophraste ait accepté de laisser passer dans son livre une telle contradiction, et plus impensable encore qu'il n'y ait pas accordé d'importance, quand il s'agit pour lui de savoir si le sacrifice animal peut se prévaloir d'une quelconque caution divine : à cet égard tout est changé selon que le premier tueur est un prêtre en fonction ou un individu de rang inférieur.

Il existe néanmoins un point commun entre les deux versions du *D.A.* et qui les oppose à toutes les autres : le souci du partage de la responsabilité est évident dans les deux cas. En 29-30, ce partage est recherché aussi bien dans le mythe, où Sopatros le réclame explicitement (29, 4), que dans le rite, où de nombreuses catégories d'acolytes interviennent. Et dans le mythe raconté en 10, 2, le prêtre demande pour tuer le bœuf l'aide des personnes présentes.

Ce détail est précisément troublant. L'appel à l'assistance est un élément du rituel des *Diipolia* de Cos[2], où l'on sacrifie également un bœuf qui se désigne de lui-même. La version de *D.A.* II, 10, 2 serait-elle la projection du rituel de Cos dans un passé mythique ? Un bon indice serait la découverte d'un lien entre Diomos et l'onomastique de Cos. Jusque-là, Diomos est à considérer comme un nom attique, lié au dème de Dioméies.

2° *Le rituel juif selon Théophraste* (*D.A.* II, 26).

Le texte du début du chapitre 26 est incertain. La tradition directe donne : Σύρων μὲν Ἰουδαῖοι ... ἔτι

1. C'est l'avis de W. Pötscher (*op. cit.*, p. 84-86), qui ne croit pas pour autant que 10, 2 soit de Théophraste.

2. Voir M. P. Nilsson, *Griechische Feste von religiöser Bedeutung*, Leipzig 1906, p. 17-18, et L. Gernet, *loc. cit.*

καὶ νῦν, φησὶν ὁ Θεόφραστος, ζῳοθυτοῦντες, εἰς[1] τὸν αὐτὸν ἡμᾶς κελεύοιεν θύειν, ἀποσταίημεν ἄν ... Le témoignage d'Eusèbe (*P.E.* IX, 3) présente la forme ζῳοθυτούντων au lieu de ζῳοθυτοῦντες, les mots τρόπον τις après ἡμᾶς, et le singulier κελεύοι au lieu du pluriel κελεύοιεν. A ne considérer que la tradition indirecte, on a presque immanquablement la conviction que Ἰουδαῖοι est une glose, puisque ce nominatif est dépourvu de toute fonction grammaticale. Cette glose, antérieure à l'utilisation de Porphyre par Eusèbe, serait fort ancienne. Au contraire, dans la tradition directe, le mot Ἰουδαῖοι est relativement bien intégré à la phrase. Malheureusement, la tradition directe est certainement fautive, au moins sur un point : elle a perdu le mot τρόπον conservé par Eusèbe. Et si on en croit Eusèbe, ce n'est pas seulement τρόπον qui a été perdu, mais τρόπον τις, groupe incompatible avec le pluriel κελεύοιεν. Nous perdons ici toute chance de retrouver le texte original, car les hypothèses possibles sont trop nombreuses. En voici seulement deux :

1. Eusèbe transmet fidèlement le texte qu'il lit. Ἰουδαῖοι est une glose. En ce cas, dans la tradition directe, après la chute de τρόπον τις, un copiste a corrigé κελεύοι, désormais dépourvu de sens, en κελεύοιεν, ce qui a pu entraîner, simultanément ou postérieurement, la correction de ζῳοθυτούντων en ζῳοθυτοῦντες.

2. Le texte de Porphyre était : Σύρων μὲν Ἰουδαῖοι... ζῳοθυτοῦντες, εἰ τὸν αὐτὸν ἡμᾶς τρόπον τις κελεύοι θύειν... La chute de τρόπον τις dans la tradition directe a, comme nous venons de le voir, normalement entraîné la correction κελεύοιεν, tandis que dans la tradition indirecte, le génitif Σύρων a entraîné la leçon ζῳοθυτούντων, imposant un génitif absolu à la place d'un nominatif absolu moins familier. Or cette tournure

1. Pour ne pas alourdir encore la démonstration, je ne parlerai pas de cette faute supplémentaire de la tradition directe : εἰ devenu εἰς.

grammaticale existe bel et bien[1], et nous sommes ici dans un de ses cas d'application, le sujet de la proposition conditionnelle (τις) étant considéré comme une partie du sujet du nominatif absolu (Ἰουδαῖοι).

La première hypothèse a le mérite de la simplicité. Elle mise sur la supériorité largement constatée de la tradition eusébienne, et consacre le caractère de glose du nom Ἰουδαῖοι. De fait, ce caractère n'est qu'atténué par la seconde hypothèse, car la séquence Σύρων μὲν Ἰουδαῖοι, qui semble vouloir dire « parmi les Syriens les Juifs », reste surprenante. La surprise ne vient pas de sa signification. A l'époque de Théophraste les Juifs sont encore très mal connus des Grecs, et il est normal qu'ils soient définis par le genre prochain auquel ils appartiennent. Et il y a au moins trois raisons pour lesquelles un auteur ancien pouvait considérer que les Juifs faisaient partie des Syriens. D'abord ils parlaient la même langue, l'araméen. Ensuite ils habitaient la même région. Ainsi, pour W. Jaeger[2], le rapport entre Juifs et Syriens est ici purement géographique : les Juifs font partie de l'ensemble des peuples vivant entre l'Anatolie, la Méditerranée, l'Arabie et le Tigre, et volontiers appelés « Syriens ». Enfin, troisième raison, J. Bernays[3] et M. Stern[4] pensent que Théophraste est ici victime de l'erreur consistant à croire que les Juifs sont en quelque sorte la caste philosophique[5] des Syriens, comme les Brahmanes le sont des Indiens. Cette erreur se manifeste clairement dans deux autres textes, un de Mégasthène[6], et un du

1. Voir E. Schwyzer-Debrunner, *Griechische Grammatik*, Munich 1950, t. II, p. 403.

2. *Diokles von Karystos*, Berlin 1938 (réimpr. 1963). p. 139. P. 134-153, W. Jaeger traite des problèmes posées par *D.A.* II, 26.

3. *Op. cit.*, p. 111.

4. *Greek and Latin authors on Jews and Judaism*, I, Jérusalem 1974, p. 10.

5. Ἅτε φιλόσοφοι τὸ γένος ὄντες (26, 3).

6. Extrait de ses Ἰνδικά chez Clément, *Strom.* I, 15, 72, 5 = F. Jacoby, *Fr. Gr. Hist.* III C, n° 715, fr. 3.

péripatéticien Cléarque de Soles[1]. W. Jaeger refuse cette explication sans beaucoup d'arguments. Sa raison véritable est sa conviction que Théophraste ne peut rien devoir à une source comparant les Juifs aux Brahmanes puisque, dans sa relation sur le rituel juif, il dépend entièrement d'Hécatée d'Abdère, auteur, vers l'année 300, d'un traité sur l'Égypte *(Aegyptiaca)* contenant de nombreuses informations sur les Juifs. L'argument le plus impressionnant de W. Jaeger consiste à faire observer que la description du rituel juif est immédiatement suivie d'une allusion à l'attitude des Égyptiens (26, 5).

Quoi qu'il en soit, l'expression Σύρων μὲν 'Ιουδαῖοι est grammaticalement très brutale, dépourvue qu'elle est d'article, de préposition, ou de participe de soutien[2]. C'est une autre raison de soupçonner une glose. Mais il est probable que nous nous trouvons ici devant un début de citation[3]. En ce cas le texte comporte un collage qui peut être plus ou moins maladroit.

La seconde hypothèse textuelle est en définitive préférable, puisqu'elle offre une chance de conserver le mot 'Ιουδαῖοι. Ce mot est dans le texte et les charges qui pèsent contre lui ne sont pas suffisantes pour le faire rejeter. Mais il ne faut pas oublier que son degré de certitude n'est pas très élevé. C'est dans cet état d'esprit qu'on doit examiner la valeur des informations de Théophraste.

1. Extrait de son Περὶ ὕπνου chez Flavius Josèphe, *C. Apion* I, 179 = F. Wehrli, *Die Schule des Aristoteles* III, Bâle-Stuttgart 1969, fr. 6. W. Jaeger pense que Cléarque dépend de Mégasthène. M. Stern (*op. cit.*, p. 45) juge cette dépendance peu probable.

2. On a tenté d'éliminer cette rudesse grammaticale. Nauck expulse purement et simplement 'Ιουδαῖοι. K. Mras, *Ein Vorwort zur neuen Eusebiusausgabe, Rh. Mus.* 92, 1943-44, p. 224, suggère Σύρων, ὧν μὲν 'Ιουδαίων.

3. Probable, mais non certain : on ne peut totalement écarter l'hypothèse de W. Pötscher, *op. cit.*, p. 116, pour qui la nomination de Théophraste ne serait pas ici un moyen de signaler un début d'extrait, mais de rappeler que les mots ἔτι καὶ νῦν signifient en fait : « au temps de Théophraste ».

Le résultat de l'examen est peu clair. La description de Théophraste contient peu d'éléments vérifiés par les sources juives. L'information sur l'holocauste nocturne (§ 2) est pertinente. Elle touche à l'une des pratiques les plus éminentes du culte juif : l'holocauste permanent du temple de Jérusalem, tel qu'il est prescrit en *Lévitique* 6, 2 : « C'est l'holocauste qui se trouve sur le brasier de l'autel toute la nuit jusqu'au matin ». Or, la suite du texte du *Lévitique* (6, 3-6) prescrit au prêtre d'enlever, au matin, les cendres de l'holocauste nocturne et de les transporter hors de l'enceinte, avant de placer sur le feu une autre victime. Dans le rituel décrit par Théophraste, il semble qu'il soit nécessaire de faire disparaître avant l'aube toute trace du sacrifice. De plus, la *Septante* (verset 3) emploie le verbe καταναλίσκειν et Théophraste le verbe ἀναλίσκειν. On dirait que ces prescriptions du *Lévitique* trouvent chez Théophraste un écho déformé — et même tout à fait trahi, comme nous le verrons plus loin. De même, les libations de vin (*D.A.* II, 26, 2) sont bien attestées pour l'holocauste quotidien par *Exode* 29, 40.

Il en va différemment pour les autres affirmations de Théophraste. Ainsi, selon lui, les Juifs se hâteraient-ils de terminer le sacrifice « afin que Celui qui voit tout ne soit pas témoin de cet acte terrible » *(ibid.)*. Il faudrait donc cacher à Yahvé un sacrifice dont il a lui-même fixé les règles ! Or, d'une part, le sacrifice du temple était accompli au coucher et au lever du soleil. D'autre part, l'attitude prêtée aux Juifs par Théophraste implique une dichotomie divine, puisque le même sacrifice est accepté par une partie de la divinité et considéré avec horreur par l'autre. Le responsable de cette information serait donc resté insensible au fait monothéiste, qui était pourtant, dans l'Antiquité préchrétienne, la principale caractéristique du judaïsme. Il est d'ailleurs assez clair que ce πανόπτης qui ne voit pas ce qui se passe la nuit est, comme au vers 91 du *Prométhée* d'Eschyle, le Soleil[1].

1. M. Stern pense que ὁ πανόπτης peut désigner Yahvé, car

Le jeûne et ce que Théophraste appelle les entretiens sur le divin (§ 3) n'étaient sans doute pas inconnus dans la religion juive du temps de Théophraste, mais ils sont bien mal attestés. Il n'y avait aucune règle de jeûne liée au sacrifice quotidien : en fait, le jeûne n'était observé qu'à Kippour[1]. J. Bernays[2] remarque que les pratiques évoquées par Théophraste sont attestées dans la *Mishna*, qui mentionne des réunions d'hommes comportant plusieurs jours de jeûne et des lectures de la *Genèse*[3]. Mais, comme le remarque M. Stern, on se demande comment Théophraste aurait pu être informé de ces coutumes[4], et même si elles existaient déjà à son époque. Toutefois, l'information de Théophraste semble porter la marque discrète d'un authentique judaïsme. Le texte dit : περὶ τοῦ θείου ... λαλοῦσι. Or le verbe λαλεῖν, surtout à une époque aussi ancienne que celle de Théophraste, implique normalement un degré inférieur de langage[5], qui ne convient pas du tout à un discours dont l'objet est le divin et dont la qualité n'est pas mise en doute par Théophraste. En revanche, l'occurrence de ce mot est extraordinairement fréquente dans la *Septante* et son emploi y est tout le contraire de péjoratif. On le rencontre également

celui-ci est appelé ἐπόπτης dans la *Lettre d'Aristée* 16. Mais les deux mots ne sont pas synonymes. L'ἐπόπτης judaïque est le plus souvent un surveillant-protecteur (*Esther* 5, 1 ; II *Maccabées* 3, 39 ; *Lettre d'Aristée* 16). Le πανόπτης de Théophraste est un détecteur de crimes, comme celui d'Eschyle. Toutefois, ἐπόπτης a aussi cette valeur en II *Macc.* 7, 35 et III *Macc.* 2, 21.

1. T. Reinach, *Textes d'auteurs grecs et latins relatifs au judaïsme*, Paris 1895 (réimpr. Hildesheim 1963), p. 8, n. 3.

2. *Op. cit.*, p. 114.

3. *Mishna, Ta'anit* 4, 1-4 (trad. française J. Bonsirven, dans *Textes rabbiniques des deux premiers siècles chrétiens*, Rome, 1955, p. 261-262).

4. A moins que précisément Théophraste n'ait connu le judaïsme que sous des aspects « excentriques ».

5. C'est *parler* au sens d'*émettre un son articulé*, ou bien *bavarder*, *badiner*, *parler sans réfléchir*.

chez Ezékiel, poète juif de langue grecque ayant vécu au IIe siècle av. J.-C.[1].

On est surpris de voir Théophraste mettre l'accent sur les sacrifices humains (§ 4). Les hommes dont il parle auraient été les premiers à sacrifier, sous la pression de la nécessité, des animaux ou quelques-uns d'entre eux (σφῶν αὐτῶν). W. Jaeger[2] pense que Théophraste a pu entendre parler du sacrifice d'Isaac. Dans ce cas, il a trouvé dans l'histoire des Hébreux une confirmation à sa thèse historique, selon laquelle l'humanité est passée par une période où elle a dû sacrifier des hommes[3]. Ce qui est étrange, c'est qu'il considère que les Juifs ont connu cette phase avant tous les autres peuples, notamment donc avant les Égyptiens, dont il paraissait pourtant bien admettre, comme la plupart des Grecs, l'antériorité historique absolue[4]. Ici encore il y a conjonction entre une information suspecte et la marque d'une source juive, car quelle autre source pourrait conférer aux Hébreux l'antériorité historique?

Restent deux informations qui sont en contradiction formelle avec les témoignages les plus qualifiés sur la religion juive. L'allusion aux libations de miel (§ 2) suppose une infraction à *Lévitique* 2, 11. Circonstance aggravante, le miel est joint à du vin, et Plutarque lui-même sait que miel et vin sont incompatibles aux yeux des Juifs[5]. Avec la contemplation des étoiles

1. ÉZÉKIEL, *Exagogé*, v. 118 éd. B. Snell, Tragicorum Graecorum Fragmenta, Göttingen 1971, I, p. 294.

2. *Op. cit.*, p. 143, n. 1. Le problème des sacrifices humains en Israël est assez obscur. R. DE VAUX, *Les institutions de l'Ancien Testament*, Paris 1958, t. II, p. 327 sq., rejette la thèse selon laquelle les sacrifices humains ont fait partie, à une période ancienne, du culte officiel. La pratique est sévèrement condamnée en *Deutéronome* 12, 31 ; *Lévitique* 20, 2-5, etc.

3. *D.A.* II, 27, 2 : σφῶν αὐτῶν ἀπήρξαντο τοῖς θεοῖς.

4. *D.A.* II, 5, 1.

5. *Propos de Table* IV, 6, 2, 672 B : « Ils n'emploient pas de miel dans leur liturgie, parce qu'il leur paraît corrompre le vin lorsqu'il s'y mélange. » Voir la note de F. FUHRMANN dans son édition (Paris 1978), p. 44 n. 10 (et p. 157 des notes complémentaires).

accompagnée de prières (§ 3), nous sommes également bien loin de l'orthodoxie juive. Peut-être, dit T. Reinach[1], « y a-t-il ici un vague souvenir de la règle de l'apparition de la première étoile qui met fin au jeûne de Kippour, ou encore de la vieille cérémonie dite bénédiction de la lune ». En fait, l'attitude prêtée ici aux Juifs est plutôt celle d'adeptes d'une religion astrale[2] et se trouve plusieurs fois sévèrement condamnée par l'*Ancien Testament*[3].

Que penser, finalement, de cet ensemble d'informations et de son origine? Là encore, bien des hypothèses sont possibles. Nous en retiendrons trois :

1. Ἰουδαῖοι est une glose et Théophraste n'a pas voulu parler des Juifs, mais des Syriens. Le nom Σύροι peut désigner plusieurs peuples. Il peut désigner, par exemple, les Phéniciens, chez qui les sacrifices humains sont bien attestés[4]. Il peut désigner les Babyloniens[5], dont la religion comporte des cérémonies nocturnes avec libations, fumigations, immolations, récitations de prières et guet de l'apparition de certains astres[6]. Théophraste est bien informé sur le Moyen-Orient, au moins dans le domaine de la flore, comme le montre ce qui reste de son *Histoire des Plantes*. Il est en particulier informé sur la Phénicie, puisqu'il connaît les lois de la ville de Tyr[7]. Il est donc possible que l'extrait

1. *Op. cit.*, p. 8-9, n. 3.
2. Sinon d'une religion astrale proprement dite, d'une religion où les astres sont révérés comme des dieux. L'activité évoquée par Théophraste dépasse, semble-t-il, le simple guet des levers héliaques servant à fixer la date des cérémonies annuelles.
3. II *Rois* 21, 3 ; 23, 5.
4. Voir par exemple *D.A.* II, 56, 1.
5. La confusion entre Σύροι (ou Σύριοι) et Ἀσσύριοι est fréquente (Hérodote, VII, 63 ; Xénophon, *Cyrop.* V, 4, 51), et on ne fait souvent aucune différence entre Assyrie et Babylonie (Hérodote, I, 192 ; Xénophon, *Cyrop.* V, 4, 24).
6. Voir E. Dhorme, *Les religions de Babylonie et d'Assyrie*, Paris 1949, p. 235.
7. Voir l'extrait de ses *Lois* chez Flavius Josèphe, *C. Apion* I, 167. Cet extrait constitue le fr. 6 de Reinach et le fr. 5 de Stern,

du *Π. Εὐσ.* soit une compilation d'informations diverses, dont certaines sont d'origine juive, mais qui concernent plusieurs peuples regroupés sous le nom de Syriens.

2. Théophraste a réellement voulu parler des Juifs, mais son information est falsifiée (par son informateur ou, plus vraisemblablement, par lui-même). A partir de quelques faits exacts, il a bâti la description d'une religion philosophique dans laquelle les astres, comme dans sa religion personnelle, sont révérés comme des dieux[1]. Théophraste serait ici un fondateur du genre littéraire hellénistique qu'A. J. Festugière[2] a appelé « la peinture idéalisée des castes sacerdotales ou des confréries religieuses des peuples barbares ». Qu'on se reporte à *D.A.* IV, 8, où Chérémon, décrivant la vie des prêtres égyptiens, parle de leurs nuits passées à observer les astres et à célébrer le culte, de leurs hymnes, de leurs études. Une fois ce parallèle établi, Théophraste fera plus volontiers figure de modèle littéraire que d'ethnologue scrupuleux.

3. Théophraste a réellement voulu parler des Juifs et il n'y a pas eu falsification. Dans le domaine de l'information sur les Juifs, Théophraste est un pionnier. La communication entre la culture grecque et la culture juive est, à son époque, encore mal assurée. Les risques de mauvaise compréhension sont grands. De plus, il est probable que la source juive de ces informations devait se situer loin de Jérusalem, en Égypte peut-être, lieu privilégié des contacts entre judaïsme et hellénisme, et lieu visité, selon toute vraisemblance, par Théophraste[3]. Il faudrait supposer, quelque part dans la diaspora

car il y est question de l'interdiction à Tyr d'un serment juif. L'information de Théophraste est ici tyrienne, et non proprement juive.

1. Voir *infra*, p. 99, n. 3.

2. *Sur le De Vita Pythagorica de Jamblique* in *Rev. Et. Gr.* 50, 1937, p. 470-494, repris dans *Études de philosophie grecque*, Paris 1971, p. 437-461 (voir p. 476/443). Voir *Introduction*, t. I, p. XXXII.

3. Voir M. Stern, *op. cit.*, p. 9.

d'Égypte ou du Moyen-Orient, l'existence de pratiques juives un peu marginales, dont la description de Théophraste nous donne un reflet déformé, et brouillé par des interprétations étrangères au judaïsme, comme par exemple l'explication des sacrifices nocturnes par la crainte d'un regard divin[1].

3° *Ψαίειν, ψαιστά, θυλήματα, πέλανοι, πόπανα.*

Le livre II du *D.A.* pose le problème délicat de la traduction des mots du vocabulaire cultuel. Deux livres peuvent fournir au traducteur une aide considérable : celui de J. Casabona, *Recherches sur le vocabulaire des sacrifices en grec*, Paris 1966, et celui de J. Rudhardt, *Notions fondamentales de la pensée religieuse et actes constitutifs du culte dans la Grèce classique*, Genève 1958. Mais la solution reste difficile pour un certain nombre de mots qui désignent des offrandes d'origine végétale et que les auteurs grecs emploient d'une façon variable ou imprécise. Il est bon de les étudier ici dans l'ordre de leur apparition dans le texte.

a) Le verbe ψαίειν et les ψαιστά.

Ψαίειν : trois occurrences, toutes trois en 6, 2, chez Théophraste.

Ψαιστά : cinq occurrences, deux chez Théophraste : 15, 1 et 30, 4 ; trois autres en 16, 4 ; 17, 1 et 58, 5.

Les formes ψαισαμένων, ψαισθείσης, ψαισθεῖσι (6, 2) supposent un verbe ψαίειν qui n'apparaît nulle part ailleurs que dans ce passage. Ce verbe a un rapport sémantique marqué avec la nourriture. On peut le rapprocher de ψαῖμα défini par Hésychios ὀλίγον σῖτον. Mais il est surtout à rapprocher de ψαιστά, -ῶν nom

1. Sur la condition des Juifs dans la Diaspora à l'époque hellénistique, voir V. Tcherikover, *Hellenistic civilisation and the Jews*, Philadelphie 1966, en particulier p. 344-377. Selon cette étude, les cas d'abandon ou de distorsion de la Loi et des traditions religieuses paraissent avoir été rares dans la Diaspora ; les cas observables concernent essentiellement des individus, non des communautés.

bien attesté désignant un produit comestible destiné aux sacrifices. Sur la nature de ce produit il n'existe que des témoignages tardifs (entre autres Pausanias, d'après Eustathe, *In Odyss.* II, 290, p. 1445, 59 ; Hérodien, *Περὶ Ὀρθογραφίας*, s.v. ψαιστόν, qui relie ψαιστόν non à ψαίειν, mais à ψῆν et ψώχειν, *émietter*, et à ψωμός, *bouchée de pain* ; *Souda*, s.v. ψαιστά ; *Schol.* Aristophane, *Ploutos* 138 et 1116). Selon ces témoignages, il s'agirait de farine mêlée d'huile, ou de vin, ou de miel, ou de lait, ou de plusieurs de ces liquides. En 16, 4 et 58, 5, le texte ne fournit aucun indice sur la consistance des ψαιστά. En 17, 2, le mot ψαιστά est paraphrasé par l'expression ἀλφίτων ὀλίγας δράκας, *quelques poignées de « farine »*. Mais ἄλφιτα peut désigner aussi bien la farine sèche que la farine délayée formant pâte. De toute façon, l'expression suggère qu'il ne s'agit pas d'un produit liquide. Pour Théophraste, le produit n'est ni liquide ni pulvérulent. En effet, en 15, 1, un fidèle en transporte dans sa besace et en offre une quantité définie par une mesure de longueur (trois doigts). En 30, 4, où il est question du rite des *bouphonia*, il n'y a aucune indication de consistance, mais les ψαιστά y sont censés accompagner un πέλανος. Or, dans l'archétype du rite, le πέλανος était, selon Théophraste (29, 1), accompagné de θυλήματα. On ne saurait en conclure formellement que pour Théophraste ψαιστά et θυλήματα sont synonymes, mais il est certain que ces noms désignent pour lui deux produits voisins et équivalents, d'autant plus qu'il parle en 6, 2 de ψαισθεῖσι θυλήμασι. Ces données devront être prises en compte pour l'élucidation du sens de θυλήματα, mais, pour le moment, on peut considérer que les ψαιστά sont, pour Théophraste comme pour la plupart des Grecs, des morceaux de pâte crue.

Si d'autre part on examine l'histoire de l'alimentation humaine retracée par Théophraste aux chapitres 5 et 6, on constate que plusieurs étapes sont franchies par l'humanité en route vers la meilleure alimentation : herbes, puis glands, puis légumineuses, puis grains d'orge, puis nourriture « ψαισθεῖσα ». Il est clair que Théophraste reconstitue cette histoire à partir des rites sacrificiels, qui lui paraissent avoir conservé le souvenir de ces différentes étapes. On voit dès lors le progrès constitué par l'acte de ψαίειν. Sur la voie de la perfection, l'homme élabore un produit de synthèse, la pâte, différent des deux éléments qui ont servi à le confectionner. Le verbe *pâtisser*, choisi pour traduire le verbe grec en l'absence de toute autre expression convenable, est tout à fait désuet et inhabituel, mais guère plus, peut-être, que le verbe ψαίειν dans le vocabulaire grec.

b) Les θυλήματα.

Deux occurrences, toutes deux chez Théophraste : 6, 2 et 29, 1.

Les θυλήματα sont des mélanges de farine trempée d'huile et de vin dont on recouvrait les viandes avant de les brûler. Les sources qui permettent cette interprétation sont discutées par J. Casabona, *op. cit.*, p. 123-124. Selon J. Casabona, la pâte ainsi formée est liquide : on en « nappe » les victimes. Il est possible que Théophraste distingue des θυλήματα liquides de ψαιστά solides. Le texte de 29, 1 est à cet égard ambigu : les θυλήματα y sont dits reposer sur l'autel ; ils seraient donc solides. Mais s'ils étaient contenus dans un récipient ? La suite du texte invite presque à le croire. Deux types de produits étaient posés sur l'autel : un πέλανος et des θυλήματα. Or le bœuf mangea les uns (τὰ μέν) et piétina les autres (τὰ δέ). Cette distinction s'explique si les θυλήματα sont liquides : le bœuf n'a ni pu ni voulu les boire, mais a fait tomber les récipients qui les contenaient.

c) Les πέλανοι.

Quatre occurrences, trois chez Théophraste : 6, 3 ; 29, 1 ; 30, 4 ; une autre en 10, 2.

Le πέλανος, souvent accentué πελανός, était à l'origine un produit liquide. C'est ainsi que le conçoivent Eschyle

(*Ag.* 96 ; *Choéph.* 92 ; *Eum.* 265 ; *Perses* 816) et encore Euripide (*Alc.* 851 ; *Or.* 220). Mais au temps de Pausanias, et à Athènes, le mot désigne une sorte de gâteau. Pausanias (VIII, 2, 3) parle des πέμματα *(gâteaux)* que les Athéniens appellent πελανούς. De même, la *Souda*, indépendamment, semble-t-il, de Pausanias, définit d'abord les πελανοί comme des πέμματα faits avec de la farine. Le nom πέμμα, lié au verbe πέσσω, *cuire*, et spécialement *cuire du pain*, désigne essentiellement un aliment fait de pâte cuite. Le nom πέλανος, désignant primitivement un genre de libation, a désigné par la suite un objet dont la nature avait changé. Il semble qu'à l'époque de Théophraste ce changement ait été un fait acquis. En 29, 1 et 30, 4, le πέλανος est mangé par le bœuf, ce qui se conçoit mal s'il s'agit d'un liquide[1]. En 6, 3, le sacrifice des πέλανοι représente l'ultime étape du progrès de l'alimentation humaine. La découverte de l'orge, selon Théophraste (6, 2), a permis à l'homme de confectionner de la pâte. La découverte du blé lui permet désormais de sacrifier des πέλανοι. Il est possible que la différence essentielle entre πέλανοι et θυλήματα ou ψαιστά tienne à l'emploi de deux céréales différentes, et, sans doute, rien ne vient souligner dans le texte l'idée de cuisson. Mais il y avait une difficulté logique à faire état de la cuisson à ce stade du développement humain : la cuisson devait être connue depuis longtemps puisque les hommes, selon Théophraste, connaissaient le feu dès les origines ou presque (5, 2), et s'étaient déjà nourris de légumineuses (6, 1). Et il n'est pas douteux que pour Théophraste l'évolution de l'alimentation atteint son sommet avec la consommation du pain. C'est donc certainement le pain qui est, à ses yeux, représenté par le πέλανος, gâteau de pâte cuite[2].

1. Il en est de même en 10, 2.

2. P. Chantraine, *Dict. Etym.*, s.v. πελανός déclare obscure l'étymologie de πελανός, mais préfère une étymologie liée à l'idée de platitude (cf. latin *planus*) à une étymologie liée à la racine de πίμπλημι. P. Amandry, *La mantique apollinienne à Delphes*,

d) Les πόπανα.

Quatre occurrences : 16, 4 ; 17, 4 ; 58, 5 et 59, 1, toutes en dehors des extraits de Théophraste.

Le mot πόπανον est celui qui soulève le moins de problèmes. On ne trouve, dans le livre II du *D.A.*, aucune indication sur la nature de l'objet, mais par ailleurs les témoignages sont convergents. Ils se résument dans la définition de la *Souda* : les πόπανα sont des galettes (πλακουντία) plates, minces et rondes. L'étymologie est également claire : le nom est lié à la racine du verbe πέσσω[1] et implique donc une cuisson.

Paris 1950, p. 86-89, suppose que le mot désigne « non pas la forme particulière que revêt l'offrande, mais plus généralement la nature d'une offrande apportée dans certaines conditions à certaines divinités », c'est-à-dire essentiellement une θυσία ἄγευστος. Il n'en reste pas moins que pour Théophraste le mot implique bien certaines caractéristiques physiques liées à l'emploi de la farine de blé.

1. P. Chantraine, *Dict. Etym.*, s.v. πέσσω.

DE L'ABSTINENCE

LIVRE II

Mises au point préliminaires

1. 1 A l'occasion de nos recherches sur la simplicité de vie et sur la pureté rituelle, nous avons été amené, Castricius, à poser le problème des sacrifices ; c'est là un problème que l'on ne peut trancher facilement ni sans de longues explications, si l'on veut en donner une solution à la fois vraie et agréable aux dieux. C'est pourquoi j'ai repoussé l'étude de cette question jusqu'à en faire le sujet d'un examen particulier. Je veux maintenant dire ce qu'il m'en semble et ce qu'il m'est possible de révéler[1]. Mais tout d'abord, il y a un point que j'ai omis de signaler en traitant mon sujet originel, et je veux réparer cette lacune.

2. 1 Tout d'abord, j'affirme que le fait de tuer les animaux n'entraîne pas inéluctablement la nécessité de les manger[2]. Et qui concède l'un des deux points — je veux dire l'immolation — n'admet pas forcément du même coup la consommation. Par exemple, les lois permettent de se défendre contre des ennemis qui attaquent, mais tout le monde admet qu'il n'est plus dans la nature humaine de les manger. 2 D'autre part, s'il convient — pour des raisons connues ou inconnues des hommes — de sacrifier des êtres animés en offrandes aux dieux, aux démons ou à certaines puissances, cela n'oblige pas nécessairement à dévorer

1. Voir *Introduction*, t. I, p. XXII.
2. Cf. *D.A.* IV, 14, 4.

ΠΕΡΙ ΑΠΟΧΗΣ ΕΜΨΥΧΩΝ

ΒΙΒΛΙΟΝ ΔΕΥΤΕΡΟΝ

1. 1 Τῶν περὶ λιτότητος καὶ ἁγνείας ζητημάτων ἐχόμενοι εἰς τὸν περὶ τῶν θυσιῶν, ὦ Καστρίκιε, λόγον ἀφικόμεθα δυσδιαίτητόν τε ὁμοῦ καὶ πολλῆς ἐξηγήσεως δεόμενον, εἰ μέλλοιμεν ἀληθῶς τε ἅμα καὶ τοῖς θεοῖς εὐαρέστως τὴν περὶ αὐτοῦ κρίσιν διαθήσειν. Διὸ εἰς ἴδιον σκέμμα τὸν τόπον ὑπερβαλλόμενοι, νῦν τὰ φαινόμενα ἡμῖν καὶ ὅσα δυνατὸν ἐξαγορεύειν ἐροῦμεν, τὸ παρορώμενον πρότερον εἰς τὴν ἐξ ἀρχῆς προκειμένην ὑπόθεσιν εὐθύναντες.

2. 1 Πρῶτον μὲν γὰρ οὔ φαμεν εἶναι ἀκόλουθον τῷ ἀναιρεῖν τὰ ζῷα τὸ δεῖν ἐξ ἀνάγκης αὐτὰ καὶ ἐσθίειν, οὐδ᾽ ὁ τὸ ἕτερον διδούς, λέγω τὸ σφάττειν, τίθησι πάντως καὶ τὸ ἐσθίειν. Αὐτίκα πολεμίους μὲν ἐπιόντας οἱ νόμοι ἀμύνεσθαι συνεχώρησαν, ἐσθίειν δ᾽ αὐτοὺς οὐκέτ᾽ εἶναι κατ᾽ ἄνθρωπον δέδοκται. 2 Δεύτερον οὐκ εἰ δαίμοσιν ἢ θεοῖς ἤ τισι δυνάμεσι θῦσαί τι τῶν ἐμψύχων προσῆκε διά τινας αἰτίας εἴτε γνωστὰς εἴτε καὶ ἀγνώστους ἀνθρώποις, διὰ τοῦτο καὶ θοινᾶσθαι ἐξ ἀνάγκης δεῖ τὰ ζῷα.

2. 2[4] δεῖ Va. : δεῖται codd.

ces animaux. Il suffira de montrer que dans ses sacrifices l'homme admet comme victimes des animaux dont même les habitués de la nourriture carnée ne mangeraient pour rien au monde. 3 Du reste, sur la question du meurtre des animaux, on fait preuve sans s'en rendre compte de la même inconséquence. En effet, ce n'est pas parce qu'il faut en tuer quelques-uns qu'on doit les tuer tous : parce qu'on tue les animaux privés de raison[1], doit-on du même coup tuer aussi les hommes ?

3. 1 L'abstinence des êtres animés, comme je l'ai déjà dit dans mon premier livre, n'est pas un précepte absolu valable pour tous les hommes[2] ; elle ne concerne que les philosophes, et parmi les philosophes ceux-là surtout qui font dépendre leur bonheur de Dieu et de son imitation[3]. 2 De même, dans la vie politique, les législateurs n'ont pas défini des devoirs identiques pour les simples citoyens et pour les prêtres, mais il y a des cités où, tout en laissant le commun des hommes se nourrir et vivre à sa guise, on a interdit aux prêtres de faire de même, sous peine de mort ou de châtiments graves[4].

4. 1 Si, au lieu de laisser régner la confusion, on examine la question en faisant les distinctions qui s'imposent, on découvre alors que la plupart des arguments de nos adversaires sont sans portée. Dans l'ensemble en effet ou bien ils montrent qu'il faut tuer les animaux à cause des dommages qu'ils provoquent, puis admettent comme conséquence qu'il faut les manger ; ou bien, du fait que l'on admet des animaux comme victimes dans certains sacrifices, ils concluent que les hommes doivent aussi les manger. 2 De même, du fait que certains animaux doivent être détruits à cause de leur sauvagerie, il s'ensuit, selon leur jugement,

1. Voir aux *Notes complémentaires*, p. 196.
2. Voir en effet I, 27, 1.
3. Voir *Introduction*, t. I, p. LVI, n. 1.
4. Voir aux *Notes complémentaires*, p. 196.

Δειχθήσεται γὰρ ἄνθρωπος παραλαμβανόμενος ἐν θύμασι καὶ ζῷα ὧν οὐκ ἄν τις οὐδὲ τῶν εἰωθότων σαρκοφαγεῖν ἀνθρώπων ὑπομείνειεν ἂν γεύσασθαι. 3 Καὶ μὴν ἐπὶ τοῦ φονεύειν ζῷα τὸ αὐτὸ παροραται πλημμέλημα. Οὐ γὰρ εἴ τινα δεῖ, καὶ πάντα, ὡς οὐδ' εἰ τὰ ἄλογα ζῷα, πάντως καὶ ἀνθρώπους.

3. 1 Ἥ τε ἀποχὴ τῶν ἐμψύχων, καθάπερ κἀν τῷ πρώτῳ ἐλέγομεν, οὐχ ἁπλῶς πᾶσιν ἀνθρώποις παραγγέλλεται, ἀλλὰ τοῖς φιλοσόφοις, καὶ τούτων μᾶλλον τοῖς ἐκ τοῦ θεοῦ καὶ τῆς τούτου μιμήσεως τὴν σφῶν εὐδαιμονίαν ἀνάψασιν. 2 Οὐδὲ γὰρ ἐν τῷ πόλεως βίῳ τὰ αὐτὰ οἱ νομοθέται τοῖς τε ἰδιώταις καὶ τοῖς ἱερεῦσιν ἀφωρίσαντο πρακτέα, ἀλλ' ἔστιν ἐν οἷς συγχωρήσαντες τοῖς πολλοῖς τὰ κατὰ τὴν τροφὴν καὶ τὸν ἄλλον βίον, τοὺς ἱερέας χρῆσθαι τοῖς | αὐτοῖς διεκώλυσαν θάνατον ἢ ζημίας μεγάλας θέντες τὰ ἐπιτίμια.

4. 1 Μὴ συγχεομένων γὰρ τούτων, ἀλλ' ὃν προσήκει τρόπον διακρινομένων, τὰ πλεῖστα τῶν ἀντιλεγομένων εὑρίσκεται μάταια. Τὰ γὰρ πλεῖστα ἢ ὅτι φονεύειν δεῖ διὰ τὰς βλάβας τὰς ἀπ' αὐτῶν μηνύσαντα καὶ τὸ ὅτι ἐσθίειν ὡς ἀκόλουθον λαμβάνει, ἢ ὅτι ἐν ταῖς θυσίαις καὶ ζῷα παρελήφθη, συλλογίζεται ὡς καὶ ἀνθρώποις ἄρα βρωτέον ταῦτα. 2 Καὶ πάλιν εἴ τινα διὰ τὸ ἄγριον ἀναιρετέον, ἀξιοῦσιν ὡς ἀκόλουθον τὸ δεῖν φονεύειν καὶ

2. 3[3-4] ζῷα, πάντως ed. pr. : post ζῷα uerba τὸ — πλημμέλημα [3[2]] iter. codd.

qu'on doit tuer aussi les animaux inoffensifs. 3 En outre, parce que certains hommes sont obligés d'en manger, tels que les athlètes, les soldats et les travailleurs manuels, ils pensent que les philosophes doivent en faire autant. Et parce que certains de ces derniers le font, ils pensent que tous doivent le faire. Toutes ces conclusions sont vicieuses, et nullement capables d'établir la nécessité de leur thèse. 4 Qu'elles soient toutes vicieuses, c'est un fait évident qui tombe immédiatement sous le sens si l'on n'est pas un disputeur. En ce qui me concerne, j'ai déjà fait justice de quelques-unes d'entre elles et j'ai l'intention de réfuter les autres dans le cours de mon traité ; mais pour l'instant je veux examiner à fond la question des sacrifices, en exposant quelles sont leurs origines, quels furent la nature et le caractère des premiers d'entre eux, comment ils se sont transformés et à quelle date ; j'examinerai aussi si toutes les formes de sacrifice sont bonnes pour le philosophe, et à qui sont destinés les sacrifices d'animaux. En bref, je veux traiter l'ensemble de la question, tantôt d'après mes découvertes personnelles, tantôt d'après des emprunts aux anciens, en cherchant le plus possible à maintenir l'équilibre et l'unité avec le sujet de mon ouvrage[1]. Voici ce qu'il en est.

Les premières offrandes

5. 1 Il semble, dit Théophraste[2], qu'un temps incalculable se soit écoulé depuis que le peuple le plus savant du monde et habitant la terre la plus sacrée, celle qui fut fondée par le Nil[3], a commencé, dès les toutes premières origines, à offrir aux dieux célestes des prémices qui n'étaient pas encore faites de myrrhe ni d'un mélange de casse, d'encens et de safran[4]. C'est seulement après bien des générations que ces produits furent employés ; car en ces temps-là l'homme, errant à la recherche[5] de l'indispensable subsistance[6], aurait dû affronter mille peines pour consacrer aux dieux

1-6. Voir aux *Notes complémentaires*, p. 196-197.

τὰ ἥμερα. 3 Καὶ εἴ τισι βρωτέον, οἷον ἀθληταῖς καὶ στρατιώταις καὶ τοῖς διὰ σώματος τὴν ἐργασίαν ποιουμένοις, ὅτι καὶ φιλοσόφοις· καὶ εἴ τισι τούτων, καὶ πᾶσιν· πασῶν τῶν ἀκολουθιῶν τούτων μοχθηρῶν τε οὐσῶν καὶ οὐδεμίαν ἀνάγκην τῆς θέσεως παραστῆσαι δυναμένων. 4 Καὶ ὅτι μὲν πᾶσαι μοχθηραί, ἐναργῶς αὐτόθεν τοῖς μὴ ἐριστικοῖς προπίπτει. Ἡμεῖς μέντοι τὰς μὲν ἤδη εὐθύναντες, τὰς δὲ προϊόντος τοῦ λόγου ἐλέγξειν μέλλοντες, νῦν τὸ περὶ τῶν θυσιῶν σκέμμα διευκρινήσομεν, τάς τε ἀρχὰς ὅθεν γεγόνασιν ἀφηγούμενοι, καὶ τίνες καὶ ποῖαι ἦσαν αἱ πρῶται, πῶς τε μετέβαλλον καὶ πότε, καὶ εἰ πάντα θυτέον τῷ φιλοσόφῳ, τίσι τε αἱ θυσίαι αἱ διὰ τῶν ζῴων γίγνονται. Καὶ ὅλως πᾶν τὸ παρακείμενον, τὰ μὲν αὐτοὶ ἐφευρίσκοντες, τὰ δὲ παρὰ τῶν παλαιῶν λαμβάνοντες ἀναγράψομεν, τοῦ συμμέ|τρου καὶ οἰκείου τῇ ὑποθέσει στοχαζόμενοι κατὰ δύναμιν. Ἔχει δὲ οὕτως.

5. 1 Ἀνάριθμος μέν τις ἔοικεν εἶναι χρόνος, ἀφ' οὗ τό γε πάντων λογιώτατον γένος, ὥς φησι Θεόφραστος, καὶ τὴν ἱερωτάτην ὑπὸ τοῦ Νείλου κτισθεῖσαν χώραν κατοικοῦν ἤρξατο πρῶτον ἀφ' Ἑστίας τοῖς οὐρανίοις θεοῖς θύειν οὐ σμύρνης οὐδὲ κασίας καὶ λιβανωτοῦ κρόκῳ μιχθέντων ἀπαρχάς· πολλαῖς γὰρ γενεαῖς ὕστερα παρελήφθη ταῦτα, ⟨καὶ⟩ πλάνης καὶ μαστὴρ ὁ τότε ἄνθρωπος γιγνόμενος τῆς ἀναγκαίας ζωῆς μετὰ πολλῶν πόνων ἂν

Test. **5.** 1-4 Evseb., *Pr. eu.* I, 9, 7.

---

4. 4[1] μοχθηραί B[a] : -ρίαι cett. ‖ [7] alt. αἱ ed. pr. : αἳ codd.
5. 1[6] ὕστερα codd. : -ον Evs. ‖ [7] pr. καὶ Evs. : om. codd. ‖ καὶ μαστὴρ Toup : κλιμακτὴρ codd. μαστὴρ Evs. ‖ ὁ τότε Be. : ὅτε codd. ὁ Evs. ‖ [8] ἂν ego : καὶ codd. πῶς καὶ coni. Be. uide adn. ad gall. transl.

quelques gouttes de ces essences[1]. 2 Au début donc on ne sacrifiait pas de tels produits, mais de petits végétaux, comme si les hommes cueillaient de leurs mains le premier duvet de la nature féconde[2]. Car si la terre a produit les arbres avant les animaux, elle a produit bien avant les arbres l'herbe qui renaît chaque année[3] ; les hommes en cueillaient et en faisaient brûler les feuilles, les racines, ou bien tout le végétal, saluant par ce sacrifice les dieux célestes visibles[4], et immortalisant par le feu les hommages qu'ils leur adressaient. De fait, nous leur conservons nous aussi dans nos temples un feu immortel, parce que c'est l'élément qui leur est le plus semblable[5]. 3 Et c'est d'après le mot *thymiasis*, qui désignait la fumée dégagée par la combustion des produits de la terre, qu'on a formé le mot *thymiatêria*, qui désigne les petits autels à parfums[6], ainsi que les mots *thyein* et *thysia* qui signifient « sacrifier » et « sacrifice »[7]. Nous entendons ces mots à contresens lorsque nous croyons qu'ils désignent les pratiques fautives qui se sont développées ensuite, puisque nous appelons *thysia* le prétendu culte célébré au moyen des animaux. 4 Mais les Anciens avaient un tel souci de ne pas enfreindre la coutume qu'ils prononcèrent des malédictions contre ceux qui abandonneraient l'usage antique pour en introduire d'autres, et d'après le verbe *arômai* signifiant « maudire » ils appelèrent *arômata* les aromates qu'on fait brûler aujourd'hui. 5 Et pour constater le caractère ancien des offrandes de fumée dont il vient d'être question, on pourrait observer que beaucoup d'hommes aujourd'hui encore offrent en sacrifice des morceaux de bois odorants finement coupés. 6 Mais après l'herbe primitive, la terre se mit à produire des arbres, et les hommes, en premier lieu, mangèrent les fruits du chêne. Pour leurs sacrifices aux dieux ils ne brûlaient qu'une partie de ce qui constituait leur nourriture — en faible quantité, car elle était rare — et, en

1-7. Voir aux *Notes complémentaires*, p. 197-198.

δακρύων σταγόνας τούτων ἀπήρξατο τοῖς θεοῖς. 2 Οὐ τούτων ⟨οὖν⟩ ἔθυον πρότερον, ἀλλὰ χλόης, οἷον εἴ τινα τῆς γονίμου φύσεως χνοῦν ταῖς χερσὶν ἀράμενοι. Δένδρα μὲν γὰρ δὴ πρὸ ζῴων ἀνέδωκεν ἡ γῆ, τῶν δένδρων δὲ πολὺ πρόσθεν τὴν ἐπέτειον γεννωμένην πόαν, ἧς δρεπόμενοι φύλλα καὶ ῥίζας καὶ τοὺς ὅλους τῆς φύσεως αὐτῶν βλαστοὺς κατέκαιον, ταύτῃ τοὺς φαινομένους οὐρανίους θεοὺς τῇ θυσίᾳ δεξιούμενοι καὶ διὰ τοῦ πυρὸς ἀπαθανατίζοντες αὐτοῖς τὰς τιμάς. Τούτοις γὰρ καὶ τὸ πῦρ ἀθάνατον φυλάττομεν ἐν τοῖς ἱεροῖς ⟨ὡς⟩ ὃν μάλιστα αὐτοῖς ὁμοιότατον. 3 Ἐκ δὲ τῆς | θυμιάσεως τῶν ἀπὸ γῆς θυμιατήριά τε ἐκάλουν καὶ τὸ θύειν καὶ θυσίας· ἃ δὴ ἡμεῖς ὡς τὴν ὑστέραν πλημμέλειαν σημαίνοντα οὐκ ὀρθῶς ἐξακούομεν, τὴν διὰ τῶν ζῴων δοκοῦσαν θεραπείαν καλοῦντες θυσίαν. 4 Τοσοῦτον δὲ τοῖς παλαιοῖς τοῦ μὴ παραβαίνειν τὸ ἔθος ἔμελεν, ὡς κατὰ τῶν ἐκλειπόντων τὸ ἀρχαῖον, ἐπεισαγόντων δὲ ἕτερον ἀρασομένους ἀρώματα τὰ θυμιώμενα νῦν προσαγορεῦσαι. 5 Τὴν δὲ ἀρχαιότητα τῶν εἰρημένων θυμιαμάτων κατίδοι τις ἂν ἐπιβλέψας ὅτι πολλοὶ καὶ νῦν ἔτι θύουσι συγκεκομμένα τῶν εὐωδῶν ξύλων τινά. 6 Ὅθεν μετὰ τὴν ἐξ ἀρχῆς πόαν δενδροφυούσης ἤδη τῆς γῆς, καὶ πρώτης δρυὸς καρποφαγήσαντες, τῆς μὲν τροφῆς διὰ τὴν σπάνιν μικρά, τῶν δὲ φύλλων αὐτῆς πλείω τοῖς

TEST. **5.** 2[1-2] THEODORET., *Gr. aff. cur.* VII, 38. — 2[7-11] IOH. LYD., *De mens.* IV, 149, p. 168, 5-8 Wünsch.

---

5. 1[9] ἀπήρξατο codd. : ἀπήρξατ' ἂν coni. Be. et Pötscher ‖ θεοῖς Evs. : θείοις codd. ‖ 2[2] οὖν Evs. : om. codd. ‖ [8] διὰ codd. et IOH. LYD. : om. Evs. ‖ [10] φυλάττομεν codd. : ἐφύλαττον Evs. IOH. LYD. ‖ ὡς Evs. IOH. LYD. : om. codd. ‖ 3[2-3] ὡς ... σημαίνοντα Evs. : ὡς ... ἐκβαίνοντα codd. εἰς ... ἐκβαίνοντες coni. Re. ‖ 4[2] ἔμελεν Evs. quidam libri : ἔμελλεν codd. et Evs. alii ‖ [2-3] ἐπεισαγόντων [ἐπισ- L] L Evs. : -αγαγόντων cett. ‖ [3] ἀρασομένους codd. -σαμένους Evs. ‖ 6[2] τὴν ... πόαν Re. : τῆς ... πόας codd.

quantité plus abondante, les feuilles de l'arbre. Après quoi le mode de vie changea, passant désormais à la nourriture cultivée et aux sacrifices faits de produits agricoles, d'où les mots : « Assez de glands[1] ! »

6. 1 La première céréale, fruit de Déméter, à apparaître après les légumineuses fut l'orge[2] ; ce furent donc ses grains que le genre humain répandit d'abord lors des sacrifices[3]. 2 Lorsque plus tard ils les broyèrent et pâtissèrent[4] leur nourriture, les hommes couvrirent du voile du mystère les instruments qui apportaient à leur existence une aide divine, et se comportèrent envers eux comme envers des objets sacrés[5] ; on loua la « vie de farine »[6] par opposition à l'époque précédente et l'on fit d'abord brûler, comme prémices offertes aux dieux, une partie de cette nourriture pâtissée. De là vient qu'aujourd'hui encore nous ajoutons à la redevance des parts offertes[7] un nappage d'offrande pâtissée[8], témoignant par cette pratique de l'ampleur prise depuis l'origine par les produits offerts[9], mais sans voir pourquoi nous accomplissons chacun de ces rites. 3 Depuis cette étape, comme les produits du sol et notamment le blé devenaient plus abondants, nous avons dès lors ajouté, à titre de prémices offertes aux dieux[10] dans les sacrifices, les gâteaux[11] et tout le reste. 4 Les hommes de ce temps-là cueillaient aussi beaucoup de fleurs et, non moins abondamment, ils composaient des mélanges avec tout ce que leurs ressources pouvaient fournir d'agréable et dont le parfum était propre à satisfaire la sensibilité divine. Avec les premières ils tressaient des couronnes[12] ; quant aux seconds, ils les faisaient brûler à titre d'offrandes. Et lorsqu'ils découvrirent pour leurs propres besoins les divines liqueurs que sont le vin, le miel, et aussi l'huile, ils en offrirent également les prémices aux dieux qui étaient les auteurs de ces bienfaits.

1-11. Voir aux *Notes complémentaires*, p. 198-199.
12. Cf. Ovide, *Fastes* I, 345-346.

θεοῖς εἰς τὰς θυσίας ἀνῆπτον. Μετὰ δὲ ταῦτα ὁ βίος ἐπὶ τὴν ἥμερον ἤδη τροφὴν μεταβαίνων καὶ θύματα ⟨τὰ⟩ ἐκ τῶν καρπῶν « ἅλις δρυὸς » ἔφη.

6. 1 Τοῦ δὲ Δημητρείου καρποῦ μετὰ τὸν χέδροπα πρώτου φανέντος κριθῶν, ταύταις ἀπ' ἀρχῆς μὲν οὐλοχυτεῖτο κατὰ τὰς πρώτας θυσίας τὸ τῶν ἀνθρώπων γένος. 2 Ὕστερον δὲ ἐρειξαμένων τε αὐτὰς καὶ τὴν τροφὴν ψαισαμένων τὰ μὲν τῆς ἐργασίας ὄργανα θείαν τοῖς βίοις ἐπικουρίαν παρασχόντα κρύψαντες εἰς ἀπόρρητον, ὡς ἱεροῖς αὐτοῖς ἀπήντων, τοῦ δ' | ἀληλεμένου βίου παρὰ τὸ πρόσθεν μακαρισθέντος, ἀπήρξαντό τε τῆς ψαισθείσης τροφῆς πρῶτον εἰς πῦρ τοῖς θεοῖς. Ὅθεν ἔτι καὶ νῦν πρὸς τῷ τέλει τῶν θυηλῶν τοῖς ψαισθεῖσι θυλήμασι χρώμεθα, μαρτυροῦντες μὲν τῷ πραττομένῳ τὴν ἐξ ἀρχῆς τῶν θυμάτων αὔξησιν, οὐ συνορῶντες δὲ τίνων χάριν τούτων ἕκαστα δρῶμεν. 3 Ἀφ' ὧν ὁρμωμένοις ἡμῖν, καὶ τῶν καρπῶν ἀλλὰ καὶ τῶν πυρῶν ἀφθονωτέρων γιγνομένων, προσετίθεντο πελάνων ἤδη καὶ τῶν λοιπῶν ἁπάντων ἀπαρχαὶ τοῖς θεοῖς εἰς τὰς θυσίας· 4 πολλὰ μὲν ἀνθολογούντων, οὐκ ἐλάττω δὲ τούτων μιγνύντων ⟨τῶν⟩ τότε εἴ τι καλὸν εἶχον ἐν βίῳ καὶ πρέπον ὀσμῇ πρὸς θείαν αἴσθησιν. Καὶ τὰ μὲν στέφοντες, τὰ δ' εἰς πῦρ δωρούμενοι, θείας ἑτέρας σταγόνας οἴνου καὶ μέλιτος ἔτι δ' ἐλαίου ταῖς χρείαις ἀνευρίσκοντες ἀπήρχοντο καὶ τούτων τοῖς αἰτίοις θεοῖς.

5. 6[6] τὰ add. Nauck || [7] καρπῶν Re. : καρύων codd. || 6. 2[1] ἐρειξαμένων He. : ἐρεξ- codd. || [7] ψαισθεῖσι Fo. : ὀψαισθεῖσι codd. || 4[2] τῶν add. Be. || [4] alt. τὰ ed. pr. : τὰς codd.

7. 1 De tous ces usages témoigne, semble-t-il, la procession du Soleil et des Heures célébrée aujourd'hui encore à Athènes[1]. On y porte en effet en procession de la boue, de l'herbe, du chiendent sur un lit de noyaux, des rameaux de supplication, des légumes secs, des glands, des fraises, de l'orge, du blé, une galette de fruits secs, un gâteau fait de farine de blé et d'orge, un gâteau droit et une marmite pleine[2].

Perversions et châtiments

2 Mais les prémices offertes par les hommes dans les sacrifices se sont engagées fort avant dans une voie illégitime, et l'on a vu s'introduire l'usage des sacrifices les plus épouvantables, usage plein de cruauté — apparemment les malédictions prononcées autrefois contre nous sont aujourd'hui réalisées — car les hommes se sont mis à égorger les victimes et à ensanglanter les autels à partir du moment où, ayant fait l'épreuve des famines et des guerres, ils ont trempé leurs mains dans le sang.

3 En tout cas il semble bien, dit Théophraste, que dans son courroux la divinité ait infligé, pour chacune de ces deux attitudes[3], le châtiment qui convenait. Ainsi, parmi les hommes, les uns sont devenus athées ; quant aux autres, on ferait mieux de dire qu'ils ont l'esprit pervers plutôt que des dieux pervers, puisqu'ils considèrent les dieux comme des êtres mauvais et dénués de toute supériorité naturelle sur nous. De la même façon, il apparaît que chez les uns les sacrifices sont ignorés, puisqu'ils n'offrent jamais aux dieux les prémices de leurs biens, et que chez les autres ils sont dépravés, puisque les hommes y ont porté la main sur des victimes illégitimes.

8. 1 Et c'est ainsi que, d'une part, les Thoens[4], qui habitaient aux confins de la Thrace et qui n'offraient

1-2. Voir aux *Notes complémentaires*, p. 199-200.

3. Ἑκατέρων désigne deux faits énoncés dans la partie du texte de Théophraste non citée par Porphyre (voir *Notice*, p. 20-21).

4. Voir aux *Notes complémentaires*, p. 200.

7. 1 Οἷς μαρτυρεῖν ἔοικε καὶ ἡ Ἀθήνησιν ἔτι καὶ νῦν δρωμένη πομπὴ Ἡλίου τε καὶ Ὡρῶν. Πομπεύει γὰρ ἰλύς, πόα, ἄγρωστις ἐπὶ πυρηνίων, ἱκετήριαι, ὄσπρια, δρῦς, μιμαί|κυλα, κριθαί, πυροί, παλάθη ἡγητηρία, ἀλεύρων πυρίνων καὶ κριθίνων φθοῖς, ὀρθοστάτης, χύτρος.

2 Πόρρω δὲ τῶν περὶ τὰς θυσίας ἀπαρχῶν τοῖς ἀνθρώποις προϊουσῶν παρανομίας, ἡ τῶν δεινοτάτων θυμάτων παράληψις ἐπεισήχθη, ὠμότητος πλήρης, ὡς δοκεῖν τὰς πρόσθεν λεχθείσας καθ' ἡμῶν ἀρὰς νῦν τέλος εἰληφέναι, σφαξάντων τῶν ἀνθρώπων καὶ τοὺς βωμοὺς αἱμαξάντων, ἀφ' οὗ λιμῶν τε καὶ πολέμων πειραθέντες αἱμάτων ἥψαντο.

3 Τοιγαροῦν τὸ δαιμόνιον, ὥς φησιν ὁ Θεόφραστος, τούτων ἑκατέρων νεμεσῆσαν ἐπιθεῖναι τὴν πρέπουσαν ἔοικε τιμωρίαν. Καθὸ οἳ μὲν ἄθεοι γεγόνασι τῶν ἀνθρώπων, οἳ δὲ κακόφρονες μᾶλλον ἢ κακόθεοι λεχθέντες ἂν ἐν δίκῃ, διὰ τὸ φαύλους καὶ μηθὲν ἡμῶν βελτίους ἡγεῖσθαι τὴν φύσιν εἶναι τοὺς θεούς· οὕτως οἳ μὲν ἄθυτοι φαίνονται γενέσθαι τινές, οὐδεμίαν ἀπαρχὴν τῶν ὑπαρχόντων ποιούμενοι τοῖς θεοῖς· οἳ δὲ κακόθυτοι καὶ παρανόμων ἁψάμενοι θυμάτων.

8. 1 Διὸ Θῶες μὲν οἱ ἐν μεθορίοις Θρᾴκης οἰκήσαντες μηθενὸς ἀπαρχόμενοι μηδὲ θύοντες, ἀνάρπαστοι κατ'

Test. **7.** 2-3 Evseb., *Pr. eu.* IV, 14, 1. — 2^{1-5} Evseb., *Pr. eu.* I, 9, 11 et Theodoret., *Gr. aff. cur.* VII, 39.

7. 1^{2} ἰλύς, πόα ego uide adn. ad gall. transl. : εἰλυσπόα codd. || ^{3} ἱκετήριαι ego : ἡγηριάς codd. || ^{5} ὀρθοστάτης Va. : -ταις VMLKP^{a} -τας G^{a}FB^{a}P^{b}T || 2^{2} προϊουσῶν Evs. Theod. : προεχουσῶν codd.

jamais ni prémices ni sacrifices, furent à cette époque[1] rayés du nombre des hommes et, du jour au lendemain, nul n'a pu retrouver ni les habitants, ni la ville, ni les fondations des habitations.

2 « Car ils ne voulaient pas s'abstenir d'une folle » démesure. Ils refusaient d'offrir un culte aux » Immortels ou de sacrifier aux saints autels des » Bienheureux, selon la loi »

des Immortels. C'est pourquoi

« Zeus, fils de Cronos, les ensevelit, courroucé, » parce qu'ils ne rendaient pas hommage aux » Bienheureux[2] »

et ne leur offraient pas de prémices comme il était juste de le faire. 3 D'autre part nous avons le cas des anciens Bassares[3] qui, non contents d'être les adeptes des sacrifices tauriques[4], allaient même, dans le délire des sacrifices humains, jusqu'à dévorer aussi leurs victimes. (Ils agissaient là comme nous le faisons avec les animaux, puisqu'aussi bien nous en offrons d'abord les prémices et employons le reste à festoyer.) Or qui n'a pas entendu raconter comment, frappés de folie, ils se jetaient les uns sur les autres pour se mordre, se repaissant réellement de chairs sanglantes, et comment ils ne cessèrent d'agir de la sorte avant d'avoir exterminé la famille de ceux qui, les premiers, s'étaient livrés à de tels sacrifices?

Origines malheureuses des sacrifices d'animaux

9. 1 Le sacrifice d'animaux est donc plus tardif que les autres[5]; il est même le plus récent. Et il ne tire pas sa cause d'un bienfait, comme le sacrifice de produits récoltés, mais d'une

1. Selon J. Bernays (*op. cit.*, p. 58), ce démonstratif renvoie au passage de Théophraste omis par Porphyre.

2. Hésiode, *Trav.* 134-137+138-139. La traduction est de P. Mazon (C.U.F., Paris 1928), réserve faite des variantes propres à Théophraste.

3-5. Voir aux *Notes complémentaires*, p. 200-201.

ἐκεῖνον ἐγένοντο τὸν χρόνον ἐξ ἀνθρώπων, καὶ οὔτε | τοὺς οἰκοῦντας οὔτε τὴν πόλιν οὔτε τὸν τῶν οἰκήσεων θεμέλιον ἐξαίφνης οὐθεὶς εὑρεῖν ἐδύνατο·

2 ὕϐριν γὰρ ἀτάσθαλον οὐκ ἐθέλεσκον
ἴσχειν, οὐδ' ἀθανάτους θεραπεύειν
ἤθελον, οὐδ' ἔρδειν μακάρων ἱεροῖς ἐπὶ βωμοῖς,
ἣ θέμις

ἀθανάτοις. Τοιγαροῦν αὐτοὺς

Ζεὺς Κρονίδης ἔκρυψε χολούμενος, οὕνεκα τιμὰς
οὐκ ἐδίδουν μακάρεσσιν

οὐδ' ἀπήρχοντο τούτοις, καθάπερ ἦν δίκαιον. 3 Βασσάρων δὲ δὴ τῶν τὸ πάλαι τὰς Ταύρων θυσίας οὐ μόνον ζηλωσάντων, ἀλλὰ καὶ τῇ τῶν ἀνθρωποθυσιῶν βακχείᾳ βορὰν τούτοις προσθεμένων — καθάπερ ἡμεῖς νῦν ἐπὶ τῶν ζῴων· ἀπαρξάμενοι γὰρ τὰ λοιπὰ δαῖτα τιθέμεθα — τίς οὐκ ἀκήκοεν ὅτι μετὰ μανίας προσπίπτοντές τε καὶ δάκνοντες ἀλλήλους, ἔτι δὲ πρὸς ἀλήθειαν αἱμοδαιτοῦντες οὐκ ἐπαύσαντο πρὶν τὸ γένος ἐξαναλῶσαι τῶν πρώτων παρ' αὐτοῖς τῆς τοιαύτης ἁψαμένων θυσίας;

9. 1 Ὑστέρα μὲν τοίνυν καὶ νεωτάτη ἡ διὰ τῶν ζῴων θυσία, τὴν δὲ αἰτίαν λαϐοῦσα οὐκ εὐχάριστον ὡς ἡ ἐκ τῶν καρπῶν, ἀλλὰ λιμοῦ ἤ τινος ἄλλης δυστυχίας περίστασιν.

Test. **9.** 1¹⁻³ Cyrill. *Contra Iul.* X, 1036 D - 1037 A.

---

8. 2¹ ἐθέλεσκον codd. : ἐδύναντο Hes. || ² ἴσχειν codd. : ἀλλήλων ἀπέχειν Hes. || ³ οὐδ' ἔρδειν Hes. : οὐδὲ ἰδεῖν VMLKP[a] G[a] a.c. FB[a] οὐδὲ δεῖν G[a] p.c. P[b]T || 3³ τῇ Va. : τὴν codd.

situation difficile[1] née de la famine ou de quelque autre infortune. Par exemple, les causes des mises à mort qui ont lieu en particulier à Athènes trouvent leur origine dans l'ignorance, la colère ou la crainte. 2 Ainsi les Athéniens attribuent-ils l'origine de l'immolation des porcs à la faute involontaire de Clyméné[2], qui certes ne fit pas exprès d'atteindre l'animal, mais qui cependant causa sa mort. A la suite de quoi son mari, faisant preuve de prudence et pensant qu'elle avait commis un acte illégitime, se rendit à Pythô pour consulter l'oracle du dieu[3]. Le dieu consentit à ce qui était arrivé, et de ce fait on jugea désormais que c'était là une chose indifférente. 3 D'autre part, quand Épiscopos — un homme de la famille des Consultants[4] — voulut offrir des moutons à titre de prémices, on dit que l'oracle le lui permit, mais avec beaucoup de précautions. En voici en effet le texte[5] :

> « Il ne t'est pas permis de tuer la solide race des brebis, ô toi qui es de la lignée des Consultants. Mais si un animal acquiesce en penchant la tête vers l'eau lustrale[6], j'affirme, ô Épiscopos, que son sacrifice est juste[7]. »

10. 1 C'est à Icarios[8] en Attique qu'on tua pour la première fois une chèvre, parce qu'elle avait brouté les rameaux d'une vigne. 2 Quant au bœuf[9], le premier qui en égorgea un fut Diomos, alors qu'il était prêtre de Zeus Polieus. On célébrait les Dipolies et les fruits étaient là, préparés selon l'usage antique, quand le bœuf goûta au gâteau sacré. Avec l'aide des autres personnes présentes, le prêtre tua alors l'animal[10]. 3 Telles sont les causes particulières qu'on invoque à Athènes. Ailleurs on en cite d'autres qui varient selon

1. Pour ce sens de περίστασις, cf. Polybe, I, 82, 7 ; IV, 45, 10 ; *S.I.G.* 708, 7 (IIe s. av. J.-C.) ; *Sent. Sext.* 200 ; 385 ; et *D.A.* I, 55, 1.
2. Nom inconnu par ailleurs.
3-10. Voir aux *Notes complémentaires*, p. 201-202.

Αὐτίκα τῶν κατὰ μέρος παρ' Ἀθηναίοις | ἀναιρέσεων αἱ αἴτιαι ἢ ἀγνοίας ἢ ὀργὰς ἢ φόϐους τὰς ἀρχὰς ἔχουσιν. 2 Τὴν μὲν γὰρ τῶν συῶν σφαγὴν ἀκουσίῳ ἁμαρτίᾳ Κλυμένης προσάπτουσιν, ἀπροαιρέτως μὲν βαλούσης, ἀνελούσης δὲ τὸ ζῷον. Διὸ καὶ εὐλαϐηθέντα αὐτῆς τὸν ἄνδρα, ὡς παράνομον διαπεπραγμένης, Πυθῶδε ἀφικόμενον χρήσασθαι τῷ τοῦ θεοῦ μαντείῳ. Τοῦ δὲ θεοῦ τῷ συμϐάντι ἐπιτρέψαντος, ἀδιάφορον λοιπὸν νομίσαι τὸ γιγνόμενον. 3 Ἐπισκόπῳ δέ, ὃς ἦν ἔκγονος τῶν Θεοπρόπων, βουληθέντι προϐάτων ἀπάρξασθαι, ἐπιτρέψαι μέν φασι τὸ λόγιον, σὺν πολλῇ δ' εὐλαϐείᾳ. Ἔχει γὰρ οὕτως·

Οὔ σε θέμις κτείνειν ὀΐων γένος ἐστὶ βέϐαιον,
ἔγγονε Θειοπρόπων· ὃ δ' ἑκούσιον ἂν κατανεύσῃ
χέρνιϐ' ἔπι, θύειν τόδ', Ἐπίσκοπε, φημὶ δικαίως.

10. 1 Αἶγα δ' ἐν Ἰκαρίῳ τῆς Ἀττικῆς ἐχειρώσαντο πρῶτον, ὅτι ἄμπελον ἀπέθρισεν. 2 Βοῦν δὲ Δίομος ἔσφαξε πρῶτος, ἱερεὺς ὢν τοῦ Πολιέως Διός, ὅτι τῶν Διιπολίων ἀγομένων καὶ παρεσκευασμένων κατὰ τὸ πάλαι ἔθος τῶν καρπῶν ὁ βοῦς προσελθὼν ἀπεγεύσατο τοῦ ἱεροῦ πελάνου· συνεργοὺς γὰρ λαϐὼν τοὺς ἄλλους ὅσοι παρῆσαν, ἀπέκτεινε τοῦτον. 3 Καὶ παρὰ μὲν Ἀθηναίοις | τοιαῦται κατὰ μέρος ἀποδίδονται αἴτιαι, ἄλλαι δὲ

9. 2[5] χρήσασθαι Nauck : χρῆσθαι codd. || 3[6] ἔπι, θύειν Wolff : ἐπιθύειν codd. || τόδ' Wolff : τὸ δ' codd. || **10.** 1[1] Ἰκαρίῳ Meursius : Ἰκάρῳ codd. || [3] ἀπέθρισεν Fo. : -θρεισεν codd. || 2[1] Δίομος ed. pr. : σίομος codd.

les peuples, mais toutes sont chargées d'explications qui sont loin d'être pures. La plupart donnent pour causes la famine et l'injustice qui en résulte. Car après avoir mangé des êtres animés, on en offrit à titre de prémices, puisque l'usage voulait qu'on offrît les prémices de sa nourriture. 4 Or même si l'usage sacrificiel précédait l'usage alimentaire, il ne saurait de ce fait définir ce que les hommes ont besoin de manger. Mais puisqu'il est postérieur à la consommation et à l'offrande des prémices, il ne saurait faire admettre qu'on satisfait à la piété en consommant un aliment dont l'offrande même constitue une impiété.

Variations selon l'intérêt national

11. 1 Que tout cela tire son origine de l'injustice, en voici un indice qui n'est pas le plus négligeable : on ne sacrifie ni ne mange les mêmes animaux chez tous les peuples, mais chacun détermine ce qu'il faut faire d'après ses besoins particuliers. 2 Par exemple, chez les Égyptiens et les Phéniciens, on mangerait plus volontiers de la chair humaine que de la viande de vache[1]. La cause en est que cet animal utile se faisait rare chez eux. C'est pourquoi, tout en mangeant et sacrifiant les taureaux, ils épargnèrent les femelles pour assurer la reproduction, et décrétèrent qu'il était criminel d'y toucher. C'est pourtant bien en fonction de leurs besoins qu'ils définirent, pour une seule et même espèce — celle des bovins — ce qui était conforme à la piété et ce qui ne l'était pas[2]. 3 Les choses étant ainsi, Théophraste, avec juste raison, interdit à ceux qui veulent être vraiment pieux de sacrifier les êtres animés, en invoquant encore d'autres causes semblables.

1. Cf. Hérodote, IV, 186.

2. Cf. les arguments de l'épicurien Hermarque, en *D.A.* I, 12, 3-4. Les textes d'Hermarque sont traduits et commentés dans V. Goldschmidt, *La doctrine d'Épicure et le droit*, Paris 1977 (paru après le t. I du *D.A.*).

παρ' ἄλλοις λέγονται· πλήρεις δὲ πᾶσαι οὐκ εὐαγῶν ἀποδόσεων. Λιμὸν δὲ οἱ πλεῖστοι αἰτιῶνται καὶ τὴν ἐκ τούτου ἀδικίαν. Διὸ γευσάμενοι τῶν ἐμψύχων ἀπήρξαντο καὶ τούτων, εἰωθότες τῆς τροφῆς ἀπάρχεσθαι. 4 Ὅθεν οὐδὲ πρεσβύτερον τὸ θυσιῶν ὑπάρχον τῆς ἀναγκαίας τροφῆς ἐκ τούτου ἀφορίζοι ἂν τοῖς ἀνθρώποις τὸ βρωτέον, ἑπόμενον δὲ οἷς ἐγεύσαντο καὶ ἀπήρξαντο, οὐκ ἀναγκάζοι προσίεσθαι ὡς εὐσεβὲς οὗ μὴ εὐσεβῶς τοῖς θεοῖς ἀπήρξαντο.

11. 1 Μηνύει δὲ οὐχ ἥκιστα [οὐκ] ἐξ ἀδικίας πᾶν τὸ τοιοῦτο λαβεῖν τὴν ἀρχὴν τὸ μὴ ἐν παντὶ ἔθνει τὰ αὐτὰ ἢ θύειν ἢ ἐσθίειν, ἐκ δὲ τῆς χρείας τῆς πρὸς αὑτοὺς στοχάζεσθαι τοῦ καθήκοντος. 2 Παρὰ γοῦν Αἰγυπτίοις καὶ Φοίνιξι θᾶττον ἄν τις ἀνθρωπείων κρεῶν γεύσαιτο ἢ θηλείας βοός. Αἴτιον δὲ ὅτι χρήσιμον τὸ ζῷον ὂν τοῦτο ἐσπάνιζε παρ' αὐτοῖς. Διὸ ταύρων μὲν καὶ ἐγεύσαντο καὶ ἀπήρξαντο, τῶν δὲ θηλειῶν φειδόμενοι τῆς γονῆς ἕνεκα, ἐν μύσει τὸ ἅψασθαι ἐνομοθέτησαν· καίτοι γ' ἐκ τῆς χρείας ἐφ' ἑνὸς καὶ ταὐτοῦ γένους τῶν βοῶν τό τε εὐσεβὲς καὶ τὸ ἀσεβὲς διώρισαν. 3 Ὧν δὴ τοῦτον ἐχόντων τὸν τρόπον, εἰκότως ὁ Θεόφραστος ἀπαγορεύει μὴ θύειν τὰ ἔμψυχα τοὺς τῷ ὄντι εὐσεβεῖν ἐθέλοντας, χρώμενος καὶ τοιαύταις ἄλλαις αἰτίαις.

Test. **11.** 3 Evseb., *Pr. eu.* IV, 14, 2. — 3[2-4] Theodoret., *Gr. aff. cur.* VII, 40.

---

10. 3[6] ἀπάρχεσθαι Be. : ἀπέχεσθαι codd. || **11.** 1[1] οὐκ del. Rh. || [2] τὸ ed. pr. : τῷ codd. || [3] αὑτοὺς He. : αὐτοὺς codd. 2[6] γ' ἐκ Pötscher : γε codd.

Injustice et impiété des sacrifices d'animaux

12. 1 Premièrement, comme nous l'affirmons[1], on s'est mis à les sacrifier sous la pression d'une nécessité majeure dont nous fûmes alors les victimes. Les causes en furent les famines et les guerres qui amenèrent avec elles la nécessité de manger des animaux. Mais tant qu'il y a des récoltes, est-il besoin de pratiquer des sacrifices imposés par cette nécessité ? 2 De plus il faut payer de retour et remercier chacun pour ses bienfaits selon la valeur du service rendu ; à ceux donc qui nous ont rendu les plus grands services il faut montrer la plus grande reconnaissance, et cela au moyen de nos biens les plus précieux — surtout s'ils nous ont eux-mêmes procuré ces biens. Or les plus beaux et les plus précieux des bienfaits que les dieux nous accordent, ce sont les récoltes. Grâce à elles en effet ils nous conservent en vie et nous procurent une existence policée. Elles doivent donc nous servir à les honorer. 3 En outre nous ne devons sacrifier que ce dont le sacrifice ne peut léser personne, car s'il est un acte qui ne doit causer aucun tort, c'est bien le sacrifice. Et si quelqu'un venait à dire que le dieu nous a donné les animaux, au même titre que les récoltes, pour notre usage, je lui répondrais que lorsqu'on sacrifie des êtres vivants on leur cause bien quelque tort, puisqu'on leur dérobe l'âme[2]. Il ne faut donc pas les sacrifier. 4 Car le sacrifice est un acte saint, puisqu'il porte aussi le nom de « sanctification »[3] ; or nul n'est saint qui, pour exprimer sa reconnaissance, utilise les biens d'autrui sans son accord — même s'il ne lui prend que des récoltes ou simplement des plantes. Comment pourrait-il y avoir sainteté quand une injustice est commise aux dépens des victimes du vol ? La sainteté est absente du sacrifice alors même qu'on ne vole que les récoltes d'autrui ; il est donc à plus forte raison contraire à la

1. Cf. *supra*, 9, 1.
2-3. Voir aux *Notes complémentaires*, p. 202-203.

12. 1 Πρῶτον μὲν ὅτι ἐξ ἀνάγκης μείζονος, ὥς φαμεν, ἡμᾶς καταλαβούσης κατήρξαντο αὐτῶν · λιμοὶ γὰρ αἴτιοι καὶ πόλεμοι, οἳ καὶ τοῦ γεύσασθαι ἀνάγκην ἐπήγαγον. Ὄντων οὖν τῶν καρπῶν, τίς χρεία τῷ τῆς ἀνάγκης χρῆσθαι θύματι ; 2 Ἔπειτα τῶν εὐεργεσιῶν τὰς ἀμοιβὰς καὶ τὰς χάριτας ἄλλοις μὲν ἄλλας ἀποδοτέον κατὰ τὴν ἀξίαν τῆς εὐποιίας, τοῖς δὲ εἰς τὰ μέγιστα ἡμᾶς εὖ πεποιηκόσι τὰς μεγίστας καὶ ἀπὸ τῶν τιμιωτάτων, καὶ μάλιστα εἰ αὐτοὶ εἶεν τούτων πάροχοι. Κάλλιστα δὲ καὶ τιμιώτατα ὧν ἡμᾶς οἱ θεοὶ εὖ ποιοῦσιν, οἱ καρποί · διὰ γὰρ τούτων ἡμᾶς σῴζουσι καὶ νομίμως ζῆν παρέχουσιν · ὥστε ἀπὸ τούτων αὐτοὺς τιμητέον. 3 Καὶ μὴν θύειν δεῖ ἐκεῖνα ἃ θύοντες οὐθένα πημανοῦμεν · οὐθὲν γὰρ ὡς τὸ θῦμα ἀβλαβὲς εἶναι χρὴ πᾶσιν. Εἰ δὲ λέγοι τις ὅτι οὐχ ἧττον τῶν καρπῶν καὶ τὰ ζῷα ἡμῖν ὁ θεὸς εἰς χρῆσιν δέδωκεν, ἀλλ' ὅτι γε ἐπιθυομένων τῶν ζῴων φέρει τινὰ βλάβην αὐτοῖς, ἅτε τῆς ψυχῆς νοσφιζομένων. Οὐ θυτέον ⟨οὖν⟩ ταῦτα. 4 Ἡ γὰρ θυσία ὁσία τίς ἐστι κατὰ τοὔνομα. Ὅσιος δὲ οὐθεὶς ὃς ἐκ τῶν ἀλλοτρίων ἀποδίδωσι χάριτας, κἂν καρποὺς λάβῃ κἂν φυτά, μὴ ἐθέλοντος. Πῶς γὰρ ὅσιον ἀδικουμένων τῶν ἀφαιρεθέντων ; Εἰ δὲ οὐδὲ καρποὺς ὁ ἀφελόμενος ἄλλων ὁσίως θύει, τά γε τούτων τιμιώτερα

TEST. **12.** 3-4 EVSEB., *Pr. eu.* IV, 14, 3. — 3[1-2] THEODORET., *Gr. aff. cur.* VII, 41.

12. 2[2] ἄλλας Re. : -ως codd. ‖ [4] τιμιωτάτων Re. : -τέρων codd. ‖ 3[6] οὖν Evs. : om. codd. ‖ 4[3] ἐθέλοντος Evs. : ἐκ θέλοντος codd.

sainteté d'offrir des sacrifices en volant à autrui des biens encore plus précieux. Le crime ainsi commis est en effet plus grand. Or l'âme est un bien beaucoup plus précieux que les produits de la terre, et il n'est guère convenable d'en faire un objet de vol en sacrifiant des animaux.

13. 1 On dira peut-être qu'aux plantes aussi, n'est-ce pas, nous volons quelque chose. Mais ce n'est pas le même genre de vol, car il n'est pas commis contre leur gré. En effet, même si nous n'y touchons pas, elles laissent d'elles-mêmes tomber leurs fruits ; et la récolte des fruits n'entraîne pas la destruction des plantes, comme c'est le cas pour les êtres vivants lorsqu'ils perdent leur âme. 2 De même, si nous recueillons la production des abeilles, c'est que cette production a lieu grâce à notre travail et qu'il est normal que le profit aussi en soit commun. Car les abeilles tirent le miel des plantes, mais nous donnons nos soins aux abeilles. Aussi faut-il partager, sans leur faire subir aucun dommage. La part dont elles n'ont point usage, mais qui nous est en revanche utile, constitue en quelque sorte le salaire qu'elles nous doivent[1]. 3 Il faut donc s'abstenir des animaux dans les sacrifices. En voici du reste une autre raison : si tout appartient aux dieux, il semble pourtant que les récoltes nous appartiennent. C'est nous en effet qui les semons, qui les plantons et qui les faisons pousser grâce aux autres soins que nous leur dispensons. Or nous devons faire les sacrifices avec ce qui est à nous et non avec ce qui appartient à autrui. 4 De plus, ce qui est peu coûteux et facile à acquérir est plus saint et plus agréable aux dieux que ce qui s'acquiert difficilement ; et les opérations les plus faciles offrent aux sacrifiants la matière d'une piété ininterrompue. Par conséquent il ne faut en aucun cas offrir en sacrifice ce qui n'est ni saint ni bon marché, quand bien même on l'aurait sous la main.

1. L'idée de la solidarité entre hommes et animaux s'exprime également dans PHILON, *De animalibus* ou *Alexandros*, 10 Aucher.

παντελῶς οὐχ ὅσιον ἀφαιρουμένους τινῶν θύειν · | τὸ γὰρ δεινὸν οὕτω γίγνεται μεῖζον · ψυχὴ δὲ πολλῷ τιμιώτερον τῶν ἐκ γῆς φυομένων, ἣν ἀφαιρεῖσθαι θύοντα τὰ ζῷα οὐ προσῆκεν.

13. 1 Ἀλλ' ἴσως τις ἂν εἴποι ὅτι καὶ τῶν φυτῶν ἀφαιροῦμέν τι ἢ οὔ ; Οὐχ ὁμοία ἡ ἀφαίρεσις · οὐ γὰρ παρὰ ἀκόντων. Καὶ γὰρ ἡμῶν ἐασάντων, αὐτὰ μεθίει τοὺς καρπούς, καὶ ἡ τῶν καρπῶν λῆψις οὐ μετ' ἀπωλείας αὐτῶν, καθάπερ ὅταν τὰ ζῷα τὴν ψυχὴν πρόηται. 2 Καὶ τὴν παρὰ τῶν μελιττῶν δὲ τοῦ καρποῦ παράληψιν, ἐκ τῶν πόνων ἡμῶν γιγνομένην, κοινὴν ἔχειν προσήκει καὶ τὴν ὄνησιν. Συνάγουσι γὰρ αἱ μέλιτται ἐκ τῶν φυτῶν τὸ μέλι, ἡμεῖς δὲ αὐτῶν ἐπιμελούμεθα. Διὸ καὶ δεῖ οὕτω μερίζεσθαι, ὡς μηδεμίαν αὐταῖς γίγνεσθαι βλάβην. Τὸ δ' ἄχρηστον μὲν ἐκείναις, ἡμῖν δὲ χρήσιμον εἴη ἂν μισθὸς ὁ παρ' ἐκείνων. 3 Ἀφεκτέον ἄρα τῶν ζῴων ἐν ταῖς θυσίαις. Καὶ γὰρ ἄλλως πάντα μὲν τῶν θεῶν ἐστιν, ἡμῶν δὲ δοκοῦσιν εἶναι οἱ καρποί · ἡμεῖς γὰρ καὶ σπείρομεν αὐτοὺς καὶ φυτεύομεν καὶ ταῖς ἄλλαις ἐπιμελείαις ἀνατρέφομεν. Θυτέον οὖν ἐκ τῶν ἡμετέρων, οὐ τῶν ἀλλοτρίων. 4 Ἐπεὶ καὶ τὸ εὐδάπανον καὶ τὸ εὐπόριστον τοῦ δυσποριστου ὁσιώτερον καὶ θεοῖς κεχαρισμένον καὶ τὸ ῥᾷστον τοῖς θύουσι πρὸς συνεχῆ εὐσέβειαν ἕτοιμον. Τὸ τοίνυν μήθ' ὅσιον μήτ' εὐδά|πανον οὐ πάνυ θυτέον, εἰ καὶ παρείη.

TEST. 13. 3[1] EVSEB., *Pr. eu.* IV, 14, 4 et THEODORET., *Gr. aff. cur.* VII, 41. — 4[3-4] : EVSEB., *Pr. eu.* IV, 14, 4.

---

13. 1[5] ὅταν He. : ὅτε ἂν codd. ‖ 2[2] μελιττῶν Va. : μελίτων codd.

Inopportunité des sacrifices coûteux

14. 1 Pour constater que les animaux ne font pas partie des biens dont l'acquisition ne coûte ni peine ni dépense, il faut porter ses regards sur la masse du genre humain. Car il peut bien exister quelques individus « riches en moutons et en bœufs »[1], mais cela ne doit pas être pris en considération. Premièrement, un grand nombre de peuples ne possède aucun des animaux propres à être sacrifiés — à moins que l'on ne considère comme tels des animaux indignes. Deuxièmement, pour la plupart des gens vivant dans les cités proprement dites, ces mêmes animaux ne sont disponibles qu'en quantité limitée. 2 On objectera peut-être qu'il en est de même pour les récoltes tirées des cultures : restent au moins les autres produits de la terre, et de toute façon il est moins malaisé de se procurer des récoltes que des animaux. 3 Enfin, le peu de coût et le peu de peine favorisent l'exercice ininterrompu de la piété et mettent celle-ci à la portée de tous les hommes.

15. 1 Et l'expérience atteste que les dieux y trouvent plus d'agrément que lorsque la dépense est importante. Sinon la Pythie n'aurait jamais déclaré qu'à ce Thessalien qui amenait à Apollon Pythien des bœufs aux cornes dorées et des hécatombes le dieu avait préféré[2] l'homme d'Hermioné[3] qui, pour tout sacrifice, avait offert trois doigts de pâte tirée de sa besace[4]. 2 Et comme l'homme, à ces mots, avait jeté en plus sur le feu de l'autel toute la pâte qui lui restait, elle reprit la parole pour dire que par ce geste il fâchait deux fois plus le dieu qu'il ne lui avait d'abord fait plaisir[5]. 3 Voilà comment les dieux aiment les offrandes peu coûteuses ; et la divinité regarde plus à la manière d'être du sacrifiant qu'à la quantité du sacrifié[6].

1. *Iliade*, IX, 154.
2. Voir aux *Notes complémentaires*, p. 203.
3. Ville d'Argolide.
4-6. Voir aux *Notes complémentaires*, p. 203-204.

14. 1 Ὅτι δ' οὐ τῶν εὐπορίστων καὶ εὐδαπάνων τὰ ζῷα, θεωρητέον εἰς τὸ πολὺ τοῦ γένους ἡμῶν ὁρῶντας. Οὐ γὰρ ἐπεί τινές εἰσι « πολύρρηνες » καὶ « πολυβοῦται » τῶν ἀνθρώπων, τοῦτο σκεπτέον· πρῶτον μὲν ὅτι πολλὰ τῶν ἐθνῶν οὐ κέκτηται τῶν θυσίμων ζῴων οὐθέν, εἰ μή τις τῶν ἀτίμων λέγοι· δεύτερον δὲ ὅτι τῶν ἐν αὐταῖς ταῖς πόλεσιν οἰκούντων οἱ πλεῖστοι σπανίζουσι τούτων. 2 Εἰ δὲ καὶ τῶν ἡμέρων τις καρπῶν λέγοι σπανίζειν, ἀλλ' οὐ τῶν γε λοιπῶν τῶν ἐκ γῆς φυομένων, οὐδ' οὕτω χαλεπὸν τοὺς καρποὺς ὡς τὰ ζῷα πορίσασθαι. [Ῥᾴων ἄρ' ὁ πόρος τῶν καρπῶν καὶ τῶν ἀπὸ γῆς ἢ ὁ τῶν ζῴων.] 3 Τὸ δὲ εὐδάπανον καὶ εὐπόριστον πρὸς συνεχῆ εὐσέβειαν συντελεῖ καὶ πρὸς τὴν ἁπάντων.

15. 1 Καὶ μαρτυρεῖ γε ἡ πεῖρα ὅτι χαίρουσι τούτῳ οἱ θεοὶ ἢ τῷ πολυδαπάνῳ. Οὐ γὰρ ἄν ποτε τοῦ Θετταλοῦ ἐκείνου τοὺς χρυσόκερως βοῦς καὶ τὰς ἑκατόμβας τῷ Πυθίῳ προσάγοντος μᾶλλον ἔφησεν ἡ Πυθία τὸν Ἑρμιονέα κεχαρίσθαι θύσαντα τῶν ψαιστῶν ἐκ τοῦ πηριδίου τοῖς τρισὶ δακτύλοις. 2 Προσεπιβαλόντι δὲ διὰ τὸ ῥηθὲν τὰ λοιπὰ πάντα ⟨κατὰ⟩ τοῦ πυρὸς ἐπὶ τὸν βωμὸν εἶπε πάλιν ὅτι δὶς τόσον ἀπέχθοιτο τοῦτο δράσας ἢ πρότερον ἦν κεχαρι|σμένος. 3 Οὕτω τὸ εὐδάπανον φίλον θεοῖς, καὶ μᾶλλον τὸ δαιμόνιον πρὸς τὸ τῶν θυόντων ἦθος ἢ πρὸς τὸ τῶν θυομένων πλῆθος βλέπει.

14. 1[2] ὁρῶντας Va. : -τες codd. ‖ 2[2] ἡμέρων ed. pr. : ἡμετέρων codd. ‖ [4-5] Ῥᾴων — ζῴων secl. Nauck ‖ 3[2] εὐπόριστον He. : εὔπορον codd. ‖ **15.** 1[5] κεχαρίσθαι Bentley : -ῆσθαι codd. ‖ 2[2] κατὰ addidi ‖ [3] τόσον B[a] s.l. : τὸ σῶμα cett.

16. 1 On trouve une histoire semblable chez Théopompe[1], qui raconte qu'un jour vint à Delphes un homme de Magnésie d'Asie, homme fort riche et propriétaire de nombreuses têtes de bétail. Cet homme avait coutume d'offrir aux dieux, chaque année, des sacrifices aussi nombreux que magnifiques, sans doute parce qu'il possédait des biens en abondance, mais aussi par piété et par désir de plaire aux dieux. 2 Telles étaient ses dispositions envers la divinité quand il arriva à Delphes. Après avoir conduit l'hécatombe pour le dieu et honoré Apollon d'une façon magnifique, il se rendit à la salle oraculaire[2] pour consulter. Il pensait bien être l'homme au monde qui rendait aux dieux le culte le plus beau ; il demanda donc à la Pythie de désigner l'homme qui offrait à la divinité l'hommage le meilleur et le plus zélé, et dont les sacrifices étaient le mieux agréés. Il escomptait bien que le premier rang lui serait accordé. Mais la prêtresse répondit[3] que, parmi tous les hommes, celui qui rendait aux dieux le meilleur culte était Cléarque, un habitant de Méthydrion[4] en Arcadie. 3 Notre homme en fut saisi d'un étonnement peu ordinaire ; il voulut voir le personnage et avoir avec lui un entretien afin d'apprendre comment il accomplissait les sacrifices. Il arriva donc bientôt à Méthydrion et commença par éprouver du dédain pour l'endroit, qui était petit et d'étendue[5] modeste. Bien loin, pensait-il, que l'un des habitants pût, à titre privé, rendre aux dieux des honneurs plus magnifiques et plus beaux que les siens, la cité elle-même ne l'aurait pas pu. Néanmoins il rencontra l'homme et le pria de lui expliquer de quelle façon il honorait les dieux. 4 Cléarque lui dit qu'il s'acquittait de ce devoir et qu'il accomplissait scrupuleusement les sacrifices aux moments voulus en couronnant et lustrant[6], chaque mois à la nouvelle lune, les statues d'Hermès et d'Hécate ainsi que les

1-2. Voir aux *Notes complémentaires*, p. 204.

3. Témoignage recensé par Parke et Wormell, *op. cit.*, II, p. 97, sous le n° 238, et daté entre 431 et 373 av. J.-C.

4-6. Voir aux *Notes complémentaires*, p. 204.

16. 1 Τὰ παραπλήσια δὲ καὶ Θεόπομπος ἱστόρηκεν, εἰς Δελφοὺς ἀφικέσθαι ἄνδρα Μάγνητα ἐκ τῆς Ἀσίας φάμενος, πλούσιον σφόδρα, κεκτημένον συχνὰ βοσκήματα. Τοῦτον δ' εἰθίσθαι τοῖς θεοῖς καθ' ἕκαστον ἐνιαυτὸν θυσίας ποιεῖσθαι πολλὰς καὶ μεγαλοπρεπεῖς, τὰ μὲν δι' εὐπορίαν τῶν ὑπαρχόντων, τὰ δὲ δι' εὐσέβειαν καὶ τὸ βούλεσθαι τοῖς θεοῖς ἀρέσκειν. 2 Οὕτω δὲ διακείμενον πρὸς τὸ δαιμόνιον ἐλθεῖν εἰς Δελφούς, πομπεύσαντα δὲ ἑκατόμβην τῷ θεῷ καὶ τιμήσαντα μεγαλοπρεπῶς τὸν Ἀπόλλωνα παρελθεῖν εἰς τὸ μαντεῖον χρηστηριασόμενον. Οἰόμενον δὲ κάλλιστα πάντων ἀνθρώπων θεραπεύειν τοὺς θεοὺς ἐρέσθαι τὴν Πυθίαν τὸν ἄριστα καὶ προθυμότατα τὸ δαιμόνιον γεραίροντα θεσπίσαι καὶ τὸν ποιοῦντα τὰς θυσίας προσφιλεστάτας, ὑπολαμβάνοντα δοθήσεσθαι αὑτῷ τὸ πρωτεῖον. Τὴν δὲ ἱέρειαν ἀποκρίνασθαι πάντων ἄριστα θεραπεύειν τοὺς θεοὺς Κλέαρχον κατοικοῦντα ἐν Μεθυδρίῳ τῆς Ἀρκαδίας. 3 Τὸν δ' ἐκπλαγέντα ἐκτόπως ἐπιθυμῆσαι τὸν ἄνθρωπον ἰδεῖν καὶ ἐντυχόντα μαθεῖν τίνα τρόπον τὰς θυσίας ἐπιτελεῖ. Ἀφικόμενον οὖν ταχέως εἰς τὸ Μεθύδριον πρῶτον μὲν καταφρονῆσαι μικροῦ καὶ ταπεινοῦ ὄντος τὸ μέγεθος τοῦ χωρίου, | ἡγούμενον οὐχ ὅπως ἄν τινα τῶν ἰδιωτῶν, ἀλλ' οὐδ' ἂν αὐτὴν τὴν πόλιν δύνασθαι μεγαλοπρεπέστερον αὑτοῦ καὶ κάλλιον τιμῆσαι τοὺς θεούς. Ὅμως δ' οὖν συντυχόντα τῷ ἀνδρὶ ἀξιῶσαι φράσαι αὐτῷ ὅντινα τρόπον τοὺς θεοὺς τιμᾷ. 4 Τὸν δὲ Κλέαρχον φάναι ἐπιτελεῖν καὶ σπουδαίως θύειν ἐν τοῖς προσήκουσι χρόνοις, κατὰ μῆνα ἕκαστον ταῖς νουμηνίαις στεφανοῦντα καὶ φαιδρύνοντα τὸν Ἑρμῆν καὶ τὴν Ἑκάτην καὶ τὰ

16. 2[8] αὑτῷ Nauck : αὐτῷ codd. || 3[3] ἀφικόμενον He. : -ομένου codd. || [5] τὸ μέγεθος Cobet uide adn. ad gall. transl. : τοῦ μεγέθους codd. || [7] αὑτοῦ He. : αὐτοῦ codd.

autres figures sacrées léguées par ses ancêtres[1], et qu'il les honorait en leur offrant encens, pâte et galettes. 5 En outre, chaque année, il participait aux sacrifices publics sans négliger aucune fête. Dans ces circonstances il célébrait le culte des dieux non pas en sacrifiant des bœufs ni en massacrant des victimes, mais en offrant ce qui se trouvait à sa portée. Cependant il avait soin, pour toutes les récoltes de ses réserves et pour les fruits que la terre nous offre en chaque saison, d'en attribuer aux dieux les prémices, déposant les unes en offrande et brûlant les autres en leur honneur. Il s'en tenait quant à lui à ses seules ressources et laissait à d'autres le soin de sacrifier des bœufs.

17. 1 On lit également chez certains historiens qu'après leur victoire sur les Carthaginois les tyrans[2] offrirent à Apollon des hécatombes, et qu'à cette occasion ils rivalisèrent vivement de magnificence les uns avec les autres. Ils s'enquirent ensuite de celles qui avaient été le mieux agréées. Contre toute attente, le dieu répondit que c'étaient les morceaux de pâte de Dokimos. 2 C'était un Delphien qui cultivait quelques maigres arpents de pierraille. Il était descendu ce jour-là de son village, et avait tiré de sa besace quelques poignées de farine pour en faire offrande[3], procurant ainsi au dieu plus d'agrément que ceux qui avaient fait faire des sacrifices grandioses[4]. 3 La chose est connue, si bien qu'un certain nombre de poètes également ont cru bon d'exprimer des opinions semblables, comme par exemple Antiphane, qui dit dans l'*Initiée*[5] :

> « Les dieux aiment les présents peu coûteux, et en voici la preuve : lorsqu'on offre en sacrifice des hécatombes, à la fin, après tout le reste, on leur présente l'encens, comme si tous les frais inutiles

1. Il s'agit là d'un culte privé.
2-4. Voir aux *Notes complémentaires*, p. 204-205.
5. = Fr. 164 Kock (*Com. Att. Fr.* II, p. 78). La conjecture de Cobet signalée dans l'app. crit. est proposée dans ses *Novae Lectiones*, p. 131.

λοιπὰ τῶν ἱερῶν, ἃ δὴ τοὺς προγόνους καταλιπεῖν, καὶ τιμᾶν λιβανωτοῖς καὶ ψαιστοῖς καὶ ποπάνοις. 5 Κατ' ἐνιαυτὸν δὲ θυσίας δημοτελεῖς ποιεῖσθαι, παραλείποντα οὐδεμίαν ἑορτήν· ἐν αὐταῖς δὲ ταύταις θεραπεύειν τοὺς θεοὺς οὐ βουθυτοῦντα οὐδὲ ἱερεῖα κατακόπτοντα, ἀλλ' ὅτι ἂν παρατύχῃ ἐπιθύοντα, σπουδάζειν μέντοι ἀπὸ πάντων τῶν περιγιγνομένων καρπῶν καὶ τῶν ὡραίων ἃ ἐκ τῆς γῆς λαμβάνεται τοῖς θεοῖς τὰς ἀπαρχὰς ἀπονέμειν· καὶ τὰ μὲν παρατιθέναι, τὰ δὲ καθαγίζειν αὐτοῖς· αὐτὸν δὲ τῇ αὐταρκείᾳ προσεσχηκότα τὸ θῦσαι βοῦς προεῖσθαι.

17. 1 Παρ' ἐνίοις δ' ἱστόρηται τῶν συγγραφέων, τῶν τυράννων μετὰ τὸ κρατῆσαι Καρχηδονίων ἑκατόμβας κατὰ πολλὴν ἔριν τὴν πρὸς ἀλλήλους ἐκπρεπεῖς παρα|στησάντων τῷ 'Απόλλωνι, εἶτα πυνθανομένων αἷς ἥσθείη μάλιστα, παρ' ἐλπίδα πᾶσαν αὐτὸν ἀποκρίνασθαι, διότι τοῖς Δοκίμου ψαιστοῖς. 2 Δελφὸς δὲ ἦν οὗτος, σκληρὰ γεωργῶν πετρίδια· κατιὼν δὲ ἀπὸ τοῦ χωρίου ἐκείνης τῆς ἡμέρας, ἐκ τῆς περικειμένης πήρας τῶν ἀλφίτων ὀλίγας δράκας ἐθυλήσατο, πλέον τέρψας τὸν θεὸν τῶν μεγαλοπρεπεῖς θυσίας συντελεσάντων. 3 Ὅθεν καὶ τῶν ποιητῶν τισι διὰ τὸ γνώριμον ἀποφαίνεσθαι ἐδόκει τὰ τοιαῦτα, ὡς 'Αντιφάνει ἐν Μύστιδι λέγεται·

Ταῖς εὐτελείαις οἱ θεοὶ χαίρουσι γάρ·
τεκμήριον δ'· ὅταν γὰρ ἑκατόμβας τινὲς
θύωσιν, ἐπὶ τούτοις ἅπασιν ὕστατος
πάντων καὶ λιβανωτὸς ἐπετέθη,

16. 5[8] καθαγίζειν Re. : -ιάζειν codd. || [9] τὸ ... προεῖσθαι Be. : τοῦ ... προνοεῖσθαι codd. || **17.** 1[5] αὐτὸν Nauck : -ῶν codd. || 3[2] τισι Re. : τις codd. || [6] δ' ὅταν Meineke : δὲ ὅταν codd. || [7] πέλανος ante πάντων add. Kock ἁπαξαπάντων coni. Cobet uide adn.

qui l'ont précédé n'étaient qu'une vaine dépense perdue pour eux, et comme si cette petite offrande-là était justement celle qui plaît aux dieux. »

4 Et Ménandre écrit, dans l'*Atrabilaire* :

« C'est l'encens qui est pieux, et la galette ! Cette offrande-là, le dieu la reçoit toute entière, une fois posée sur le feu. »[1]

18. 1 Et voilà pourquoi l'on se servait de récipients en terre, en bois et en osier, surtout lors des cérémonies publiques[2], car on avait la conviction que la divinité y trouvait son agrément. Pour cette même raison, les statues les plus anciennes, faites de terre et de bois, sont réputées les plus divines, à cause de la matière employée et de la simplicité de leur facture. 2 Aussi bien raconte-t-on qu'Eschyle, prié par les Delphiens[3] d'écrire un péan en l'honneur du dieu, répondit que le meilleur était l'œuvre de Tynnichos[4] et que si l'on comparait le sien avec celui-là, il lui arriverait ce qui arrive aux statues nouvelles comparées aux anciennes. Les anciennes, quoique simplement faites, sont réputées divines, tandis que les nouvelles, produits d'un travail raffiné, suscitent sans doute l'admiration mais n'ont pas une telle réputation de divinité. 3 C'est donc avec raison qu'Hésiode a déclaré, pour approuver la loi des sacrifices antiques :

« Pour les sacrifices de la cité, rien ne vaut l'antique loi. »[5]

19. 1 Les auteurs qui ont traité des cérémonies et des sacrifices recommandent d'observer avec exactitude les prescriptions concernant les galettes, car ils pensent que cette offrande est plus agréable aux dieux que les

1. V. 449-451.
2. Cf. Athénée, XI, 483 C.
3. La leçon Δελφῶν (mss. ἀδελφῶν) a été proposée par Tanaquillus Faber, dans ses *Epistolae*, Saumur 1659, t. I, p. 188.
4. Voir aux *Notes complémentaires*, p. 205.
5. = fr. 322 Merk.-West.

ὡς τἄλλα μὲν τὰ πολλὰ παραναλούμενα
δαπάνην ματαίαν οὖσαν αὐτῶν οὕνεκα,
τὸ δὲ μικρὸν αὐτὸ τοῦτ' ἀρεστὸν τοῖς θεοῖς.

4 Καὶ Μένανδρος δ' ἐν Δυσκόλῳ φησίν ·

Ὁ λιβανωτὸς εὐσεβὴς
καὶ τὸ πόπανον · τοῦτ' ἔλαβεν ὁ θεὸς ἐπὶ τὸ πῦρ
ἅπαν τεθέν.

| 18. 1 Διὰ τοῦτο καὶ τοῖς κεραμίοις ἀγγείοις καὶ τοῖς ξυλίνοις καὶ πλεκτοῖς ἐχρῶντο καὶ μᾶλλον πρὸς τὰς δημοτελεῖς ἱεροποιίας, τοιούτοις χαίρειν πεπεισμένοι τὸ θεῖον. Ὅθεν καὶ τὰ παλαιότατα ἕδη κεράμια καὶ ξύλινα ὑπάρχοντα μᾶλλον θεῖα νενόμισται διά τε τὴν ὕλην καὶ τὴν ἀφέλειαν τῆς τέχνης. 2 Τὸν γοῦν Αἰσχύλον φασί, τῶν Δελφῶν ἀξιούντων εἰς τὸν θεὸν γράψαι παιᾶνα, εἰπεῖν ὅτι βέλτιστα Τυννίχῳ πεποίηται · παραβαλλόμενον δὲ τὸν αὑτοῦ πρὸς τὸν ἐκείνου ταὐτὸν πείσεσθαι τοῖς ἀγάλμασι τοῖς καινοῖς πρὸς τὰ ἀρχαῖα · ταῦτα γὰρ καίπερ ἁπλῶς πεποιημένα θεῖα νομίζεσθαι, τὰ δὲ καινὰ περιέργως εἰργασμένα θαυμάζεσθαι μέν, θεοῦ δὲ δόξαν ἧττον ἔχειν. 3 Καὶ τὸν Ἡσίοδον οὖν εἰκότως τὸν τῶν ἀρχαίων θυσιῶν νόμον ἐπαινοῦντα εἰπεῖν ·

Ὥς κε πόλις ῥέζῃσι, νόμος δ' ἀρχαῖος ἄριστος.

19. 1 Οἱ δὲ τὰ περὶ τῶν ἱερουργιῶν γεγραφότες καὶ θυσιῶν τὴν περὶ τὰ πόπανα ἀκρίβειαν φυλάττειν παραγγέλλουσιν, ὡς ἀρεστὴν τοῖς θεοῖς ταύτην ἢ τὴν διὰ τῶν

17. 3[8] ὡς τἄλλα Meineke : ὥστ' ἄλλα codd. || 4[2] εὐσεβὴς codd. : -ὲς Menander || [4] τεθέν codd. : ἐπιτεθέν Men. || 18. 1[4] ἕδη Be. : ἤδη codd. || 2[2] Δελφῶν Faber : ἀδελφῶν codd. || [4] αὑτοῦ ed. pr. : αὐτοῦ codd. || 19. 1[3] τὴν διὰ Va. : διὰ τὴν codd.

sacrifices d'animaux[1]. 2 Et Sophocle, décrivant le sacrifice qui plaît aux dieux, déclare dans son *Polyeidos* :

> « C'était la laine de la brebis, c'étaient la libation du suc de la vigne et la grappe précieusement gardée, c'étaient les fruits variés mêlés aux grains d'orge[2], et l'huile de l'olive, et la cire si finement modelée, ouvrage de la blonde abeille[3]. »

3 Mais c'étaient aussi les vénérables témoignages du passé laissés à Délos par les Hyperboréens porteurs de gerbes[4]. 4 Il faut donc épurer sa manière d'être[5] avant d'aller sacrifier, et il faut que ces offrandes que l'on présente aux dieux se signalent par le prix que les dieux leur attachent, et non par le prix qu'elles coûtent. Dans l'opinion actuelle des gens, un vêtement splendide passé sur un corps impur ne suffit pas à conférer la pureté rituelle qui convient aux sacrifices[6]. Or certains vont aux sacrifices après avoir fait resplendir leur corps en même temps que leur vêtement mais sans avoir l'âme pure de tout mal, et l'on estime que cela n'a aucune importance, comme si le dieu ne trouvait pas son plus grand agrément lorsque le plus divin des éléments qui sont en nous se trouve en état de pureté, car il lui est naturellement apparenté. 5 En tout cas, à Épidaure, on pouvait lire cette inscription gravée à l'entrée :

> « Pur doit être celui qui pénètre dans le temple où fume l'encens ; et la pureté consiste à penser saintement. »[7]

20. 1 Le dieu trouve son agrément non dans les sacrifices volumineux mais dans les plus ordinaires. Un fait le montre à l'évidence : lorsque l'on sert à table la nourriture quotidienne, quelle qu'elle puisse

1-2. Voir aux *Notes complémentaires*, p. 205.
3. = fr. 366 Nauck.
4-7. Voir aux *Notes complémentaires*, p. 205-206.

ζῴων θυσίαν. 2 Καὶ Σοφοκλῆς διαγράφων τὴν θεοφιλῆ θυσίαν φησὶν ἐν τῷ Πολυείδῳ·

Ἦν μὲν γὰρ οἰὸς μαλλός, ἦν δ' ἀμπέλου
σπονδή τε καὶ ῥὰξ εὖ τεθησαυρισμένη·
| ἐνῆν δὲ παγκάρπεια συμμιγὴς ὀλαῖς
λίπος τ' ἐλαίας καὶ τὸ ποικιλώτατον
ξουθῆς μελίσσης κηρόπλαστον ὄργανον.

3 Σεμνὰ δ' ἦν τῶν πρὶν ὑπομνήματα ἐν Δήλῳ ἐξ Ὑπερβορέων ἀμαλλοφόρων. 4 Δεῖ τοίνυν καθηραμένους τὸ ἦθος ἰέναι θύσοντας, τοῖς θεοῖς θεοφιλεῖς ταύτας ⟨τὰς⟩ θυσίας προσάγοντας, ἀλλὰ μὴ πολυτελεῖς. Νῦν δὲ ἐσθῆτα μὲν λαμπρὰν περὶ σῶμα μὴ καθαρὸν ἀμφιεσαμένοις οὐκ ἀρκεῖν νομίζουσι πρὸς τὸ τῶν θυσιῶν ἁγνόν· ὅταν δὲ τὸ σῶμα μετὰ τῆς ἐσθῆτός τινες λαμπρυνάμενοι μὴ καθαρὰν κακῶν τὴν ψυχὴν ἔχοντες ἴωσι πρὸς τὰς θυσίας, οὐδὲν διαφέρειν νομίζουσιν, ὥσπερ οὐ τῷ θειοτάτῳ γε τῶν ἐν ἡμῖν χαίροντα μάλιστα τὸν θεὸν διακειμένῳ καθαρῶς, ἅτε συγγενεῖ πεφυκότι. 5 Ἐν γοῦν Ἐπιδαύρῳ προεγέγραπτο·

Ἁγνὸν χρὴ ναοῖο θυώδεος ἐντὸς ἰόντα
ἔμμεναι· ἁγνεία δ' ἐστὶ φρονεῖν ὅσια.

20. 1 Ὅτι δὲ οὐ τῷ εὐόγκῳ χαίρει ὁ θεὸς τῶν θυσιῶν, ἀλλὰ τῷ τυχόντι, δηλοῖ ἐκ τοῦ τῆς καθ' ἡμέραν τροφῆς, κἂν ὁποία τις οὖν αὕτη παρατεθῇ, ταύτης πρὸ | τῶν

Test. **19.** 4-5 Cyrill., *C. Iul.* IX, 977 B-C.

19. 2[5] ὀλαῖς Wagner uide adn. : ὅλαις PᵃPᵇ ὅλαις cett. || 4[2] τοῖς θεοῖς codd. : τῷ θεῷ Cyr. || [2-3] ταύτας τὰς Pötscher : ταύτας codd. τὰς Cyr. || [4] περὶ — καθαρὸν om. Cyr. || καθαρὸν Fe. : -ὰν codd. || ἀμφιεσαμένοις Va. : ἀμφιασα- codd. ἀμφιεσμένοις Cyr. || [5] νομίζουσι codd. : -ζεται Cyr. || [9] μάλιστα codd. : μᾶλλον Cyr. || [10] πεφυκότι codd. : προσπεφ- Cyr. || 5[4] ἔμμεναι Cyr. et Clemens : ἐμφάμεναι codd. || ἁγνεία codd. : -ίη Cyr. et Clem. || **20.** 1[2] τῆς Va. : τοὺς codd. || [3] ταύτης Va. : -ας codd.

être, tout le monde, avant d'en faire son profit, en consacre une certaine part ; c'est une petite part, certes, mais à cette petite part plus qu'à tout autre chose est attaché un grand honneur.

Les premières libations

2 En s'appuyant sur un grand nombre de coutumes relevées chez divers peuples, Théophraste démontre que l'état ancien des sacrifices était l'offrande des récoltes ; il dit même que, plus anciennement encore, on offrait l'herbe ramassée[1]. Puis il traite le problème des libations dans les termes suivants :

3 Chez un grand nombre de peuples, les rites consistaient à l'origine en libations sobres. Les libations sobres sont les libations d'eau et les libations de miel qui leur succédèrent — car le miel fut la première liqueur que nous trouvâmes, toute prête, fournie par les abeilles. Puis vinrent les libations d'huile. Enfin, en dernier lieu, vinrent les libations de vin, plus récentes[2].

21. 1 Le témoignage en est fourni non seulement par les Pyramides des Lois[3], qui sont en vérité comme des copies des rituels corybantiques de Crète, mais aussi par Empédocle qui, dans son exposé sur les sacrifices et sur la théogonie, donne les précisions suivantes[4] :

> 2 « Chez eux ni Arès ni le Tumulte ne comptaient au [nombre des dieux,
> Zeus ne régnait pas, ni Cronos, ni Poséidon, mais
> Cypris était reine »,

c'est-à-dire l'Amour[5].

> 3 « Ils se la rendaient favorable par de pieuses offrandes, des peintures d'animaux, des parfums aux mille senteurs, des sacrifices de myrrhe pure et d'encens odorant, répandant sur le sol les libations des abeilles d'or. »

1-5. Voir aux *Notes complémentaires,* p. 206-208.

ἀπολαύσεων πάντας ἀπάρχεσθαι μικρὸν μέν, ἀλλὰ τῷ μικρῷ τούτῳ παντὸς μᾶλλον μεγάλη τίς ἐστι τιμή.

2 Διὰ πολλῶν δὲ ὁ Θεόφραστος τῶν παρ' ἑκάστοις πατρίων ἐπιδείξας ὅτι τὸ παλαιὸν τῶν θυσιῶν διὰ τῶν καρπῶν ἦν, ἔτ' εἰπὼν πρότερον τῆς πόας λαμβανομένης, καὶ τὰ τῶν σπονδῶν ἐξηγεῖται τοῦτον τὸν τρόπον.

3 Τὰ μὲν ἀρχαῖα τῶν ἱερῶν νηφάλια παρὰ πολλοῖς ἦν· νηφάλια δ' ἐστὶ τὰ ὑδρόσπονδα, τὰ δὲ μετὰ ταῦτα μελίσπονδα (τοῦτον γὰρ ἕτοιμον παρὰ μελιττῶν πρῶτον ἐλάβομεν τὸν ὑγρὸν καρπόν)· εἶτ' ἐλαιόσπονδα· τέλος δ' ἐπὶ πᾶσι τὰ ὕστερον γεγονότα οἰνόσπονδα.

21. 1 Μαρτυρεῖται δὲ ταῦτα οὐ μόνον ὑπὸ τῶν κύρβεων [στηλῶν], αἳ τῶν Κρήτηθέν εἰσι Κορυβαντικῶν ἱερῶν οἷον ἀντίγραφα ἄττα πρὸς ἀλήθειαν, ἀλλὰ καὶ παρ' Ἐμπεδοκλέους, ὃς περί τε τῶν θυμάτων καὶ περὶ τῆς θεογονίας διεξίων παρεμφαίνει λέγων·

2 Οὐδέ τις ἦν κείνοισιν Ἄρης θεὸς οὐδὲ Κυδοιμὸς
οὐδὲ Ζεὺς βασιλεὺς οὐδ' ὁ Κρόνος οὐδ' ὁ Ποσειδῶν,
ἀλλὰ Κύπρις βασίλεια,

ἥ ἐστιν ἡ φιλία.

| 3 Τὴν οἵ γ' εὐσεβέεσσιν ἀγάλμασιν ἱλάσκοντο
γραπτοῖς τε ζῴοισι μύροισί τε δαιδαλεόσμοις
σμύρνης τ' ἀκράτου θυσίαις λιβάνου τε θυώδους
ξουθῶν τε σπονδὰς μελιττῶν ῥιπτοῦντες ἐς οὖδας·

20. 1[4] ἀπάρχεσθαι Fo. : ἄρχεσθαι codd. || 3[4] τὸν ὑγρὸν G[a]FB[a] P[b]T : τῶν ὑγρῶν VMLKP[a] || εἶτ' He. : εἶτ' codd. || **21.** 1[1] τῶν Ruhnken uide adn. : τῶν ἐν codd. || [2] στηλῶν del. Ruhnken || [3] ἄττα Ruhnken : τὰ codd. || [5] λέγων ML : Ἐμπεδοκλῆς post λέγων add. cett. || 3[4] ξουθῶν codd. : ξανθῶν Diels ex Athen. XII, 510 d || μελιττῶν codd. : μελίτων Diels ex Athen.

4 Ces rites sont encore conservés chez certains peuples, comme des vestiges, en quelque sorte, de la vérité.

« Et l'autel n'était point arrosé par le sang généreux des taureaux. »

Dilemme : ou l'injustice ou l'impiété

22. 1 Parce que l'amour, je pense, et aussi la perception de la parenté[1] régnaient alors, nul ne commettait aucun meurtre, car l'homme estimait que les animaux lui étaient appropriés[2]. Mais quand vinrent à régner Arès et le Tumulte, ainsi que tous les conflits et sources de guerres, dès lors, en vérité, nul n'épargna plus un seul des êtres qui lui étaient appropriés. 2 Or il faut encore examiner le point suivant : bien qu'une appropriation nous unisse aux autres hommes[3], nous sommes d'avis qu'il faut détruire et punir tous ceux qui sont malfaisants et qu'une sorte d'impulsion de leur nature particulière et de leur méchanceté semble entraîner à nuire à ceux qu'ils rencontrent[4]. Eh bien, de la même façon, on a peut-être le droit de supprimer, parmi les animaux privés de raison, ceux qui sont par nature injustes et malfaisants, et que leur nature pousse à nuire à ceux qui les approchent. Mais parmi les autres animaux certains ne commettent pas d'injustices, leur nature ne les poussant pas à nuire ; ceux-là, il est à coup sûr injuste de les détruire et de les tuer, tout comme il est injuste de le faire aux hommes qui sont comme eux[5]. 3 Voilà qui semble révéler qu'il n'y a pas qu'une forme de droit entre nous et les autres animaux[6], puisque parmi ces derniers les uns sont nuisibles et malfaisants par nature, et les autres non — tout comme parmi les hommes.

1-3. Voir aux *Notes complémentaires*, p. 208.
4. Même expression et même idée en *D.A.* III, 26, 2.
5. Voir aux *Notes complémentaires*, p. 208-209.
6. Voir *Notice*, p. 23-24.

4 ἅπερ καὶ νῦν ἔτι σῴζεται παρ' ἐνίοις οἷον ἴχνη τινὰ τῆς ἀληθείας ὄντα·

ταύρων δ' ἀκρήτοισι φόνοις οὐ δεύετο βωμός.

22. 1 Τῆς γὰρ οἶμαι φιλίας καὶ τῆς περὶ τὸ συγγενὲς αἰσθήσεως πάντα κατεχούσης, οὐθεὶς οὐθὲν ἐφόνευεν, οἰκεῖα εἶναι νομίζων τὰ λοιπὰ τῶν ζῴων. Ἐπεὶ δὲ Ἄρης καὶ Κυδοιμὸς καὶ πᾶσα μάχη καὶ πολέμων ἀρχὴ κατέσχεν, τότε πρῶτον οὐθεὶς οὐθενὸς ὄντως ἐφείδετο τῶν οἰκείων. 2 Σκεπτέον δ' ἔτι καὶ ταῦτα. Ὥσπερ γὰρ οἰκειότητος οὔσης ἡμῖν πρὸς τοὺς ἀνθρώπους, τοὺς κακοποιοὺς καὶ καθάπερ ὑπό τινος πνοῆς ⟨τῆς⟩ ἰδίας φύσεως καὶ μοχθηρίας φερομένους πρὸς τὸ βλάπτειν τὸν ἐντυγχάνοντα ἀναιρεῖν ἡγούμεθα δεῖν καὶ κολάζειν ἅπαντας, οὕτω καὶ τῶν ἀλόγων ζῴων τὰ ἄδικα τὴν φύσιν καὶ κακοποιὰ πρός τε τὸ βλάπτειν ὡρμημένα τῇ φύσει τοὺς ἐμπελάζοντας ἀναιρεῖν ἴσως προσήκει, τὰ δὲ μηθὲν ἀδικοῦντα τῶν λοιπῶν | ζῴων μηδὲ τῇ φύσει πρὸς τὸ βλάπτειν ὡρμημένα ἀναιρεῖν τε καὶ φονεύειν ἄδικον δήπου, ὥσπερ καὶ τῶν ἀνθρώπων τοὺς τοιούτους. 3 Ὃ δὴ καὶ ἐμφαίνειν ἔοικεν ⟨ἓν⟩ δίκαιον ἡμῖν μηδὲν εἶναι πρὸς τὰ λοιπὰ τῶν ζῴων, διὰ τὸ βλαβερὰ ἄττα τούτων εἶναι καὶ κακοποιὰ τὴν φύσιν, τὰ δὲ μὴ τοιαῦτα, καθάπερ καὶ τῶν ἀνθρώπων.

21. 4[3] ἀκρήτοισι Scaliger : ἀκρίτοισι codd. uid. infra **27.** 7[4] || **22.** 2[3] τῆς add. Re. || 3[1] ἔοικεν ἓν Be. : ἔοικεν codd. οὐκ ἔοικεν Fe. ut uid.

23. 1 Faut-il donc sacrifier aux dieux les animaux qui méritent d'être mis à mort? Et comment serait-ce possible, puisqu'ils sont par nature mauvais? Autant dire qu'il faut sacrifier les animaux estropiés. Si nous adoptons ce point de vue, les sacrifices ne seront que des consécrations de produits défectueux, et non des marques d'honneur. Par conséquent, si l'on doit sacrifier aux dieux les animaux, il faut sacrifier ceux d'entre eux qui ne commettent aucune injustice envers nous. 2 Mais nous venons d'admettre que l'on ne doit pas détruire ceux des animaux qui ne commettent pas d'injustice envers nous, et, partant, ne pas non plus les sacrifier aux dieux ! Si donc on ne doit sacrifier ni ces derniers ni ceux qui sont malfaisants, n'est-il pas évident qu'il faut dans tous les cas s'abstenir de le faire, et ne sacrifier aucun des animaux[1]? (Il reste entendu toutefois qu'une de ces deux catégories d'animaux peut être soumise à la destruction.)

24. 1 En outre, il y a trois raisons de sacrifier aux dieux : ce sont l'hommage, la reconnaissance, ou le besoin de leurs bienfaits. Car quand nous pensons devoir leur consacrer nos offrandes, nous nous comportons envers eux comme envers les hommes de bien. Lorsque nous honorons les dieux, c'est soit parce que nous cherchons à obtenir le détournement d'événements malheureux et la réalisation d'événements heureux, soit parce que nous sommes déjà bénéficiaires de leur bonté, soit par pur et simple hommage rendu à leur perfection. Si donc il faut leur consacrer des animaux, nous devons les sacrifier eux aussi pour une de ces trois raisons, puisqu'aussi bien nos sacrifices se font tous pour une de ces raisons. 2 Or, qu'il s'agisse de l'un d'entre nous ou d'un dieu, celui qui reçoit l'hommage peut-il s'estimer honoré lorsque notre injustice éclate au moment même où nous consacrons notre offrande[2]? Ne verrait-il pas plutôt un outrage dans

1. Τὰ λοιπὰ ζῷα désigne les êtres animés autres que l'homme.
2. Cf. ch. 12, 4.

23. 1 Ἆρ' οὖν θυτέον τὰ ἄξια τοῦ σφάττεσθαι τοῖς θεοῖς ; Καὶ πῶς, εἴ γε φαῦλα τὴν φύσιν ἐστίν ; Οὐθὲν γὰρ μᾶλλον οὕτως ἢ τὰ ἀνάπηρα θυτέον. Κακῶν δὲ οὕτως ἀπαρχὴν καὶ οὐ τιμῆς ἕνεκα τὰς θυσίας ποιήσομεν. Εἰ δ' ἄρα θυτέον τοῖς θεοῖς τὰ ζῷα, τὰ μηθὲν ἀδικοῦντα τούτων ἡμᾶς θυτέον. 2 Οὐκ ἀναιρετέον δὲ ὡμολογήκαμεν ⟨τὰ⟩ μηθὲν ἡμᾶς ἀδικοῦντα τῶν λοιπῶν ζῴων, ὥστε οὐδὲ θυτέον αὐτὰ τοῖς θεοῖς. Εἰ οὖν οὔτε ταῦτα θυτέον οὔτε τὰ κακοποιά, πῶς οὐ φανερὸν ὅτι παντὸς μᾶλλον ἀφεκτέον καὶ οὐ θυτέον ἐστὶ τῶν λοιπῶν ζῴων οὐθέν ; Ἀναιρεῖν γε μέντοι τούτων ἕτερ' ἄττα προσήκει.

24. 1 Καὶ γὰρ ἄλλως τριῶν ἕνεκα θυτέον τοῖς θεοῖς· ἢ γὰρ διὰ τιμὴν ἢ διὰ χάριν ἢ διὰ χρείαν τῶν ἀγαθῶν. Καθάπερ γὰρ τοῖς ἀγαθοῖς ἀνδράσιν, οὕτω κἀκείνοις ἡγούμεθα δεῖν ποιεῖσθαι τὰς ἀπαρχάς. Τιμῶμεν δὲ τοὺς θεοὺς ἢ κακῶν μὲν ἀποτροπήν, ἀγαθῶν δὲ παρασκευὴν ἡμῖν γενέσθαι ζητοῦντες, ἢ προπεπονθότες εὖ [ἢ ἵνα τύχωμεν ὠφελείας τινὸς], ἢ | κατὰ ψιλὴν τῆς ἀγαθῆς αὐτῶν ἕξεως ἐκτίμησιν. Ὥστε καὶ τῶν ζῴων, εἰ ἀπαρκτέον αὐτὰ θεοῖς, τούτων τινὸς ἕνεκα θυτέον. Καὶ γὰρ ἃ θύομεν, τούτων τινὸς ἕνεκα θύομεν. 2 Ἆρ' οὖν τιμῆς ἡγήσαιτ' ἄν ⟨τις⟩ τυγχάνειν ἡμῶν ἢ θεός, ὅταν ἀδικοῦντες εὐθὺς διὰ τῆς ἀπαρχῆς φαινώμεθα, ἢ μᾶλλον ἀτιμίαν οἰήσαιτ' ἂν

Test. **24.** 1[3]-5 Evseb., *Pr. eu.* IV, 14, 5-6.

---

23. 2[1] ὡμολογήκαμεν dubit. Nauck : -γηκότες codd. ‖ [2] τὰ addendum censuit Nauck ‖ [5] γε Re. : τε codd. ‖ **24.** 1[6-7] ἢ — τινὸς del. Re. ‖ [7] ψιλὴν Re. : τὴν ψιλὴν codd. ‖ 2[2] τις Evs. : om. codd. ‖ [3] ἢ Evs. : ἡ codd.

un tel acte? Or nous admettons que si nous faisons des sacrifices en détruisant ceux des animaux qui ne commettent aucune injustice nous commettrons une injustice. Par conséquent, si la raison du sacrifice est l'hommage, il ne faut sacrifier aucun des animaux. 3 Il ne faut pas davantage le faire pour remercier les dieux de leurs bienfaits. Car qui veut payer le juste prix du bienfait et le digne salaire du service rendu ne doit pas le faire aux dépens d'autrui. Sinon son acte de réciprocité ne paraîtra pas meilleur que celui d'un homme qui prendrait à son voisin de quoi récompenser ceux à qui il doit reconnaissance et hommage. 4 Enfin c'est également impossible dans le cas où l'on a besoin de leurs bontés. En effet, quiconque cherche à obtenir un bienfait par une action injuste laisse soupçonner qu'il n'aura pas de reconnaissance une fois le bienfait obtenu. Il ne faut donc pas non plus, lorsque l'on espère un bienfait, sacrifier des animaux aux dieux. 5 Ajoutons encore ceci : il n'est peut-être pas impossible que ces errements passent inaperçus chez les hommes, mais il n'y a aucun moyen d'échapper au regard du dieu. Donc, étant donné qu'on ne peut sacrifier que pour une des raisons que nous avons vues, et qu'aucune de ces raisons n'est compatible avec cette pratique, il est évident qu'il ne faut en aucun cas sacrifier des animaux aux dieux.

La jouissance, mobile des sacrifices d'animaux

25. 1 Les jouissances que nous tirons des sacrifices nous amènent à tenter d'oblitérer la vérité dans ce domaine : nous ne nous en rendons pas compte, mais le dieu, lui, s'en rend compte. 2 Ainsi, pour ce qui est des animaux indignes[1], qui ne nous fournissent rien de ce dont nous avons besoin pour vivre, ou des animaux qui ne comportent aucune source de jouissance, jamais nous n'en sacrifions aux dieux. A-t-on jamais sacrifié des serpents, des scorpions, des singes ou d'autres animaux semblables? 3 Mais

1. = indignes d'être sacrifiés, comme *supra*, 14, 1.

τὸ τοιοῦτο δρᾶν ; Ἐν τῷ δέ γε θύειν ἀναιροῦντες τὰ μηθὲν ἀδικοῦντα τῶν ζῴων, ἀδικήσειν ὁμολογοῦμεν · ὥστε τιμῆς μὲν ἕνεκα ⟨οὐ⟩ θυτέον τῶν λοιπῶν ζῴων οὐθέν. 3 Οὐ μὴν οὐδὲ τῶν εὐεργεσιῶν χάριν αὐτοῖς ἀποδιδόντας. Ὁ γὰρ τὴν δικαίαν ἀμοιβὴν τῆς εὐεργεσίας καὶ τῆς εὐποιίας τὸ ἀντάξιον ἀποδιδοὺς οὐκ ἐκ τοῦ κακῶς τινας δρᾶν ὀφείλει ταῦτα παρέχειν · οὐθὲν γὰρ μᾶλλον ἀμείβεσθαι δόξει ἢ κἂν εἰ τὰ τοῦ πέλας ἁρπάσας τις στεφανοίη τινὰς ὡς χάριν ἀποδιδοὺς καὶ τιμήν. 4 Ἀλλ' οὐδὲ χρείας τινὸς ἕνεκα τῶν ἀγαθῶν. Ὁ γὰρ ἀδίκῳ πράξει τὸ παθεῖν εὖ θηρεύων ὕποπτός ἐστι μηδὲ εὖ παθὼν χάριν ἕξειν · ὥστ' οὐδ' ἐλπιζομένης εὐεργεσίας θυτέον ἐστὶ τοῖς θεοῖς ζῷα. 5 Καὶ γὰρ δὴ τῶν μὲν ἀνθρώπων λάθοι τις ἂν ἴσως τινὰ τοῦτο πράττων, τὸν δὲ θεὸν ἀμήχανον καὶ λαθεῖν. Εἰ τοίνυν θυτέον ⟨μὲν τούτων⟩ τινὸς ἕνεκα, οὐθενὸς δὲ τούτων χάριν αὐτὸ πρακτέον, δῆλον ὡς | οὐ θυτέον ἐστὶ ζῷα ⟨τὸ παράπαν τοῖς θεοῖς⟩.

25. 1 Ταῖς γὰρ ἐκ τῶν θυμάτων ἀπολαύσεσι τὸ περὶ τούτων ἀληθὲς ἐξαλείφειν πειρώμενοι λανθάνομεν ἡμᾶς αὐτούς, οὐ γὰρ δὴ τὸν θεόν. 2 Τῶν μὲν οὖν ἀτίμων ζῴων, ἃ μηδεμίαν εἰς τὸν βίον ἡμῖν παρέχεται χρείαν, καὶ τῶν οὐδεμίαν ἀπόλαυσιν ἐχόντων οὐθὲν θύομεν τοῖς θεοῖς. Τίς γὰρ δὴ πώποτε ἔθυσεν ὄφεις καὶ σκορπίους ἢ πιθήκους ἤ τι τῶν τοιούτων ζῴων ; 3 Τῶν δὲ τοῖς βίοις

24. 2[4] post δρᾶν uerb. διὰ τῆς ἀπαρχῆς [2[3]] iter. codd. || [6] οὐ Evs. : om. codd. || 3[1-2] ἀποδιδόντας Evs. : -δίδονται codd. || [5] δόξει ἢ Evs. : δόξειν codd. || 4[3] εὖ παθὼν Evs. : εὐπαθῶν codd. || 5[3] μὲν τούτων Evs. : om. codd. || [4] οὐ Evs. : δὲ codd. || [5] τὸ — θεοῖς Evs. : om. codd. || **25.** 2[2] καὶ τῶν Nauck : κρείττω codd.

quant à ceux qui nous fournissent ce dont nous avons besoin pour vivre, ou bien qui comportent en eux-mêmes quelque source de jouissance, il n'y en a pas un dont nous nous abstenions ; en vérité nous les massacrons et les mettons en pièces sous la caution du culte divin. 4 Les bœufs, les moutons, et aussi les cerfs et les oiseaux, et même les porcs — qui n'ont rien de commun avec la pureté mais qui nous procurent des jouissances — nous les massacrons pour les dieux. Parmi ces animaux, les uns nous facilitent l'existence en travaillant pour nous, les autres nous viennent en aide en nous fournissant de quoi manger ou de quoi satisfaire d'autres besoins. 5 Quant à ceux qui ne font rien de tel, la jouissance que l'on en tire fait que, tout comme ceux qui ont de l'utilité, ils sont détruits par les hommes dans les sacrifices. 6 Mais les ânes, les éléphants et tous les autres, qui tout en travaillant pour nous ne peuvent nous procurer aucune jouissance, ceux-là, nous ne les sacrifions pas. 7 Du reste, en dehors des sacrifices, nous ne nous abstenons pas davantage des animaux ainsi définis[1], mais nous les massacrons pour la jouissance que nous en tirons. Et parmi ceux-là mêmes qui sont dignes d'être sacrifiés, nous sacrifions non pas ceux qui sont agréables aux dieux, mais bien plutôt ceux qui le sont aux appétits des hommes. Nous témoignons ainsi contre nous-mêmes que la jouissance est l'unique mobile de notre obstination à pratiquer de tels sacrifices.

26. 1 Il est vrai, dit Théophraste, que parmi les Syriens, les Juifs[2] sacrifient encore aujourd'hui des animaux, en vertu d'un mode de sacrifice qui remonte aux origines ; mais si l'un d'eux nous ordonnait de sacrifier à leur manière, nous nous garderions bien de le faire. 2 Car ils ne se régalent pas de leurs victimes, mais ils les brûlent entièrement, de nuit, en y versant du miel et du vin en quantité ; et ils se hâtent d'en

1. Voir *Notice*, p. 24-25.
2. Sur tout ce chapitre, voir *Notice*, p. 58-67.

ἡμῶν χρείαν τινὰ παρασχομένων ἢ καί τι εἰς ἀπόλαυσιν ἐν αὑτοῖς ἐχόντων οὐθενὸς ἀπεχόμεθα, σφάττοντες ὡς ἀληθῶς καὶ δέροντες ἐπὶ προστασίας τοῦ θείου. 4 Βοῦς γὰρ καὶ πρόβατα πρός τε τούτοις ἐλάφους καὶ ὄρνιθας, αὐτούς τε τοὺς καθαριότητος μὲν οὐθὲν κοινωνοῦντας, ἀπόλαυσιν δὲ ἡμῖν παρέχοντας σιάλους σφάττομεν τοῖς θεοῖς · ὧν τὰ μὲν τοῖς βίοις ἡμῶν ἐπικουρεῖ συμπονοῦντα, τὰ δὲ εἰς τροφὴν ἤ τινας ἄλλας χρείας ἔχει βοήθειαν. 5 Τὰ δὲ οὐθὲν τούτων δρῶντα διὰ τὴν ἐξ αὐτῶν ἀπόλαυσιν ὁμοίως τοῖς ἔχουσι τὸ χρήσιμον ὑπὸ τῶν ἀνθρώπων ἀπόλλυται ταῖς θυσίαις. 6 Ἀλλ' οὐκ ὄνους οὐδ' ἐλέφαντας οὐδὲ ἄλλο τῶν συμπονούντων μέν, οὐκ ἐχόντων δὲ ἀπόλαυσιν θύομεν. 7 Καίτοι καὶ χωρίς γε τοῦ θύειν οὐκ ἀπεχόμεθα τῶν τοιούτων, σφάττοντες διὰ τὰς ἀπολαύσεις, καὶ θύομεν | αὐτῶν τῶν θυσίμων οὐ τὰ τοῖς θεοῖς, πολὺ δὲ μᾶλλον τὰ ταῖς τῶν ἀνθρώπων ἐπιθυμίαις κεχαρισμένα, καταμαρτυροῦντες ἡμῶν [τε] αὐτῶν ὅτι τῆς ἀπολαύσεως χάριν ἐμμένομεν τοῖς τοιούτοις θύμασιν.

26. 1 Καίτοι Σύρων μὲν Ἰουδαῖοι διὰ τὴν ἐξ ἀρχῆς θυσίαν ἔτι καὶ νῦν, φησὶν ὁ Θεόφραστος, ζῳοθυτοῦντες, εἰ τὸν αὐτὸν ἡμᾶς ⟨τρόπον τις⟩ κελεύοι θύειν, ἀποσταίημεν ἂν τῆς πράξεως. 2 Οὐ γὰρ ἑστιώμενοι τῶν τυθέντων, ὁλοκαυτοῦντες δὲ ταῦτα νυκτὸς καὶ κατ' αὐτῶν πολὺ μέλι καὶ οἶνον λείβοντες ἀνήλισκον τὴν θυσίαν θᾶττον,

Test. **26.** 1-4 Evseb., *Pr. eu.* IX, 3.

25. 3[3] αὐτοῖς He. : αὑτοῖς codd. || 7[5] τε del. He. || [6] τοιούτοις Nauck : θεοῖς οὐ τοῖς codd. || **26.** 1[2] ζῳοθυτοῦντες codd. : -ούντων Evs. uide supra p. 59. || [3] εἰ Evs. : εἰς codd. || τρόπον τις Evs. : om. codd. || κελεύοι Evs. : -οιεν codd.

terminer avec le sacrifice afin que Celui qui voit tout ne soit pas témoin de cet acte terrible. 3 Ils jeûnent durant les jours d'intervalle entre les sacrifices, et pendant tout ce temps-là, comme il s'agit d'une race de philosophes, ils s'entretiennent des choses divines ; et la nuit, ils se consacrent à la contemplation des astres en les observant et en s'adressant à Dieu par leurs prières. 4 Ils furent les premiers à immoler des victimes prises parmi les autres animaux ou parmi eux-mêmes ; mais s'ils agissaient ainsi, c'était poussés par la nécessité et non par leurs appétits. 5 Riche en enseignements, à cet égard, serait l'observation du peuple le plus sage du monde, celui des Égyptiens : ces derniers sont si loin de tuer un seul des animaux qu'ils font de leurs figures les images des dieux, tant il est vrai qu'ils les considèrent comme appropriés et apparentés aux dieux et aux hommes.

Les sacrifices d'animaux substituts de sacrifices humains

27. 1 A l'origine donc, les sacrifices offerts aux dieux se faisaient avec les récoltes. Mais avec le temps nous perdîmes le sens de la sainteté ; d'autre part les récoltes devinrent insuffisantes, et par manque de nourriture normale les hommes furent poussés à se manger entre eux ; alors, non sans supplier la divinité par de nombreuses prières, ils consacrèrent d'abord aux dieux, à titre de prémices, des victimes prises parmi eux-mêmes. Ils n'offraient pas seulement ce qu'il y avait de plus beau parmi eux, mais prenaient également, parmi leurs congénères, d'autres sujets qui ne faisaient pas partie des plus beaux. 2 Depuis lors et jusqu'à nos jours, il se pratique, en Arcadie lors des Lykaia[1] et à Carthage en l'honneur de Cronos[2], des sacrifices humains officiels auxquels tout le monde prend part. Mais il y a plus : à dates régulières et en souvenir de l'ancien usage, des hommes arrosent les autels du sang de leur espèce[3], bien que chez eux la loi divine écarte des cérémonies

1-3. Voir aux *Notes complémentaires*, p. 209.

ἵνα τοῦ δεινοῦ μηδ' ὁ πανόπτης γένοιτο θεατής. 3 Καὶ τοῦτο δρῶσι νηστεύοντες τὰς ἀνὰ μέσον τούτων ἡμέρας· κατὰ δὲ πάντα τοῦτον τὸν χρόνον, ἅτε φιλόσοφοι τὸ γένος ὄντες, περὶ τοῦ θείου μὲν ἀλλήλοις λαλοῦσιν, τῆς δὲ νυκτὸς τῶν ἄστρων ποιοῦνται τὴν θεωρίαν, βλέποντες εἰς αὐτὰ καὶ διὰ τῶν εὐχῶν θεοκλυτοῦντες. 4 Κατήρξαντο γὰρ οὗτοι πρῶτοι τῶν τε λοιπῶν ζῴων καὶ σφῶν αὐτῶν, ἀνάγκῃ καὶ οὐκ ἐπιθυμίᾳ τοῦτο πράξαντες. 5 Μάθοι δ' ἄν τις ἐπιβλέψας τοὺς λογιωτάτους πάντων Αἰγυπτίους, οἳ τοσοῦτον ἀπεῖχον τοῦ φονεύειν τι τῶν λοιπῶν ζῴων ὥστε τὰς τούτων εἰκόνας μιμήματα τῶν θεῶν ἐποιοῦντο. Οὕτως οἰκεῖα καὶ συγγενῆ ταῦτα τοῖς θεοῖς ἐνόμιζον | εἶναι καὶ τοῖς ἀνθρώποις.

27. 1 Ἀπ' ἀρχῆς μὲν γὰρ διὰ τῶν καρπῶν ἐγίγνοντο τοῖς θεοῖς θυσίαι. Χρόνῳ δὲ τῆς ὁσιότητος ἡμῶν ἐξαμελησάντων, ἐπεὶ καὶ τῶν καρπῶν ἐσπάνισαν καὶ διὰ τὴν τῆς νομίμου τροφῆς ἔνδειαν εἰς τὸ σαρκοφαγεῖν ἀλλήλων ὥρμησαν, τότε μετὰ πολλῶν λιτῶν ἱκετεύοντες τὸ δαιμόνιον σφῶν αὐτῶν ἀπήρξαντο τοῖς θεοῖς πρῶτον, οὐ μόνον ὅ τι κάλλιστον ἐνῆν αὐτοῖς καὶ τοῦτο τοῖς θεοῖς καθοσιοῦντες, ἀλλὰ καὶ πέρα τῶν καλλίστων προσεπιλαμβάνοντες τοῦ γένους. 2 Ἀφ' οὗ μέχρι τοῦ νῦν οὐκ ἐν Ἀρκαδίᾳ μόνον τοῖς Λυκαίοις οὐδ' ἐν Καρχηδόνι τῷ Κρόνῳ κοινῇ πάντες ἀνθρωποθυτοῦσιν, ἀλλὰ κατὰ περίοδον τῆς τοῦ νομίμου χάριν μνήμης ἐμφύλιον αἷμα ῥαίνουσι πρὸς τοὺς βωμούς, καίπερ τῆς παρ' αὐτοῖς ὁσίας ἐξειργούσης τῶν ἱερῶν

TEST. **27.** 2^{1-4} EVSEB., *Pr. eu.* IV, 16, 10.

---

26. 2^{4} μηδ' Evs. : μὴ codd. || 3^{3} κατὰ δὲ Evs. : καὶ κατὰ codd. || 5^{3} τι Re. : τε codd. || **27.** 1^{1} διὰ ego : αἱ codd. || 2^{4} αἷμα codd. : ἀεὶ αἷμα Evs. || ^{5} ὁσίας Re. : θυσίας codd.

sacrées, par des aspersions[1] et par une proclamation solennelle[2], quiconque est responsable d'une effusion de sang ami[3]. 3 Dans la suite ces pratiques se modifièrent et, en remplacement de leurs propres corps, les hommes utilisèrent dans les sacrifices les corps des autres êtres vivants[4]. 4 Inversement[5], rassasiés de nourriture normale, ils en vinrent à oublier la piété, et comme ils devenaient de plus en plus insatiables, il n'y eut plus rien qui ne fût consommé et mangé par eux. 5 C'est précisément ce qui se passe maintenant partout, même pour la nourriture tirée des récoltes. Car lorsque les hommes prennent de la nourriture pour alléger l'état de manque où ils se trouvent nécessairement, ils cherchent toujours à aller au-delà de la satiété, élaborant pour leur alimentation des quantités de mets débordant les limites permises par la tempérance[6]. 6 Par suite, ne voulant pas avoir l'air de faire aux dieux des offrandes indignes, ils se laissèrent aller à les consommer ; cette pratique s'étant instaurée, la consommation d'animaux devint pour les hommes le complément de la nourriture à base de récoltes. Dans l'ancien temps, on consacrait aux dieux une partie des récoltes, et après le rite on était heureux de consommer les aliments ainsi consacrés ; eh bien de même, lorsqu'ils se mirent à immoler les animaux, les hommes jugèrent qu'ils devaient en faire autant, bien qu'à l'origine le rite n'en eût pas décidé ainsi et qu'on eût d'abord honoré chacun des dieux avec les produits des récoltes[7]. 7 Avec ces pratiques s'accordaient en effet la nature et, chez les hommes, l'ensemble de la perception exercée par leur âme[8].

« L'autel n'était point arrosé par le sang généreux[9] [des taureaux,
et il n'y avait pire souillure chez les hommes
que d'en manger les membres puissants après leur [avoir arraché la vie. »[10]

1-10. Voir aux *Notes complémentaires*, p. 209-211.

τοῖς περιρραντηρίοις ⟨καὶ⟩ κηρύγματι εἴ τις αἵματος ἀρθμίου μεταίτιος. 3 Ἐντεῦθεν οὖν μεταβαίνοντες ὑπάλλαγμα πρὸς τὰς θυσίας τῶν ἰδίων ἐποιοῦντο σωμάτων τὰ τῶν λοιπῶν ζῴων σώματα· 4 καὶ πάλιν κόρῳ τῆς νομίμου τροφῆς εἰς τὴν περὶ εὐσεβείας λήθην ἰόντες, ἐπιβαίνοντες ἀπληστίας οὐθὲν ἄγευστον οὐδὲ ἄβρωτον περιλείποντες. 5 Ὅπερ καὶ περὶ τὴν ἐκ τῶν καρπῶν τροφὴν | νῦν συμβαίνει περὶ πάντας. Ὅταν γὰρ τῇ προσφορᾷ τὴν ἀναγκαίαν ἔνδειαν κουφίσωνται, ζητοῦντες τοῦ κόρου τὸ περιττόν, ἐκπονοῦσι πρὸς βρῶσιν πολλὰ τῶν σωφροσύνης ἔξω κειμένων. 6 Ὅθεν ὡς οὐκ ἄτιμα ποιούμενοι τὰ θεοῖς θύματα, γεύσασθαι τούτων προήχθησαν, καὶ διὰ τὴν ἀρχὴν τῆς πράξεως ταύτης προσθήκη ἡ ζῳοφαγία γέγονε τῇ ἀπὸ τῶν καρπῶν τροφῇ τοῖς ἀνθρώποις. Καθάπερ οὖν τὸ παλαιὸν ἀπήρξαντό τε τοῖς θεοῖς τῶν καρπῶν καὶ τῶν ἀπαρχθέντων ἀσπαστῶς μετὰ τὴν ὁσίαν ἐγεύσαντο, οὕτω τῶν ζῴων καταρξάμενοι ταὐτὸν ἡγοῦντο δεῖν τοῦτο δρᾶν, καίπερ τὸ ἀρχαῖον οὐχ οὕτως τῆς ὁσίας ταῦτα βραβευσάσης, ἀλλ' ἐκ τῶν καρπῶν ἕκαστον τῶν θεῶν τιμῶντες. 7 Τοῖς μὲν γὰρ ἥ τε φύσις καὶ πᾶσα τῶν ἀνθρώπων ἡ τῆς ψυχῆς αἴσθησις δρωμένοις συνηρέσκετο.

Ταύρων δ' ἀκρήτοισι φόνοις οὐ δεύετο βωμός,
ἀλλὰ μύσος τοῦτ' ἔσκεν ἐν ἀνθρώποισι μέγιστον,
θυμὸν ἀπορραίσαντας ἐέδμεναι ἠΐα γυῖα.

Test. **27.** 6[8]-**28.** 1 Cyrill., *C. Iul.* IX, 972 C-D. — **27.** 7 Evseb., *Pr. eu.* IV, 14, 7.

---

27. 2[6] καὶ add. Be. ‖ [7] ἀρθμίου ego : ἀριθμείου codd. ἀνθρωπείου coni. Nauck ‖ 4[3] ἀπληστίας Ab. : -αις codd. ‖ 6[10] θεῶν Nauck : θείων codd. et Cyr. ‖ 7[4] ἀκρήτοισι Scaliger : ἀκρί- codd. et Cyr. ἀκρά- Evs. uide adn. ad gall. transl. ‖ 7[6] ἀπορραίσαντας Evs. Cyr. : -ρέσαντας codd. ‖ ἐέδμεναι Evs. Cyr. : ἐέλμ- codd. ἐνέδμ- coni. Diels ‖ γυῖα Evs. Cyr. : γυᾶ codd.

L'autel de Délos. L'attitude des Pythagoriciens

28. 1 On peut du reste le constater d'après l'autel qui est encore conservé de nos jours à Délos, et où les gens n'amènent ni ne sacrifient aucun animal, ce qui lui vaut d'être appelé « Autel des Hommes Pieux ». Ainsi non seulement, dans les sacrifices, on s'y abstient de toucher aux animaux, mais ceux qui ont élevé cet autel aussi bien que ceux qui s'en servent ont reçu en partage ce titre de piété[1]. 2 Aussi les Pythagoriciens, qui avaient adopté cette règle, s'abstenaient-ils durant toute leur vie de manger des animaux ; et lorsque, pour donner aux dieux leur part, ils leur consacraient un animal au lieu de l'un d'entre eux[2], ils ne consommaient que de celui-là ; quant aux autres, en vérité ils n'y touchaient de leur vie[3]. 3 Nous n'en faisons pas autant. Car dans notre désir de nous remplir, nous en sommes arrivés au dernier degré de cette faute qui se commet, tout au long de la vie, dans ces sortes d'actions[4]. 4 Car les hommes ne doivent ni souiller les autels des dieux par le meurtre, ni toucher à une telle nourriture, pas plus qu'au corps de leurs semblables. Au contraire, il faut élever au rang de leçon valable pour tout le monde l'usage qui est encore conservé à Athènes.

Les Bouphonia d'Athènes [5]

29. 1 Dans l'ancien temps, comme je l'ai déjà dit, les hommes sacrifiaient aux dieux des produits de leurs récoltes, mais pas d'animaux ; ils ne les utilisaient pas non plus pour leur nourriture personnelle. Or on raconte qu'au cours d'un sacrifice public, célébré à Athènes, un certain Diomos, ou Sopatros[6], qui n'était pas du pays mais qui cultivait la terre en Attique, avait

1-2. Voir aux *Notes complémentaires*, p. 211.
3. Voir *Notice*, p. 9.
4. Les § 2 et 3 constituent peut-être une insertion de Porphyre dans la citation de Théophraste ; c'est en tout cas l'avis de Bernays et de Pötscher.
5. Sur les ch. 29-30, voir *Notice*, p. 51-58.
6. Voir *Notice*, p. 53.

28. 1 Θεωρῆσαι δὲ ἔστιν ἐκ τοῦ περὶ Δῆλον ἔτι νῦν σῳζομένου βωμοῦ, πρὸς ὃν οὐθενὸς προσαγομένου | παρ' αὐτοῖς οὐδὲ θυομένου ἐπ' αὐτοῦ ζῴου εὐσεβῶν κέκληται βωμός. Οὕτως οὐ μόνον ἀπείχοντο τῶν ζῴων θύοντες, ἀλλὰ καὶ τοῖς ἱδρυσαμένοις τοῦτον ὁμοίως καὶ τοῖς χρωμένοις αὐτῷ μετέδοσαν τῆς εὐσεβείας. 2 Διόπερ οἱ Πυθαγόρειοι τοῦτο παραδεξάμενοι κατὰ μὲν τὸν πάντα βίον ἀπείχοντο τῆς ζῳοφαγίας, ὅτε δὲ εἰς ἀπαρχήν τι τῶν ζῴων ἀνθ' ἑαυτῶν μερίσειαν τοῖς θεοῖς, τούτου γευσάμενοι μόνον, πρὸς ἀλήθειαν ἄθικτοι τῶν λοιπῶν ὄντες ἔζων. 3 'Αλλ' οὐχ ἡμεῖς· ἐμπιπλάμενοι δὲ εἰς πολλοστὸν ἀφικόμεθα τῆς ἐν τούτοις παρὰ τὸν βίον παρανομίας. 4 Καὶ γὰρ οὔτε φόνῳ τοὺς τῶν θεῶν βωμοὺς χραίνειν δεῖ, οὔτε ἁπτέον τοῖς ἀνθρώποις τῆς τοιαύτης τροφῆς, ὡς οὐδὲ τῶν ἰδίων σωμάτων, ἀλλὰ ποιητέον παράγγελμα τῷ παντὶ βίῳ τὸ ἐν 'Αθήναις ἔτι σῳζόμενον.

29. 1 Τὸ γὰρ παλαιόν, ὡς καὶ πρόσθεν ἐλέγομεν, καρποὺς τοῖς θεοῖς τῶν ἀνθρώπων θυόντων, ζῷα δὲ οὔ, οὐδὲ εἰς τὴν ἰδίαν τροφὴν καταχρωμένων, λέγεται κοινῆς θυσίας οὔσης 'Αθήνησιν Δίομον ἢ Σώπατρόν τινα, τῷ

28. 1[4] μόνον Cyr. : μόνως codd. || **29.** 1[3] οὐδὲ He. : οὔτε codd.

déposé sur la table, bien en vue, afin de les offrir aux dieux, un gâteau et de la pâte à napper, quand un bœuf, qui revenait parmi d'autres du travail, s'approcha, dévora une partie des offrandes et piétina le reste. Pris d'une violente colère devant ce qui se passait, l'homme, voyant quelqu'un aiguiser une hache non loin de là, la lui arracha des mains et en frappa le bœuf. 2 Quand la bête fut morte, l'homme, revenant de sa colère, prit conscience de l'acte qu'il venait de commettre. Il enterra le bœuf puis, partant de lui-même en exil comme un homme coupable d'impiété, il se réfugia en Crète. 3 Or la sécheresse sévissait, provoquant une terrible disette de récoltes. A la délégation officielle venue consulter le dieu la Pythie répondit que l'exilé de Crète mettrait fin à tout cela et que, s'ils punissaient le meurtrier, s'ils remettaient sur pied le mort au cours du même sacrifice que celui où précisément il avait perdu la vie, les choses iraient mieux[1], à condition pour eux de consommer le mort et de ne pas s'en faire scrupule[2]. 4 On se mit alors en quête et l'on retrouva le responsable de l'affaire. Sopatros pensa qu'il serait délivré de la situation pénible où le mettait son état d'impureté si tout le monde faisait officiellement comme lui. Il déclara donc à ceux qui étaient venus le chercher qu'il fallait qu'un bœuf fût abattu par la cité. 5 Comme ils étaient embarrassés pour choisir qui frapperait l'animal, il leur offrit de le faire si, après lui avoir conféré le droit de cité, ils participaient au meurtre. Ils acceptèrent et, à leur retour dans la cité, organisèrent la chose de la façon suivante, telle qu'elle est encore en vigueur chez eux.

30. 1 Ils choisirent des jeunes filles comme porteuses d'eau : ces jeunes filles apportent l'eau pour aiguiser la hache et le couteau. Quand les instruments eurent

1. C. A. Lobeck a publié sa brillante conjecture indiquée dans l'app. crit. dans son *Aglaophamus*, Königsberg 1829, p. 1093.
2. Voir aux *Notes complémentaires*, p. 211-212.

γένει οὐκ ἐγχώριον, γεωργοῦντα δὲ κατὰ τὴν Ἀττικήν, ἐπεὶ πελάνου τε καὶ τῶν θυλημάτων ἐπὶ τῆς τραπέζης ἐναργῶς κειμένων, ἵνα τοῖς θεοῖς ταῦτα θύοι, τῶν βοῶν τις εἰσιὼν ἀπ' ἔργου τὰ μὲν κατέφαγε τὰ δὲ συνεπάτησεν, αὐτὸν δ' ὑπεραγανακτήσαντα τῷ συμβάντι, πελέκεώς τινος πλησίον ἀκονωμένου, τοῦτον ἁρπάξαντα πατάξαι τὸν βοῦν. 2 Τελευτήσαντος δὲ τοῦ βοός, | ὡς ἔξω τῆς ὀργῆς καταστὰς συνεφρόνησεν οἷον ἔργον ἦν εἰργασμένος, τὸν μὲν βοῦν θάπτει, φυγὴν δὲ ἑκούσιον ἀράμενος ὡς ἠσεβηκὼς ἔφυγεν εἰς Κρήτην. 3 Αὐχμῶν δὲ κατεχόντων καὶ δεινῆς ἀκαρπίας γενομένης, ἐπερωτῶσι κοινῇ τὸν θεὸν ἀνεῖλεν ἡ Πυθία τὸν ἐν Κρήτῃ φυγάδα ταῦτα λύσειν, τόν τε φονέα τιμωρησαμένων καὶ τὸν τεθνεῶτα ἀναστησάντων ἐν ᾗπερ ἀπέθανε θυσίᾳ λῷον ἔσεσθαι γευσαμένοις τε τοῦ τεθνεῶτος καὶ μὴ κατασχοῦσιν. 4 Ὅθεν ζητήσεως γενομένης καὶ τοῦ [Σωπάτρου] μεταιτίου τῆς πράξεως ἀνευρεθέντος, Σώπατρος νομίσας τῆς περὶ αὐτὸν δυσκολίας ἀπαλλαγήσεσθαι ὡς ἐναγοῦς ὄντος εἰ κοινῇ τοῦτο πράξειαν πάντες ἔφη πρὸς τοὺς αὐτὸν μετελθόντας δεῖν κατακοπῆναι βοῦν ὑπὸ τῆς πόλεως. 5 Ἀπορούντων δὲ τίς ὁ πατάξων ἔσται, παρασχεῖν αὐτοῖς τοῦτο, εἰ πολίτην αὐτὸν ποιησάμενοι [καὶ] κοινωνήσουσι τοῦ φόνου. Συγχωρηθέντων οὖν τούτων, ὡς ἐπανῆλθον ἐπὶ τὴν πόλιν, συνέταξαν οὕτω τὴν πρᾶξιν, ᾗπερ καὶ νῦν διαμένει παρ' αὐτοῖς.

30. 1 Ὑδροφόρους παρθένους κατέλεξαν· αἳ δ' ὕδωρ κομίζουσιν, ὅπως τὸν πέλεκυν καὶ τὴν μάχαιραν ἀκονήσουσιν. Ἀκονησάντων δὲ ἐπέδωκε μὲν τὸν πέλεκυν ἕτερος,

29. 3[3] ἀνεῖλεν He. : ἀνεῖπεν codd. ‖ [5] ἀπέθανε θυσίᾳ λῷον Lobeck : ἀπέθανον σιάλῳ ὃν uel ὅν codd. ‖ 4[2] Σωπάτρου del. Nauck ‖ μεταιτίου Re. : μετὰ codd. ‖ [3] αὑτὸν ed. pr. : αὐτὸν codd. ‖ [5] αὐτὸν ed. pr. : αὐτὸ codd. ‖ 5[3] καὶ del. He. ‖ [5] ᾗπερ Be. : ἥπερ codd.

été aiguisés, une autre personne tendit la hache, une autre frappa le bœuf, et une autre l'égorgea. Puis d'autres encore l'écorchèrent, et tout le monde en mangea. 2 Après ces opérations, on cousit la peau du bœuf, on la bourra de foin et on la mit sur pied, en lui donnant l'allure même qu'avait l'animal quand il était vivant, puis on y attela une charrue, comme si l'on mettait le bœuf au travail. 3 Ensuite on procéda au jugement du meurtre, et tous ceux qui avaient participé à l'opération furent appelés à se justifier. Parmi eux, les porteuses d'eau désignèrent comme plus coupables qu'elles ceux qui avaient aiguisé les instruments. Ces derniers désignèrent celui qui avait tendu la hache ; celui-ci en fit autant pour l'homme qui avait égorgé l'animal et l'auteur de cette action désigna le couteau qui, n'ayant pas le pouvoir de parler, se vit accuser du meurtre. 4 Depuis ce temps-là jusqu'à nos jours, au cours des Dipolies, sur l'acropole d'Athènes, les personnes susdites accomplissent toujours de la même façon le sacrifice du bœuf. Ayant déposé sur la table de bronze un gâteau et de la pâte, ils font circuler tout autour les bœufs désignés à cet effet, et l'on abat celui qui mange les offrandes. 5 Ceux qui accomplissent ces rites se répartissent actuellement en plusieurs familles. Tous les descendants de l'homme qui a frappé le bœuf, c'est-à-dire de Sopatros, s'appellent *boutypoi* ; les descendants de celui qui l'a conduit autour des offrandes s'appellent *centriades* ; enfin les descendants de l'homme qui l'a égorgé se nomment *daitroi*[1], à cause du festin qui a suivi le partage de la viande. Ayant rempli la peau du bœuf et comparu au procès, ils jetèrent[2] le couteau à la mer.

1. La signification de ces noms est claire : *boutypoi* = ceux qui frappent le bœuf ; *centriades* = ceux qui mènent l'animal avec l'aiguillon ; *daitroi* = ceux qui festoient. Mais la question de savoir si ce sont des noms de fonction ou des noms de famille est loin d'être résolue. Voir J. Töpffer, *Attische Genealogie*, Berlin 1889, p. 149-160 ; et L. Deubner, *Attische Feste*, Berlin 1932 - Hildesheim 1966, p. 166.

2. Voir *Notice*, p. 55.

ὃ δ' ἐπάταξε τὸν βοῦν, ἄλλος δ' ἔσφαξεν · τῶν δὲ μετὰ ταῦτα δειράντων, ἐγεύσαντο τοῦ βοὸς πάντες. 2 Τούτων δὲ πρα|χθέντων τὴν μὲν δορὰν τοῦ βοὸς ῥάψαντες καὶ χόρτῳ ἀπογκώσαντες ἐξανέστησαν, ἔχοντα ταὐτὸν ὅπερ καὶ ζῶν ἔσχε σχῆμα, καὶ προσέζευξαν ἄροτρον ὡς ἐργαζομένῳ. 3 Κρίσιν δὲ ποιούμενοι τοῦ φόνου πάντας ἐκάλουν εἰς ἀπολογίαν τοὺς τῆς πράξεως κοινωνήσαντας. Ὧν δὴ αἱ μὲν ὑδροφόροι τοὺς ἀκονήσαντας αὐτῶν ᾐτιῶντο μᾶλλον, οἱ δὲ ἀκονήσαντες τὸν ἐπιδιδόντα τὸν πέλεκυν, οὗτος δὲ τὸν ἐπισφάξαντα, καὶ ὁ τοῦτο δράσας τὴν μάχαιραν, καθ' ἧς οὔσης ἀφώνου τὸν φόνον κατέγνωσαν. 4 Ἀπὸ δ' ἐκείνου μέχρι τοῦ νῦν ἀεὶ τοῖς Διιπολίοις Ἀθήνησιν ἐν ἀκροπόλει οἱ εἰρημένοι τὸν αὐτὸν τρόπον ποιοῦνται τὴν τοῦ βοὸς θυσίαν. Θέντες γὰρ ἐπὶ τῆς χαλκῆς τραπέζης πέλανον καὶ ψαιστά, περιελαύνουσι τοὺς κατανεμηθέντας βοῦς, ὧν ὁ γευσάμενος κόπτεται. 5 Καὶ γένη τῶν ταῦτα δρώντων ἐστὶ νῦν · οἳ μὲν ἀπὸ τοῦ πατάξαντος Σωπάτρου βουτύποι καλούμενοι πάντες, οἳ δ' ἀπὸ τοῦ περιελάσαντος κεντριάδαι · τοὺς δὲ ἀπὸ τοῦ ἐπισφάξαντος δαιτροὺς ὀνομάζουσι διὰ τὴν ἐκ τῆς κρεανομίας γιγνομένην δαῖτα. Πληρώσαντες δὲ τὴν βύρσαν, ὅταν πρὸς τὴν κρίσιν ἀχθῶσιν, κατεπόντωσαν τὴν μάχαιραν.

30. 1[4] δὲ Va. : δὴ codd. || 2[3] ταὐτὸν Re. et Ab. : αὐτὸν codd. || 3[3] Ὧν δὴ Be. : ὡς δὲ codd. || [6] ἀφώνου ed. pr. : ἄφωνα codd. || 4[1] Διιπολίοις ego : διοσπολίοις codd. Διιπολείοις coni. Nauck || 5[7] κατεπόντωσαν codd. : καταποντοῦσι coni. Pötscher.

L'abstinence gage de pureté et de paix

31. 1 Ainsi, dans l'ancien temps, c'était un acte contraire à la loi divine que de tuer les animaux qui nous aident à assurer notre existence. Il faut donc aujourd'hui aussi se garder de le faire.

2 Et de la même façon qu'autrefois la loi divine ne permettait pas aux hommes de toucher aux animaux, de même aujourd'hui il faut encore considérer qu'il est contraire à cette loi d'y toucher pour s'en nourrir. Car à supposer que le culte rendu à la divinité impose cette pratique, au moins devons-nous repousser loin de notre corps tout ce qui constitue en soi une atteinte dont il pourrait pâtir, car il ne faut pas, en tirant notre nourriture des objets interdits, porter la souillure dans notre propre vie et la faire cohabiter avec nous[1].

3 Et quand bien même une telle conduite n'aurait aucun autre résultat, au moins y gagnerions-nous beaucoup quant à l'arrêt mutuel des hostilités. Car chez ceux dont la sensibilité[2] a refusé de toucher aux autres espèces de vivants, il est bien évident que l'intellect s'abstiendra de vouloir toucher aux membres de l'espèce[3]. 4 Le mieux sans doute aurait été de s'abstenir, au départ, de tous les vivants. Mais puisque nul n'est infaillible, il reste à la postérité à se guérir, grâce aux purifications, des fautes antérieures contractées dans le domaine de la nourriture. 5 Et cette guérison se produirait tout aussi bien si nous nous mettions sous les yeux l'horreur du crime, jusqu'à pousser, comme Empédocle, ce cri d'effroi :

> « Malheur à moi, que le jour fatal n'a pas anéanti
> avant que j'eusse l'idée de porter à mes lèvres une
> [pâture criminelle ! »[4]

1. Voir *Notice*, p. 25.
2. Voir aux *Notes complémentaires*, p. 212.
3. Cette heureuse conséquence du refus de tuer les animaux semble avoir été mise en avant pour la première fois par les pythagoriciens. Cf. *D.A.* III, 20, 7, où Porphyre cite Plutarque, *De soll. anim.* 960 A ; cf. aussi *D.A.* III, 26, 6, et Plutarque, *De Esu* I, 7, 996 A.
4. Καθαρμοί, fr. 139 Diels. Voir *Notice*, p. 26.

31. 1 Οὕτως οὔτε τὸ παλαιὸν ὅσιον ἦν κτείνειν τὰ συνεργὰ τοῖς βίοις ἡμῶν ζῷα, νῦν τε τοῦτο φυλακτέον ἐστὶ πράττειν.

| 2 Καὶ καθάπερ πρότερον οὐχ ὅσιον ἦν τοῖς ἀνθρώποις ἅπτεσθαι τούτων, οὕτως νῦν τροφῆς χάριν ἅπτεσθαι τῶν ζῴων οὐχ ὅσιον ἡγητέον. Εἰ δ' ἄρα τοῦτο διὰ τὴν πρὸς τὸ θεῖον ἁγιστείαν ποιητέον, ἀλλ' ὅτι γε τὸ πάθος ἐκ τῶν σωμάτων καθ' ἑαυτὸ πᾶν ἐκπεμπτέον τοῦτο, ἵνα μὴ τὴν τροφὴν ἐξ ὧν οὐ προσήκει ποριζόμενοι σύνοικον ἔχωμεν τὸ μίασμα τοῖς ἰδίοις βίοις.

3 Καὶ γὰρ εἰ μηθὲν ἄλλο, πρός γε τὴν κατ' ἀλλήλων ἐκεχειρίαν μεγάλα πάντες ὀνηθείημεν ἄν. Οἷς γοῦν ἡ αἴσθησις τοῦ τῶν ἀλλοφύλων ἅπτεσθαι ζῴων ἀπέκλινεν, τούτων ὁ νοῦς πρόδηλός ἐστιν ὁμοφύλων ἀφεξόμενος. 4 Πάντων μὲν οὖν ἴσως ἦν κράτιστον εὐθὺς ἀποσχέσθαι. Ἐπεὶ δ' ἀναμάρτητος οὐδείς, λοιπὸν δὴ ἀκεῖσθαι τοῖς ὕστερον διὰ τῶν καθαρμῶν τὰς πρόσθεν περὶ τῆς τροφῆς ἁμαρτίας. 5 Τοῦτο δὲ ὁμοίως γένοιτ' ἄν, εἰ πρὸ ὀμμάτων ποιησάμενοι τὸ δεινὸν ἀνευφημήσαιμεν κατὰ τὸν Ἐμπεδοκλέα λέγοντες·

Οἴμοι, ὅτ' οὐ πρόσθεν με διώλεσε νηλεὲς ἦμαρ,
πρὶν σχέτλι' ἔργα βορᾶς περὶ χείλεσι μητίσασθαι.

31. 2[6] προσήκει L : -ῆκε cett. ‖ ποριζόμενοι Cobet : -ομένην codd. ‖ [7] μίασμα Fo. : βίασμα codd. ‖ 4[1] εὐθὺς Re. : εὐθὺς λοιπὸν codd. ‖ [2] δὴ ἀκεῖσθαι Nauck : ἀνακεῖσθαι codd. ‖ 5[2] ἀνευφημήσαιμεν ed. pr. : -φημῆσαι μὲν codd.

6 En effet, si la sensibilité appropriée à notre espèce éprouve par sympathie de la souffrance devant les fautes commises, quand on cherche à trouver un remède aux maux présents....[1] 7 la vie, afin que chaque homme, consacrant ses offrandes à la divinité comme des sacrifices conformes à la pureté rituelle, obtienne la sainteté et l'aide des dieux.

L'offrande des récoltes aux dieux et à la terre

32. 1 Or l'aide qui prime toutes les autres en importance et en date est celle qui nous est procurée grâce aux récoltes. De cette aide, et d'elle seule, il faut consacrer une part aux dieux, ainsi qu'à la terre qui produit les récoltes. Car la terre est le foyer commun des dieux et des hommes, et il faut que tous, prosternés sur elle et la considérant comme notre nourrice et notre mère[2], nous lui chantions des hymnes et la chérissions comme celle qui nous a enfantés. 2 Car de cette façon, arrivés au terme de notre vie, nous pourrons être jugés dignes de regarder de nouveau en face toute la race des dieux célestes — mais nous devons dès maintenant, puisque nous les voyons[3], les honorer à l'aide des biens dont ils sont pour nous les auteurs, en leur consacrant tous une part des récoltes dont nous disposons, sans croire toutefois que nous sommes tous dignes de sacrifier aux dieux. En effet, de même que tout ne doit pas leur être offert en sacrifice, de même les dieux n'éprouvent pas un plaisir égal aux sacrifices de tous.

3 J'ai reproduit ici les arguments essentiels, tels qu'on les trouve chez Théophraste, concernant l'obligation de ne pas sacrifier les animaux, abstraction faite des mythes qui s'y trouvaient insérés[4] et de quelques additions et coupures faites par nous.

1. Le texte est ici désespérément mutilé, mais il paraît certain que Théophraste évoquait le parti qu'on peut tirer des fautes commises : la douleur ou le remords qui en résultent instruisent et incitent à mieux agir. Sur l'utilité du remords, cf. Aristote, fr. 80, p. 84, 13 Rose[3] (= Cic., *Tusc.* 4, 20).

2-4. Voir aux *Notes complémentaires*, p. 212-213.

6 Τὸ γὰρ τοῖς ἁμαρτήμασι συναλγεῖν τὴν οἰκείαν αἴσθησιν, εὕρασθαί τι τοῖς ὑπάρχουσι κακοῖς ἄκος | ζητούντων ⟨...⟩ 7 βίον, ἵνα καθάπερ ἁγνὰ θύματα τῷ δαιμονίῳ τῶν ἀνθρώπων ἕκαστος ἀπαρχόμενος τύχῃ τῆς ὁσίας καὶ τῆς παρὰ θεῶν ὠφελείας.

32. 1 Πάντων δὲ μεγίστη καὶ πρώτη ἡ τῶν καρπῶν ἐστιν, ἧς καὶ ἀπαρκτέον μόνης τοῖς θεοῖς καὶ τῇ γῇ τῇ τούτους ἀναδούσῃ. Κοινὴ γάρ ἐστιν αὕτη καὶ θεῶν καὶ ἀνθρώπων ἑστία, καὶ δεῖ πάντας ἐπὶ ταύτης ὡς τροφοῦ καὶ μητρὸς ἡμῶν κλινομένους ὑμνεῖν καὶ φιλοστοργεῖν ὡς τεκοῦσαν. 2 Οὕτω γὰρ τῆς τοῦ βίου καταστροφῆς τυχόντες πάλιν ἀξιωθείημεν ἂν εἰσορᾶν τὸ σύμπαν γένος τῶν ἐν οὐρανῷ θεῶν, οὓς νῦν ὁρῶντας τιμᾶν τούτοις ὧν συναίτιοι ἡμῖν εἰσίν, ἀπαρχομένους μὲν τῶν ὑπαρχόντων καρπῶν καὶ πάντας, οὐκ ἀξιόχρεως δ' εἰς τὸ θύειν θεοῖς πάντας ἡμᾶς ἡγουμένους. Καθάπερ γὰρ οὐ πᾶν θυτέον αὐτοῖς, οὕτως οὐδ' ὑπὸ παντὸς ἴσως κεχάρισται τοῖς θεοῖς.

3 Τὰ μὲν δὴ κεφάλαια τοῦ μὴ δεῖν θύειν ζῷα χωρὶς τῶν ἐμβεβλημένων μύθων ὀλίγων τε τῶν ὑφ' ἡμῶν προσκειμένων καὶ συντετμημένων ἐστὶ τῶν Θεοφράστου ταῦτα.

31. 6[3] lac. ind. Be. || **32.** 1[1] μεγίστη Be. : μάλιστα codd. || 2[2] εἰσορᾶν dubit. Nauck : εἰς οὐρανὸν codd. || [3] τούτοις Fo. : -ους codd. || [4] ἡμῖν Re. : κάρπων ἡμῖν codd.

Religion officielle et besoins des dieux

33. 1 Quant à moi, je ne viens pas abolir les lois en vigueur dans chaque cité. Mon propos n'est pas de parler politique. Du reste, les lois qui régissent notre état permettent d'honorer les dieux au moyen de victimes très simples et dépourvues d'âme. Dans ces conditions, en choisissant l'offrande la plus simple, nous sacrifierons conformément à la loi de la cité, et en même temps nous nous efforcerons pour nous-mêmes d'offrir le sacrifice tel qu'il doit être ; ainsi nous serons purs à tous points de vue en nous présentant devant les dieux[1]. 2 De toute façon, si le fait de sacrifier possède la valeur d'une consécration et d'une marque de reconnaissance pour les bienfaits que nous tenons des dieux et qui nous permettent de satisfaire nos besoins, il serait complètement absurde, quand nous nous abstenons nous-mêmes des êtres animés, d'en consacrer aux dieux. Car les dieux ne sont pas inférieurs à nous au point d'avoir besoin des animaux alors que nous n'en avons pas besoin[2]. De plus la loi divine ne permet pas d'offrir les prémices d'une nourriture dont nous nous abstenons. 3 Et c'est bien là l'usage des hommes, puisque, selon nos informations, au temps où ils ne touchaient pas à la pâture animée, ils ne consacraient pas non plus de victime prise parmi les animaux, mais du jour où ils en mangèrent, ils en consacrèrent aussi une part aux dieux. Par conséquent, maintenant aussi, il convient, je suppose, que celui qui s'abstient des animaux n'offre de prémices qu'à partir des aliments auxquels il touche.

Aux diverses puissances différents sacrifices

34. 1 Nous ferons donc, nous aussi, des sacrifices. Mais nous ferons, ainsi qu'il convient, des sacrifices différents dans la mesure où nous les offrirons à des puissances différentes[3].

1. *Voir Introduction*, t. I, p. LIX.
2. Cf. *Ad Marc.* 18, p. 24, 1-2 Pötscher (p. 286, 8-10 Nauck) ; JAMBLIQUE, *Myst. Ég.* V, 10, 213,8-214,2 ; *Sentences Pythagoriciennes* 25 Chadwick : voir *Notice*, p. 13.
3. Voir *Notice*, p. 10.

33. 1 Ἐγὼ δὲ τὰ μὲν κεκρατηκότα παρ' ἑκάστοις νόμιμα λύσων οὐκ ἔρχομαι· οὐ γάρ μοι περὶ πολιτείας νῦν πρόκειται λέγειν· δεδωκότων δὲ τῶν νόμων, ἐν οἷς πολιτευόμεθα, καὶ διὰ τῶν λιτοτάτων καὶ ἀψύχων γεραίρειν τὸ θεῖον, τὸ λιτότατον αἱρούμενοι νόμῳ τε πόλεως θύσομεν καὶ αὐτοὶ σπουδάσομεν | τὴν προσήκουσαν θυσίαν ποιεῖσθαι, καθαροὶ πανταχόθεν τοῖς θεοῖς προσιόντες. 2 Ὅλως δ' εἰ τὸ τῆς θυσίας ἀπαρχῆς ἔχει ἀξίαν καὶ εὐχαριστίας ὧν παρὰ θεῶν ἔχομεν εἰς τὰς χρείας, ἀλογώτατον ἂν εἴη αὐτοὺς ἀπεχομένους τῶν ἐμψύχων τοῖς θεοῖς τούτων ἀπάρχεσθαι. Οὔτε γὰρ χείρους ἡμῶν οἱ θεοί, ἵνα τούτων αὐτοὶ δέωνται, ἡμῶν μὴ δεομένων, οὔτε ὅσιον ἀπαρχὴν διδόναι ἧς ἡμεῖς ἀπεχόμεθα τροφῆς. 3 Ἐπεὶ καὶ τὸ ἔθος τοιοῦτο κατειλήφαμεν τῶν ἀνθρώπων ὅτε μὲν οὐχ ἥπτοντο ἐμψύχου βορᾶς οὐδ' ἀπαρξαμένων ἀπὸ τῶν ζῴων, ἀφ' οὗ δ' ἐγεύσαντο καὶ θεοῖς ἀπαρξαμένων· ὥστε καὶ νῦν καθήκει δήπου τὸν ἀποσχόμενον ἐκείνων ἀπάρχεσθαι ὧν καὶ θιγγάνει.

34. 1 Θύσομεν τοίνυν καὶ ἡμεῖς· ἀλλὰ θύσομεν, ὡς προσήκει, διαφόρους τὰς θυσίας ὡς ἂν διαφόροις δυνάμεσι

Test. **34.** 1-3 Cyrill., *C. Iul.* II, 593 C-D.

33. 2[1] ἀπαρχῆς Fe. : ἀπ' ἀρχῆς codd. || [3] εὐχαριστίας Nauck : -αν codd. || [5] αὐτοὶ Fe. : αὐτῶν codd. || 3[4] δ' Re. : δέ θ' codd. || **34.** 1[1] Θύσομεν ... θύσομεν codd. : -ωμεν ... -ωμεν Cyr.

2 Au dieu suprême, comme l'a dit un sage[1], nous n'offrirons rien de ce qui est sensible, ni en holocauste ni en parole. En effet il n'y a rien de matériel qui, pour l'être immatériel, ne soit immédiatement impur. C'est pourquoi le langage de la voix ne lui est pas non plus approprié, ni même le langage intérieur[2] lorsqu'il est souillé par la passion de l'âme. Mais notre seul hommage est un silence pur et de pures pensées le concernant[3]. 3 Il faut donc nous unir à Dieu, nous rendre semblables à lui et lui offrir notre propre élévation comme un sacrifice sacré[4], car elle est à la fois notre hymne et notre salut. Or ce sacrifice s'accomplit dans l'impassibilité de l'âme et la contemplation de Dieu. 4 Pour les rejetons du dieu suprême — les dieux intelligibles — il faut ajouter l'hymne de la parole[5]. Car le sacrifice est la consécration à chaque divinité d'une part de ses dons, de ce par quoi elle nourrit notre essence et la maintient dans l'être. 5 De même donc qu'un paysan consacre une part de ses épis et de ses fruits, de même nous consacrerons aux dieux les belles pensées que nous avons à leur sujet ; nous leur rendrons grâce pour les objets qu'ils ont accordés à notre contemplation, et nous les remercierons de nous dispenser la vraie nourriture[6] en nous permettant de les contempler, eux qui sont avec nous, qui se manifestent et qui brillent pour notre salut.

35. 1 En fait, c'est ce que beaucoup hésitent à faire, même parmi ceux qui ont choisi l'exercice de la philosophie. Dans une attitude qui tient plus du désir d'en imposer[7] que de l'hommage à la divinité, ils s'agitent

1. Apollonios de Tyane : voir *Notice*, p. 30-34.
2. Voir aux *Notes complémentaires*, p. 213.
3. Cf. *Sentences de Sextus* 427 et 578 Chadwick : voir *Notice*, p. 13.
4. Voir *Notice*, p. 14.
5. Voir *Notice*, p. 10 et 47.
6. Ἀληθινῶς τρέφουσι, comme, quelques lignes plus haut, ἡμῶν τρέφει τὴν οὐσίαν : cette métaphore remonte à Platon, *Phèdre* 247 d. Mais voir aussi *Notice* p. 14 et 42.
7. Voir aux *Notes complémentaires*, p. 213.

προσάγοντες. 2 Θεῷ μὲν τῷ ἐπὶ πᾶσι, ὥς τις ἀνὴρ σοφὸς ἔφη, μηδὲν τῶν αἰσθητῶν μήτε θυμιῶντες μήτε ἐπονομάζοντες· οὐδὲν γάρ ἐστιν ἔνυλον ὃ μὴ τῷ ἀΰλῳ εὐθύς ἐστιν ἀκάθαρτον. Διὸ οὐδὲ λόγος τούτῳ ὁ κατὰ φωνὴν οἰκεῖος, οὐδ' ὁ ἔνδον, ὅταν πάθει ψυχῆς ᾖ μεμολυσμένος· διὰ δὲ σιγῆς καθαρᾶς καὶ τῶν περὶ αὐτοῦ καθαρῶν ἐννοιῶν θρησκεύομεν αὐτόν. 3 Δεῖ ἄρα συναφθέντας | καὶ ὁμοιωθέντας αὐτῷ τὴν ἑαυτῶν ἀναγωγὴν θυσίαν ἱερὰν προσάγειν τῷ θεῷ, τὴν αὐτὴν δὲ καὶ ὕμνον οὖσαν καὶ ἡμῶν σωτηρίαν. Ἐν ἀπαθείᾳ ἄρα τῆς ψυχῆς, τοῦ δὲ θεοῦ θεωρίᾳ ἡ θυσία αὕτη τελεῖται. 4 Τοῖς δὲ αὐτοῦ ἐκγόνοις, νοητοῖς δὲ θεοῖς ἤδη καὶ τὴν ἐκ τοῦ λόγου ὑμνῳδίαν προσθετέον. Ἀπαρχὴ γὰρ ἑκάστῳ ὧν δέδωκεν ἡ θυσία, καὶ δι' ὧν ἡμῶν τρέφει καὶ εἰς τὸ εἶναι συνέχει τὴν οὐσίαν. 5 Ὡς οὖν γεωργὸς δραγμάτων ἀπάρχεται καὶ τῶν ἀκροδρύων, οὕτως ἡμεῖς ἀπαρξόμεθα αὐτοῖς ἐννοιῶν τῶν περὶ αὐτῶν καλῶν, εὐχαριστοῦντες ὧν ἡμῖν δεδώκασι τὴν θεωρίαν, καὶ ὅτι ἡμᾶς διὰ τῆς αὐτῶν θέας ἀληθινῶς τρέφουσι, συνόντες τε καὶ φαινόμενοι καὶ τῇ ἡμετέρᾳ σωτηρίᾳ ἐπιλάμποντες.

35. 1 Νῦν δὲ τοῦτο μὲν ποιεῖν ὀκνοῦσι καὶ πολλοὶ τῶν φιλοσοφεῖν ἐσπουδακότων, δοξοποιοῦντες δὲ μᾶλλον ἢ τὸ θεῖον τιμῶντες περὶ τὰ ἀφιδρύματα στρέφονται, οὐδὲ

TEST. **34.** 2-5 EVSEB., *Pr. eu.* IV, 11-12. — 2-3 EVSEB., *Dem. eu.* III, 3, 10.

34 2[5] μεμολυσμένος codd. et EVS. : μεμιασμένος CYR. || [7] θρησκεύομεν codd. et quidam libri EVS. *Pr. eu.* : -ωμεν CYR. -σομεν EVS. *Dem. eu.* -σωμεν alii libri EVS. *Pr. eu.* || 3[2] ἑαυτῶν CYR. : αὐτῶν codd. et EVS. || [3] προσάγειν EVS. *Pr. eu.* et CYR. : -αγαγεῖν codd. et EVS. *Dem. eu.* || [4] ἀπαθείᾳ EVS. : ἀπαθεῖ codd. et CYR. || τοῦ δὲ EVS. : τοῦδε τοῦ codd. τοῦδε CYR. || 4[1] ἐκγόνοις EVS. : ἐγγ- codd. || [3] ἀπαρχὴ EVS. : ἀπ' ἀρχῆς codd. || [4] τὴν οὐσίαν EVS. : εἰς τὴν θυσίαν codd. || 5[2] ἀπαρξόμεθα codd. : -ξώμεθα EVS. || τῶν EVS. : καὶ τῶν codd. || [4] αὐτῶν ego : αὐτῶν codd. et EVS. || [5] τε codd. : om. EVS.

autour des statues, sans même se demander comment il faut s'en approcher, et sans se mettre en peine d'apprendre des personnes instruites dans les choses divines quelles limites et quels degrés il faut observer lorsqu'on s'y hasarde[1]. 2 Eh bien, quant à nous, nous ne chercherons pas à en disputer avec eux, et nous refuserons tout net d'employer notre zèle à trancher par nous-mêmes une telle question[2]. Mais nous imiterons fidèlement les saints personnages de l'ancien temps, en consacrant essentiellement cette contemplation que les dieux nous ont accordée et qui est indispensable à notre véritable salut.

L'attitude religieuse des Pythagoriciens

36. 1 En tout cas les Pythagoriciens, appliqués à l'étude des nombres et des lignes, faisaient de ces derniers l'essentiel des présents qu'ils consacraient aux dieux. Tel nombre était appelé par eux Athéna, tel autre Artémis, tel autre encore pareillement Apollon ; de même il y en avait un qu'ils nommaient « Justice » et un autre « Tempérance ». Même chose pour les figures géométriques[3]. 2 De tels présents ainsi consacrés leur valaient la grâce des dieux, si bien qu'ils obtenaient leur assistance en invoquant chacun par le nom des offrandes qu'ils lui destinaient. Ainsi les mettaient-ils fréquemment à contribution pour la divination et pour les cas où ils avaient besoin de quelque donnée dans l'examen d'une question. 3 Maintenant, en l'honneur des dieux qui sont à l'intérieur du ciel — les errants comme les fixes — au premier rang desquels il faut placer le soleil et en second lieu la lune[4], nous devons d'abord allumer le feu qui leur est apparenté[5], puis faire ce que dit le théologien[6]. 4 Or il dit de ne sacrifier aucun

1. Voir aux *Notes complémentaires*, p. 214.
2. Porphyre s'en prend ici aux théurges : voir *Notice*, p. 42-43.
3. Voir *Notice*, p. 10-11.
4. Voir *Notice*, p. 11.
5. Voir aux *Notes complémentaires*, p. 214.
6. Voir *Notice*, p. 11 et p. 42, n. 3.

πῇ ἀπαντητέον ἢ μὴ ἐπεσκεμμένοι, οὐδὲ παρὰ τῶν θεοσόφων μαθεῖν σπουδάσαντες ἄχρι τίνος καὶ πόσου κἀνταῦθα παραϐλητέον. 2 Ἀλλ' ἡμεῖς οὐδὲν διοισόμεθα τούτοις, μή πῃ δὲ καὶ αὐτοὶ τοιοῦτον σπουδάσομεν διαγιγνώσκειν, καὶ τοὺς ὁσίους καὶ παλαιοὺς ἐκμιμησόμεθα, τὸ πλέον ἀπαρχόμενοι ἐκ τῆς θεωρίας, ἧς ἡμῖν | αὐτοὶ δεδώκασιν, καὶ ἧς ἐν χρείᾳ πρὸς τὴν ὄντως σωτηρίαν καθεστήκαμεν.

36. 1 Οἱ γοῦν Πυθαγόρειοι περὶ τοὺς ἀριθμοὺς καὶ τὰς γραμμὰς σπουδάζοντες ἀπὸ τούτων τὸ πλέον τοῖς θεοῖς ἀπήρχοντο, τὸν μέν τινα ἀριθμὸν Ἀθηνᾶν καλοῦντες, τὸν δέ τινα Ἄρτεμιν, ὥσπερ αὖ ἄλλον Ἀπόλλωνα, καὶ πάλιν ἄλλον μὲν δικαιοσύνην, ἄλλον δὲ σωφροσύνην· καὶ ἐπὶ τῶν διαγραμμάτων ὁμοίως. 2 Καὶ οὕτως ἠρέσκοντο τοὺς θεοὺς ταῖς τοιαύταις ἀπαρχαῖς, ὡς καὶ τυγχάνειν αὐτῶν καλοῦντας ἕκαστον τοῖς ἀναθήμασι καὶ κεχρῆσθαι πολλάκις πρὸς μαντείαν καὶ εἴ τινος πρὸς ἐξέτασιν δέοιντο. 3 Θεοῖς γε μὴν τοῖς ἐντὸς οὐρανοῦ πλανωμένοις τε καὶ ἀπλανέσιν, ὧν ἡγεῖσθαι θετέον ἥλιον πάντων σελήνην τε δευτέραν, πῦρ τε ἤδη ξυγγενὲς ἀνάπτοιμεν ἂν ἅ τέ φησιν ὁ θεολόγος ποιήσωμεν. 4 Φησὶ δὲ ἔμψυχον οὗτος θύειν μηδὲ ἕν, ἀλλ' ἄχρις

36. 2ᵃ τούς θεούς Nauck : τοῖς θεοῖς codd.

être animé, mais de se limiter, dans les consécrations, à la farine, au miel, aux fruits, aux fleurs et aux autres produits de la terre. Le feu, dit-il, ne doit pas non plus s'élever d'un autel ensanglanté, etc. : est-il vraiment nécessaire de retranscrire ces paroles ? 5 Quiconque a souci de la piété sait très bien qu'on ne sacrifie aucun être animé aux dieux, mais qu'on le fait pour les autres, les démons[1], bons ou mauvais ; il sait bien aussi à qui il appartient de sacrifier à ces derniers, et jusqu'à quel point ceux qui le font ont besoin de le faire. 6 Sur le reste, « bouche close ! »[2] ; en revanche, on ne saurait me reprocher d'éclairer la question en mettant sous les yeux des lecteurs perspicaces les idées que certains Platoniciens ont rendues publiques. Voici ce qu'ils disent[3] :

Théologie platonicienne

37. 1 Le premier dieu est incorporel, immobile et indivisible ; il n'est ni contenu dans quelque chose ni enfermé en lui-même[4], et il n'a besoin, comme on l'a dit[5], de rien qui vienne de l'extérieur. 2 Il en est de même pour l'âme du monde ; celle-ci a par nature trois dimensions[6] et la faculté de se mouvoir par elle-même ; elle choisit naturellement de se mouvoir selon la beauté et l'ordre[7], et de mouvoir le corps du monde selon les meilleures raisons. Elle contient en elle-même et enveloppe le corps[8], bien qu'elle soit incorporelle et qu'elle ne participe à aucune passion. 3 Aux autres dieux, c'est-à-dire au monde et aux dieux fixes et errants — dieux visibles en tant que composés d'une âme et d'un corps — il faut rendre grâce pour leurs bienfaits de la façon que nous avons vue, c'est-à-dire au moyen de sacrifices d'objets inanimés. 4 Reste la foule des dieux invisibles, que Platon a indistinctement appelés démons. Parmi eux, les uns ont un nom que les hommes leur ont donné, et reçoivent

1-2. Voir aux *Notes complémentaires*, p. 214.
3. Voir *Notice*, p. 34-37.
4-8. Voir aux *Notes complémentaires*, p. 214-215.

ἀλφίτων καὶ μέλιτος καὶ τῶν ἐκ γῆς ἀκροδρύων τῶν τε ἄλλων ἀνθέων ἀπάρχεσθαι · μηδὲ ἀφ' ἡμαγμένης ἐσχάρας ἔστω τὸ πῦρ, καὶ ὅσα φησὶν ἐκεῖνος. Τί γὰρ δεῖ μεταγράφειν ταῦτα ; 5 Οἶδε δὲ ὁ τῆς εὐσεβείας φροντίζων ὡς θεοῖς μὲν οὐ θύεται ἔμψυχον οὐδέν, δαίμοσι δὲ καὶ ἄλλοις ἤτοι ἀγαθοῖς ἢ καὶ φαύλοις, καὶ τίνων ἐστὶ τὸ θύειν τούτοις καὶ τούτων ἄχρι τίνος αὐτοῦ δεομένων. 6 Ἐμοὶ δὲ τὰ μὲν ἄλλα εὔστομα κείσθω, | ἃ δ' οὖν τῶν Πλατωνικῶν τινες ἐδημοσίευσαν, ταῦτα ἀνεμέσητον παρατιθέντα τοῖς εὐξυνέτοις μηνύειν τὰ προκείμενα · λέγουσι δὲ ὧδε.

37. 1 Ὁ μὲν πρῶτος θεὸς ἀσώματός τε ὢν καὶ ἀκίνητος καὶ ἀμέριστος καὶ οὔτε ἔν τινι ὢν οὔτ' ἐνδεδεμένος εἰς ἑαυτόν, χρῄζει οὐδενὸς τῶν ἔξωθεν, ὥσπερ εἴρηται · 2 οὐ μὴν οὐδ' ἡ τοῦ κόσμου ψυχὴ ἔχουσα μὲν τὸ τριχῇ διαστατὸν καὶ αὐτοκίνητον ἐκ φύσεως, προαιρεῖσθαι δὲ πεφυκυῖα τὸ καλῶς καὶ εὐτάκτως κινεῖσθαι καὶ κινεῖν τὸ σῶμα τοῦ κόσμου κατὰ τοὺς ἀρίστους λόγους. Δέδεκται δὲ τὸ σῶμα εἰς ἑαυτὴν καὶ περιείληφεν, καίπερ ἀσώματος οὖσα καὶ παντὸς πάθους ἀμέτοχος. 3 Τοῖς δὲ λοιποῖς θεοῖς, τῷ τε κόσμῳ καὶ τοῖς ἀπλανέσι καὶ πλανωμένοις, ἔκ τε ψυχῆς καὶ σώματος οὖσιν ὁρατοῖς θεοῖς, ἀντευχαριστητέον τὸν εἰρημένον τρόπον διὰ τῶν θυσιῶν τῶν ἀψύχων. 4 Λοιπὸν οὖν ἡμῖν ἐστι τὸ τῶν ἀοράτων πλῆθος, οὓς δαίμονας ἀδιαστόλως εἴρηκε Πλάτων. Τούτων δὲ οἳ μὲν κατονομασθέντες ὑπὸ τῶν ἀνθρώπων παρ' ἑκάστοις

Test. **36.** 5 Evseb., *Pr. eu.* IV, 15, 1. — 6[2] - **37.** 1 Cyrill., *C. Iul.* IX, 977 D. — **37.** 3 Cyrill., *ibid.*, 977 D - 980 A.

36. 5[2] καὶ delendum censuit Nauck ‖ [4] τούτων unus liber Evs. : τῶν codd. et Evs. cett. ‖ αὐτοῦ codd. : αὐτῶν Evs. ‖ 6[3] ἀνεμέσητον Cyr. : ἀνὰ μέσον codd. ‖ **37.** 1[2] οὔτε He. : οὐδὲ codd. ‖ 2[3] τὸ Va.: τοῦ codd.

partout, au même titre que les dieux, les honneurs et tout le reste du culte ; les autres n'ont pour la plupart aucun nom mais reçoivent parfois, dans les villages et dans certaines cités, des noms et des cultes obscurs. 5 Le reste de leur multitude est communément désigné sous le nom de démons, et l'on est persuadé qu'ils sont tous fort capables de faire du mal s'ils sont irrités de se voir négligés et de ne pas recevoir le culte établi par l'usage[1] ; en revanche, ils peuvent se montrer bienfaisants envers ceux qui sollicitent leur faveur par les prières, les supplications, les sacrifices et tout ce qui va de pair avec cela.

Démonologie

38. 1 Mais comme l'idée que l'on se fait d'eux est très confuse et leur vaut souvent une mauvaise réputation injustifiée, il est nécessaire d'analyser rationnellement leur nature. Peut-être est-il nécessaire, disent nos auteurs, de révéler d'où est venue l'erreur des hommes à leur sujet. Il faut donc faire la distinction suivante. 2 Les âmes issues de l'âme universelle[2], qui administrent de vastes parties des régions sublunaires[3] et qui, tout en s'appuyant sur leur support pneumatique[4], le dominent néanmoins grâce à la raison, ces âmes-là doivent être considérées comme de bons démons qui mettent tout en œuvre au service des êtres qu'ils gouvernent, soit qu'ils régissent des animaux, soit qu'ils régissent des récoltes dont ils ont reçu la charge, soit qu'ils règlent les phénomènes dont dépendent ces dernières — les pluies, les vents modérés, le beau temps et tout ce qui agit dans le même sens, ainsi que la juste température des saisons — soit enfin qu'ils président à nos techniques, et notamment aux arts libéraux[5], à l'éducation dans son ensemble, à la médecine, à la gymnastique et à toute autre discipline semblable[6]. Il est impossible

1-3. Voir aux *Notes complémentaires*, p. 215-216.

4. Voir *Introduction*, t. I, p. XLVIII. Sur la doctrine du πνεῦμα, voir E. R. Dodds, *Proclus, The Elements of Theology*, 2e éd. Oxford 1963, App. II, *The astral body*, p. 313-321.

5-6. Voir aux *Notes complémentaires*, p. 216-217.

τυγχάνουσι τιμῶν τ' ἰσοθέων καὶ τῆς ἄλλης θεραπείας, οἳ δὲ ὡς τὸ πολὺ μὲν οὐ πάνυ τι κατωνομάσθησαν, ὑπ' ἐνίων δὲ κατὰ κώμας ἤ τινας πόλεις ὀνόματός τε καὶ θρησκείας ἀφανῶς τυγχάνουσιν. 5 Τὸ δὲ ἄλλο πλῆθος οὕτω μὲν κοινῶς προσαγορεύεται τῷ τῶν δαιμόνων ὀνόματι, πεῖσμα δὲ περὶ πάντων τοιοῦτόν ἐστιν, ὡς ἄρα καὶ βλάπτοιεν ⟨ἂν⟩ εἰ χολωθεῖεν ἐπὶ τῷ παροράσθαι καὶ μὴ τυγχάνειν τῆς νενομισμένης | θεραπείας, καὶ πάλιν εὐεργετοῖεν ἂν τοὺς εὐχαῖς τε αὐτοὺς καὶ λιτανείαις θυσίαις τε καὶ τοῖς ἀκολούθοις ἐξευμενιζομένους.

38. 1 Συγκεχυμένης δὲ τῆς περὶ αὐτῶν ἐννοίας καὶ εἰς πολλὴν διαβολὴν χωρούσης ἀναγκαῖον διαστεῖλαι λόγῳ τὴν φύσιν αὐτῶν. Ἴσως γὰρ ἀναγκαῖόν φασιν ὅθεν ἡ πλάνη γέγονε τοῖς ἀνθρώποις περὶ αὐτῶν ἀναφαίνειν. Διαιρετέον οὖν τὸν τρόπον τοῦτον. 2 Ὅσαι μὲν ψυχαὶ τῆς ὅλης ἐκπεφυκυῖαι μεγάλα μέρη διοικοῦσι τῶν ὑπὸ σελήνην τόπων, ἀπερειδόμεναι μὲν πνεύματι, κρατοῦσαι δὲ αὐτοῦ κατὰ λόγον, ταύτας δαίμονάς τε ἀγαθοὺς νομιστέον καὶ ἐπ' ὠφελείᾳ τῶν ἀρχομένων πάντα πραγματεύεσθαι, εἴτε τινῶν ἀφηγοῖντο ζῴων, εἴτε καρπῶν ἀποτεταγμένων, εἴτε καὶ τῶν ἕνεκα τούτων, οἷον ὄμβρων, πνευμάτων μετρίων, εὐδίας, τῶν τε ἄλλων ἃ τούτοις συνεργεῖ, εὐκρασίας τε ὡρῶν τοῦ ἔτους, ἡμῖν αὖ τεχνῶν τε καὶ τῶν κατὰ μουσικὴν παιδείας τε συναπάσης ἰατρικῆς τε καὶ γυμναστικῆς ἢ τινος τούτοις ὁμοίας. Τούτους γὰρ ἀδύνατόν

37. 5[4] ἂν add. Nauck. ‖ [6] τοὺς Re. : ταῖς codd. ‖ 38. 2[1] μὲν He. : μὲν οὖν codd. ‖ [3] ἀπερειδόμεναι codd. : ἐπ- coni. He. ‖ [5] ἀρχομένων Fo. : ἐρχ- codd.

que ces démons puissent fournir des services et inversement causer des dommages aux mêmes êtres[1]. 3 Il faut également compter parmi eux les transporteurs, comme les appelle Platon[2], c'est-à-dire ceux qui transmettent « aux dieux ce qui vient des hommes et aux hommes ce qui vient des dieux », élevant nos prières pour les soumettre aux dieux comme à des juges, et nous rapportant leurs conseils et leurs admonitions grâce aux oracles. 4 Mais les âmes qui, au lieu de dominer la partie pneumatique qui leur est contiguë, sont au contraire le plus souvent dominées par elle subissent par cela même des agitations et des transports excessifs, lorsque les colères et les appétits de la partie pneumatique prennent leur essor. Ces âmes-là sont elles aussi des démons, mais on peut à bon droit les appeler malfaisants[3].

39. 1 Ces derniers, comme ceux qui ont la propriété contraire, sont tous invisibles et absolument imperceptibles aux sens humains[4]. En effet, ils ne sont pas revêtus d'un corps solide et n'ont pas tous une seule et même figure, mais ils existent sous de nombreux aspects, et leurs figures, qui s'impriment dans leur élément pneumatique[5] et lui donnent sa marque distinctive, tantôt font leur apparition, tantôt restent inapparentes[6]. Parfois même ils changent de figure, les mauvais du moins[7]. 2 Quant à l'élément pneumatique, dans la mesure où il est corporel, il est passible et corruptible[8]. Et si les âmes le tiennent enchaîné à elles de façon que leur forme dure plus longtemps, il n'en est pas pour autant éternel. Car il est vraisemblable qu'il subit continuellement des écoulements et des enrichissements[9]. 3 Mais chez les bons démons ces

1. Cf. Jamblique, *Myst. Ég.* IV,7,191,2-5.
2. *Banquet* 202 e.
3. Cf. Calcidius, *In Tim.* 135 Waszink (= Porph., *In Tim.* fr. 84, p. 80, 16-18 Sodano). Que Calcidius cite ou non Porphyre, il distingue les bons et les mauvais démons de la même manière qu'ici le *D.A.*, en employant toutefois, au lieu d'une traduction du mot πνεῦμα, l'expression *âme maligne*.
4-9. Voir aux *Notes complémentaires*, p. 217.

ἐστι καὶ τὰς ὠφελείας ἐκπορίζειν καὶ πάλιν αὖ βλάβης ἐν τοῖς αὐτοῖς αἰτίους γίγνεσθαι. 3 Ἐν δὲ τούτοις ἀριθμητέον καὶ τοὺς πορθμεύοντας, ὥς φησι Πλάτων, καὶ διαγγέλλοντας « τὰ παρ' ἀνθρώπων θεοῖς καὶ τὰ παρὰ θεῶν ἀνθρώποις », τὰς μὲν παρ' ἡμῶν εὐχὰς ὡς πρὸς δικαστὰς ἀναφέροντας τοὺς θεούς, τὰς δὲ ἐκείνων παραινέσεις καὶ νουθεσίας μετὰ μαντειῶν ἐκφέροντας ἡμῖν. 4 Ὅσαι δὲ ψυχαὶ τοῦ συνεχοῦς πνεύματος οὐ | κρατοῦσιν, ἀλλ' ὡς τὸ πολὺ καὶ κρατοῦνται, δι' αὐτὸ τοῦτο ἄγονταί τε καὶ φέρονται λίαν, ὅταν αἱ τοῦ πνεύματος ὀργαί τε καὶ ἐπιθυμίαι τὴν ὁρμὴν λάβωσιν. Αὗται δ' αἱ ψυχαὶ δαίμονες μὲν καὶ αὐταί, κακοεργοὶ δ' ἂν εἰκότως λέγοιντο.

39. 1 Καὶ εἰσὶν οἱ σύμπαντες οὗτοί τε καὶ οἱ τῆς ἐναντίας δυνάμεως ἀόρατοί ⟨τε⟩ καὶ τελέως ἀναίσθητοι αἰσθήσεσιν ἀνθρωπίναις. Οὐ γὰρ στερεὸν σῶμα περιβέβληνται οὐδὲ μορφὴν πάντες μίαν, ἀλλ' ἐν σχήμασι πλείοσιν· ἐκτυπούμεναι δὲ καὶ χαρακτηρίζουσαι τὸ πνεῦμα αὐτῶν μορφαὶ τοτὲ μὲν ἐπιφαίνονται, τοτὲ δὲ ἀφανεῖς εἰσιν· ἐνίοτε δὲ καὶ μεταβάλλουσι τὰς μορφὰς οἵ γε χείρους. 2 Τὸ δὲ πνεῦμα ᾗ μέν ἐστι σωματικόν, παθητικόν ἐστι καὶ φθαρτόν· τῷ δὲ ὑπὸ τῶν ψυχῶν οὕτω δεδέσθαι ὥστε τὸ εἶδος αὐτῶν διαμένειν πλείω χρόνον, οὐ μήν ἐστιν αἰώνιον. Καὶ γὰρ ἀπορρεῖν αὐτοῦ τι συνεχῶς εἰκός ἐστι καὶ τρέφεσθαι. 3 Ἐν συμμετρίᾳ μὲν οὖν τὸ

TEST. 38. 4 - 39. 3[9] EVSEB., *Pr. eu.* IV, 22, 1-4.

---

38. 2[13] αἰτίους Re. et Ab. : -οις codd. || 4[5] αὐταὶ Evs. : αὗται codd. || 39. 1[2] τε Evs. : om. codd. || [5] δὲ καὶ Evs. : αἱ δὲ codd. || 2[5] τρέφεσθαι codd. : τρέπ- Evs.

changements se font suivant de justes proportions, de même que chez les corps des dieux visibles, tandis que chez les démons malfaisants tout n'est que disproportion. Ces derniers, du fait qu'ils sont passibles, occupent davantage la région proche de la terre[1], et il n'y a aucune mauvaise action qu'ils ne tentent de faire. Comme il n'y a que violence et fourberie dans leur manière d'être, et que la surveillance de la nature divine supérieure ne s'exerce pas chez eux, ils se livrent la plupart du temps, comme dans des embuscades, à des attaques brutales et soudaines, tantôt en essayant de se dissimuler, tantôt en usant de violence. Aussi les passions qu'ils font subir sont-elles vives. 4 Au contraire, les soins et les corrections dus aux démons supérieurs paraissent plus lents. En effet le bien, sous toutes ses formes, est docile et de caractère égal ; il progresse donc d'une façon régulière et sans passer la mesure[2]. 5 Si tu as bien cela en tête, tu ne risqueras jamais de tomber dans la pire des absurdités, je veux dire le fait de supposer le mal chez les bons démons et le bien chez les mauvais. Du reste les idées absurdes ne se limitent pas là : la multitude conçoit en effet les pires croyances au sujet des dieux eux-mêmes, et les répand chez le reste des hommes.

40. 1 Car voici une chose qu'il faut imputer à la plus nuisible des influences exercées par les démons malfaisants : alors qu'ils sont les causes des souffrances qui sévissent sur la terre — épidémies, mauvaises récoltes, tremblements de terre, sécheresses et autres calamités semblables[3] — ils nous inspirent l'idée que les auteurs de ces maux sont ceux-là mêmes qui provoquent les événements exactement opposés. Ils se soustraient ainsi aux accusations et s'efforcent par là

1. Voir *Notice*, p. 43.
2. L'idée que le bien et en particulier la nature divine sont ennemis de la précipitation se trouve le plus nettement exprimée dans Plutarque, *De ser. num. vind.*, 5, 550 D sq.
3. Voir aux *Notes complémentaires*, p. 217.

τῶν ἀγαθῶν ὡς καὶ τὰ σώματα τῶν φαινομένων, τῶν δὲ κακοποιῶν ἀσύμμετρα, οἳ πλέον τῷ παθητικῷ νέμοντες τὸν περίγειον τόπον οὐδὲν ὅ τι τῶν κακῶν οὐκ ἐπιχειροῦσι δρᾶν. Βίαιον γὰρ ὅλως καὶ ὕπουλον ἔχοντες ἦθος ἐστερημένον τε τῆς φυλακῆς τῆς ἀπὸ τοῦ κρείττονος δαιμονίου, σφοδρὰς καὶ αἰφνιδίους οἷον ἐνέδρας ὡς τὸ πολὺ ποιοῦνται τὰς ἐμπτώσεις, πῇ μὲν λανθάνειν πειρώμενοι, πῇ δὲ βιαζόμενοι. Ὅθεν ὀξέα μὲν τὰ ἀπ' ἐκεί|νων πάθη. 4 Αἱ δ' ἀκέσεις καὶ αἱ κατορθώσεις αἱ ἀπὸ τῶν κρειττόνων δαιμόνων βραδύτεραι δοκοῦσιν. Πᾶν γὰρ τὸ ἀγαθὸν εὐήνιόν τε ὂν καὶ ὁμαλὸν τάξει πρόεισι καὶ τὸ δέον οὐχ ὑπερβαίνει. 5 Οὕτω δέ σοι δοξάζοντι οὐδέποτ' ἂν εἰς τὸ ἀτοπώτατον ἐμπίπτειν ἐνέσται, τὸ περὶ τῶν ἀγαθῶν τὰ κακὰ ὑπολαμβάνειν καὶ περὶ τῶν κακῶν τὰ ἀγαθά· οὐ γὰρ ταύτῃ μόνον ὁ λόγος ἄτοπός ἐστιν, ἀλλὰ καὶ τὰς περὶ τῶν θεῶν φαυλοτάτας ὑπολήψεις λαμβάνοντες οἱ πολλοὶ διαδιδόασι καὶ εἰς τοὺς λοιποὺς ἀνθρώπους.

40. 1 Ἓν γὰρ δὴ καὶ τοῦτο τῆς μεγίστης βλάβης τῆς ἀπὸ τῶν κακοεργῶν δαιμόνων θετέον, ὅτι αὐτοὶ αἴτιοι γιγνόμενοι τῶν περὶ τὴν γῆν παθημάτων, οἷον λοιμῶν, ἀφοριῶν, σεισμῶν, αὐχμῶν καὶ τῶν ὁμοίων, ἀναπείθουσιν ἡμᾶς ὡς ἄρα τούτων αἴτιοί εἰσιν οἵπερ καὶ τῶν ἐναντιωτάτων [τουτέστι τῶν εὐφοριῶν], ἑαυτοὺς ἐξαιροῦντες τῆς αἰτίας

39. 3^{3} οἳ πλέον Evs. : οὐ πλεῖον VMKLP^{a} οὐ πλείω G^{a}FB^{a}P^{b}T || ^{4} ὅ τι Evs. : οὖν codd. || ^{9} ἀπ' Va. : ἐπ' codd. || 5^{3} περὶ Nauck : τὸ περὶ codd. || **40.** 1^{6} τουτέστι τῶν εὐφοριῶν secl. Nauck

d'atteindre leur objectif primordial, qui est de faire le mal sans être découverts. 2 Ensuite ils nous poussent à adresser supplications et sacrifices aux dieux bienfaisants, comme si ces derniers étaient courroucés[1]. S'ils se livrent à ces agissements ainsi qu'à d'autres méfaits semblables, c'est parce qu'ils veulent nous faire quitter la droite notion que nous avons des dieux, et nous convertir à eux[2]. 3 Tout ce qui se fait ainsi de discordant et d'incohérent les réjouit ; comme en prenant le masque des autres dieux[3], ils profitent de notre irréflexion et s'acquièrent la sympathie des foules en allumant les appétits des hommes, grâce aux passions amoureuses et au goût des richesses, du pouvoir et des plaisirs, grâce aussi aux vaines opinions de soi-même ; et de tout cela naissent révolutions, guerres et autres troubles de même espèce[4]. 4 Mais le plus terrible de tout, c'est qu'ils vont plus loin encore et qu'ils accréditent des idées semblables au sujet même des plus grands dieux, jusqu'à faire tomber le dieu suprêmement bon sous le coup de ces accusations, en disant que par lui tout est bouleversé et mis sens dessus dessous. 5 Et les victimes de ces mensonges ne sont pas seulement les profanes, mais aussi un bon nombre de ceux qui consacrent leur temps à la philosophie[5]. Ils sont d'ailleurs réciproquement la cause de leur erreur. En effet ceux des philosophes qui n'ont pas rompu avec les penchants du commun sont tombés d'accord avec les foules ; et inversement les foules, entendant ceux qui passent pour <sages> énoncer des idées conformes à leurs opinions, ont été renforcées dans ce genre de convictions au sujet des dieux.

41. 1 De plus, le genre poétique a encore attisé ces croyances chez les hommes par l'emploi d'un langage fait pour stupéfier et ensorceler, capable d'envoûter et

1. Voir aux *Notes complémentaires*, p. 217-218.
2. Voir *Notice*, p. 38.
3. Voir *Notice*, p. 43.
4. Voir *Notice*, p. 38.
5. Voir aux *Notes complémentaires*, p. 218.

καὶ αὐτὸ τοῦτο πραγματευόμενοι πρῶτον, τὸ λανθάνειν ἀδικοῦντες. 2 Τρέπουσί τε μετὰ τοῦτο ἐπὶ λιτανείας ἡμᾶς καὶ θυσίας τῶν ἀγαθοεργῶν θεῶν ὡς ὠργισμένων. Ταῦτα δὲ καὶ τὰ ὅμοια ποιοῦσι μεταστῆσαι ἡμᾶς ἐθέλοντες ἀπὸ τῆς ὀρθῆς ἐννοίας τῶν θεῶν καὶ ἐφ' ἑαυτοὺς ἐπιστρέψαι. 3 Πᾶσι γὰρ τοῖς οὕτως ἀνομολόγως καὶ ἀκαταλλήλως γιγνομένοις αὐτοὶ χαίρουσιν, καὶ ὥσπερ ὑποδύντες τὰ τῶν ἄλλων θεῶν πρόσωπα, τῆς ἡμετέρας ἀβουλίας ἀπολαύουσιν, προσεταιριζόμενοι τὰ πλήθη διὰ τοῦ τὰς ἐπιθυμίας τῶν ἀνθρώπων ἐκκαίειν ἔρωσι καὶ πόθοις πλούτων καὶ δυναστειῶν καὶ ἡδο|νῶν, κενοδοξίαις τε αὖ, ἐξ ὧν στάσεις καὶ πόλεμοι φύονται καὶ τὰ συγγενῆ τούτων. 4 Τὸ δὲ πάντων δεινότατον, ἐπαναβαίνουσιν ἐκ τῶνδε καὶ τὰ ὅμοια ἀναπείθουσι καὶ περὶ τῶν μεγίστων θεῶν, μέχρι τοῦ καὶ τὸν ἄριστον θεὸν τούτοις τοῖς ἐγκλήμασιν ὑπάγειν, ᾧ δὴ καὶ τεταράχθαι φασὶν πάντ' ἄνω κάτω. 5 Πεπόνθασι δὲ τοῦτο οὐκ ἰδιῶται μόνον, ἀλλὰ καὶ τῶν ἐν φιλοσοφίᾳ διατριβόντων οὐκ ὀλίγοι. Ἡ δὲ αἰτία δι' ἀλλήλων γέγονεν. Καὶ γὰρ τῶν φιλοσοφούντων οἱ μὴ ἀποστάντες τῆς κοινῆς φορᾶς εἰς τὰ αὐτὰ τοῖς πλήθεσι συνέβησαν, καὶ πάλιν αὖ τὰ πλήθη σύμφωνα ταῖς ἑαυτῶν δόξαις παρὰ τῶν δοκούντων ⟨σοφῶν⟩ ἀκούοντα ἐπερρώσθη φρονεῖν ἔτι μᾶλλον περὶ τῶν θεῶν τὰ τοιαῦτα.

41. 1 Τὸ μὲν γὰρ ποιητικὸν καὶ προσεξέκαυσε τὰς ὑπολήψεις τῶν ἀνθρώπων τῷ χρῆσθαι φράσει πρὸς ἔκπληξιν καὶ γοητείαν πεποιημένῃ κήλησίν τε ἐμποιῆσαι καὶ

Test. **40.** 2[3] - **41.** 2 Evseb., *Pr. eu.* IV, 22, 5-9.

40. 2[4] ἐφ' ἑαυτοὺς Evs. : ἐπ' αὐτοὺς codd. ‖ 3[4] τοῦ Evs. : τὸ codd. ‖ [6] κενοδοξίαις Evs. : ξενοδ- codd. ‖ 4[3] ἀναπείθουσι Evs. : πείθουσι codd. ‖ [5] ᾧ Evs. : ὃ codd. ‖ τεταράχθαι φασὶν Evs. : τετάρακταί φασιν codd. ‖ 5[7] σοφῶν Evs. : om. codd. ‖ [8] ἔτι plerique libri Evs. : ἐπὶ codd. ‖ τῶν Evs. : τὰ τῶν codd.

de donner crédit aux pires impossibilités[1]. Or il faut être fermement persuadé que le bon n'est jamais nuisible et que le mauvais n'est jamais utile. 2 Car, comme le dit Platon, « refroidir n'est pas le fait de la chaleur mais de son contraire. » Et de même, « être nuisible n'est pas le fait du juste. »[2] Et l'on m'accordera que le plus juste de tout par nature, c'est le divin ; sinon il ne serait pas divin[3]. Cette propriété et ce rôle doivent donc être ôtés aux attributions des démons bienfaisants. Car la propriété de nuire par nature et par volonté est contraire à la propriété bienfaisante, et les contraires ne sauraient coexister dans le même sujet[4]. 3 Les sévices des mauvais démons[5] contre le genre mortel s'exercent dans bien des domaines, et parfois même dans des domaines importants. Au contraire il est certain que jamais un bon démon, dans son domaine particulier, ne négligera ce qui dépend de lui. Bien plus, les bons démons nous préviennent dans la mesure du possible des dangers dont nous menacent les démons malfaisants, en nous les révélant par des rêves, ou bien par l'effet d'une âme inspirée, ou par bien d'autres moyens[6]. 4 Et si nous étions capables de distinguer les signes qui nous sont adressés, tout le monde en aurait connaissance et se tiendrait sur ses gardes. Car tout le monde reçoit leurs signes, mais tout le monde ne comprend pas ce qui est signifié, de même que tout le monde ne peut pas lire ce qui est écrit, mais seulement celui qui a appris l'alphabet. 5 Mais les démons contraires favorisent l'accomplissement de toutes les pratiques de la sorcellerie[7]. Ils sont en effet — et principalement leur chef — vénérés par les criminels adeptes de la sorcellerie[8].

1. Cf. *République* III, 379 c, où Platon affirme que, contrairement à ce que prétendent les poètes, Dieu ne peut être la cause des maux.

2. *Rép.* I, 335 d.

3. Voir *Notice*, p. 43-44.

4-8. Voir aux *Notes complémentaires*, p. 218-219.

πίστιν περὶ τῶν ἀδυνατωτάτων δυναμένῃ · δέον ἐμπέδως πεπεῖσθαι ὅτι οὔτε τὸ ἀγαθὸν βλάπτει ποτὲ οὔτε τὸ κακὸν ὠφελεῖ. 2 « Οὐ γὰρ θερμότητος, ὥς φησι Πλάτων, τὸ ψύχειν, ἀλλὰ τοῦ ἐναντίου » · οὕτως οὐδὲ « τοῦ δικαίου » τὸ « βλάπτειν ». Δικαιότατον δὲ δήπου φύσει πάντων τὸ θεῖον, ἐπεὶ οὐδ' ἂν ἦν θεῖον. Οὐκοῦν ἀποτετμῆσθαι δεῖ ταύτην τὴν δύ|ναμιν καὶ μοῖραν τῶν δαιμόνων τῶν ἀγαθοεργῶν, ἡ γὰρ βλάπτειν πεφυκυῖά τε καὶ βουλομένη ἐναντία τῇ ἀγαθοεργῷ · τὰ δ' ἐναντία περὶ τὸ αὐτὸ οὐκ ἄν ποτε γένοιτο. 3 Τούτων δὲ κατὰ πολλὰ μέρη λυμαινομένων τὸ θνητόν, ἐνίοτε δὲ καὶ κατὰ μεγάλα, καθ' ἕνα μὲν γὰρ οὐκ ἔσθ' ὅτε οὐχὶ οἱ ἀγαθοὶ οὐκ ἀνιᾶσι τὰ καθ' ἑαυτούς, ἀλλὰ καὶ προσημαίνουσιν εἰς δύναμιν τοὺς ἐπηρτημένους ἀπὸ τῶν κακοεργῶν κινδύνους, καὶ δι' ὀνειράτων ἐμφαίνοντες καὶ διὰ ἐνθέου ψυχῆς ἄλλων τε πολλῶν. 4 Καὶ εἰ ἱκανός τις εἴη τὰ σημαινόμενα διαιρεῖσθαι, πᾶς ἂν γιγνώσκοι καὶ προφυλάττοιτο. Πᾶσι γὰρ σημαίνουσιν, οὐ πᾶς δὲ ξυνίησι τὰ σημαινόμενα, οὐδὲ πᾶς τὰ γεγραμμένα δύναται ἀναγιγνώσκειν, ἀλλ' ὁ μαθὼν γράμματα. 5 Διὰ μέντοι τῶν ἐναντίων καὶ ἡ πᾶσα γοητεία ἐκτελεῖται. Τούτους γὰρ μάλιστα καὶ τὸν προεστῶτα αὐτῶν ἐκτιμῶσιν οἱ τὰ κακὰ διὰ τῶν γοητειῶν διαπραττόμενοι.

Test. **41.** 5 - **43.** 1 Cyrill., *C. Iul.* IV, 692 A-C. — **41.** 5 - **42** Evseb., *Pr. eu.* IV, 22, 10-12. — **41.** 5 - **42.** 3^{3} Theodoret., *Gr. aff. cur.* III, 60.

---

41. 2^{4} οὐδ' Evs. : οὐδὲν codd. || 3^{5} ἐπηρτημένους Rh. : ἐνη- codd. || 4^{1-2} πᾶς ἂν K : πᾶσαν cett. || 5^{2} πᾶσα codd. Evs. Theod. : ἅπασα Cyr.

42. 1 C'est qu'ils sont pleins de ressources pour frapper l'imagination de toutes les manières, et habiles à tromper le monde grâce à leurs prestiges[1]. Grâce à leur intervention, les malheureuses victimes de leur influence préparent les liqueurs maléfiques et les philtres d'amour. Toutes les formes d'intempérance, tous les espoirs de richesse et de gloire sont inspirés par eux, et aussi et surtout la tromperie. Car le mensonge est leur domaine. 2 Ils veulent être dieux, et la puissance qui se trouve à leur tête veut passer pour le dieu suprême. 3 Ce sont eux qui prennent plaisir « aux libations et à l'odeur des viandes »[2], dont s'engraisse la partie pneumatique <et corporelle> de leur être[3]. Car cette partie vit des vapeurs et des exhalaisons, d'une vie diverse nourrie d'effluves divers ; elle tire sa force des fumets qui montent du sang et des chairs brûlés[4].

43. 1 C'est pourquoi un homme intelligent et tempérant se gardera[5] d'user de sacrifices qui risquent d'attirer vers lui les démons de cette espèce. Il s'efforcera au contraire de purifier son âme par tous les moyens. Les mauvais démons, en effet, ne s'attaquent pas à l'âme pure parce qu'elle leur est dissemblable. 2 Et si, pour les cités, c'est une chose nécessaire que de tenter de les apaiser, cela ne nous concerne pas[6]. Chez elles en effet la richesse ainsi que les avantages extérieurs et corporels sont considérés comme des biens et leurs contraires comme des maux ; quant à l'âme, elle est le dernier de leurs soucis. 3 Pour nous, autant qu'il est en notre pouvoir, nous n'aurons pas besoin de ce que ces êtres peuvent procurer[7]. Car dans notre âme comme dans nos ressources extérieures, nous mettons tout en œuvre pour nous rendre semblables à Dieu[8] et à son

1-6. Voir aux *Notes complémentaires*, p. 219.

7. Cf. *infra*, 52, 3.

8. Sur l'assimilation à Dieu, fin radicalement différente de celles de la religion civique, voir *Introduction*, t. I, p. XXXIII-XXXIV.

42. 1 Πλήρεις γὰρ πάσης φαντασίας οὗτοι καὶ ἀπατῆσαι ἱκανοὶ διὰ τῆς τερατουργίας. Διὰ τούτων φίλτρα καὶ ἐρωτικὰ κατασκευάζουσιν οἱ κακοδαίμονες. Πᾶσα γὰρ ἀκολασία καὶ πλούτων ἐλπὶς καὶ δόξης διὰ τούτων, καὶ μάλιστα ἡ ἀπάτη. Τὸ γὰρ ψεῦδος τούτοις οἰκεῖον. 2 Βούλονται | γὰρ εἶναι θεοὶ καὶ ἡ προεστῶσα αὐτῶν δύναμις δοκεῖν θεὸς εἶναι ὁ μέγιστος. 3 Οὗτοι οἱ χαίροντες « λοιβῇ τε κνίσῃ τε », δι' ὧν αὐτῶν τὸ πνευματικὸν ⟨καὶ σωματικὸν⟩ πιαίνεται. Ζῇ γὰρ τοῦτο ἀτμοῖς καὶ ἀναθυμιάσεσι ποικίλως διὰ τῶν ποκίλων, καὶ δυναμοῦται ταῖς ἐκ τῶν αἱμάτων καὶ σαρκῶν κνίσαις.

43. 1 Διὸ συνετὸς ἀνὴρ καὶ σώφρων εὐλαβηθήσεται τοιαύταις χρῆσθαι θυσίαις, δι' ὧν ἐπισπάσεται πρὸς ἑαυτὸν τοὺς τοιούτους. Σπουδάσει δὲ καθαίρειν τὴν ψυχὴν παντοίως· καθαρᾷ γὰρ ψυχῇ οὐκ ἐπιτίθενται διὰ τὸ αὐτοῖς ἀνόμοιον. 2 Εἰ δὲ ταῖς πόλεσιν ἀναγκαῖον καὶ τούτους ἀπομειλίττεσθαι, οὐδὲν πρὸς ἡμᾶς. Ταύταις γὰρ καὶ πλοῦτος καὶ τὰ ἐκτὸς καὶ τὰ σωματικὰ ἀγαθὰ εἶναι νενόμισται καὶ τὰ ἐναντία κακά, ὀλιγοστὸν δ' ἐν αὐταῖς τὸ τῆς ψυχῆς ἐπιμελούμενον. 3 Ἡμεῖς δὲ κατὰ δύναμιν οὐ δεησόμεθα ὧν οὗτοι παρέχουσιν, ἀλλ' ἔκ τε ψυχῆς ἔκ τε τῶν ἐκτὸς πᾶσαν σπουδὴν ποιούμεθα θεῷ μὲν καὶ τοῖς

TEST. **43.** 1-3 EVSEB., *Pr. eu.* IV, 18-19, 1. — 1 CYRILL., *C. Iul.* IV, 701 A. — 1[1-4] THEODORET., *Gr. aff. cur.* X, 16.

---

42. 1[1] πλήρεις γὰρ om. CYR. ‖ πλήρεις L p.c. THEOD. et quidam libri EVS. : -ρης codd. et alii EVS. ‖ post γὰρ uerb. εἰσι add. quidam libri EVS. ‖ post φαντασίας uerb. ἐπιτηδεύοντες add. CYR. ‖ οὗτοι om. THEOD. ‖ καὶ codd. EVS. THEOD. : γὰρ CYR. ‖ ἀπατῆσαι post τερατουργίας [1[2]] transp. CYR. ‖ [2] Διὰ τούτων codd. EVS. THEOD. : δι' αὐτῶν CYR. ‖ [3] κατασκευάζουσιν codd. EVS. CYR. : -ζειν THEOD. ‖ 3[3] καὶ σωματικὸν EVS. CYR. : om. codd. et THEOD. ‖ [3] ποικίλως EVS. : καὶ ποικίλως codd. et CYR. ‖ [5] κνίσαις codd. : θυσίαις EVS. ‖ **43.** 1[1] εὐλαβηθήσεται EVS. CYR. et THEOD. quidam libri : -βήσεται codd. et THEOD. alii ‖ 2[3] πλοῦτος EVS. : -οι codd. ‖ [4] ὀλιγοστὸν EVS. : ὀλίγιστον codd.

entourage ; cette similitude est rendue possible par l'impassibilité, la conception bien analysée[1] de ce qui est réellement, et la vie orientée vers ces réalités et conduite d'après elles. Au contraire nous nous rendrons dissemblables des hommes et des démons méchants, et d'une façon générale de tout ce qui se complaît dans le mortel et le matériel[2]. 4 C'est bien pourquoi nous sacrifierons nous aussi selon les principes énoncés par Théophraste. Ces principes rejoignent du reste l'opinion exprimée par les théologiens[3], qui savent bien que plus nous négligeons d'extirper de notre âme les passions, plus nous nous lions à la puissance mauvaise, et plus il faudra tenter de l'apaiser. 5 Comme le disent les théologiens, ceux qu'enchaînent les réalités extérieures et qui ne dominent pas encore leurs passions se trouvent dans la nécessité de prendre des mesures propitiatoires vis-à-vis de cette puissance, faute de quoi leurs épreuves n'auront point de fin.

Pureté et consommation d'animaux

44. 1 Arrêtons ici les explications concernant les sacrifices. Il faut cependant reprendre ce que nous disions au début[4], lorsque nous déclarions que s'il fallait sacrifier des animaux il n'était pas pour autant nécessaire de les manger systématiquement ; nous allons maintenant démontrer qu'il est nécessaire de ne pas les manger, même s'il est parfois nécessaire d'en sacrifier. 2 Là-dessus tous les théologiens sont tombés d'accord : non seulement il ne faut pas consommer les victimes lors des sacrifices expiatoires, mais il faut en outre user de purifications. Il serait souhaitable, disent-ils, que personne ne se rende à la ville ou dans une maison particulière sans avoir au préalable nettoyé ses vêtements à une rivière ou à une source. C'est pourquoi ceux qu'ils ont autorisés à faire des sacrifices ont également reçu d'eux l'ordre de s'abstenir des victimes et de se purifier auparavant par le jeûne et surtout par l'abstinence des être animés[5].

1-5. Voir aux *Notes complémentaires*, p. 220.

ἀμφ' αὐτὸν ὁμοιοῦσθαι, ὃ γίγνεται δι' ἀπαθείας καὶ τῆς περὶ τῶν ὄντως ὄντων διηρθρωμένης διαλήψεως καὶ τῆς πρὸς αὐτὰ καὶ κατ' αὐτὰ ζωῆς, πονηροῖς δὲ ἀνθρώποις καὶ δαίμοσι καὶ ὅλως παντὶ τῷ χαίροντι τῷ θνητῷ τε καὶ ὑλικῷ ἀνομοιοῦσθαι. 4 Ὥστε κατὰ τὰ εἰρημένα τῷ Θεοφράστῳ θύσομεν καὶ | ἡμεῖς. Οἷς καὶ οἱ θεολόγοι συνεφώνησαν, εἰδότες ὡς καθόσον τῆς τῶν παθῶν ἐξαιρέσεως ἀμελοῦμεν τῆς ψυχῆς, κατὰ τοσοῦτον τῇ πονηρᾷ δυνάμει συναπτόμεθα, καὶ δεήσει καὶ ταύτην ἀπομειλίττεσθαι. 5 Ὡς γάρ φασιν οἱ θεολόγοι, τοῖς δεομένοις ὑπὸ τῶν ἐκτὸς καὶ μηδέπω κρατοῦσι τῶν παθῶν ἀναγκαῖον ἀποτρέπεσθαι καὶ ταύτην τὴν δύναμιν· εἰ δὲ μή γε, πόνων οὐ λήξουσιν.

44. 1 Μέχρι δὴ τούτων τὰ περὶ τῶν θυσιῶν δεδηλώσθω. Πλὴν ὅπερ ἐξ ἀρχῆς ἐλέγομεν, μὴ εἶναι ἀναγκαῖον ὡς εἰ θυτέον ζῷα, καὶ βρωτέον πάντως, νῦν ἐξ ἀνάγκης τὸ μὴ δεῖν ἐσθίειν, εἴπερ καὶ θύειν ἀνάγκη ποτέ, ἐπιδείκνυται. 2 Πάντες γὰρ ἐν τούτῳ ὡμολόγησαν οἱ θεολόγοι ὡς οὔτε ἁπτέον ἐν ταῖς ἀποτροπαίοις θυσίαις τῶν θυομένων, καθαρσίοις τε χρηστέον. Μὴ γὰρ ἴοι τις εἰς ἄστυ μηδ' εἰς οἶκον ἴδιον μὴ πρότερον ἐσθῆτα καὶ σῶμα ποταμοῖς ἢ πηγῇ ἀποκαθήρας, φασίν. Ὥστε καὶ οἷς ἐπέτρεψαν θύειν, ἀπέχεσθαι τῶν θυομένων τούτοις παρήγγειλαν, προαγνεύειν τε ἀποσιτίαις καὶ μάλιστα ταῖς ἀποχαῖς τῶν

43. 3[5] τῆς om. Evs. ‖ [6] καὶ κατ' αὐτὰ Evs. : ταῦτα codd.

3 Car, disent-ils, l'état de pureté rituelle est une défense qui permet de se tenir sur ses gardes[1], c'est une sorte de signe de reconnaissance ou de sceau divin qui empêche de subir aucun mal de la part de ceux de qui l'on s'approche et dont on veut se ménager les bonnes grâces. 4 Ainsi en effet l'état dans lequel on se trouve est à l'opposé des opérations que l'on accomplit ; il est plus divin parce que plus pur ; et, relativement au corps comme aux passions de l'âme, on reste hors d'atteinte, puisque l'on s'est entouré de la pureté comme d'un rempart.

45. 1 A cause de cela, il n'est pas jusqu'aux sorciers qui ne jugent nécessaire ce genre de protection[2] ; mais elle n'a dans leur cas aucune efficacité durable. En effet, pour satisfaire leurs désirs grossiers, ils importunent les mauvais démons. 2 Par conséquent, la pureté n'est pas le fait des sorciers, mais celui des hommes divins et instruits des choses divines ; et elle apporte à tout instant à ceux qui s'y soumettent cette défense que constitue l'appropriation au divin[3]. 3 Plût au ciel que les sorciers s'y soumissent eux aussi constamment ! Ils n'auraient plus alors envie de faire leurs sorcelleries, puisque leur pureté les empêcherait de jouir des mobiles de leurs actes impies. Mais en fait ils sont remplis de passions, et si pour un bref instant ils s'abstiennent des aliments impurs, ils n'en restent pas moins pleins d'impureté[4] ; et ils subissent le châtiment de leur conduite qui viole les lois de l'univers, soit du fait même des êtres qu'ils provoquent, soit du fait de cette justice qui a l'œil sur toutes les œuvres des mortels, actions ou pensées[5]. 4 La pureté rituelle, intérieure et extérieure, est donc le fait de l'homme divin, qui s'efforce de pratiquer le jeûne à l'égard des passions de l'âme comme il le pratique à l'égard des aliments susceptibles d'éveiller les passions, qui se

1-2. Voir aux *Notes complémentaires*, p. 220.
3. Pour cette expression, cf. I, 57, 2.
4. Voir *Notice*, p. 44.
5. Voir *Notice*, p. 47-48.

ἐμψύχων. 3 Εἶναι γὰρ τὴν ἁγνείαν φυλακὴν πρὸς εὐλάβειαν, οἷον σύμβολον ἢ σφραγῖδα θείαν περὶ τοῦ μηδὲν παθεῖν ὑπ' ἐκείνων οἷς πρόσεισι καὶ ἀπομειλίττεται. 4 Ἐναντίως γὰρ διακείμενος [ἢ] οἷς δρᾷ καὶ θειοτέρως, ὅτι καὶ καθαρωτέρως, καὶ κατὰ σῶμα καὶ κατὰ τὰ πάθη τῆς ψυχῆς μένει ἀβλαβής, οἷον ἔρυμα περιβεβλημένος τὴν ἁγνείαν.

45. 1 Διὸ καὶ ἄχρι τῶν γοήτων ἀναγκαία ἔδοξεν ἡ τοιαύτη | προφυλακή· οὐ δύναται μέντοι διὰ παντός· ἀσελγείας γὰρ ἕνεκα ἐνοχλοῦσι δαίμονας πονηρούς. 2 Ὥστε οὐ γοήτων ἦν ἡ ἁγνεία, ἀλλὰ θείων καὶ θεοσόφων ἀνδρῶν, φυλακὴν δὲ φέρουσα πανταχοῦ τοῖς χρωμένοις τὴν πρὸς τὸ θεῖον οἰκείωσιν. 3 Ὡς εἴθε διὰ παντὸς αὐτῇ καὶ γόητες ἐχρῶντο, καὶ οὐκ ἂν γοητεύειν προυθυμήθησαν, ἀποκεκλεισμένοι ὑπὸ ταύτης ἀπολαύειν ὧν ἕνεκα ἀσεβοῦσιν. Ὅθεν παθῶν ὄντες πλήρεις καὶ πρὸς ὀλίγον ἀπεχόμενοι τῶν ἀκαθάρτων βρώσεων, μεστοὶ ὄντες ἀκαθαρσίας, δίκας τίνουσι τῆς εἰς τὰ ὅλα παρανομίας, τὰ μὲν ὑπ' αὐτῶν ὧν ἐρεθίζουσιν, τὰ δὲ καὶ ὑπὸ τῆς πάντ' ἐφορώσης τὰ θνητὰ καὶ ἔργα καὶ διανοήματα δίκης. 4 Ἀνδρὸς ἄρα θείου ἡ ἔσω καὶ ἡ ἐκτὸς ἁγνεία, ἀποσίτου μὲν [ἐκ] παθῶν ψυχῆς σπουδάζοντος εἶναι, ἀποσίτου δὲ καὶ βρώσεων αἳ τὰ πάθη κινοῦσιν, σιτουμένου δὲ θεοσοφίαν

44. 4[1] ἢ del. Re. ‖ **45.** 4[2] ἐκ del. Re.

nourrit de la connaissance des choses divines, qui se rend semblable au divin grâce à des pensées droites au sujet du divin, d'un homme qui se sanctifie par le sacrifice intellectuel[1] et qui se présente devant Dieu avec un vêtement blanc, une impassibilité d'âme véritablement pure, un corps léger et non pas accablé du poids des sucs étrangers pris à d'autres êtres[2], ni du poids des passions de l'âme.

46. 1 Car enfin, il est une chose qu'on ne peut admettre : dans les sanctuaires que les hommes ont délimités pour les dieux, même ce qu'on porte aux pieds doit être pur, jusqu'à la semelle des sandales qui doit être exempte de toute souillure[3] ; et dans le temple du Père, c'est-à-dire dans ce monde[4], il ne serait pas requis de sauvegarder la pureté de notre ultime vêtement externe, c'est-à-dire de notre tunique de peau[5], et de le tenir en état de pureté rituelle quand nous séjournons dans le temple du Père ? 2 Si le danger résidait dans sa seule souillure, on pourrait peut-être se permettre de le négliger et de se montrer insouciant à cet égard. Mais en fait tout notre corps sensible emporte les émanations[6] des démons[7] de la matière[8], de sorte que là où se trouve l'impureté due à la chair et au sang se trouve aussi présente la puissance qui en est l'amie et la correspondante, à cause de la similitude et de la communauté qui les unissent.

L'âme des animaux morts

47. 1 Les théologiens ont donc eu raison de veiller à l'abstinence. D'autre part, l'Égyptien[9] nous a fait les révélations suivantes, où il donne à l'abstinence une raison on ne peut plus naturelle et vérifiée par l'expérience. On sait qu'une âme mauvaise et dénuée

1. C'est-à-dire le sacrifice des pures pensées ou des belles pensées évoqué en 34, 2 et 5. Il s'agit de l'offrande des productions de l'intellect.

2-7. Voir aux *Notes complémentaires*, p. 220.

8. Voir *Notice*, p. 44.

9. Voir *Notice*, p. 37-39.

καὶ ὁμοιουμένου ταῖς περὶ τοῦ θείου ὀρθαῖς διανοίαις καὶ ἀνδρὸς ἱερωμένου τῇ νοερᾷ θυσίᾳ καὶ μετὰ λευκῆς ἐσθῆτος καὶ καθαρᾶς τῷ ὄντι τῆς ψυχικῆς ἀπαθείας καὶ τῆς κουφότητος τοῦ σώματος προσιόντος τῷ θεῷ, οὐκ ἐξ ἀλλοτρίων καὶ ὀθνείων χυμῶν καὶ παθῶν ψυχικῶν βεβαρημένου.

46. 1 Οὐ γὰρ δὴ ἐν μὲν ἱεροῖς ὑπ' ἀνθρώπων θεοῖς ἀφωρισμένοις καὶ τὰ ἐν ποσὶ καθαρὰ δεῖ εἶναι καὶ ἀκηλίδωτα πέδιλα, ἐν δὲ τῷ ναῷ τοῦ πατρός, τῷ κόσμῳ τούτῳ, τὸν ἔσχατον καὶ ἐκτὸς ἡμῶν χιτῶνα τὸν δερμάτινον οὐχ ἁγνὸν προσήκει διατηρεῖν καὶ μεθ' ἁγνοῦ διατρίβειν ἐν τῷ ναῷ τοῦ πατρός ; 2 Εἰ μὲν γὰρ ἐν τῷ | μεμολύνθαι αὐτὸν μόνον ὁ κίνδυνος ἔκειτο, ἐνῆν παριδεῖν ἴσως καὶ καταρρᾳθυμῆσαι· νῦν δὲ παντὸς τοῦ αἰσθητοῦ σώματος ἀπορροίας φέροντος δαιμονίων ὑλικῶν, ἅμα τῇ ἀκαθαρσίᾳ τῇ ἐκ σαρκῶν καὶ αἱμάτων πάρεστιν ἡ ταύτῃ φίλη καὶ προσήγορος δύναμις δι' ὁμοιότητα καὶ οἰκειότητα.

47. 1 Ὅθεν ὀρθῶς οἱ θεολόγοι τῆς ἀποχῆς ἐπεμέλοντο, καὶ ὁ Αἰγύπτιος ταῦθ' ἡμῖν ἐμήνυσεν αἰτίαν ἀποδιδοὺς φυσικωτάτην, ἣν ἐκ τῆς πείρας ἐδοκίμασεν. Ἐπεὶ γὰρ ψυχὴ φαύλη καὶ ἄλογος, ἣ τὸ σῶμα ἀπέλειπε βίᾳ συλη-

TEST. **46**. CYRILL., *C. Iul.* IX, 977 C-D.

de raison qui quitte le corps à la suite d'un rapt violent reste auprès de ce corps — puisqu'aussi bien les âmes des hommes qui ont péri de mort violente sont elles aussi retenues auprès des corps, et qu'en conséquence on ne peut pas songer à s'évader hors du corps par violence[1]. 2 Donc, lorsque par la violence on met à mort les animaux, on contraint leurs âmes à se complaire dans le corps qu'elles quittent, et aucune barrière n'est là pour empêcher l'âme de se trouver à l'endroit où l'attire l'élément qui lui est apparenté ; voilà pourquoi l'on a vu beaucoup d'entre elles se lamenter[2] et pourquoi les âmes des morts privés de sépulture restent auprès des corps. Ce sont elles que les sorciers utilisent pour leur service personnel, en les retenant par violence grâce à leur corps ou à une partie de leur corps qu'ils tiennent en leur possession[3]. 3 Leur enquête leur[4] révéla ces phénomènes ; elle leur révéla aussi la nature de l'âme mauvaise, ainsi que la parenté et le plaisir qui l'unissent au corps d'où elle a été arrachée ; ils furent donc parfaitement fondés à se garder des festins de chair, afin que des âmes étrangères, soumises à la violence et à l'impureté et attirées vers l'élément qui leur est apparenté, ne vinssent pas les gêner[5] et les empêcher de s'avancer seuls vers Dieu[6], loin de la présence gênante des démons.

48. 1 L'attraction exercée sur l'âme par la nature du corps qui lui est apparenté est un fait que l'expérience a enseigné à ces personnes par bien des indices. Par exemple, ceux qui veulent recevoir en eux les âmes des animaux divinateurs avalent les organes essentiels de ces animaux, tels que le cœur des corbeaux, des taupes ou des faucons, et possèdent ainsi présente en eux l'âme de ces animaux, qui rend des oracles comme un dieu et qui pénètre en eux en même temps qu'ils absorbent leur corps[7].

1. Cf. I, 38.
2. Cf. Platon, *Phédon* 81 d : voir *Notice*, p. 16.
3-7. Voir aux *Notes complémentaires*, p. 221.

θεῖσα, προσμένει τούτῳ, ὅπου γε καὶ τῶν ἀνθρώπων αἱ τῶν βίᾳ ἀποθανόντων κατέχονται πρὸς τῷ σώματι, ὃ καὶ τοῦ μὴ βίᾳ ἑαυτὸν ἐξάγειν ἦν κωλυτικόν· 2 ἐπεὶ οὖν τῶν ζῴων αἱ βίαιοι σφαγαὶ ἐμφιληδεῖν τὰς ψυχὰς οἷς ἀπολείπουσιν ἀναγκάζουσιν, διείργεται δὲ οὐδαμῶς ψυχὴ ἐκεῖ εἶναι ὅπου τὸ συγγενὲς καθέλκει αὐτήν, ὅθεν καὶ ὀδυρόμεναι ὤφθησαν πολλαί, καὶ αἱ τῶν ἀτάφων παραμένουσι τοῖς σώμασιν, αἷς καὶ οἱ γόητες καταχρῶνται πρὸς ⟨τὴν⟩ αὐτῶν ὑπηρεσίαν, βιαζόμενοι τῇ τοῦ σώματος ἢ μέρους τοῦ σώματος κατοχῇ· 3 ἐπεὶ οὖν ταῦτα ἱστόρησαν καὶ φύσιν ψυχῆς φαύλης καὶ συγγένειαν καὶ ἡδονήν, ⟨ἣν⟩ ἔχει πρὸς τὰ σώματα ἐξ ὧν ἀπεσπάσθη, εἰκότως ἐφυλάξαντο τὴν τῶν σαρκῶν θοίνην, ἵνα ἀλλοτρίαις ψυχαῖς βιαίοις καὶ ἀκαθάρτοις πρὸς τὸ συγγενὲς ἑλκομέναις μὴ ἐνοχλοῖντο μηδὲ ἐμποδίζοιντο προσέρ|χεσθαι μόνοι τῷ θεῷ, δαιμόνων τῇ παρουσίᾳ ἐνοχλούντων.

48. 1 Ὅτι γὰρ ὁλκὸν τῆς ψυχῆς ἡ τοῦ συγγενοῦς σώματος φύσις, ἡ πεῖρα τούτους ἐδίδαξε διὰ πλειόνων. Οἱ γοῦν ζῴων μαντικῶν ψυχὰς δέξασθαι βουλόμενοι εἰς ἑαυτούς, τὰ κυριώτατα μόρια καταπιόντες, οἷον καρδίας κοράκων ἢ ἀσπαλάκων ἢ ἱεράκων, ἔχουσι παροῦσαν τὴν ψυχὴν καὶ χρηματίζουσαν ὡς θεὸν καὶ εἰσιοῦσαν εἰς αὐτοὺς ἅμα τῇ ἐνθέσει τῇ τοῦ σώματος.

47. 1[6] κατέχονται Re. : καὶ κατέχονται codd. || [7] ἦν Nauck : ᾖ codd. || 2[7] τὴν add. He. || αὐτῶν Nauck : αὐτῶν codd. || 3[3] ἣν add. Va. || [6] ἐμποδίζοιντο ed. pr. : -ζοιτο codd.

Le philosophe prêtre du dieu suprême

49. 1 C'est donc avec raison que le philosophe, prêtre du dieu suprême[1], s'abstient de toute pâture animée, car il s'efforce de parvenir seul à seul[2] et de son propre fait[3] auprès de Dieu, sans être gêné[4] par aucune escorte. Il est en outre circonspect car il a pris connaissance des nécessités de la nature. 2 Le véritable philosophe a en effet des connaissances étendues[5] ; il sait observer et comprendre les choses de la nature ; il est intelligent ; en lui règnent l'ordre et la mesure ; et il cherche à se sauver en faisant retour à lui-même de partout[6]. 3 Le prêtre de tel ou tel des <dieux> particuliers est expert dans l'art de lui élever des statues, ainsi que dans le domaine des mystères, des initiations, des purifications et autres rites semblables ; pareillement le prêtre du dieu suprême est expert dans l'art de faire de lui-même une statue[7] et d'accomplir les purifications et les autres rites grâce auxquels il s'unit à Dieu.

50. 1 Dans la religion d'ici-bas, les prêtres et les haruspices s'imposent à eux-mêmes et imposent aux autres d'éviter les tombeaux, les hommes sacrilèges, les femmes en période menstruelle, les relations sexuelles, et par suite tout spectacle infâme ou funèbre, ou tout ce dont l'audition éveille la passion[8] — car il apparaît souvent que ce qui trouble l'haruspice dans son art est la présence de personnes en état d'impureté ; aussi dit-on bien que le sacrifice accompli à contre-temps apporte plus de dommage que de bénéfice. Dès lors le prêtre du Père tolérera-t-il d'être lui-même un tombeau contenant des cadavres, un être plein de souillures, lui qui s'efforce d'entrer en relation avec le principe supérieur ? 2 C'est bien assez déjà de faire une certaine place à la mort lorsque nous utilisons les récoltes pour notre vie d'ici-bas. Mais n'anticipons pas, car il y a encore des mises au point à faire sur le chapitre des sacrifices.

1-8. Voir aux *Notes complémentaires*, p. 221-222.

49. 1 Εἰκότως ἄρα ὁ φιλόσοφος καὶ θεοῦ τοῦ ἐπὶ πᾶσιν ἱερεὺς πάσης ἀπέχεται ἐμψύχου βορᾶς, μόνος μόνῳ διὰ τοῦ ἑαυτοῦ θεῷ προσιέναι σπουδάζων ἄνευ τῆς τῶν παρομαρτούντων ἐνοχλήσεως, καὶ ἔστιν εὐλαβὴς τὰς τῆς φύσεως ἀνάγκας ἐξιστορηκώς. 2 Ἵστωρ γὰρ πολλῶν ὁ ὄντως φιλόσοφος καὶ σημειωτικὸς καὶ καταληπτικὸς τῶν τῆς φύσεως πραγμάτων καὶ συνετὸς καὶ κόσμιος καὶ μέτριος, πανταχόθεν σῴζων ἑαυτόν. 3 Καὶ ὥσπερ ὅ τινος τῶν κατὰ μέρος ⟨θεῶν⟩ ἱερεὺς ἔμπειρος τῆς ἱδρύσεως τῶν ἀγαλμάτων αὐτοῦ τῶν τε ὀργιασμῶν καὶ τελετῶν καθάρσεών τε καὶ τῶν ὁμοίων, οὕτως ὁ τοῦ ἐπὶ πᾶσι θεοῦ ἱερεὺς ἔμπειρος τῆς αὑτοῦ ἀγαλματοποιίας καθάρσεών τε καὶ τῶν ἄλλων δι' ὧν συνάπτεται τῷ θεῷ.

50. 1 Εἰ δὲ οἱ τῶν τῇδε ἱερεῖς καὶ ἱεροσκόποι καὶ τάφων ἀπέχεσθαι κελεύουσιν ἑαυτοῖς τε καὶ τοῖς ἄλλοις, καὶ ἀνδρῶν ἀνοσίων καὶ ἐμμήνων καὶ συνουσιῶν καὶ θέας ἤδη αἰσχρᾶς καὶ πενθικῆς καὶ ἀκροάσεως πάθος | ἐγειρούσης — ἐπεὶ πολλάκις φαίνεται καὶ διὰ τοὺς παρόντας ἀκαθάρτους ὃ ταράττει τὸν ἱεροσκόπον· διὸ καὶ τὸ θύειν ἀκαίρως καὶ βλάβην μείζονα φέρειν ἢ κέρδος φασίν — ἦ πού γε ὁ τοῦ πατρὸς ἱερεὺς αὐτὸς τάφος γίγνεσθαι νεκρῶν σωμάτων ὑπομενεῖ μιασμάτων πλήρης, ὁμιλητὴς σπουδάζων γενέσθαι τῷ κρείττονι; 2 Ἀρκεῖ ὅτι τὰ τοῦ θανάτου μέρη ἐπὶ τῶν καρπῶν εἰς τὴν ἐνταῦθα ἡμῶν ζωὴν παραλαμβάνομεν. Ἀλλὰ μήπω περὶ τούτων· ἔτι δὲ τὰ περὶ τῶν θυσιῶν διακριτέον.

49. 1[3] θεῷ Va. : θεοῦ codd. || 3[2] θεῶν add. Nauck || [5] αὑτοῦ ed. pr. : αὐτοῦ codd. || **50.** 1[5-7] ἐπεὶ — φασίν secl. Nauck fort. recte || [9] ὑπομενεῖ Re. et Ab. : -μένει codd. || post ὑπομενεῖ uerb αὐτὸς iter. codd.

Le problème de la mantique

51. 1 On dira peut-être que nous ruinons une partie importante de la mantique, à savoir celle qui se fait par la consultation des entrailles, si nous nous abstenons de détruire les animaux[1]. A ce compte-là, il faut détruire aussi les hommes. Car, à ce que l'on dit, l'avenir apparaît mieux dans les entrailles humaines, et d'ailleurs un grand nombre de peuples barbares pratique sur des êtres humains la divination par les entrailles[2]. 2 Mais de même que la destruction d'un congénère humain à des fins de mantique est un acte d'injustice et d'égoïsme démesuré, de même il est injuste de tuer l'animal privé de raison pour pratiquer la divination[3]. 3 Quant à savoir si l'apparition des signes est due aux dieux ou aux démons, ou bien si c'est l'âme de l'animal qui, étant libérée, répond à la question au moyen de signes visibles dans les entrailles, c'est une recherche qui n'entre pas dans notre propos actuel[4].

52. 1 Ceux dont l'existence est plongée dans le tourbillon du monde extérieur, nous les laissons, une fois qu'ils se sont rendus coupables d'impiété envers eux-mêmes, aller au gré des mouvements qui les entraînent. 2 Mais le philosophe dont nous traçons le portrait, celui qui se détache des choses extérieures, nous sommes fondés à affirmer qu'il n'ira pas importuner les démons[5], et qu'il n'aura pas besoin de devins ni d'entrailles d'animaux. Car les biens sur lesquels portent les divinations, il s'est précisément exercé à s'en détacher. 3 En effet il ne s'abaisse pas au mariage et n'a donc pas à importuner le devin à ce sujet ; il ne s'abaisse pas à faire du commerce ; il ne va pas consulter au sujet d'un serviteur, ou de sa réussite sociale, ou de toutes les autres formes de gloriole qui règnent chez les hommes. Sur ce qu'il recherche, ce n'est pas un devin, ce ne sont pas des entrailles d'animaux qui lui

1-2. Voir aux *Notes complémentaires*, p. 222.
3. Voir *Notice*, p. 45.
4-5. Voir aux *Notes complémentaires*, p. 222-223.

51. 1 Φαίη γὰρ ἄν τις ὅτι πολὺ μέρος ἀναιροῦμεν μαντείας τῆς διὰ σπλάγχνων ἀπεχόμενοι τῆς τῶν ζῴων ἀναιρέσεως. Οὐκοῦν ὁ τοιοῦτος ἀναιρείτω καὶ τοὺς ἀνθρώπους· ἐπιφαίνεται γὰρ μᾶλλον, ὥς φασιν, τοῖς τούτων σπλάγχνοις τὰ μέλλοντα· καὶ πολλοί γε τῶν βαρβάρων δι' ἀνθρώπων σπλαγχνεύονται. 2 Ἀλλ' ὥσπερ ἀδικίας καὶ πλεονεξίας ἦν τὸ ἕνεκα μαντείας ἀναιρεῖν τὸν ὁμόφυλον, οὕτω καὶ τὸ ἄλογον ζῷον σφάττειν μαντείας ἕνεκα ἄδικον. 3 Πότερα δὲ σημεῖα οἱ θεοὶ ἐπιφαίνουσιν ἢ δαίμονες ἢ ἡ ψυχὴ ἀπαλλαττομένη τοῦ ζῴου πρὸς τὴν πεῦσιν ἀποκρίνεται διὰ τῶν ἐν τοῖς σπλάγχνοις σημείων, οὐκ ἔστι τοῦ παρόντος λόγου ἐρευνῆσαι.

52. 1 Οἷς μέντοι ὁ βίος ἔξω κυλίεται, τούτοις ἐπιτρέπομεν ἅπαξ ἀσεβήσασιν εἰς ἑαυτοὺς φέρεσθαι ᾗπερ καὶ φέρονται. 2 Ὃν δ' ἡμεῖς | ὑπογράφομεν φιλόσοφον ἀφιστάμενον τῶν ἐκτὸς εἰκότως φαμὲν μὴ ἐνοχλήσειν δαίμοσι μηδὲ μάντεων δεήσεσθαι μηδὲ σπλάγχνων ζῴων. Ὧν γὰρ ἕνεκα αἱ μαντεῖαι, τούτων οὗτος μεμελέτηκεν ἀφίστασθαι. 3 Οὐ γὰρ εἰς γάμον καθίησιν, ἵνα περὶ γάμου τὸν μάντιν ἐνοχλήσῃ, οὐκ εἰς ἐμπορίαν, οὐ περὶ οἰκέτου, οὐ περὶ προκοπῆς καὶ τῆς ἄλλης παρ' ἀνθρώποις δοξοκοπίας. Περὶ ὧν δὲ ζητεῖ, μάντις μὲν οὐδεὶς οὐδὲ

TEST. **52.** 1-4[4] EVSEB., *Pr. eu.* IV, 19, 2.

---

51. 1[5] τούτων He. : -του codd. || [6] ἀνθρώπων Ab. : -ους codd. || **52.** 3[3] προκοπῆς codd. : κλοπῆς Evs. || ἄλλης G[a] a.c. et Evs. : -οις cett.

donneront des indications certaines. 4 Seul et par lui-même, ainsi que nous le disons[1], il s'approchera de Dieu qui a son siège dans ses véritables entrailles[2], et recevra ainsi les instructions pour la vie éternelle, car il conflue là-bas de tout son être et souhaite, plutôt que d'entendre un devin, devenir « l'intime du grand Zeus. »[3]

53. 1 Toutefois, en cas de nécessité pressante, il existe de bons démons qui, par des songes, par des signes, ou par la voix[4], préviennent l'homme qui vit ainsi en serviteur de Dieu, pour lui indiquer l'issue des événements et les précautions à prendre. Il suffit de s'écarter du mal et de reconnaître comme ami et correspondant[5] l'élément le plus précieux de l'univers[6] et tout ce qu'il y a de bon dans l'univers. 2 Mais il faut être bien mauvais et bien méconnaître le divin pour mépriser et négliger ce qu'on ne connaît pas sous prétexte que la nature ne crie pas ses enseignements dans un langage perceptible à l'oreille. Et en effet, étant d'ordre intellectuel[7], c'est par l'intellect qu'elle initie ceux qui la vénèrent[8].

Sacrifices humains et anthropophagie

3 Enfin, même si l'on admet la pratique des sacrifices en vue de la prévision du futur, il ne s'ensuit pas qu'il faille en outre nécessairement admettre la consommation des chairs de la victime, puisqu'aussi bien aucun sacrifice — quelle que soit sa forme, et qu'il soit destiné aux dieux ou aux démons — n'entraîne obligatoirement la consommation de la victime. Car non seulement dans les faits rappelés par Théophraste[9], mais dans beaucoup d'autres récits, l'histoire a transmis à la mémoire l'existence des sacrifices humains accomplis autrefois ; or ce n'est pas une raison, j'imagine, qui autorise à manger des êtres humains.

1. Cf. *supra*, 49, 1 ; voir *Notice*, p. 48.
2. C'est-à-dire dans son intellect : voir *Introduction*, t. I, p. LVII.
3. *Od.* XIX, 178. Voir *Notice*, p. 49-50.
4-9. Voir aux *Notes complémentaires*, p. 223-224.

σπλάγχνα ζῴων μηνύσει τὸ σαφές. 4 Αὐτὸς δὲ δι' ἑαυτοῦ, ὡς λέγομεν, προσιὼν τῷ θεῷ, ὃς ἐν τοῖς ἀληθινοῖς αὐτοῦ σπλάγχνοις ἵδρυται, περὶ τοῦ αἰωνίου βίου λήψεται τὰς ὑποθήκας, ὅλος ἐκεῖ συρρεύσας, καὶ ἀντὶ μάντεως « Διὸς μεγάλου ὀαριστὴς » εὐχόμενος γενέσθαι.

53. 1 Εἰ δ' ἄρα καὶ ἐπείξειέ τι τῶν τῆς ἀνάγκης, εἰσὶν οἱ τῷ οὕτω ζῶντι τῷ οἰκέτῃ τοῦ θεοῦ καὶ δι' ὀνειράτων καὶ συμβόλων καὶ δι' ὄττης ἀγαθοὶ δαίμονες προτρέχοντες καὶ μηνύσοντες τὸ ἀποβησόμενον καὶ ὃ ἀναγκαῖον φυλάξασθαι. Μόνον γὰρ ἀποστῆναι δεῖ τοῦ κακοῦ καὶ ἐπιγνῶναι τὸ ἐν τοῖς ὅλοις τιμιώτατον καὶ πᾶν τὸ ἐν τῷ ὅλῳ ἀγαθὸν φίλον καὶ προσήγορον. 2 Ἀλλὰ δεινή τις ἡ κακία καὶ τῶν θείων ἀμαθία καταφρονεῖν ὧν οὐκ οἶδε καὶ ἐπισύρειν, ἐπειδὴ ταῦτα οὐ φωναῖς ἐξακούστοις ἡ φύσις βοᾷ, νοερὰ δὲ οὖσα διὰ νοῦ μυσταγωγεῖ τοὺς ταύτην σέβοντας.

3 Κἂν μέντοι τις θυτικὴν παραδέξηται προγνώσεως ἕνεκα τοῦ μέλλοντος, οὐχ | ἕπεται ταύτῃ καὶ τὸ ἐσθίειν δεῖν ἐξ ἀνάγκης καὶ σάρκας παραδέχεσθαι, καθάπερ οὐδὲ τὸ θύειν ὁπωσοῦν θεοῖς ἢ δαίμοσιν εἰσηγεῖται τὴν βρῶσιν. Ἡ γοῦν ἱστορία οὐ μόνον ὧν Θεόφραστος ἐμνήσθη, ἀλλὰ καὶ ἄλλων πλειόνων τὴν μνήμην παρέδωκεν ὡς καὶ ἀνθρώπους θυόντων τῶν πάλαι, καὶ οὐ δήπου διὰ τοῦτο καὶ βρωτέον ἀνθρώπους.

TEST. **53.** 3[5] - **54** CYRILL., *C. Iul.* IV, 697 B-D.

---

53. 1[2] οἰκέτῃ ed. pr. : ἱκέτῃ codd. || 3[6] ἄλλων codd. : ἑτέρων CYR. || [7] ἀνθρώπους CYR. : ἄνθρωπον codd. || θυόντων codd. : θύοντας CYR. || [7-8] καὶ — ἀνθρώπους om. CYR.

54. 1 Et pour montrer que ce ne sont pas là des affirmations gratuites mais que l'histoire est pleine d'exemples qui les confirment, il suffira de citer les suivants. 2 Tout d'abord, à Rhodes, le 6 de Métageitnion[1], on sacrifiait un homme à Cronos[2]; cette coutume a été modifiée depuis, non sans avoir longtemps prévalu. Un des condamnés à mort par action publique était maintenu en prison jusqu'aux fêtes de Cronos ; lorsque le jour de la fête était arrivé, on le conduisait à l'extérieur des portes, face au temple de la Bonne Conseillère[3], et là, après lui avoir fait boire du vin[4], on l'égorgeait. 3 De même, dans la cité appelée aujourd'hui Salamine, mais qui s'appelait autrefois Coronis[5], un homme, au cours du mois qui dans le calendrier chypriote porte le nom d'Aphrodisios[6], était sacrifié à Agraulos, fille de Cécrops et de la nymphe Agraulis ; cette coutume subsista jusqu'à l'époque de Diomède, après quoi elle subit une modification, en ce sens que l'homme fut désormais sacrifié à Diomède. En effet le temple d'Athéna et celui d'Agraulos et de Diomède étaient groupés en une seule et même enceinte. Poussé par les éphèbes, l'homme que l'on immolait faisait trois fois le tour de l'autel en courant. Ensuite le prêtre le frappait d'un coup de lance à la nuque, puis il le faisait brûler entièrement sur le bûcher qui avait été dressé[7].

55. 1 Ce rite fut aboli par Diphilos, roi de Chypre qui vécut à l'époque de Séleucos le théologien[8], et qui remplaça cette coutume par le sacrifice d'un bœuf. La divinité accepta le bœuf à la place de l'homme, et dans ces conditions la valeur du sacrifice reste égale. 2 De même, à Héliopolis d'Égypte, Amosis[9] abolit la

1. C'est-à-dire, en gros, au mois d'août.
2. Voir aux *Notes complémentaires*, p. 224.
3. Épithète d'Artémis. Cf. *I. G.* XII, 1, 163 attestant l'existence à Rhodes d'une confrérie des Aristobouliastes.
4. On peut conserver le datif οἴνῳ donné par les mss., et attesté dans Dittenberger, *O.G.I.S.*, nº 200, l. 16.
5-9. Voir aux *Notes complémentaires*, p. 225-226.

54. 1 Καὶ ὅτι ταῦτα οὐχ ἁπλῶς, ἀλλὰ πλήρους οὔσης τῆς ἱστορίας λέγομεν, αὐτάρκη καὶ ταῦτα παραστῆσαι. 2 Ἐθύετο γὰρ καὶ ἐν Ῥόδῳ μηνὶ Μεταγειτνιῶνι ἕκτῃ ἱσταμένου ἄνθρωπος τῷ Κρόνῳ. Ὃ δὴ ἐπὶ πολὺ κρατῆσαν ἔθος μετεβλήθη · ἕνα γὰρ τῶν ἐπὶ θανάτῳ δημοσίᾳ κατακριθέντων μέχρι μὲν τῶν Κρονίων συνεῖχον, ἐνστάσης δὲ τῆς ἑορτῆς προαγαγόντες τὸν ἄνθρωπον ἔξω πυλῶν ἄντικρυς τοῦ Ἀριστοβούλης ἕδους, οἴνῳ ποτίσαντες ἔσφαττον. 3 Ἐν δὲ τῇ νῦν Σαλαμῖνι, πρότερον δὲ Κορωνίδι ὀνομαζομένῃ, μηνὶ κατὰ Κυπρίους Ἀφροδισίῳ ἐθύετο ἄνθρωπος Ἀγραύλῳ τῇ Κέκροπος καὶ νύμφης Ἀγραυλίδος. Καὶ διέμενε τὸ ἔθος ἄχρι τῶν Διομήδους χρόνων · εἶτα μετέβαλεν, ὥστε τῷ Διομήδει τὸν ἄνθρωπον θύεσθαι · ὑφ' ἕνα δὲ περίβολον ὅ τε τῆς Ἀθηνᾶς νεὼς καὶ ὁ τῆς Ἀγραύλου καὶ Διομήδους. Ὁ δὲ σφαγιαζόμενος ὑπὸ τῶν ἐφήβων ἀγόμενος τρὶς περιέθει τὸν βωμόν · ἔπειτα ὁ ἱερεὺς αὐτὸν λόγχῃ ἔπαιε κατὰ τοῦ στομάχου, καὶ | οὕτως αὐτὸν ἐπὶ τὴν νησθεῖσαν πυρὰν ὡλοκαύτιζεν.

55. 1 Τοῦτον δὲ τὸν θεσμὸν Δίφιλος ὁ τῆς Κύπρου βασιλεὺς κατέλυσε, κατὰ τοὺς Σελεύκου χρόνους τοῦ θεολόγου γενόμενος, τὸ ἔθος εἰς βουθυσίαν μεταστήσας. Προσήκατο δ' ὁ δαίμων ἀντὶ ἀνθρώπου τὸν βοῦν · οὕτως ἰσάξιόν ἐστι τὸ δρώμενον. 2 Κατέλυσε δὲ καὶ ἐν Ἡλίου

TEST. **54-56.** 9 EVSEB., *Pr. eu.* IV, 16, 1-9. — **54.** 2 - **55** recipit EVSEB., *De laud. Const.* XIII, 646 A-D. — 2^{1-4} THEODORET., *Gr. aff. cur.* VII, 41. — 2^{1-3} EVSEB., *De laud. Const.* XIII, 646 B. — 3^{7-9} EVSEB., *ibid.*

---

54. 1^{1} πλήρους CYR. et plerique libri EVS. : πλήρης codd. et alii libri EVS. || 2^{2-6} ὃ — ἔσφαττον om. CYR. || ^{6} οἴνῳ codd. : -ου EVS. uide adn. ad gall. transl. || 3^{1} Κορωνίδι CYR. : κορωνίδιον codd. Κορωνίᾳ aut Κορωνείᾳ EVS. uide adn. ad gall. transl. || ^{4} διέμενε codd. et EVS. : -μεινε CYR. || χρόνων codd. et EVS. : καιρῶν CYR. || ^{7} σφαγιαζόμενος codd. et EVS. : σφαζόμ- CYR. || ^{8} ἔπειτα codd. et EVS. : εἶτα CYR. || ^{10} νησθεῖσαν EVS. : νηθ- codd. ἀφθεῖσαν CYR. et unus liber EVS. || **55.** 1^{4} ἀντὶ VMKLP^{a} : ἀντὶ τοῦ G^{a}FB^{a}P^{b}T ἀντ' EVS.

loi instituant le meurtre de victimes humaines, comme en fait foi le témoignage de Manéthon dans son ouvrage sur la civilisation antique et la piété[1]. Ces victimes étaient sacrifiées à Héra et choisies après examen, comme le sont les veaux parmi lesquels on recherche les spécimens purs, qui sont alors marqués d'un signe distinctif[2]. On en sacrifiait trois dans la journée ; à leur place Amosis ordonna que l'on mît un nombre égal de figurines de cire. 3 A Chios également, ainsi qu'à Ténédos, on sacrifiait à Dionysos Omadios[3] un homme que l'on dépeçait, selon ce que rapporte Euelpis de Carystos[4]. 4 Du reste, les Lacédémoniens eux-mêmes, selon Apollodore[5], sacrifiaient un homme à Arès[6].

56. 1 Les Phéniciens quant à eux, lors des grandes calamités que sont les guerres, les épidémies ou les sécheresses, sacrifiaient une victime prise parmi les êtres qu'ils chérissaient le plus, et qu'ils désignaient par un vote comme victime offerte à Cronos[7]. Les exemples de tels sacrifices abondent dans l'*Histoire Phénicienne* que Sanchuniathon a écrite en langue phénicienne et que Philon de Byblos a traduite en grec dans un ouvrage en huit livres[8]. 2 Istros[9], dans son recueil sur les sacrifices crétois, déclare que dans l'ancien temps les Courètes sacrifiaient des enfants à Cronos[10]. 3 Pallas[11], l'auteur qui a le mieux recueilli les renseignements concernant les mystères de Mithra, déclare que les sacrifices humains ont été abolis à peu près chez tous les peuples sous le règne de l'empereur Hadrien. 4 Ainsi par exemple, à Laodicée de Syrie, on sacrifiait chaque année une jeune fille à Athéna ; mais de nos jours on prend comme victime une biche[12]. 5 De même, les Carthaginois de Libye pratiquaient le <même genre de> sacrifice[13], auquel mit fin Iphicrate[14]

1-12. Voir aux *Notes complémentaires*, p. 226-228.

13. Cf. *supra*, 27, 2.

14. Il s'agit en fait de Gélon (cf. PLUTARQUE, *De sera num.* 6, 552 A).

πόλει τῆς Αἰγύπτου τὸν τῆς ἀνθρωποκτονίας νόμον Ἄμωσις, ὡς μαρτυρεῖ Μανεθὼς ἐν τῷ περὶ ἀρχαϊσμοῦ καὶ εὐσεβείας. Ἐθύοντο δὲ τῇ Ἥρᾳ καὶ ἐδοκιμάζοντο, καθάπερ οἱ ζητούμενοι καθαροὶ μόσχοι καὶ συσφραγιζόμενοι. Ἐθύοντο δὲ τῆς ἡμέρας τρεῖς, ἀνθ' ὧν κηρίνους ἐκέλευσεν ὁ Ἄμωσις τοὺς ἴσους ἐπιτίθεσθαι. 3 Ἔθυον δὲ καὶ ἐν Χίῳ τῷ Ὠμαδίῳ Διονύσῳ ἄνθρωπον διασπῶντες, καὶ ἐν Τενέδῳ, ὥς φησιν Εὔελπις ὁ Καρύστιος. 4 Ἐπεὶ καὶ Λακεδαιμονίους φησὶν ὁ Ἀπολλόδωρος τῷ Ἄρει θύειν ἄνθρωπον.

56. 1 Φοίνικες δὲ ἐν ταῖς μεγάλαις συμφοραῖς ἢ πολέμων ἢ λοιμῶν ἢ αὐχμῶν ἔθυον τῶν φιλτάτων τινὰ ἐπιψηφίζοντες Κρόνῳ, καὶ πλήρης δὲ ἡ Φοινικικὴ ἱστορία τῶν θυσάντων, ἣν Σαγχουνιάθων μὲν τῇ Φοινίκων γλώττῃ συνέγραψεν, Φίλων δὲ ὁ Βύβλιος εἰς τὴν Ἑλλάδα γλῶσσαν δι' ὀκτὼ βιβλίων ἡρμήνευσεν. 2 Ἴστρος δὲ ἐν τῇ συναγωγῇ τῶν Κρητικῶν θυσιῶν φησι τοὺς Κου|ρῆτας τὸ παλαιὸν τῷ Κρόνῳ θύειν παῖδας. 3 Καταλυθῆναι δὲ τὰς ἀνθρωποθυσίας σχεδὸν τὰς παρὰ πᾶσί φησι Πάλλας ὁ ἄριστα τὰ περὶ τῶν τοῦ Μίθρα συναγαγὼν μυστηρίων ἐφ' Ἁδριανοῦ τοῦ αὐτοκράτορος. 4 Ἐθύετο γὰρ καὶ ἐν Λαοδικείᾳ τῇ κατὰ Συρίαν τῇ Ἀθηνᾷ κατ' ἔτος παρθένος, νῦν δὲ ἔλαφος. 5 Καὶ μὴν καὶ οἱ ἐν Λιβύῃ Καρχηδόνιοι ἐποίουν τὴν ⟨ αὐτὴν ⟩ θυσίαν, ἣν Ἰφικράτης

TEST. **55.** 3 - **56.** 1[4] CYRILL., *C. Iul.* IV, 697 D. — **56.** 2 CYRILL., *ibid.*

55. 2[3] ὡς EVS. : ᾧ codd. || 3[1] ἔθυον EVS. CYR. : ἐθύοντο codd. || [2] Ὠμαδίῳ $G^{a}FB^{a}P^{b}TK$ EVS. : -δείῳ $VMLP^{a}$ om. CYR. || [3] Εὔελπις EVS. CYR. : -έλπης codd. || **56.** 1[2] λοιμῶν ἢ αὐχμῶν EVS. CYR. : αὐ. ἢ λ. codd. || ἔθυον EVS. CYR. : ἐθύοντο codd. || [3] ἐπιψηφίζοντες codd. et EVS. : ψηφίζ- CYR. || 5[2] αὐτὴν K : om. cett. et EVS.

6 Les Doumatènes[1] d'Arabie sacrifiaient également chaque année un jeune garçon ; ils l'enterraient sous l'autel qui leur tient lieu de statue divine. 7 Phylarque[2], quant à lui, raconte dans son histoire que d'une façon générale tous les Grecs exécutaient des victimes avant de partir en campagne contre l'ennemi[3]. 8 Et je ne parle pas des Thraces[4], ni des Scythes[5], ni du fait que les Athéniens ont mis à mort la fille d'Érechthée et de Praxithéa[6]. 9 Mais aujourd'hui encore, qui ignore que dans la Grande Ville un homme est égorgé lors de la fête de Zeus Latin[7] ? 10 Or il est bien évident que la chair humaine ne devient pas consommable pour la simple raison qu'une certaine nécessité a imposé le choix d'une victime humaine pour le sacrifice. 11 Et si l'on a pu voir des hommes assiégés s'entredévorer sous l'emprise de la famine, ces hommes ont été considérés comme frappés d'impureté et leur acte comme impie.

57. 1 En voici un exemple : après la première guerre ayant opposé les Romains aux Carthaginois pour la possession de la Sicile, les mercenaires phéniciens avaient fait défection et entraîné les Libyens dans leur dissidence ; Amilcar surnommé Barca[8] marcha contre eux et les réduisit à une telle famine qu'ils durent, en l'absence de toute ressource, manger d'abord ceux qui étaient tombés au combat, puis leurs prisonniers, puis leurs serviteurs. Finalement, ils se jetèrent les uns sur les autres et mangèrent leurs compagnons d'armes après tirage au sort. Lorsqu'Amilcar les eut à sa merci, il les fit écraser par ses éléphants, considérant qu'ils ne pouvaient plus sans sacrilège se mêler aux autres hommes[9]. 2 L'anthropophagie ne fut admise ni par lui du fait

1-3. Voir aux *Notes complémentaires*, p. 228.
4. Cf. Hérodote, V, 5 ; IX, 119.
5. Cf. Hérodote, IV, 62.
6. Cf. Euripide, fr. 360 Nauck ; Apollodore, *Bibl.* III, 15, 4.
7-9. Voir aux *Notes complémentaires*, p. 228.

ἔπαυσεν. 6 Καὶ Δουματηνοὶ δὲ τῆς Ἀραβίας κατ' ἔτος ἕκαστον ἔθυον παῖδα, ὃν ὑπὸ βωμὸν ἔθαπτον, ᾧ χρῶνται ὡς ξοάνῳ. 7 Φύλαρχος δὲ κοινῶς πάντας τοὺς Ἕλληνας πρὶν ἐπὶ πολεμίους ἐξιέναι ἀνθρωποκτονεῖν ἱστορεῖ. 8 Καὶ παρίημι Θρᾷκας καὶ Σκύθας, καὶ ὡς Ἀθηναῖοι τὴν Ἐρεχθέως καὶ Πραξιθέας θυγατέρα ἀνεῖλον. 9 Ἀλλ' ἔτι γε νῦν τίς ἀγνοεῖ κατὰ τὴν μεγάλην πόλιν τῇ τοῦ Λατιαρίου Διὸς ἑορτῇ σφαζόμενον ἄνθρωπον; 10 Καὶ οὐ δήπου τούτου ἕνεκα βρωτέον καὶ σάρκας ἀνθρώπων, ἐπείπερ διά τινα ἀνάγκην εἰς θυσίαν ἄνθρωπος παρελήφθη. 11 Καὶ γὰρ ἐν λιμοῖς πολιορκούμενοί τινες ἀλλήλων ἐγεύσαντο, καὶ ὅμως ἐναγεῖς οὗτοι ἐνομίσθησαν καὶ τὸ πρᾶγμα ἀσεβές.

57. 1 Καὶ μετά γε τὸν πρῶτον πόλεμον τὸν γενό|μενον Ῥωμαίοις περὶ Σικελίας πρὸς Καρχηδονίους ἀποστάντων τῶν Φοινίκων μισθοφόρων καὶ συναποστησάντων τοὺς Λίβυας, Ἀμίλκας ὁ Βάλκας ἐπικαλούμενος ἐπιστρατεύσας αὐτοῖς εἰς λιμὸν οὕτως περιέστησεν ὡς τὸ μὲν πρῶτον τοὺς πίπτοντας ἐν ταῖς μάχαις ἐσθίειν ἐπιλειπόντων πάντων, δεύτερον τοὺς αἰχμαλώτους, τρίτον τοὺς οἰκέτας, ὕστερον δὲ καὶ ἐπ' ἀλλήλους ὁρμῆσαι καὶ κλήρῳ τοὺς συστρατιώτας ἐσθίειν. Ἀλλ' ὅ γε Ἀμίλκας λαβὼν ὑποχειρίους διὰ τῶν ἐλεφάντων συνεπάτησεν, ὡς οὐχ ὅσιον ἔτι τοῖς ἄλλοις ἀνθρώποις αὐτοὺς ἐπιμίγνυσθαι. 2 Καὶ οὔτε αὐτὸς παρεδέξατο διὰ τὸ τολμῆσαί τινας τὴν

TEST. **56.** 6[1-2] et 9 EVSEB., *De laud. Const.* XIII, 646 D.

56. 6[1] Δουματηνοὶ Evs. *D.l.C.* : Δουμάτιοι codd. δουμάτης οἱ Evs. *Pr. eu.* ‖ 9[2] γε codd. et Evs. *Pr. eu.* : καὶ Evs. *D.l.C.* ‖ [3] σφαζόμενον codd. et Evs. *Pr. eu.* : σφαγιαζ- Evs. *D.l.C.*. ‖ **57.** 1[4] Βάλκας codd. : Βάρκας Va.

qu'un certain nombre avait osé s'y livrer, ni par son fils Annibal, à qui l'on avait conseillé, lors de sa campagne d'Italie, d'accoutumer l'armée à manger de l'homme afin de ne pas manquer de nourriture.

3 Par conséquent, si les famines et les guerres ont également conduit les hommes à manger les autres êtres vivants, il ne faut pas pour autant admettre cette pratique par plaisir, puisqu'aussi bien nous n'avons pas accepté l'anthropophagie. Et ce n'est pas parce que des animaux ont été sacrifiés à certaines puissances qu'il faut également les manger ; en effet, ceux qui ont sacrifié des hommes n'ont pas pour cela consommé de la chair humaine.

Opinions des poètes

58. 1 Il est donc démontré par ce qui précède que le sacrifice des animaux n'entraîne pas inéluctablement la nécessité de les manger. D'autre part, ce n'est pas aux dieux mais aux démons que les sacrifices sanglants sont offerts par ceux qui ont su acquérir la connaissance des puissances de l'univers : c'est un fait qui est garanti par les théologiens eux-mêmes[1]. 2 Ces derniers rappellent en outre que parmi les démons il en est de malfaisants mais il en est aussi de bons, qui ne nous importuneront pas si nous leur consacrons des offrandes uniquement prises sur ce que nous mangeons et dont nous nourrissons soit notre corps soit notre âme. 3 Et avant de terminer ce livre, nous ajouterons quelques mots pour montrer que même chez la masse des hommes les notions non perverties[2] rejoignent les conceptions droites concernant les dieux. 4 Voici par exemple ce que l'on peut lire chez des poètes dont l'esprit garde quelque modération :

1. Voir *supra*, ch. 42-43.

2. C'est une façon de désigner ce que les néoplatoniciens appellent aussi les « notions communes ». Cf. PROCLUS, *Théol. plat.* I, 6, p. 29, 9 Saff.-West., et la note. Sur l'origine de l'expression et les nombreux textes où elle figure, voir *ibid.*, p. 110, n. 4 (p. 159-161 des *Notes compl.*). Ces notions sont « innées, antérieures à tout enseignement, non perverties ». Même dans l'âme la plus dépravée, elles demeurent : cf. PROCLUS, *In Remp.* I, p. 23, 8-25.

ἀνθρωποφαγίαν οὔδ' ὁ υἱὸς αὐτοῦ Ἀννίβας, ᾧ συνεβούλευέ τις εἰς τὴν Ἰταλίαν στρατεύοντι ἐθίσαι ἀνθρωποφαγεῖν τὸν στρατόν, ὡς μὴ τροφῆς ἀποροῖεν.

3 Οὐ τοίνυν ἐπεὶ λιμοὶ καὶ πόλεμοι αἴτιοι τῆς τῶν ἄλλων ζῴων βρώσεως γεγόνασιν, ἐχρῆν ταύτην καὶ δι' ἡδονὴν παραδέξασθαι, καθάπερ οὐδὲ τὴν ἀνθρωποφαγίαν προσηκάμεθα. Οὐδὲ ἐπεὶ ἔθυσάν τισι δυνάμεσι ζῷα, ἐχρῆν καὶ ἐσθίειν αὐτά· οὐδὲ γὰρ ἀνθρώπους θύσαντες ἐγεύσαντο τούτου γε ἕνεκα σαρκῶν ἀνθρωπίνων.

58. 1 Ἀλλ' ὅτι μὲν τῷ θύειν οὐχ ἕπεται τὸ καὶ ἐσθίειν πάντως τὰ ζῷα, διὰ τούτων ἀποδέδεικται. Ὅτι δὲ οὐ |θεοῖς, ἀλλὰ δαίμοσι τὰς θυσίας τὰς διὰ τῶν αἱμάτων προσήγαγον οἱ τὰς ἐν τῷ παντὶ δυνάμεις καταμαθόντες, καὶ τοῦτο πεπίστωται παρ' αὐτῶν τῶν θεολόγων. 2 Καὶ μὴν ὅτι τούτων οἳ μὲν κακοποιοί, οἳ δὲ ἀγαθοί, οἳ οὐκ ἐνοχλήσουσιν ἡμῖν ἀπαρχομένοις ἐκ μόνων ὧν ἐσθίομεν καὶ τρέφομεν ἢ τὸ σῶμα ἢ τὴν ψυχήν, καὶ τούτου μέμνηνται. 3 Ὀλίγα δ' ἔτι προσθέντες, ὡς καὶ αἱ ἀδιάστροφοι ἔννοιαι τῶν πολλῶν ἐπιβάλλουσι τῇ ὀρθῇ περὶ τῶν θεῶν ὑπολήψει, τὸ βιβλίον περιγράψομεν. 4 Λέγουσι γοῦν καὶ τῶν ποιητῶν οἱ ἐπ' ὀλίγον σωφρονοῦντες·

TEST. **58.** 1^{2}-2^{3} EVSEB., *Pr. eu.* IV, 15, 2. — 1$^{2\text{-}5}$ CYRILL., *C. Iul.* IX, 972 B.

---

57. 2^{3} ἀνθρωποφαγίαν Fo. : -σφαγίαν codd. ‖ ^{4} ἀνθρωποφαγεῖν K F a.c. T : -σφαγεῖν cett. ‖ 3$^{3\text{-}4}$ ἀνθρωποφαγίαν F : -σφαγίαν cett. ‖ **58.** 1^{2} οὐ EVS. CYR. : οὐδὲ codd. ‖ ^{4} προσήγαγον codd. : -ῆγον EVS. CYR.

« Qui donc, parmi les hommes, est assez fou ou laisse assez libre cours à sa crédulité pour espérer que les dieux, devant des os décharnés et de la bile recuite, nourriture dont ne voudraient pas même des chiens affamés, éprouvent tous du plaisir, et que c'est bien l'hommage qui leur est dû ? »[1]

5 Et un autre s'exprime ainsi :

« De la pâte, de l'encens, des galettes : voilà ce que je vais acheter. Car ce n'est pas pour mes amis, mais pour les dieux que je sacrifie aujourd'hui. »[2]

Arguments tirés du vocabulaire sacrificiel

59. 1 De fait[3], lorsqu'Apollon conseille de sacrifier selon le rite ancestral, il semble bien qu'il veuille nous ramener à l'usage ancien. Or l'usage ancien consistait à offrir des galettes et des produits des récoltes, ainsi que nous l'avons démontré[4]. 2 De là[5] sont venus les noms *thysiai* et *thyêlai* qui désignent les sacrifices, et *thymelai* qui désigne les autels sacrificiels ; le verbe *thyein*, « sacrifier », était lui-même lié au verbe *thymian* signifiant « faire brûler », tout comme le verbe *epithyein*, « sacrifier sur l'autel », que nous employons couramment aujourd'hui[6]. Car ce que nous exprimons aujourd'hui par *thyein*, on l'exprimait alors par *erdein* signifiant « accomplir »[7] :

« Ils accomplirent *(erdon)* pour Apollon de parfaites hécatombes de taureaux et de chèvres. »[8]

1. Cet extrait, également cité par Clément, *Strom.* VII, 6, 34, 3, est tiré d'une tragédie inconnue (= *Adesp.* n° 118 Nauck, *Tr. Gr. Fr.*).

2. = *Adesp.* n° 372 Kock, *Com. Att. Fr.* Comme l'extrait tragique qui précède, cette extrait comique sans référence figurait sûrement dans une anthologie. Il est probable que les deux textes figuraient dans la même, sous une rubrique relative aux sacrifices.

3. Selon W. Pötscher, le passage qui commence ici serait un extrait de Théophraste. Mais voir *Notice*, p. 26-28.

4. Cf. en effet *supra*, ch. 6 et 7.

5-8. Voir aux *Notes complémentaires*, p. 229.

Τίς ὧδε μῶρος καὶ λίαν ἀνειμένος
εὔπιστος ἀνδρῶν, ὅστις ἐλπίζει θεοὺς
ὀστῶν ἀσάρκων καὶ χολῆς πυρουμένης,
ἃ καὶ κυσὶν πεινῶσιν οὐχὶ βρώσιμα,
χαίρειν ἅπαντας καὶ γέρας λαχεῖν τόδε ;

Ἄλλος δέ φησιν·

Ψαιστά, λιβανωτόν, πόπανα· ταῦτ' ὠνήσομαι.
Οὐ τοῖς φίλοις θύω γάρ, ἀλλὰ τοῖς θεοῖς
τὰ νῦν.

59. 1 Ἐπεὶ καὶ Ἀπόλλων παραινῶν θύειν κατὰ τὰ πάτρια [τουτέστι κατὰ τὸ ἔθος τῶν πατέρων], ἐπανάγειν | ἔοικεν εἰς τὸ παλαιὸν ἔθος. Τὸ δὲ παλαιὸν διὰ ποπάνων καὶ τῶν καρπῶν ἦν, ὡς ἀπεδείξαμεν. 2 Ὅθεν καὶ θυσίαι καὶ θυηλαὶ καὶ θυμέλαι ἐκαλοῦντο, καὶ αὐτὸ τὸ θύειν τοῦ θυμιᾶν εἴχετο καὶ τὸ νῦν παρ' ἡμῖν λεγόμενον ἐπιθύειν. Ὃ γὰρ ἡμεῖς νῦν θύειν λέγομεν ἔρδειν ἔλεγον·

Ἔρδον δ' Ἀπόλλωνι τελήεσσας ἑκατόμβας
ταύρων ἠδ' αἰγῶν.

TEST. **58.** 4^{3-7} CYRILL., *C. Iul.* IX, 972 C.

---

58. 4^{4} ἐλπίζει codd. et CLEM. : -ζῃ CYR. ‖ ^{5} ὀστῶν CYR. et CLEM. : ὡς ὀστῶν τῶν codd. ‖ 5^{2} πόπανα· ταῦτ' ὠνήσομαι Meineke : μόνα τ' αὐτῶν ἥσομαι codd. πόπανα μόνα γ' ὠνήσομαι coni. Edmonds ‖ ^{3} φίλοις ed. pr. : φύλοις codd. ‖ **59.** 1^{2} τουτέστι — πατέρων del. Nauck ‖ ἐπανάγειν Nauck : ἅπαν ἄγειν codd. ἀπανάγειν coni. Re. ‖ 2^{2-3} τὸ ... λεγόμενον ego : τοῦ ... λεγομένου codd. ‖ ^{5} τελήεσσας HOM. : -έσας codd.

Effets démoralisateurs des sacrifices coûteux

60. 1 Ceux qui ont introduit le faste dans les sacrifices ignorent quel essaim de maux ils ont introduit avec lui : la superstition, le luxe, la croyance que l'on peut corrompre la divinité et réparer par des sacrifices sa propre injustice. 2 Sinon, d'où vient que l'on a vu sacrifier tantôt des triades de victimes aux cornes recouvertes d'or, tantôt des hécatombes ? D'où vient qu'Olympias, la mère d'Alexandre, sacrifiait des milliers de victimes à chaque fois ? Ainsi vont les choses, dès lors que le faste conduit à la superstition. 3 Et si un jeune homme pense que les dieux trouvent leur plaisir dans les offrandes fastueuses et, comme on dit, dans les festins de bœufs et d'autres animaux, quand pourra-t-il avoir la volonté d'observer la tempérance ? Et s'il considère qu'il fait plaisir aux dieux en sacrifiant ainsi, ne pensera-t-il pas qu'il lui est loisible de commettre l'injustice s'il a l'intention de racheter sa faute par des sacrifices ? 4 Mais s'il est convaincu que les dieux n'ont pas besoin de cela, qu'ils ne regardent qu'à la manière d'être de ceux qui viennent à eux[1], et qu'ils voient le sacrifice le plus précieux dans les opinions droites à leur sujet et au sujet de la réalité[2], comment pourrait-il alors ne pas être tempérant, saint et juste ?

Conclusion du livre II. La religion du philosophe et la religion commune

61. 1 Mais si pour les dieux la meilleure consécration est celle d'un intellect pur et d'une âme impassible, il est également approprié de leur offrir une part des autres biens, avec mesure certes, mais sans négligence et du fond du cœur. 2 Il faut que les honneurs qu'on leur rend ressemblent à ceux que l'on rend aux hommes de bien[3] quand on leur réserve les meilleures places et qu'on se

1. Cf. *supra* 15, 2.
2. Cf. *supra* 34, 2. Voir *Notice*, p. 27-28.
3. Cf. *supra*, 24, 1. Voir *Notice*, p. 28.

60. 1 Ἀγνοοῦσι δὲ οἱ τὴν πολυτέλειαν εἰσαγαγόντες εἰς τὰς θυσίας ὅπως ἅμα ταύτῃ ἑσμὸν κακῶν εἰσήγαγον, δεισιδαιμονίαν, τρυφήν, ὑπόληψιν τοῦ δεκάζειν δύνασθαι τὸ θεῖον καὶ θυσίαις ἀκεῖσθαι τὴν ἀδικίαν. 2 Ἢ πόθεν οἳ μὲν τριττύας χρυσόκερως, οἳ δ' ἑκατόμβας, Ὀλυμπιὰς δ' ἡ Ἀλεξάνδρου μήτηρ πάντα χίλια ἔθυεν, ἅπαξ τῆς πολυτελείας ἐπὶ τὴν δεισιδαιμονίαν προαγούσης ; 3 Ὅταν δὲ νέος θεοὺς χαίρειν πολυτελείαις γνῷ καί, ὥς φασιν, ταῖς τῶν βοῶν καὶ ἄλλων ζῴων θοίναις, πότ' ἂν ἑκὼν σωφρονήσειεν ; Πῶς δὲ κεχαρισμένα θύειν ἡγούμενος τοῖς θεοῖς ταῦτα οὐκ ἐξεῖναι ἀδικεῖν οἰήσεται αὐτῷ μέλλοντι διὰ τῶν θυσιῶν ἐξωνεῖσθαι τὴν ἁμαρτίαν ; 4 Πεισθεὶς δὲ ὅτι τούτων χρείαν οὐκ ἔχουσιν οἱ θεοί, εἰς δὲ τὸ ἦθος ἀποβλέπουσι τῶν προσιόντων, μεγίστην θυσίαν λαμβάνοντες τὴν ὀρθὴν περὶ αὐτῶν τε καὶ τῶν πραγμάτων διάληψιν, πῶς οὐ σώφρων καὶ | ὅσιος καὶ δίκαιος ἔσται ;

61. 1 Θεοῖς δὲ ἀρίστη μὲν ἀπαρχὴ νοῦς καθαρὸς καὶ ψυχὴ ἀπαθής, οἰκεῖον δὲ καὶ τὸ μετρίως μὲν ἀπάρχεσθαι τῶν ἄλλων, μὴ παρέργως δέ, ἀλλὰ σὺν πάσῃ προθυμίᾳ. 2 Ἐοικέναι γὰρ δεῖ τὰς τιμὰς ταῖς ἐπὶ τῶν ἀγαθῶν προ-

Test. **60.** 3 - **61** Evseb., *Pr. eu.* IV, 14, 8-9.

60. 3[3] ἄλλων Evs. : ταῖς τῶν ἄλλων codd. ‖ πότ' Evs. : πάντ' codd. ‖ [5] αὑτῷ Nauck : αὐτῷ codd. et Evs. ‖ **61.** 1[1] ἀπαρχὴ Evs. : καταρχὴ codd. ‖ [2] μετρίως Va. : -ίων codd. et Evs.

lève devant eux pour les inviter à s'asseoir, et non au paiement d'un impôt.

3 « Si tu te souviens de mes bienfaits et si je te suis [cher,
il y a longtemps, Philinos, que je suis payé de [retour,
car c'est pour cela que je t'ai rendu service. »[1]

Si un homme peut tenir ce langage, il n'est pas possible qu'un dieu ne se satisfasse point de ces marques de reconnaissance. 4 Voilà pourquoi Platon déclare que « l'homme de bien » peut légitimement « sacrifier et entretenir avec les dieux des relations constantes grâce aux prières, aux offrandes, aux sacrifices et à toutes les pratiques du culte », mais que si l'homme est mauvais, « toute la peine qu'il peut se donner pour les dieux reste vaine. »[2] 5 En effet l'homme de bien sait ce qu'il faut sacrifier et ce dont on doit s'abstenir, ce qu'il faut prendre pour nourriture et ce dont on doit consacrer les prémices ; quant à l'homme mauvais au contraire, étant donné ses dispositions propres et les objets ordinaires de son zèle, il commet, s'il tente de rendre hommage aux dieux, un acte d'impiété plutôt que de piété. 6 C'est pourquoi Platon pense que le philosophe ne doit pas entrer dans la ronde des coutumes mauvaises, car cela n'est ni agréable aux dieux ni utile aux hommes. Il doit au contraire essayer de changer ces coutumes en les améliorant. A défaut de cela, il doit lui-même éviter de changer pour se conformer à elles[3] ; mais il doit marcher en suivant le droit chemin, sans prendre garde aux dangers qui peuvent venir de la multitude, ni non

1. = *Adesp.* n° 131 Kock. Le texte a été corrigé par H. De Groot (Grotius, *Excerpta ex trag. et com. graec.*, Paris 1626, n° 911).
2. *Lois* IV, 716 d et 717 a.
3. Sur ce commentaire de Platon, voir *Introduction*, t. I, p. xxxiv-xxxv.

εδρίαις, ὑπαναστάσεσί τε καὶ κατακλίσεσιν, οὐ συντάξεων δόσεσιν. 3 Οὐ γὰρ δὴ ἄνθρωπος μὲν ἐρεῖ·

Εἰ μνημομεύεις εὖ παθὼν φιλεῖς τέ με,
ἀπέχω πάλαι, Φιλῖνε, παρὰ σοῦ τὴν χάριν·
τούτου γὰρ αὐτὴν ἕνεκα πρὸς σὲ κατεθέμην·

θεὸς δὲ οὐκ ἀρκεῖται τούτοις. 4 Διόπερ ὁ Πλάτων « τῷ μὲν ἀγαθῷ θύειν » φησὶ « προσήκει καὶ προσομιλεῖν ἀεὶ τοῖς θεοῖς εὐχαῖς καὶ ἀναθήμασι καὶ θυσίαις καὶ τῇ πάσῃ θεραπείᾳ », τῷ δὲ κακῷ « μάτην περὶ θεοὺς τὸν πολὺν εἶναι πόνον ». 5 Ὁ γὰρ ἀγαθὸς οἶδεν ἃ θυτέον καὶ ὧν ἀφεκτέον καὶ τίνα προσενεκτέον καὶ τίνων ἀπαρκτέον, ὁ δὲ φαῦλος ἐκ τῆς οἰκείας διαθέσεως καὶ ὧν αὐτὸς ἐσπούδακε προσάγων τοῖς θεοῖς τὰς τιμὰς ἀσεβεῖ μᾶλλον ἢ εὐσεβεῖ. 6 Διὸ οὐδ᾽ οἴεται δεῖν τοῖς φαύλοις ὁ Πλάτων ἐθισμοῖς συμπεριφέρεσθαι τὸν φιλόσοφον — οὔτε γὰρ τοῖς θεοῖς εἶναι φίλον οὔτε τοῖς ἀνθρώποις συμφέρον — ἀλλὰ μεταβάλλειν μὲν πειρᾶσθαι εἰς τὸ ἄμεινον, εἰ δὲ μή, αὐτὸν πρὸς αὐτὰ μὴ μεταβάλλεσθαι, μετιέναι δὲ τὴν ὀρθὴν ὁδὸν αὐτὸν πορευόμενον μήτε κινδύνους τοὺς ἀπὸ τῶν πολλῶν εὐλα|βούμενον μήτε

61. 2³ δόσεσιν Evs. : δείσεσιν codd. ‖ 3³ πάλαι VMKLPª : πάλιν GªFBªPᵇT quos secutus est Kock ‖ Φιλῖνε, παρὰ σοῦ Grotius : φιλεῖν ἐπάρας σου VMPª GªPᵇT φιλεῖν ἐπάλλας σου L et alii alia φιλεῖν ἐπαλάσσου ed. pr. ‖ ⁴ ἕνεκα Grotius : ἕνεκεν codd.

plus aux propos malveillants si le cas se présente[1]. 7 Comment ! Les Syriens ne sauraient consentir à manger du poisson[2] ; les Hébreux ont la même position en ce qui concerne le porc[3], et la plupart des Phéniciens et des Égyptiens en ce qui concerne la vache[4] ; bien plus, alors qu'un grand nombre de rois se sont efforcés de les faire changer d'attitude, ils ont supporté la mort plutôt que de transgresser la loi. Et nous, par crainte des hommes et de leurs propos malveillants, nous choisirions de transgresser la loi de la nature et les divins préceptes ! 8 Vraiment, l'indignation serait grande dans le divin chœur formé par les dieux et les hommes divins[5], s'ils nous voyaient béer de respect devant l'opinion des mauvais et vivre dans la terreur de ce qu'ils peuvent penser de nous, nous qui, dans notre vie présente, nous exerçons quotidiennement à mourir aux autres[6].

1. Cf. PLATON, *Rép.* VI, 494 a : « Il est inévitable que les philosophes soient critiqués par la multitude. »

2. Cf. *D.A.* IV, 15, 6. Sur la question, voir F. J. DÖLGER, Ἰχθύς, *Heiliger Fisch*, Münster 1922, II, p. 175-196.

3. Cf. *D.A.* I, 14, 4 et IV, 11, 1.

4. Cf. *D.A.* II, 11, 2 et IV, 7, 3 ; HÉRODOTE, II, 18 et 41.

5. Voir *Notice*, p. 16.

6. Vivre la philosophie comme un « exercice de la mort » est une attitude caractéristique du philosophe antique après Socrate (Cf. PLATON, *Phédon* 67 e ; 80 e ; ÉPICURE, *A Ménécée*, p. 61, 21 ; et fr. 205 Usener ; ÉPICTÈTE, *Manuel* 21 ; MARC-AURÈLE, II, 5, 2 ; II, 17, 4 ; IX, 3 ; XI, 3, 1). Mais Porphyre emploie le verbe ἀποθνήσκειν dans une syntaxe qui, avant lui, est inconnue en dehors de la littérature chrétienne. La construction avec le datif se rencontre en *Romains* 6, 2 : « nous sommes morts au péché » ; *Galates* 2, 19 : « je suis mort à la loi » ; chez TATIEN, *Discours aux Grecs* II, p. 12, 10-11 Schwartz : « mourir au monde ». La construction avec ἀπό+gén., comme en *D.A.* I, 41, 1, « mourir aux passions », se rencontre en *Colossiens* 2, 20 « vous êtes morts aux éléments du monde ». Ce n'est pas le seul endroit du *D.A.* où Porphyre emploie des formules à résonance chrétienne : cf. I, 31, 3 ; 57, 1 ; II, 46, 2 ; voir *Notice* du livre I, t. I, p. 37-41. Il paraît certain que Porphyre a été séduit par certaines formules scripturaires.

τὴν ἄλλην, εἴ τις γίγνοιτο, βλασφημίαν. 7 Καὶ γὰρ δεινὸν ἂν εἴη Σύρους μὲν τῶν ἰχθύων μὴ ἂν γεύσασθαι μηδὲ τοὺς Ἑβραίους συῶν, Φοινίκων τε τοὺς πολλοὺς καὶ Αἰγυπτίων βοῶν θηλειῶν, ἀλλὰ καὶ βασιλέων πολλῶν μεταβαλεῖν αὐτοὺς σπουδασάντων θάνατον ὑπομεῖναι μᾶλλον ἢ τὴν τοῦ νόμου παράβασιν, ἡμᾶς δὲ τοὺς τῆς φύσεως νόμους καὶ τὰς θείας παραγγελίας φόβων ἕνεκα ἀνθρωπίνων ἢ τινος βλασφημίας τῆς ἀπὸ τούτων αἱρεῖσθαι παραβαίνειν. 8 Ἦ μέγα ὁ θεῖος χορὸς σχετλιάσειεν ἂν θεῶν τε ὁμοῦ καὶ ἀνδρῶν θείων πρὸς ἀνθρώπων φαύλων δόξας ὁρῶν ἡμᾶς κεχηνότας καὶ τὸν παρὰ τούτων φόβον ὑφορωμένους, οἳ καθ' ἡμέραν μελέτην ἐν τῷ βίῳ τὸ ἀποθνῄσκειν τοῖς ἄλλοις πεποιήμεθα.

61. 6[8] βλασφημίαν Va. : -ία codd.

LIVRE III

I

ANALYSE DU LIVRE III

Dès le début du premier livre, l'auteur avait présenté la thèse des Stoïciens et des Péripatéticiens selon laquelle nous n'avons envers les animaux aucun devoir de justice, parce que la justice ne peut s'exercer qu'à l'intérieur d'une communauté fondée sur la possession de la raison. Le livre troisième est surtout consacré à la réfutation de cette thèse.

Il comprend quatre parties d'inégale étendue :

1° ch. 1 : transition et introduction ;

2° ch. 2 - 18, 2 : long développement pour montrer que les animaux ont part à la raison et donc à la justice ;

3° ch. 18, 3 - 25 : argumentation subsidiaire destinée à montrer que le respect de la justice envers les animaux ne met pas en péril la vie du groupe humain ; réponse à diverses objections stoïciennes et péripatéticiennes ;

4° ch. 26 - 27 : conclusion et exhortation finale.

1° *Transition et introduction.*

Le chapitre 1 sert à faire la transition avec les deux premiers livres où l'on a montré que la nourriture carnée empêche la tempérance et contrarie la vie contemplative et la piété. Il s'agit maintenant de démontrer qu'en épargnant les animaux nous ne ruinons pas la justice, contrairement à ce qu'affirment les Stoïciens. La méthode employée va être d'établir que la pensée stoïcienne sur ce point est contradictoire.

2° ch. 2 - 18, 2 : *Les animaux ont part au logos.*

Dans ce long développement Porphyre se propose de montrer, à la suite des Anciens, que les animaux ont part au *logos*. La démonstration vise exclusivement la thèse des Stoïciens, selon lesquels il y a deux sortes de *logos* ou discours, celui qui est proféré (λόγος προφορικός) ou la parole, et celui qui est intérieur (λόγος ἐνδιάθετος) ou la pensée. Pour battre les Stoïciens sur leur terrain, Porphyre va établir successivement que les animaux ont à coup sûr la parole et souvent même la pensée (ch. 2).

A. *La parole des animaux.*

A ne considérer d'abord le phénomène du langage que d'une façon technique et organique, on distingue ce qui n'est que bruit (ψόφος ou ἦχος) et cri (κλαγγή) de ce qui fait intervenir une différenciation (τὸ διάφορον ou τὸ παρηλλαγμένον) par la distinction d'éléments constitutifs (διαρθρόω) au moyen de la langue (διὰ ou ὑπὸ γλώττης ; cf. 3, 2 et 3, 3). On dispose alors d'un instrument, voix (φωνή), parole (φθέγξις), qui prend valeur de signe (σημαντικός), peut servir à l'expression de ce qu'éprouve le sujet parlant (φωνὴ διὰ γλώττης σημαντικὴ τῶν παθῶν ; cf. 3, 2) et, parce qu'il peut être compris (ἀντιλαμβάνω), établit la communication (σύνεσις, εὐσύνετος φθέγξις ; cf. 3, 5 ; 3, 6 ; 3, 7 ; 4, 1 ; 5, 3, etc.). Il est dès lors lié à un usage (ὁμιλία) et se présente comme une institution aux règles établies (κατὰ νόμους φθέγγεσθαι ; cf. 3, 3), dont la connaissance doit être transmise par l'éducation (διδάσκω).

Ces éléments de linguistique permettent de situer les animaux par rapport aux êtres auxquels on reconnaît un langage. Or, pour qui peut les saisir, les sons que les animaux font entendre deviennent un langage intelligible (ch. 3). Inversement les animaux sont sensibles à notre langage et certains parviennent à l'imiter (ch. 4). Mieux encore, les oiseaux entendent mieux que nous le langage des dieux. Ainsi la parole, comme moyen de communiquer, suppose le raisonnement et permet de parler d'une communauté de raison entre eux et nous : à force de familiarité nous arrivons à les comprendre et réciproquement ; ils se montrent capables de former un raisonnement, comme le chien à la croisée des pistes, et capables de transmettre le savoir (ch. 5 et 6).

La théorie du langage développée ici est manifestement rudimentaire et nettement en retrait par rapport aux théories traditionnelles. Aristote[1] avait déjà élaboré un système à trois niveaux : ψόφος, φωνή, διάλεκτος ; le ψόφος est le « bruit » que font, par exemple, les insectes ; la φωνή est un « son organisé » comme celui du chant des oiseaux ; le διάλεκτος est la « langue » des hommes qui joint à l'émission d'un son organisé la fonction sémantique conventionnelle. Si la source de Porphyre n'a pas cru bon de reprendre une telle distinction, c'est sans doute en raison du caractère polémique du passage, ce qui lui imposait de rechercher des arguments élémentaires et efficaces : il évite ainsi en particulier de faire des distinctions entre les animaux, selon qu'ils ont la φωνή ou seulement le ψόφος.

B. *La pensée des animaux.*

La parole manifeste de façon privilégiée la raison des animaux. Mais il faut la montrer plus généralement : des dieux jusqu'aux animaux, en passant par les hommes, une seule et même raison se retrouve, qui se manifeste toutefois à des degrés divers de perfection.

1. Cf. Aristote, *H.A.*, IV, 9, 535 a 27 - b 3 ; *De anima*, II, 8, 420 b 5 - 421 a 6 et voir l'excellent ouvrage de U. Dierauer, *Tier und Mensch im Denken der Antike. Studien zur Tierpsychologie, Anthropologie und Ethik* (Studien zur antiken Philosophie, Bd. 6), Amsterdam, 1977, p. 125 sq.

L'argumentation est guidée cette fois par la distinction, reprise d'Aristote[1], entre ce qui diffère par essence, étant par nature tout autre, et ce qui diffère seulement par le plus et le moins de perfection, la nature restant essentiellement la même. Il s'agit donc d'établir cette similitude de nature entre les animaux et nous.

En fait, quelle que soit la valeur des arguments proposés, dont Porphyre dit expressément qu'il les emprunte aux « Anciens »[2], on sent tout de suite l'importance de la thèse : elle engage toute la façon dont on regarde le monde et la place que l'homme y occupe. Le Stoïcisme s'arrête volontiers à l'idée d'une hiérarchie dans les êtres, qui voue les uns au service du bonheur des autres. Il cherche à organiser ce monde pour le plus grand bien de l'homme à qui il a été donné, parce que cette vie est bonne et que la bien gouverner est déjà une fin en soi ; c'est même pour cela que la raison a été donnée aux hommes, comme l'instinct a été donné aux animaux pour leur conservation. La tradition platonicienne au contraire ne reconnaît de valeurs que spirituelles. La raison n'est pas donnée à l'animé en sorte qu'elle soit en lui, qu'il puisse l'annexer. Elle est auprès de lui ; il en est l'organe plus ou moins habile, et, s'il y a une hiérarchie entre les êtres de condition corporelle, elle réside dans le degré de pureté avec laquelle chacun permet à la raison de s'exprimer à travers lui.

Ainsi, tout naturellement, comme pour la parole, c'est d'un point de vue organique que la comparaison va s'établir entre l'homme et les animaux. Or les preuves sont nombreuses de la similitude de leur constitution. D'abord pour le corps et ses affections (ch. 7), ensuite pour l'âme et ses affections ou passions. S'il s'agit de la sensation, laquelle commande l'exercice de l'intelligence, au dire même d'Aristote, l'excellence

1. Cf. par ex. Ar., *H.A.*, VIII, 1, 588 a 21 sq (et voir U. Dierauer, *op. cit.*, p. 126 sq.).

2. Cf. 1, 5 ; pour l'identification de ces Anciens, voir *infra*, p. 153 et n. 3.

des animaux éclate dans bien des domaines, l'incapacité de tel ou tel sur tel ou tel point n'étant liée qu'à l'état de ses organes, non à sa nature d'être sensible (ch. 8). Plus directement les animaux manifestent leur raison et leur intelligence ; dans leur lutte pour la survie, qui ne saurait se ramener à un mécanisme instinctif, car elle est en partie un savoir acquis où la mémoire joue un rôle important (ch. 9 et 10) ; dans leur sagesse : il se rencontre chez eux des exemples de tempérance, d'amour réciproque, de justice, de vie sociale, d'amitié, de domination sur l'instinct ; leurs vices eux-mêmes manifestent grandement leur raison (ch. 11-14) ; d'après le lieu où séjournent les espèces : en particulier les habitants de l'air, élément plus pur que la terre, sont par là plus parfaits que nous (ch. 14) ; dans l'acquisition des techniques : ils s'y montrent notamment capables de progrès (ch. 15). Différentes autorités enfin témoignent en faveur de la dignité des animaux. Ce sont les dieux et les hommes divins : Apollon, Zeus, Nikè... Socrate, Radamanthe... des auteurs anciens comme Pindare ; ce sont encore des interprétations allégoriques ; en dernier lieu des éponymes de dieux : Poséidon Hippios, Athéna Hippia... (ch. 16 et 17).

Porphyre affirme avoir démontré à la suite de ce développement que tous les animaux ont part à une certaine forme de raison et certains même à une raison quasiment parfaite ; que, par conséquent, selon la thèse même des Stoïciens, puisque tous les animaux sont rationnels, nous avons des devoirs de justice à leur égard. Il estime avoir ainsi démontré le caractère contradictoire de la thèse des Stoïciens et avoir rempli la tâche qu'il s'était fixée au ch. 2.

Après avoir mené à bien cette démonstration, il reste à Porphyre à examiner le cas des plantes. Pour elles il n'est pas question de justice, puisqu'elles n'ont pas part à la raison ; et pourtant il y a plus de justice dans notre conduite à l'égard des plantes qu'à l'égard des animaux : car en ne prenant que les fruits des arbres et les graines des céréales, nous ne les tuons pas. Ce dernier argument fait ressortir l'injustice de notre conduite à l'égard des animaux qui, eux, ont part à la raison (ch. 18, 1 et 2).

3° ch. 18, 3 - 25 : *Réponse à quelques objections.*

I. *Arguments des Stoïciens et des Péripatéticiens tirés de Plutarque, et réponse.*

A partir d'ici nous n'allons plus avoir affaire qu'à des citations d'auteurs anciens. La discussion précédente introduisait déjà bien des problèmes d'école traditionnels, comme de savoir quels sont les rapports entre la sensation et l'intelligence, s'il peut y avoir une vertu naturelle ou si la vertu comme le vice est un acte de la raison, si le bonheur naturel n'est pas supérieur à celui qui se fonde sur la pratique des règles morales instituées par la raison... De semblables questions vont être traitées maintenant pour elles-mêmes. Les Stoïciens et les Péripatéticiens les soulèvent pour montrer les difficultés auxquelles se heurterait le respect de la vie des animaux.

A. *L'argument de la nécessité.*

La nature humaine implique un certain nombre de besoins, et en particulier celui de manger de la viande, qui exigent d'être satisfaits sous peine de la violenter et d'aller ainsi contre l'ordre naturel. L'argument est ancien et Plutarque, que suit ici Porphyre, se garde bien de nier le principe de la nécessité en général. Mais une limitation de son application lui ôte ici toute force : il ne s'agit jamais que d'assurer la sauvegarde de la nature ; on peut vivre et même bien vivre sans manger de viande. Seules la goinfrerie et la perversion peuvent en faire douter (ch. 18, 3-6).

Compte tenu de la nécessité et du sain usage qu'on peut faire des autres ressources naturelles, comme de recueillir des fruits, de tondre et de traire les brebis, on a deux raisons de ménager les animaux. La première se fonde sur la théorie même de l'*appropriation*, qui est la perception par tout vivant de ce qui lui convient ou lui est nuisible, et qui explique, selon les Stoïciens, l'instinct de conservation. Elle suppose en effet que tout vivant ressent l'injustice et en souffre. On arrive ainsi à préciser le devoir de la justice envers les animaux, puisqu'il devient individuel et fondé sur le respect de l'autre. Cela est plus sensible encore avec la deuxième raison : bien des animaux ont en fait plus de mérite au respect que bien des hommes ; en conséquence le devoir de justice ne doit pas passer par la distinction entre les genres des êtres animés (ch. 19).

B. *L'argument de l'utilité.*

L'argument de l'utilité exploite cette idée, que nous avons présentée plus haut comme caractéristique du Stoïcisme, que les êtres ont été créés par la Providence selon une hiérarchie telle que les uns n'existent que pour l'usage des autres. La conception est si éloignée de tout ce qui vient d'être dit, la réfutation devrait être si radicale, que Porphyre, reprenant Plutarque, se contente d'en montrer la faiblesse, tantôt par l'ironie, tantôt par l'absurde : le porc pourrait-il espérer plus grand bonheur que d'être mangé, s'il n'existe que pour cela? Et nous-mêmes n'existerions-nous pas pour le seul usage des bêtes féroces qui nous dévorent? Et quel usage faire des mouches, moustiques, etc. (ch. 20, 1-6) ?

C. *L'argument de la justice habituelle.*

L'argument de la justice habituelle, brièvement développé par Porphyre, est emprunté à un autre texte de Plutarque, le *De sollertia animalium.* L'argument tient compte du rôle de l'habitude dans la vie morale et veut être précisé ainsi, car Plutarque se contente d'y renvoyer : une série d'actes vertueux tendent à renforcer en nous la vertu qu'ils mettent en pratique ; inversement, si l'on est amené à transgresser la loi morale, la répétition de ces fautes détruit progressivement la vertu. Les Stoïciens s'appuient là-dessus pour dire que, si l'on étend aux animaux le devoir de justice, les hommes vont se trouver nécessairement dans le cas de ne pas le respecter. Ils y perdront alors tout sens de la justice, y compris celle qu'on doit aux autres hommes. Plutarque retourne l'argument : la façon reçue d'en user avec les animaux fortifie au contraire des instincts de cruauté, de sauvagerie, de jouissance perverse dont on protégerait mieux les hommes si l'on reportait plus loin les limites du domaine de la justice (ch. 20, 7).

D. *L'argument des couples antithétiques.*

Une règle de l'ordre naturel, selon les Stoïciens, semble être le balancement des êtres en des séries dont les caractères s'opposent : « de même que l'immortel s'oppose au mortel, l'incorruptible au corruptible, l'incorporel au corporel, il faut de même, puisque le rationnel existe, que l'irrationnel se pose et existe en face de lui et que de tant de couples celui-là ne reste pas seul inachevé et mutilé ». Plutarque admet d'abord la force de l'argument et concède que de fait les êtres irrationnels sont nombreux dans la nature prise dans son ensemble ; il prouve ensuite que le couple rationnel ~ irrationnel équivaut au couple animé ~ inanimé. Dès lors il va montrer qu'on ne peut pas tirer argument de la théorie des contraires pour introduire dans l'ensemble constitué par les seuls êtres animés une division entre le λογικόν et l'ἄλογον. En effet avancer l'idée d'une nature des êtres animés qui resterait boiteuse si l'on n'y retrouvait pas le couple antithétique du rationnel et de l'irrationnel, justifierait aussi bien de diviser le domaine de l'animé en φανταστικόν ~ ἀφαντασίωτον, αἰσθητικόν ~ ἀναίσθητον ; or tout être animé est, en tant que tel, doté de sensation et d'imagination. Il n'est donc pas légitime de diviser le domaine de l'animé en λογικόν ~ ἄλογον. Toute la suite du chapitre 21 va chercher à montrer qu'il n'y a pas de sensation sans une certaine part d'intelligence, tant chez les animaux que chez les hommes.

Le chapitre 22 est consacré à montrer toutes les contradictions que présenterait la psychologie des Stoïciens s'ils n'acceptaient pas cette conclusion du chapitre 21, qu'il n'y a pas de sensation sans intelligence.

E. *L'argument du tout ou rien dans la possession de la raison.*

Selon la thèse des Stoïciens dans la formulation de Plutarque, puisque les animaux n'ont pas une raison parfaite, ils n'ont pas du tout part à la raison. Plutarque répond par une série de variations où il reprend l'argument aristotélicien du plus et du moins. « De même qu'une vue diffère d'une autre vue, un vol d'un autre vol... de même il n'est pas donné à tout être raisonnable d'avoir également part à la raison parvenue au plus haut degré de souplesse et d'acuité ». Il utilise ensuite un argument complémentaire : « c'est à la partie ou à la faculté née capable d'une opération selon la nature qu'il appartient aussi, devenue mutilée ou malade, de tomber dans ce qui est contre nature, comme pour l'œil de tomber dans la cécité... à elle et à aucune autre ». Or on rencontre des chiens enragés ; cela prouve que l'animal possède « une raison et une intelligence non déficientes dont le trouble et la confusion forment cette affection que l'on appelle rage ou folie » (ch. 23 et 24).

II. *L'argumentation de Théophraste.*

L'argumentation de Théophraste établit la parenté entre les êtres animés. Entre eux les hommes sont apparentés, soit pour avoir les mêmes ancêtres, soit par la communauté des ressources, des caractères, de la race. Avec les animaux leur parenté s'établit à la fois sur l'identité des principes constitutifs de leur corps et sur l'identité de nature de leur âme.

Porphyre confirme la deuxième partie de l'argumentation, d'abord par la référence à une opinion répandue sur la communauté des éléments qui constituent les vivants, ensuite par une citation d'Euripide qui étend aux animaux le type de parenté considérée entre les hommes (ch. 25).

4° *Conclusion et exhortation finale* (ch. 26 et 27).

Les doctrines de Pythagore sur la communauté de race des vivants prolongent la démonstration précédente. Surtout, quoique la réponse aux objections des Stoïciens apparaisse encore çà et là[1], ces doctrines servent à introduire un exposé, dans un sens nettement platonisant, de la nécessité et des exigences d'une vie spirituelle.

A. *S'assimiler à Dieu.*

Platon dans le *Théétète*, 176 b, avait posé cette règle en principe, face à une réalité terrestre parcourue par le mal : rechercher un mode de vie plus pur, plus proche de la perfection divine. L'action du philosophe se définit ainsi comme un double effort vers une même purification : détachement des réalités matérielles et quête des réalités spirituelles. La pratique de manger la chair des animaux est condamnable, parce qu'elle est la recherche d'un plaisir matériel et un entraînement à la cruauté : l'abstinence en revanche est amour de la justice définie comme le respect de tout être, gage de bonheur, selon Pythagore. Surtout elle assure le triomphe du rationnel sur l'irrationnel (ch. 26).

B. *Reconquérir sa liberté.*

Car le choix est nécessaire, ou de vivre pour le plaisir charnel, ou de rechercher l'assimilation à Dieu. Or la

1. Voir 26, 5 et 9 ; 27, 8.

pratique de l'abstinence occupe une place privilégiée dans la vie spirituelle. Le mythe platonicien d'un monde livré en partage aux pouvoirs antagonistes d'Indigence et d'Expédient[1], fait apparaître que le grand empêchement à notre assimilation à Dieu, c'est notre condition nécessiteuse : l'homme reste soumis à Indigence dans la mesure même où il a besoin de secours venus de l'extérieur. L'abstinent, dans la mesure où il refuse le plus possible ces secours, se détourne d'Indigence pour regarder vers Expédient, se libère du besoin. Le choix n'est pas douteux et Porphyre peut chanter l'avènement d'un nouvel âge d'or dans le bonheur d'une liberté reconquise (ch. 27).

1. *Banquet,* 203 b.

II

LES SOURCES DU LIVRE III

De l'aveu même de Porphyre, les deux derniers livres du traité forment deux grands « dossiers » où l'auteur a pris soin de rassembler un certain nombre de textes qui confirment sa thèse.

Le tableau général des sources du livre III est le suivant :

2, 1 - 18, 2		écrit « académicien ».
18, 3 - 20, 6	fragment[1] de	Plutarque (fr. 193 Sandbach).
20, 7 - 24, 5	extrait de	Plutarque, *De sollertia anim.* 2 - 5.
25, 1 - 25, 4	fragment de	Théophraste.
26, 8 - 26, 9 / 27, 9 - 27, 10	extraits de	Plutarque, *Sept. sap. conv.* 16.

Ainsi seuls viennent certainement de la plume de Porphyre les chapitres 1 et 26-27 (moins les paragraphes 8-9 de 26 et 9-10 de 27).

1° *Les chapitres 2, 1 - 18, 2.*

Comme le remarque Porphyre lui-même (1, 5), l'ensemble des textes des chapitres 2, 1 - 18, 2 vient des παλαιοί (sur cette désignation, cf. *infra*, p. 153, n. 3). On a déjà depuis un certain temps reconnu qu'une comparaison de ce texte avec deux autres

1. Le mot fragment est employé ici pour une œuvre dont l'original est perdu.

textes, l'un de Philon d'Alexandrie et l'autre de Sextus Empiricus, permettait de conjecturer l'existence d'une « source » commune pour ces trois textes[1]. Avant d'établir cette thèse, donnons quelques indications sur les deux autres textes.

Le texte de Philon d'Alexandrie[2], intitulé Ἀλέξανδρος ἢ περὶ τοῦ λόγον ἔχειν τὰ ἄλογα ζῷα, est un dialogue entre Philon d'Alexandrie lui-même et Lysimaque, frère de Philon. Alexandre[3], le jeune neveu de Philon, a fait, devant une assemblée qui réunissait des Romains et des Alexandrins, une conférence où il prouvait que les animaux ont part à la raison ; Lysimaque, frère de Philon, s'est procuré le texte de cette conférence et le lit à Philon (1 - 71). Dans la seconde partie Philon, en s'appuyant largement sur la doctrine stoïcienne, repousse la thèse de son imprudent neveu (73 - 100).

L'argumentation que Philon prête à Alexandre est clairement divisée :

1. Introduction : les hommes nient que les animaux aient part au λόγος, parce qu'ils se laissent entraîner par leur φιλαυτία (§ 11).

2. Développement : selon [les Stoïciens] il y a deux sortes de λόγος, auxquelles les animaux ont part :

1. Sur cette question cf. G. Tappe, *De Philonis libro qui inscribitur* Ἀλέξανδρος ἢ περὶ τοῦ λόγον ἔχειν τὰ ἄλογα ζῷα *quaestiones selectae*, diss. Gottingae, 1912.

2. Philon, Ἀλέξανδρος ἢ περὶ τοῦ λόγον ἔχειν τὰ ἄλογα ζῷα (titre connu par Eusèbe, *H.E.* II 18, 6), n'est plus conservé que dans une version arménienne dont J. B. Aucher a donné une version latine (*Philonis Iudaei sermones tres hactenus inediti*, Venise, 1822), traduction reprise, avec, en plus, une division en paragraphes, par C. E. Richter, *Philonis Iudaei opera omnia*, 8 vol., Leipzig, 1828-1830, dans le t. VIII, p. 101-144. Dans la suite, cet ouvrage sera désigné par son titre latin *De animalibus*.

3. Sur la famille de Philon d'Alexandrie et l'identification de cet Alexandre, cf. J. Daniélou, *Philon d'Alexandrie*, Paris, 1958, p. 70-71 ; 74-75 ; voir aussi M. Hadas-Lebel, *Philon d'Alexandrie, De Providentia* (Les œuvres complètes de Philon d'Alexandrie, t. 35), Paris, 1973, p. 40-45.

A. Ils ont part au λόγος προφορικός (§ 13-15) ; des exemples le montrent : perroquet, merle, etc.

B. Ils ont part au λόγος ἐνδιάθετος (§ 16-70) ; là encore une série d'exemples établissent la thèse :

1) les animaux ont les τεχναί :

a) d'une façon instinctive :

— l'araignée (17-19) ;
— les abeilles (20-21) ;
— l'hirondelle (22) ;

b) par apprentissage : les animaux peuvent apprendre des hommes (23-29) ;

c) habileté des animaux dans l'art de se procurer la nourriture (30-42) ;

2) les animaux ont des ἀρεταί et des κακίαι.

a) les ἀρεταί :

— les animaux sont dotés de la φρόνησις (43-46) ; le chien connaît même le syllogisme (45-46) ;
— les animaux sont dotés de la σωφροσύνη (47-50) ;
— les animaux sont dotés de l'ἀνδρεία (51-59) ;
— les animaux sont dotés de la δικαιοσύνη (60-63) ; ils ont même la πολιτικὴ ἀρετή (64-65) ;

b) les κακίαι :

les animaux ont aussi part aux vices qui, non moins que les vertus, montrent qu'ils sont dotés de raison (66-70).

Le deuxième texte est tiré d'un auteur sceptique des IIe/IIIe siècles de notre ère : SEXTUS EMPIRICUS,

Hypotyposes Pyrrhoniennes I, 62-77[1]. Dans ce passage Sextus Empiricus se propose, pour faire pièce aux dogmatiques, c'est-à-dire aux Stoïciens (cf. § 65), de montrer que les animaux dits irrationnels ne nous sont pas inférieurs sous le rapport des sensations (62-63). Pour mieux concentrer son argumentation, il déclare ne vouloir prendre que l'exemple du chien.

La démonstration procède ainsi :

1. Il y a, selon les Stoïciens, deux sortes de λόγος.

2. Les animaux ont :

A. Le λόγος ἐνδιάθετος (65-72) défini comme :

a) αἵρεσις ἀναγκαίων καὶ φυγὴ τῶν ἀλλοτρίων (66) ;
b) δικαιοσύνη (67) ;
c) ἀνδρεία (68) ;
d) φρόνησις (68-72).

B. Le λόγος προφορικός (73-75).

3. Conclusion : les animaux ont part à la raison.

On retrouve donc presque le même plan d'argumentation que chez Philon. Il ne manque que l'introduction sur la φιλαυτία des hommes, qui aurait été complètement déplacée ici, puisque la visée de l'argumentation est différente ; la vertu de σωφροσύνη manque, peut-être parce que Sextus se borne à l'exemple du chien. Enfin il est bon de remarquer que le point *a)* a beaucoup de rapport avec ce qui, chez Philon, est traité sous la rubrique φρόνησις.

On est en droit de conclure que derrière ces trois textes (Philon, Sextus et Porphyre) se cache une même source philosophique. Divers indices (mode de réfutation ; attaques contre les Stoïciens, etc.) ont

1. Nous citons d'après S. Empirici, *opera recensuit* H. Mutschmann, *ed. stereot. emendatam curavit* (...) J. Mau, Lips., 1958 ; tr. fr. par G. Goron et J. Grenier, *Œuvres choisies de S. E.*, Paris, 1948.

amené G. Tappe à formuler l'hypothèse que cette source serait Carnéade lui-même ou, puisqu'il n'a rien écrit, un de ses proches disciples[1]. On retrouve encore trace de cette argumentation dans un opuscule de Plutarque, le *De sollertia animalium*[2], mais cette fois bouleversée à cause du contexte où elle est employée[3]. Plutarque aussi, en effet, se propose de montrer (10, 973 A) ὅτι καὶ προφορικοῦ λόγου καὶ φωνῆς ἐνάρθρου μέτεστιν αὐτοῖς (*scil.* τοῖς ἀλόγοις).

1. Cf. G. Tappe, *op. cit.*, p. 25 sq. et 54 sq. ; voir aussi U. Dierauer, *Tier und Mensch*, p. 269-270 et n. 16. On peut penser qu'il s'est agi d'une argumentation, transmise dans les écoles, du genre de l'argumentation antifataliste reconstituée à partir de plusieurs auteurs par D. Amand, *Fatalisme et liberté dans l'antiquité grecque. Recherches sur la survivance de l'argumentation morale antifataliste de Carnéade chez les philosophes grecs et les théologiens chrétiens des quatre premiers siècles*, Louvain, 1945.

2. Sur le *De sollertia animalium* cf. G. Tappe, *op. cit.*, p. 29-30 et *infra* p. 145-146.

3. G. Tappe a aussi repéré des traces de cette argumentation chez Élien, *De natura animalium* ; mais il a aussi établi qu'Élien avait pour source Plutarque, *De sollertia animalium* (*op. cit.*, p. 55-77).

TABLEAU SYNOPTIQUE RÉCAPITULATIF

Philon	Sextus Empiricus	Porphyre
Introduction :		
Les hommes poussés par la *philautie* disent que les animaux n'ont pas la raison, mais il est facile de prouver le contraire : 10-11.	L'exemple du chien montre que les animaux sont doués de raison.	Les hommes poussés par la *philautie* disent que les animaux n'ont pas la raison et ainsi décident qu'ils n'ont pas eux-mêmes de devoirs de justice envers eux : 2.
Développement :		
Les Stoïciens posent qu'il existe deux sortes de discours ; les animaux ont l'un et l'autre : 12.	id. : 65.	id. : 2.
A — Le *logos prophorikos* : 13-15.	id. : 73-75.	id. : 3-6.
B — Le *logos endiathetos* : 16-70. Ce *logos* se marque dans les vertus et les vices :	id. Le *logos end.* est défini comme αἵρεσις τῶν οἰκείων καὶ φυγὴ τῶν ἀλλοτρίων τῇ γνώσει (τινῶν) τεχνῶν.	L'argumentation des Stoïciens ne peut établir leur thèse : 7-8. Les animaux ont le *logos end.* car ils ont :
1° Vertus :	id. : 68-72.	
— *phronêsis*		id. : 9-11.
— *sôphrosunê*		id. : 11-13, 2.
— *andreia*	id. : 68.	
— *dikaiosunê*	id. : 67.	
2° Vices.		id. : 13, 2-14, 1. diverses autres preuves : 14, 1-15, 5.
Conclusion :		
Les animaux ont la raison.	id.	C'est par gloutonnerie que les hommes refusent la raison aux animaux. Les Dieux, les Sages leur ont voué un grand respect. Nous avons des devoirs de justice envers eux : 15, 5-18, 2.

2° *Le fragment de Plutarque de III, 18, 3 - 20, 6.*

La séquence du *D.A.* III, 18, 3 - 20, 6 représente une longue citation d'une œuvre perdue de Plutarque[1]. En effet, en 18, 3, Porphyre annonce clairement qu'il commence à citer Plutarque, tandis qu'en 24, 6 on lit : τὰ μὲν δὴ τοῦ Πλουτάρχου ἐν πολλοῖς βιβλίοις ... εἰρημένα ἐστὶ τοιαῦτα. Ainsi, tout le texte intermédiaire est tiré de Plutarque ; comme, d'autre part, depuis 20, 7, et sans que Porphyre le note en passant, on a affaire à une longue citation du *De sollertia animalium*, on en conclut légitimement que 18, 3 - 20, 6 vient bien de Plutarque, mais d'une autre œuvre perdue des *Moralia*. Et d'après la cohérence de tout ce passage, on est en droit de conclure que l'on est en présence d'un unique fragment tiré d'une seule œuvre. Selon Bernays[2] on aurait affaire à un fragment d'une partie perdue du *De esu carnium*, sous prétexte qu'en *De esu carnium* II, 3, 998 A il est dit ὅτι πρὸς τὰ ἄλογα ζῷα δίκαιον ἡμῖν οὐδέν ἐστιν : c'est justement un thème discuté dans notre fragment (18, 4). C'était compter sans le fait que le passage même sur lequel s'appuie Bernays est considéré comme interpolé par la majorité des critiques[3]. Aussi à l'exception de Wilamowitz[4], la conjecture de Bernays a-t-elle été généralement repoussée[5].

Certaines idées de ce fragment sont développées dans le traité *De sollertia animalium* ; la citation d'Eschyle

1. Ce fragment a été édité par G. Bernardakis, fr. 145 dans *Plutarchi Chaeronensis Moralia* VII, Leipzig, 1896, p. 169-173 ; puis par F. H. Sandbach, fr. 193 dans *Plutarchi Moralia* VII, Leipzig, 1967, p. 119-122, et dans *Plutarch's Moralia in sixteen volumes*, XV, Londres-Cambridge (Mass.), 1969, p. 352-361.

2. *Op. cit.*, p. 149.

3. Le passage en question a déjà été supprimé par Bachet de Méziriac au XVIIe siècle ; même solution adoptée dans l'édition Hubert-Drexler (p. 109, l. 2-3) et W. Helmbold, p. 570 n. 5. Ce serait une interpolation maladroite tirée de 7, 999 B.

4. « Lesefrüchte » n° 118, dans *Hermes* 40, 1905, p. 170 (= *Kleine Schriften*, t. IV, Berlin, 1962, p. 216).

5. Cf. par exemple Sandbach, coll. Loeb, p. 353 n. *b* ; Helmbold, coll. Loeb, p. 538, n. *a*.

(18, 7) s'y retrouve et le développement qui suit (19, 1) en résume le chapitre 7, où on lit notamment : « la vie n'est pas supprimée pour les hommes ni l'existence rendue impossible (οὐ γὰρ ἀναιρεῖται τὸ ζῆν, οὐδὲ βίος ἀπόλλυται τοῖς ἀνθρώποις) parce qu'ils n'ont pas de plats de poissons et de foies d'oie, parce qu'ils n'abattent pas des bœufs et des chevaux pour faire bombance... » (7, 965 A).

3° *Le fragment de Plutarque de III, 20, 7 - 24, 5.*

Porphyre, sans signaler qu'il change de source, cite en *D.A.* III, 20, 7 - 24, 5 une longue séquence du *De sollertia animalium* de Plutarque, III, 5, 959 E - 963 F[1]. Le titre grec de l'ouvrage est Πότερα τῶν ζῴων φρονιμώτερα τὰ χερσαῖα ἢ τὰ ἔνυδρα ; « Lesquels, des animaux terrestres ou des animaux aquatiques, sont les plus intelligents ? » En fait la question n'est pas tranchée et le traité est une réfutation de la thèse des Stoïciens qui veut que les animaux n'aient pas la raison. Voici le plan du traité :

Introduction :

Avantages et inconvénients de la chasse. Annonce du sujet (1-2).

Développement :

A. Première discussion : réfutation de l'opinion des Stoïciens sur les animaux privés de raison (3-7).

B. Deuxième discussion :

1° les animaux terrestres ont la raison (9-22) ;
2° les animaux aquatiques ont la raison (23-36).

1. Nous utilisons l'édition C. Hubert-H. Drexler dans les *Plutarchus Moralia*, t. VI, fasc. 1, Leipzig, 1959 ; on aura aussi profit à consulter l'édition de W. C. Helmbold parue dans les *Plutarch's Moralia*, t. XII, Londres-Cambridge (Mass.), 1957.

Conclusion (37).

Le texte de la citation de Porphyre est emprunté à la première discussion. Ce traité est en fait un double dialogue, entre Autobule et Soclaros sur le premier point, entre les jeunes gens Aristotimos et Phaidimos sur le deuxième, l'ensemble se présentant comme un exercice scolaire où chacun des deux personnages est chargé de défendre la thèse[1].

Plutarque abordait souvent ce sujet, si l'on en juge par les nombreux ouvrages qu'il lui a consacrés. Outre le *De sollertia animalium* et le *Bruta animalia ratione uti*, que nous avons conservés, nous connaissons de nom un Περὶ ζῴων ἀλόγων ποιητικός, un Εἰ λόγον ἔχει τὰ ζῷα (l'un de ces deux ouvrages pouvant être le même que le *Bruta animalia ratione uti*) et un Περὶ κυνηγετικῆς[2]. Mais la question est déjà ancienne et les arguments invoqués par les parties opposées sont des arguments d'emprunt : pour la thèse qui défend l'intelligence des animaux, Plutarque utilise simultanément un premier ouvrage écrit sans doute par un philosophe de l'Académie, peut-être au Ier siècle a. C., dont s'inspirent également PHILON, *Alexander*, SEXTUS EMPIRICUS, *Pyrrh. Hyp.* et PORPHYRE, *D.A.* III, 2-18[3], et un deuxième ouvrage ; la thèse stoïcienne est reprise sans doute d'un ouvrage stoïcien qui répondait aux attaques de Carnéade et de son école[4].

Les notes qui accompagnent notre traduction signalent au passage les modifications intéressantes apportées par Porphyre à son modèle. On en trouvera

1. Sur ce traité (qui porte le n° 147 dans le catalogue de Lamprias), cf. M. SCHUSTER, *Untersuchungen zu Plutarchs' Dialog de Sollertia Animalium mit besonderer Berücksichtigung der Lehrtätigkeit Plutarchs* (diss. München), Augsburg, 1917 ; G. TAPPE, *op. cit.*, p. 29 sq., 51 sq. ; K. ZIEGLER, s.v. *Plutarchos*, R. E. 41, col. 735-739 ; D. BABUT, *Plutarque et le Stoïcisme*, Paris, 1969, p. 54-57 ; U. DIERAUER, *op. cit.*, p. 264 sq. et *passim*.

2. Catalogue de Lamprias n°s 127 ; 135 ; 216.

3. Cf. *supra*, p. 138-143.

4. Cf. G. TAPPE, *op. cit.*, p. 29-31 et 51-54.

le détail dans la collation des deux textes faite par W. Pötscher[1]. La plupart de ces modifications tiennent à la forme dialoguée chez Plutarque, comme Ναί, φασίν, ἀλλ' ... (*D.A.* III, 21, 1)/ 'Αλλ' οὐκ ... ἐκ τῆς Στοᾶς ... (*De soll. anim.* 960 AB). Plus significative est l'omission de l'anecdote sur le moyen-duc[2] ou, s'il est de Porphyre, le texte μελιζόμενοι ταῖς σύριγξι (22, 4) au lieu de βιαζόμενοι ταῖς φώτιγξι de Plutarque : dans le premier cas on peut voir le souci de vraisemblance, dans l'autre la volonté d'éviter le mot βιαζόμενοι qui peut desservir la thèse défendue.

4° *Fragments épars de Plutarque.*

Outre ces deux très longs fragments, on a encore décelé dans la conclusion parénétique deux autres citations de Plutarque enchâssées dans le texte de

1. Cf. *Theophrastos'* Περὶ εὐσεβείας, Leiden, 1964, p. 5-15. Pötscher présente ses résultats de la manière suivante : 1. Porphyre cite de longs passages presque sans changement. 2. Il cite ces textes de telle façon que la forme littéraire originale est remplacée par celle de son ouvrage (*i.e.* il abandonne partout la forme dialoguée des textes cités). 3. Dans ce but, il laisse tomber des passages entiers de l'auteur qu'il cite. 4. Les « coupures » ainsi réalisées sont bouchées par des mots empruntés à l'auteur cité. 5. Particulièrement au voisinage de ces coupures il y a d'autres modifications (...) 7. Porphyre ajoute aussi des observations de son cru. — Autrement dit, on ne peut être absolument sûr de ce que l'auteur cité a réellement dit. Ajoutons que cette comparaison est faite dans le cas d'un auteur qui est substantiellement d'accord avec Porphyre, mais dans le cas d'un auteur qui n'était pas d'accord avec Porphyre, ou dont l'ouvrage avait un but différent de celui de Porphyre, les manipulations peuvent avoir été beaucoup plus graves : c'est tout le sens de l'œuvre qui peut avoir été déformé. J. Bernays, *Theophrastos' Schrift über Frömmigkeit*, Berlin, 1866, p. 24 sq., avait déjà analysé les citations de Flavius Josèphe, qui se trouvent dans le livre IV du *D.A.*, pour essayer de déterminer la confiance que mérite Porphyre. Voir aussi *supra*, *Notice* du livre II, p. 17-19.

2. Cf. *infra*, p. 180 et n. 5.

Porphyre, et tirées du *Septem sapientium convivium*[1]. Cette fois Porphyre commence par citer exactement le texte (§ 9-10), puis à partir du § 11 se contente d'en donner la substance[2].

Nous voyons ainsi, et la remarque a son importance, que, même dans les parties que nous croyons provenir de Porphyre lui-même, il peut encore se cacher d'autres emprunts à des auteurs inconnus de nous.

5° *Fragment de Théophraste* (III, 25, 1-4).

Immédiatement à la suite des citations de Plutarque, Porphyre introduit un argument qu'il tire de Théophraste[3] par les mots : Θεόφραστος δὲ καὶ τοιούτῳ κέχρηται λόγῳ. On se trouve alors devant un texte peu clair et l'on peut à bon droit se demander si la citation de Théophraste est bien littérale comme l'ont admis la plupart des savants[4], et jusqu'où elle s'étend[5] ; on peut aussi se demander de quel ouvrage provient le fragment.

Formellement on a affaire à un texte où la notion d'οἰκεῖος est étendue successivement à des groupes de plus en plus vastes. D'abord (§ 1), dans la famille,

1. Pour le texte du *Septem sapientium convivium*, voir *Plutarchi Moralia edd.* W. R. Paton et I. Wegehaupt, *ed. corr. curavit* H. Gärtner, Leipzig, 1974 ; et J. Defradas, *Plutarque, Le Banquet des sept Sages*, Paris, 1954.

2. Ainsi l'on voit que Porphyre ne cite pas toujours exactement ses auteurs, comme on aurait pu le déduire de l'étude des extraits du *De sollertia animalium* (cf. *supra*, p. 147 et n. 1).

3. Notre texte constitue le fragment 5 du recueil de Bernays, p. 96 sq. et le fragment 20 de la collection des fragments du Περὶ εὐσεβείας de Pötscher, p. 95-99 pour la discussion du fragment et p. 182-183 pour le texte et la traduction.

4. Ainsi, par exemple, Bernays, *op. cit.*, p. 96 sq., qui prend notre texte comme un fragment au même titre que ceux qui viennent du livre II. Voir aussi U. Dierauer, *op. cit.*, p. 171 et n. 3.

5. En règle générale, on fait aller le fragment jusqu'à la fin du § 3 du chapitre 25 (*sic* : Bernays, Pötscher, etc.), tout en remarquant que la suite pourrait contenir au moins un écho de Théophraste (v. g. Bernays).

ce qui rend οἰκεῖοι, c'est d'être nés du même père et de la même mère ; dans la *gens*, c'est d'avoir les mêmes ancêtres ; dans la cité, c'est de partager la même nourriture et les mêmes mœurs (à moins que ce ne soit parce que toute cité remonte toujours à un même ancêtre commun, le fondateur). Dans le § 2 cette parenté est d'abord étendue aux deux groupes qui constituent l'espèce humaine, Grecs et Barbares, puis à l'humanité tout entière. Le § 3 étend cette parenté à tous les animaux, mais cette fois l'expression ἐκ τῶν αὐτῶν qui voulait dire plus haut « à partir des mêmes parents ou ancêtres », est prise au sens de « à partir des mêmes constituants » ; dans la seconde partie du paragraphe une autre raison est donnée, celle-là plus déterminante : hommes et animaux auraient en partage une âme non différente sous le rapport des affections et des sensations ; toute la différence résultant de ce que les animaux ont des âmes de qualité variée. De toute façon, ce qui montre l'apparentement des hommes et des animaux, ce sont leurs passions[1].

A la suite de U. Dierauer on peut considérer que le développement de Théophraste, qui est spécifiquement présenté par Porphyre comme un *logos*, s'étend jusqu'à la fin du raisonnement c'est-à-dire jusqu'à la

1. U. Dierauer a relevé plusieurs imperfections dans ce texte (p. 171, n. 4) : il est vrai par exemple que l'opinion que les hommes sont οἰκεῖοι est répétée deux fois à trois lignes de distance ; que l'on trouve trois fois une incise introduite par λέγω δὲ/δή. Il a même cru déceler (*ib.* n. 5) dans le § 3 une contradiction entre les lignes 7-9 et 10-11 : Théophraste commence par affirmer que les âmes des animaux ne présentent aucune différence puis affirme dans la phrase suivante qu'il y en a de plus ou moins parfaites. Il se peut, en effet, que Porphyre ait mal abrégé sa source. Selon Dierauer les lignes 7-9 seraient une interpolation de Porphyre destinée à rendre ce texte compatible avec son argumentation : que les animaux aient une âme non différente de la nôtre, voilà ce qu'Aristote et Théophraste nient absolument ; qu'il y ait une certaine gradation dans les âmes des animaux, comme l'affirment les lignes 10-11, voilà qui s'accorde avec la pensée de Théophraste (Dierauer, *op. cit.*, p. 172 et n. 7).

fin du § 3[1]. La thèse que tous les hommes sont apparentés n'est pas inconnue d'Aristote lui-même et peut donc avoir été professée par Théophraste. Citons par exemple *Eth. Nic.* VIII, 14. Quant à l'assertion qu'il y a une gradation dans les âmes des animaux, elle répond tout à fait à ce qui est dit, par exemple, dans la préface du livre VIII de l'*Histoire des Animaux* ; or il existe de bonnes raisons de voir là un texte de Théophraste[2].

Reste maintenant à se demander d'où provient ce texte[3]. Depuis Bernays on a déjà remarqué que le concept d'οἰκεῖος joue un rôle important dans le Περὶ εὐσεβείας : on a, en particulier, attiré l'attention sur un texte comme ὥσπερ γὰρ οἰκειότητος οὔσης ἡμῖν πρὸς τοὺς ἀνθρώπους κτέ (*supra D.A.* II, 22, 2)[4] qui, selon la juste remarque de Dierauer, suppose précisément une démonstration du type de celle que nous rencontrons ici[5]. En revanche, Pötscher[6] croyait que le texte provient d'un ouvrage de Théophraste intitulé Περὶ ζῴων φρονήσεως καὶ ἤθους et dont le titre nous est connu par Diogène Laërce[7]. Outre que rien ne nous est connu du contenu de l'ouvrage, on

1. *Op. cit.*, p. 171-172.
2. Cf. Dierauer, *op. cit.*, p. 166 sq.
3. Sur ce problème, cf. E. Zeller, *Die Philosophie der Griechen*, 2e éd., Tübingen, 1862, II 2, p. 680 : le fragment proviendrait du Περὶ ζῴων φρονήσεως ; J. Bernays, *Theophrastos' Schrift...*, Berlin, 1866, p. 98 : le fragment proviendrait du Περὶ εὐσεβείας ; E. Zeller, *op. cit.*, 4e éd. (Leipzig, 1903), II 2, p. 851 et n. 1 : se rallie à l'avis de Bernays ; O. Regenbogen, s.v. *Theophrastos* dans *R.E. Suppl. Bd.* 7, col. 1432 : ne se prononce pas ; W. Pötscher, *op. cit.*, p. 95 sq. : attribue le fragment au Περὶ ζῴων φρονήσεως καὶ ἤθους ; U. Dierauer, *op. cit.*, p. 173-174 : attribue le fragment au Π. εὐσεβείας. Nous suivons les conclusions de ce dernier savant.
4. Sur le concept d'οἰκεῖος dans les fragments du Περὶ εὐσεβείας cf. *supra*, p. 26. On verra aussi Dierauer, *op. cit.*, p. 176, qui montre, au terme d'une intéressante analyse des fragments de Théophraste, que le concept d'οἰκεῖος jouait un rôle essentiel dans l'ouvrage de Théophraste.
5. *Op. cit.*, p. 176 et n. 20.
6. *Op. cit.*, p. 95-96.
7. D.L. V, 49 (t. I, p. 223,27 Long).

fera valoir qu'on ne voit guère ce que viendrait faire dans un traité d'histoire naturelle une démonstration de la parenté des hommes entre eux et de celle des hommes et des animaux. Ajoutons enfin que les recherches de U. Dierauer ont établi avec une certaine vraisemblance que l'actuel livre IX de l'*Histoire des Animaux* pouvait avoir comme source Théophraste et peut-être précisément ce Περὶ ζῴων ἤθους[1] ; or on n'y trouve rigoureusement rien de parallèle à la démonstration contenue dans Porphyre[2].

En conclusion nous ne voyons aucune raison de ne pas attribuer ce fragment au Περὶ εὐσεβείας de Théophraste.

1. Cf. Dierauer, *op. cit.*, p. 162 sq. ; c'était déjà la conclusion de H. Aubert-F. Wimmer dans leur traduction allemande de l'*Historia Animalium*, Leipzig, 1868, t. I, p. 11 sq. Rappelons que la plus grande partie du matériel d'exemples des chapitres 2-18 du livre III du *D.A.* est précisément tiré de ce livre de l'*Historia animalium*. Cf. G. Tappe, *op. cit.*, p. 35 sq.

2. Il resterait encore à se demander si le Περὶ εὐσεβείας de Théophraste concluait au végétarisme : je pencherais plutôt pour la négative. Il me semble que si tel avait été le cas, Porphyre n'eût pas manqué d'en faire état précisément contre ses adversaires péripatéticiens. Sur la question, cf. U. Dierauer, *op. cit.*, p. 177 et n. 22, et *supra*, *Notice* du livre II, p. 19 et p. 20, n. 4.

DE L'ABSTINENCE

LIVRE III

Introduction : la justice doit s'étendre aussi aux animaux en tant qu'ils ont part au logos

1. 1 Se nourrir d'êtres animés ne favorise pas la tempérance et la frugalité, ni la piété, ces puissants soutiens de la vie contemplative, mais les contrarie plutôt, Firmus Castricius[1], ainsi que l'ont démontré nos deux premiers livres. 2 Et puisque la justice[2] trouve sa plus belle expression dans la piété envers les dieux et que celle-ci s'obtient avant tout par l'abstinence, il n'y a pas à craindre de violer en quelque façon la justice envers les hommes, dès là que l'on s'est acquitté de ses devoirs[3] envers les dieux. 3 Aussi Socrate disait-il à ceux qui soutiennent que le plaisir est notre fin que, même si tous les porcs et tous les boucs approuvaient ce propos, il ne croirait pas que notre bonheur consiste dans le plaisir, aussi longtemps que l'intellect domine dans l'univers[4] ; et nous, même si tous les loups ou si tous les vautours trouvent bon que l'on mange de la viande, nous ne leur donnerons pas raison, aussi longtemps que l'homme par nature est innocent et s'abstient de retirer son plaisir du dommage fait à d'autres êtres. 4 Passons donc au problème de

1. Sur Firmus Castricius, à qui sont dédiés les quatre livres du *D.A.*, voir *Introduction*, t. I, p. XIX-XX.

2-3. Voir aux *Notes complémentaires*, p. 230.

4. Allusion à *Philèbe* 67 b ; sur l'identification de « ceux qui soutiennent que le plaisir est notre fin », voir l'édition du *Philèbe*, due à A. Diès (Paris, 1941), *préface*, p. LIII-LXX. Voir aussi U. Dierauer, *op. cit.*, p. 63 n. 17, 69 n. 20, et 194.

ΠΕΡΙ ΑΠΟΧΗΣ ΕΜΨΥΧΩΝ

ΒΙΒΛΙΟΝ ΤΡΙΤΟΝ

1. 1 Ὡς μὲν οὔτε πρὸς σωφροσύνην καὶ λιτότητα οὔτε πρὸς εὐσέβειαν, αἳ μάλιστα πρὸς τὸν θεωρητικὸν συντελοῦσι βίον, ἡ τῶν ἐμψύχων βρῶσις συμβάλλεται, ἀλλὰ μᾶλλον ἐναντιοῦται, διὰ τῶν φθασάντων, ὦ Φίρμε Καστρίκιε, δυεῖν βιβλίων ἀπεδείξαμεν. 2 Τῆς δὲ δικαιοσύνης τὸ κάλλιστον ἐν τῇ πρὸς τοὺς θεοὺς εὐσεβείᾳ κεκτημένης, ταύτης δὲ ὡς ἔνι μάλιστα διὰ τῆς ἀποχῆς συνισταμένης, οὐ δέος ἐστὶ περὶ τοῦ πρὸς ἀνθρώπους | δικαίου, μή πῃ τοῦτο παραθραύσωμεν, τήν γε πρὸς τοὺς θεοὺς ὁσίαν διασῴζοντες. 3 Σωκράτης μὲν οὖν πρὸς τοὺς ἡδονὴν διαμφισβητοῦντας εἶναι τὸ τέλος, οὐθ' ἂν πάντες, ἔφη, σύες καὶ τράγοι τούτῳ συναινοῖεν, πεισθήσεσθαι [ἂν] ἐν τῷ ἥδεσθαι τὸ εὔδαιμον ἡμῶν κεῖσθαι, ἔστ' ἂν νοῦς ἐν τοῖς πᾶσι κρατῇ· ἡμεῖς δέ, οὐδ' ἂν πάντες λύκοι ἢ γῦπες τὴν κρεωφαγίαν δοκιμάζωσιν, οὐ συγχωρήσομεν τούτοις δίκαια λέγειν, ἔστ' ἂν ὁ ἄνθρωπος ἀβλαβὲς ᾖ φύσει καὶ ἀφεκτικὸν τοῦ διὰ τῆς ἄλλων βλάβης αὑτῷ τὰς ἡδονὰς πορίζεσθαι. 4 Ἐς οὖν

1. 3[4] ἂν del. He. || [6] δοκιμάζωσιν He. : -ζουσιν codd. || [9] αὑτῷ He. : αὐτῷ codd.

la justice et, puisque nos adversaires disent qu'elle doit s'étendre aux seuls êtres qui nous sont semblables et donc en excluent ceux des animaux qui sont dénués de raison, allons, présentons l'opinion vraie, qui est en même temps celle de Pythagore, en montrant que toute âme qui est dotée de sensation et de mémoire est raisonnable[1] ; car si nous le démontrons, c'est à bon droit et même selon leur doctrine que nous étendrons la justice à tout animal[2]. 5 Nous allons rapporter la pensée des Anciens[3] en la résumant en peu de mots.

Les animaux ont part au logos : première preuve : le langage des animaux

2. 1 Puisqu'il existe, selon les Stoïciens, deux sortes de discours[4], l'un qui est intérieur et l'autre qui est proféré[5], et encore l'un qui est parfait et l'autre qui est déficient, il convient de bien préciser lequel de ces discours ils refusent aux animaux. Est-ce le seul discours parfait et non tout discours absolument ? Ou bien est-ce absolument tout discours, tant celui qui est intérieur que celui qui procède à l'extérieur ? 2 Ils ont bien l'air de se prononcer pour la privation totale et non pour celle du seul discours parfait. Sinon les animaux ne seraient pas des êtres non raisonnables, mais ils seraient encore des êtres raisonnables, ni plus ni moins que ne le sont, selon eux, presque tous les hommes. 3 A leurs yeux, en effet, il n'a paru qu'un seul sage, voire deux[6], chez qui seuls la raison est parvenue à la perfection ; les autres sont tous des sots, qu'ils progressent ou qu'ils restent noyés dans leur sottise ; même s'ils sont tous semblablement raisonnables. 4 C'est l'égoïsme[7] qui les pousse à dire que les autres animaux sont tous sans exception non raisonnables, au sens où l'absence de raison signifie la privation de toute espèce de discours[8]. Cependant, s'il faut dire la

1-3. Voir aux *Notes complémentaires*, p. 230-231.

4. La traduction de λόγος par « discours » essaie de réunir les deux sens de « parole » et de « raison ».

5-8. Voir aux *Notes complémentaires*, p. 231-232.

τὸν περὶ τῆς δικαιοσύνης λόγον μεταβαίνοντες, ἐπείπερ ταύτην πρὸς τὰ ὅμοια δεῖν μόνα παρατείνειν εἰρήκασιν οἱ ἀντιλέγοντες, καὶ διὰ τοῦτο τὰ ἄλογα διαγράφουσι τῶν ζῴων, φέρε ἡμεῖς τὴν ἀληθῆ τε ὁμοῦ καὶ Πυθαγόρειον δόξαν παραστήσωμεν, πᾶσαν ψυχήν, ᾗ μέτεστιν αἰσθήσεως καὶ μνήμης, λογικὴν ἐπιδεικνύντες· τούτου γὰρ ἀποδειχθέντος εἰκότως ἂν καὶ κατὰ τούτους πρὸς πᾶν ζῷον τὸ δίκαιον παρατενοῦμεν. 5 Ἐροῦμεν δὲ τὰ παρὰ τοῖς παλαιοῖς συντόμως ἐπιτέμνοντες.

2. 1 Διττοῦ δὴ λόγου κατὰ τοὺς ἀπὸ τῆς Στοᾶς ὄντος, τοῦ μὲν ἐνδιαθέτου, τοῦ δὲ προφορικοῦ, καὶ πάλιν τοῦ μὲν κατωρθωμένου, τοῦ δὲ ἡμαρτημένου, ποτέρου ἀποστεροῦσι τὰ ζῷα διαρθρῶσαι προσῆκον. Ἆρά γε τοῦ ὀρθοῦ μόνου, οὐχ ἁπλῶς δὲ τοῦ λόγου ; ἢ παντελῶς παντὸς τοῦ τε ἔσω καὶ τοῦ ἔξω | προϊόντος ; 2 Ἐοίκασι δὴ τὴν παντελῆ στέρησιν αὐτῶν κατηγορεῖν, οὐ τὴν τοῦ κατωρθωμένου μόνον. Οὕτω γὰρ ἂν οὐκ ἄλογα, λογικὰ δὲ ἦν ἔτι τὰ ζῷα, καθάπερ σχεδὸν πάντες κατ' αὐτοὺς οἱ ἄνθρωποι. 3 Σοφὸς μὲν γὰρ ἢ εἷς ἢ καὶ δύο κατ' αὐτοὺς γεγόνασιν, ἐν οἷς μόνοις ὁ λόγος κατώρθωται, οἱ δὲ ἄλλοι φαῦλοι πάντες, κἂν οἳ μὲν ὦσι προκόπτοντες, οἳ δὲ χύσιν τῆς φαυλότητος ἔχοντες, εἰ καὶ πάντες ὁμοίως λογικοί. 4 Ὑπὸ δὴ τῆς φιλαυτίας προαγόμενοι ἄλογά φασι τὰ ζῷα ἐφεξῆς τὰ ἄλλα σύμπαντα, τὴν παντελῆ στέρησιν τοῦ λόγου διὰ τῆς ἀλογίας μηνύειν ἐθέλοντες·

2. 3[a] κατώρθωται Nauck : -ορθοῦται codd. || 4[a] φασι Va. : φησιν codd.

vérité, non seulement le discours se rencontre chez tous les animaux absolument, mais chez beaucoup d'entre eux il a encore une capacité à devenir parfait[1].

3. 1 Et puisque, comme on l'a vu[2], il y a deux sortes de discours qui consistent, l'un dans la prolation et l'autre dans la faculté, commençons d'abord par celui qui est proféré et qui consiste dans le son de la voix. 2 Si donc le discours proféré est un son signifiant au moyen de la langue les affections internes ou de l'âme[3] — cette définition est très générale et n'est encore liée à aucune doctrine particulière, mais seulement à la notion de discours —, en quoi les animaux qui parlent en sont-ils privés? et pourquoi aussi, avant même de dire ce qu'ils veulent dire, ne commencent-ils pas par penser ce qu'ils éprouvent? (J'entends par pensée ce qui sonne en silence dans l'âme). 3 Eh bien donc! puisque les sons émis par la langue sont un discours, de quelque manière qu'ils sonnent, que ce soit à la manière des Barbares ou à celle des Grecs, à celle des chiens ou à celle des bœufs, les animaux qui font entendre des sons participent au discours; les hommes cependant parlent selon les lois humaines et les animaux selon celles que chacun a reçues des dieux et de la nature[4]. 4 Et si nous ne les comprenons pas, qu'importe? Les Grecs non plus ne comprennent pas la <langue>[5] des Indiens ni de même ceux qui ont été élevés en Attique, les Scythes ou les Thraces ou les Syriens; mais le son des uns est perçu par les autres comme un craquètement de grues. Cependant pour les autres leur langue est analysable en lettres et en sons, comme pour nous la nôtre; en revanche la langue des Syriens, par exemple, ou des Perses n'est analysable

1-4. Voir aux *Notes complémentaires*, p. 232-233.

5. L'addition de φωνῆς derrière Ἰνδῶν a été proposée par W. Theiler, *Die Sprache des Geistes in der Antike* dans *Sprachgeschichte u. Wortbedeutung, Festschrift A. Debrunner*, Bern, 1954, p. 431-440 (voir p. 431) repris dans *Forschungen zum Neuplatonismus*, Berlin, 1966, p. 302. — Sext. Emp. est ici particulièrement proche de l'argumentation de Porphyre, cf. *Hyp. Pyrrh.* I, 74.

καίτοι εἰ χρὴ τἀληθὲς εἰπεῖν, οὐ μόνον ἁπλῶς ὁ λόγος ἐν πᾶσι τοῖς ζῴοις θεωρεῖται, ἐν πολλοῖς δὲ αὐτῶν καὶ ὑποβολὰς ἔχων πρὸς τὸ τέλειον.

3. 1 Ἐπεὶ τοίνυν διττὸς ἦν, ὃ μὲν ἐν τῇ προφορᾷ, ὃ δὲ ἐν τῇ διαθέσει, ἀρξώμεθα πρότερον ἀπὸ τοῦ προφορικοῦ καὶ τοῦ κατὰ τὴν φωνὴν τεταγμένου. 2 Εἰ δὴ προφορικός ἐστι λόγος φωνὴ διὰ γλώττης σημαντικὴ τῶν ἔνδον καὶ κατὰ ψυχὴν παθῶν · κοινοτάτη γὰρ ἡ ἀπόδοσις αὕτη καὶ αἱρέσεως οὐδέπω ἐχομένη, ἀλλὰ μόνον τῆς τοῦ λόγου ἐννοίας · τί τούτου ἄπεστι τῶν ζῴων ὅσα φθέγγεται ; Τί δὲ οὐχὶ καὶ ἃ πάσχει τι, πρότερον καὶ πρὶν εἰπεῖν ὃ μέλλει, διενοήθη ; Λέγω δὴ διάνοιαν τὸ ἐν τῇ ψυχῇ κατὰ σιγὴν φωνούμενον. 3 Τοῦ τοίνυν ὑπὸ τῆς γλώττης φωνηθέντος, ὅπως ἂν καὶ φωνηθῇ, εἴτε βαρβάρως εἴτε ἑλληνικῶς εἴτε κυνικῶς ἢ βοϊκῶς, λόγου γε ὄντος | μέτοχα τὰ ζῷα τὰ φωνητικά, τῶν μὲν ἀνθρώπων κατὰ νόμους τοὺς ἀνθρωπείους φθεγγομένων, τῶν δὲ ζῴων κατὰ νόμους οὓς παρὰ τῶν θεῶν καὶ τῆς φύσεως εἴληχεν ἕκαστον. 4 Εἰ δὲ μὴ ἡμεῖς ξυνίεμεν, τί τοῦτο ; Οὐδὲ γὰρ τῆς Ἰνδῶν ⟨φωνῆς⟩ οἱ Ἕλληνες οὐδὲ τῆς Σκυθῶν ἢ Θρᾳκῶν ἢ Σύρων οἱ ἐν τῇ Ἀττικῇ τραφέντες · ἀλλ' ἴσα κλαγγῇ γεράνων ὁ τῶν ἑτέρων τοῖς ἑτέροις ἦχος προσπίπτει. Καίτοι ἐγγράμματος τοῖς ἑτέροις ἡ αὐτῶν καὶ ἔναρθρος, ὡς καὶ ἡμῖν ἡ ἡμετέρα · ἄναρθρος δὲ καὶ ἀγράμματος ἡ τῶν Σύρων φέρε ἡμῖν ἢ τῶν Περσῶν, ὡς καὶ

3. 2[6] alt. τι Fo. : τῇ codd. || 4[2] φωνῆς add. Theiler (iam post Ἰνδῶν addiderat διαλέκτου συνετοὶ Fo.) || 4[7] ἡμῖν prop. Nauck : εἰπεῖν codd.

pour nous ni en sons ni en lettres, comme pour tous les hommes celle des animaux. 5 Car de même que nous ne percevons qu'un bruit et un son, faute de connaître l'usage des Scythes, par exemple, et qu'il nous semble qu'ils criaillent, qu'ils n'articulent rien, mais qu'ils émettent toujours un même bruit tantôt long et tantôt court, sans que sa modulation ne parvienne à notre oreille en formant quelque sens que ce soit, tandis que leur parler est pour eux intelligible et très distinct, comme l'est pour nous la langue qui nous est familière ; de même chez les animaux : le sens est saisi d'une manière particulière selon chaque espèce, tandis que nous ne pouvons entendre qu'un bruit dont le sens nous échappe, parce qu'il ne s'est trouvé personne ayant appris notre langue pour nous apprendre à traduire dans notre langue ce qui est dit chez les animaux. 6 Cependant s'il faut en croire les auteurs anciens et ceux qui ont vécu à notre époque et à celle de nos pères, certains hommes, dit-on, ont perçu et compris les cris des animaux. Ainsi, chez les anciens, Mélampous, Tirésias[1] et autres devins, et naguère Apollonius de Tyane[2] dont on rapporte aussi le trait suivant : il était avec ses disciples lorsqu'une hirondelle vola au-dessus d'eux en criant. « Cette hirondelle, dit-il, indique aux autres qu'un âne chargé de blé a fait une chute devant la ville et que dans sa chute il a répandu sa charge sur le sol ». 7 Un de nos compagnons racontait qu'il avait eu le bonheur de posséder un jeune serviteur qui comprenait tous les cris des oiseaux ; et c'était toujours des prédictions qui annonçaient des événements prochains ; mais il perdit cette faculté de comprendre parce que sa mère, craignant qu'on ne l'envoie à l'empereur en présent, lui avait uriné dans les oreilles pendant qu'il dormait[3].

1-2. Voir aux *Notes complémentaires*, p. 233.

3. La purification des oreilles (cf. *infra* 4, 1 : les serpents purifient les oreilles en les léchant), qui donne un pouvoir divinatoire, est annulée par la souillure des oreilles.

πᾶσιν ἡ τῶν ζῴων. 5 Καθάπερ γὰρ ἡμεῖς ψόφου μόνου ἀντιλαμβανόμεθα καὶ ἦχου, ἀξύνετοι ὄντες τῆς φέρε Σκυθῶν ὁμιλίας, καὶ κλαγγάζειν δοκοῦσι καὶ μηδὲν διαρθροῦν, ἀλλ' ἑνὶ ψόφῳ χρῆσθαι μακροτέρῳ ἢ βραχυτέρῳ, τὸ παρηλλαγμένον δὲ αὐτοῦ εἰς σημασίαν οὐδαμῶς προσπίπτει, ἐκείνοις δὲ εὐσύνετος ἡ φθέγξις καὶ πολὺ τὸ διάφορον ἔχουσα, καθάπερ ἡμῖν ἡ συνήθης· οὕτω καὶ ἐπὶ τῶν ζῴων ἡ ξύνεσις μὲν ἐκείνοις κατὰ γένος ἰδίως προσπίπτει, ἡμῖν δὲ ὁ ψόφος μόνος ἐξάκουστος, τῆς σημασίας ἐκλειπούσης, διὰ τὸ μηδένα διδαχθέντα τὴν ἡμετέραν διδάξαι ἡμᾶς διὰ τῆς ἡμετέρας τὴν ἑρμηνείαν τῶν λεγομένων παρὰ τοῖς ζῴοις. 6 Καίτοι εἰ δεῖ πιστεύειν τοῖς παλαιοῖς καὶ τοῖς ἐφ' ἡμῶν καὶ τῶν πατέρων γεγονόσιν, εἰσὶν οἳ λέγονται ἐπακοῦσαι καὶ σύνεσιν ἔχειν τῆς τῶν ζῴων φθέγξεως· ὡς ἐπὶ μὲν τῶν παλαιῶν ὁ Μελάμπους καὶ ὁ Τειρεσίας καὶ οἱ τοιοῦτοι, οὐ πρὸ | πολλοῦ δὲ Ἀπολλώνιος ὁ Τυανεύς, ἐφ' οὗ καὶ λέγεται ὅτι τοῖς ἑταίροις συνόντος, χελιδόνος ἐπιπτάσης καὶ φθεγγομένης, εἰπεῖν ὅτι μηνύει ἡ χελιδὼν ταῖς ἄλλαις ὄνον πρὸ τοῦ ἄστεως πεπτωκέναι σίτου βαστάζοντα φορτίον, ὃ δὴ κεχύσθαι εἰς τὴν γῆν τοῦ ἀχθοφοροῦντος πεπτωκότος. 7 Ἑταῖρος δὲ ἡμῶν ἐξηγεῖτό τις οἰκέτου εὐτυχῆσαι παιδός, ὃς πάντα ξυνίει τὰ φθέγματα τῶν ὀρνίθων, καὶ ἦν πάντα μαντικὰ καὶ τοῦ μετ' ὀλίγον μέλλοντος ἀγγελτικά· ἀφαιρεθῆναι δὲ τὴν σύνεσιν, τῆς μητρὸς εὐλαβηθείσης μὴ δῶρον αὐτὸν βασιλεῖ πέμψειεν, καὶ καθεύδοντος εἰς τὰ ὦτα ἐνουρησάσης.

3. 6[7] ἐπιπτάσης Fe. : ἐπιστάσης codd. || [8] εἰπεῖν codd. : εἶπεν coni. Re. || 7[2] ξυνίει Ab. : ξυνεῖ codd.

4. 1 Mais laissons-là ces exemples en raison de notre penchant naturel à l'incrédulité ; nul n'ignore, je pense, que certains peuples, aujourd'hui encore, ont une disposition naturelle pour comprendre le cri de certains animaux : les Arabes[1] entendent celui du corbeau[2], les Étrusques celui de l'aigle[3] ; nous-mêmes sans doute et tous les hommes nous comprendrions tous les animaux, si un serpent nous avait, à nous aussi, purifié les oreilles[4]. 2 Maintenant, il est évident que la variété et la diversité que les animaux mettent dans leurs cris sont signifiantes ; en tout cas les cris qu'ils font entendre sont chaque fois autres selon qu'ils ont peur, qu'ils veulent appeler, inciter à venir se nourrir, témoigner de la bienveillance ou provoquer au combat. 3 Et tels sont le nombre et la diversité de ces cris que ceux-là mêmes qui ont employé leur vie à observer les animaux ont la plus grande peine à distinguer leurs cris. En tout cas les augures[5] qui ont noté un certain nombre des divers cris de la corneille[6] et du corbeau, ont laissé le reste comme difficilement perceptible pour l'homme. 4 Dès là que les animaux échangent des cris clairs et pleins de sens, même s'ils ne sont pas intelligibles pour nous tous, et que de plus nous les voyons nous imiter, apprendre le grec et comprendre leur maître, qui aurait l'impudence de leur refuser la raison, sous le prétexte qu'il ne comprend pas ce qu'ils disent? En tout cas les corbeaux et les pies, les rouge-gorges et les perroquets imitent les hommes[7], retiennent tout ce qu'ils entendent et répondent aux injonctions du maître qui les instruit. Beaucoup même grâce à ce qu'ils avaient appris ont dénoncé ceux qui commet-

1. Selon Philostrate, *Vit. Apoll.* I, 20, p. 56 Conybeare, Apollonius doit aux Arabes sa science de la langue des oiseaux.

2. Le comportement divinatoire du corbeau est très bien attesté dans toute l'antiquité : cf. Théophraste, *De signis*, VI, 1, 16 ; Élien, *Nat. anim.* VII, 7 ; Plut., *De tuenda sanitate*, 14, 129 A ; Pline, *H.N.* XVIII, 87 ; Virgile, *Georg.* I, 382, 410, etc. Le corbeau était en outre l'oiseau sacré d'Apollon (cf. *infra*, 5, 5).

3-7. Voir aux *Notes complémentaires*, p. 233-234.

4. 1 Ἀλλ᾽ ἵνα ταῦτα παρῶμεν διὰ τὸ ξύμφυτον ἡμῖν πάθος τῆς ἀπιστίας, ἀλλὰ τῶν γε ἐθνῶν τινα εἰς ἔτι καὶ νῦν ὅπως τινὰ ξυγγένειαν ἔχει πρός τινων ζῴων σύνεσιν τῆς φθέγξεως, οὐδεὶς οἶμαι ἠγνόηκεν. Ἄραβες μὲν κοράκων ἀκούουσι, Τυρρηνοὶ δ᾽ ἀετῶν· τάχα δ᾽ ἂν καὶ ἡμεῖς καὶ πάντες ἄνθρωποι συνετοὶ ἦμεν πάντων τῶν ζῴων, εἰ καὶ ἡμῶν τὰ ὦτα δράκων ἔνιψεν. 2 Δηλοῖ γε μὴν καὶ τὸ ποικίλον καὶ διάφορον τῆς φθέγξεως αὐτῶν τὸ σημαντικόν. Ἄλλως γοῦν ἀκούεται ὅταν φοβῆται φθεγγόμενα, ἄλλως ὅταν καλῇ, ἄλλως ὅταν εἰς τροφὴν παρακαλῇ, ἄλλως ὅταν φιλοφρονῆται, ἄλλως ὅταν προκαλῆται εἰς μάχην. 3 Καὶ τοσοῦτόν ἐστι τὸ διάφορον ὡς καὶ σφόδρα δυσπαρατήρητον τὴν παραλλαγὴν εἶναι διὰ τὸ πλῆθος καὶ τοῖς τὸν βίον εἰς ⟨τὴν⟩ τούτων τήρησιν καταθεμένοις. Κορώνης γοῦν καὶ | κόρακος οἰωνισταὶ ἄχρι τινὸς πλήθους τὸ διάφορον σημειωσάμενοι, τὸ λοιπὸν εἴασαν ὡς οὐκ ὂν ἀνθρώπῳ εὐπερίληπτον. 4 Ὅταν δὲ [μὴ] πρὸς ἄλληλα φθέγγηται φανερά τε καὶ εὔσημα, εἰ καὶ μὴ πᾶσιν ἡμῖν γνώριμα, φαίνεται δὲ καὶ ἡμᾶς μιμούμενα καὶ τὴν Ἑλλάδα γλῶτταν ἐκμανθάνοντα καὶ συνιέντα τῶν ἐφεστώτων, τίς οὕτως ἀναιδὴς ὡς μὴ συγχωρεῖν εἶναι λογικά, διότι αὐτὸς οὐ συνίησιν ὧν λέγουσιν ; Κόρακες γοῦν καὶ κίτται ἐριθακοί τε καὶ ψιττακοὶ ἀνθρώπους μιμοῦνται καὶ μέμνηνται ὧν ἂν ἀκούσωσι καὶ διδασκόμενοι ὑπακούουσι τῷ διδάσκοντι, καὶ πολλοί γε ἐμήνυσαν δι᾽ ὧν ἐδιδάχθησαν καὶ τοὺς

4. 3[3] τὴν add. He. ‖ 4[2] μὴ del. Fo.

taient des fautes dans la maison[1]. 5 L'hyène des Indes[2], que les indigènes appellent « crocottas », sans même qu'on le lui ait appris, imite si bien la parole des hommes qu'elle s'approche de leurs habitations et appelle quiconque lui paraît une proie facile, en imitant la parole de l'être très cher à l'appel de qui on ne manquera pas de répondre. Les Indiens, pourtant avertis, sont abusés par la ressemblance : ils sortent pour répondre à l'appel et périssent. 6 Si tous les animaux n'imitent pas notre parler, si tous ne l'apprennent pas facilement, qu'importe ? Il n'est pas donné à tout homme d'apprendre facilement ou d'imiter, non pas le langage des animaux, mais rien que cinq langues humaines. Il se peut en outre que certains animaux ne parlent pas faute d'avoir appris ou parce qu'ils sont gênés par leurs organes de phonation. 7 En tout cas nous avons nous-mêmes élevé à Carthage une perdrix qui avait volé familièrement jusqu'à nous. A force de vivre en notre compagnie, elle devint très familière : nous eûmes des manifestations de joie, des marques d'amitié, on nous fit fête ; bientôt même sa parole fit écho à la nôtre et, pour autant que cela se pouvait, lui répondit, d'une manière autre que celle dont les perdrix s'appellent entre elles. Elle ne parlait pas quand nous nous taisions, mais seulement quand nous lui parlions[3].

5. 1 On raconte même que <certains> animaux muets sont plus prêts à répondre à l'appel de leur maître que ne l'est un ami intime. En tout cas la murène du romain Crassus allait à lui à l'appel de son nom et elle lui inspira de tels sentiments qu'il pleura sa mort, lui que précédemment la perte de trois fils n'avait que modérément affecté[4]. D'après de nombreux récits, les

1-3. Voir aux *Notes complémentaires*, p. 234.

4. Cette anecdocte se retrouve chez Plut., *De soll. an.* 23, 976 A (voir aussi *De capienda ex inimicis util.* 5, 89 A et *Praec. rei publ. ger.* 14, 811 A) et chez Élien, *Nat. anim.* VIII, 4. Toutefois Plutarque rapporte que Crassus pleura plus sa murène que ne le fit Domitius Ahenobarbus à la mort de ses trois femmes.

ἁμαρτάνοντας κατὰ τὸν οἶκον. 5 Ἡ δ' Ἰνδικὴ ὕαινα, ἣν κοροκότταν οἱ ἐπιχώριοι καλοῦσι, καὶ ἄνευ διδασκάλου οὕτω φθέγγεται ἀνθρωπικῶς ὡς καὶ ἐπιφοιτᾶν ταῖς οἰκίαις καὶ καλεῖν ὃν ⟨ἂν⟩ ἴδῃ εὐχείρωτον αὑτῇ, καὶ μιμεῖταί γε τοῦ φιλτάτου καὶ ᾧ ἂν πάντως ὑπακούσειεν ὁ κληθεὶς τὸ φθέγμα· ὡς καίπερ εἰδότας τοὺς Ἰνδοὺς διὰ τῆς ὁμοιότητος ἐξαπατᾶσθαι καὶ ἀναλίσκεσθαι ἐξιόντας τε καὶ πρὸς τὸ φθέγμα ὑπακούοντας. 6 Εἰ δὲ μὴ πάντα μιμητικὰ μηδὲ πάντα εὐμαθῆ τῆς ἡμετέρας, τί τοῦτο ; Οὐδὲ γὰρ ἄνθρωπος πᾶς εὐμαθὴς ἢ μιμητικὸς οὐχ ὅτι τῆς τῶν ζῴων, ἀλλ' οὐδὲ πέντε που διαλέκτων τῶν παρ' ἀνθρώποις. Τινὰ δὲ καὶ τῷ μὴ διδάσκεσθαι ἴσως οὐ φθέγγεται ἢ καὶ τῷ ὑπὸ τῶν ὀργάνων τῶν τῆς φωνῆς ἐμποδίζεσθαι. 7 Ἡμεῖς γοῦν κατὰ Καρχηδόνα, πέρδικος ἐπιπτάντος ἡμέρου, τρέφοντες τοῦτον, τοῦ χρόνου | προϊόντος καὶ τῆς συνηθείας εἰς πολλὴν ἡμερότητα αὐτὸν μεταβαλούσης, οὐ μόνον σαίνοντος καὶ θεραπεύοντος ᾐσθόμεθα καὶ προσπαίζοντος, ἀλλ' ἤδη καὶ ἀντιφθεγγομένου πρὸς τὸ ἡμέτερον φθέγμα καὶ καθ' ὅσον ἦν δυνατὸν ἀποκρινομένου, ἀλλοίως ἢ καλεῖν ἀλλήλους εἰώθασιν οἱ πέρδικες. Οὔκουν σιωπῶντος, φθεγξαμένου δ' ἀντεφθέγξατο μόνον.

5. 1 Ἱστορεῖται δὲ καὶ τῶν ἀφθόγγων ⟨τινὰ⟩ οὕτως ἑτοίμως ὑπακούειν τοῖς δεσπόταις, ὡς οὐκ ⟨ἂν⟩ ἄνθρωπος τῶν συνήθων. Ἡ γοῦν Κράσσου τοῦ Ῥωμαϊκοῦ μύραινα ὀνομαστὶ καλουμένη προσῄει τῷ Κράσσῳ, ὃν καὶ οὕτω διέθηκεν ὡς πενθῆσαι ἀποθανοῦσαν, τριῶν τέκνων ἀποβολὴν πρότερον μετρίως ἐνεγκόντα. Καὶ ἐγχέλεις δὲ

4. 5[4] ἂν add. Nauck ‖ αὑτῇ Nauck : αὐτῇ codd. ‖ 6[2] μιμητικὰ Nauck : μιμεῖται καὶ codd. ‖ 5. 1[1] τινὰ add. Fo. duce Feliciano ‖ [2] ἂν add. Re.

anguilles de l'Aréthuse[1] et les perches du Méandre répondent à l'appel qu'on leur lance[2]. 2 Que le discours aboutisse ou non à la langue, il suppose donc toujours la même faculté d'imagination que chez celui qui parle. Dès lors n'est-ce pas ignorance que de réserver au seul langage humain le nom de discours, parce que nous le comprenons, et de refuser ce titre à celui des autres êtres vivants ? 3 C'est comme si les corbeaux prétendaient qu'il n'y a pas d'autre langage que le leur et nous disaient dénués de raison[3] parce que notre parler est pour eux vide de sens ; ou si les habitants de l'Attique réservaient au seul attique le nom de langage et regardaient les autres hommes comme dénués de raison parce qu'ils ne participent pas à la langue attique. Un habitant de l'Attique pourtant arriverait plus vite à comprendre un corbeau qu'à comprendre un Syrien ou un Perse parlant le syrien ou le perse. 4 Mais n'est-il pas absurde de déterminer qu'un être est doué de raison ou ne l'est pas, selon que son parler est intelligible ou non, qu'il reste muet ou qu'il a un langage ? On refuserait ainsi la raison au dieu qui est au-dessus de tout[4] et aux autres dieux, parce qu'ils sont muets. 5 Mais les dieux révèlent leur pensée tout en restant muets[5] et les oiseaux sont plus prompts que nous à la saisir : ils nous l'annoncent alors comme ils peuvent[6], se faisant auprès des hommes les hérauts de tel ou tel dieu[7], l'aigle de Zeus, le faucon et le corbeau d'Apollon, la cigogne d'Héra[8] ; pour Athèna c'est le râle[9] et la chouette, comme pour Déméter, la grue et pour d'autres, d'autres encore. 6 En outre ceux d'entre nous qui observent les animaux et vivent avec eux familièrement apprennent à connaître leurs cris. En tout cas le chasseur sait reconnaître à la façon d'aboyer du chien s'il cherche le lièvre ou s'il l'a trouvé,

1-7. Voir aux *Notes complémentaires*, p. 234-235.

8. C'est ici, semble-t-il, l'unique témoignage dans l'Antiquité des rapports entre Héra et la cigogne.

9. Identification incertaine, cf. P. Chantraine, *Dictionnaire étymologique de la langue grecque*, s. v. κρέξ.

πολλοὶ ἱστόρησαν τὰς ἐν Ἀρεθούσῃ καὶ σαπέρδας τοὺς περὶ Μαίανδρον ὑπακούοντας τοῖς καλοῦσιν. 2 Οὐκοῦν φαντασία ἡ αὐτὴ τῇ τοῦ λέγοντος, ἐάν τε ἐπὶ γλῶτταν ἐξικνῆται ἐάν τε μή. Πῶς οὖν οὐκ ἄγνωμον μόνην λόγον τὴν ἀνθρώπου φωνὴν λέγειν, ὅτι ἡμῖν ξυνετή, τὴν δὲ τῶν ἄλλων ζῴων παραιτεῖσθαι ; 3 Ὅμοιον γὰρ ὡς εἰ κόρακες τὴν σφῶν μόνην ἠξίουν εἶναι φωνήν, ἡμᾶς δ' εἶναι ἀλόγους, διότι οὐκ αὐτοῖς εὔσημα φθεγγόμεθα · ἢ οἱ Ἀττικοὶ εἰ μόνην τὴν Ἀτθίδα ἔλεγον φωνήν, τοὺς δὲ ἄλλους ἀλόγους ἡγοῦντο τοὺς λέξεως Ἀττικῆς ἀμοιροῦντας. Καίτοι θᾶττον ἂν κόρακος ξύνεσιν λάβοι ὁ Ἀττικὸς ἢ Σύρου ἢ Πέρσου συρίζοντος καὶ περσίζοντος. 4 Ἀλλὰ μήποτε ἄτοπον ἐκ τῆς εὐσυνέτου φθέγξεως ἢ μὴ ἢ τῆς σιγῆς καὶ φωνῆς τὸ | λογικὸν κρίνειν καὶ τὸ ἄλογον · οὕτω γὰρ καὶ τὸν ἐπὶ πᾶσι θεὸν καὶ τοὺς ἄλλους τῷ [δὲ] μὴ φθέγγεσθαι φαίη ἄν τις μὴ εἶναι λογικούς. 5 Ἀλλ' οἵ γε θεοὶ σιγῶντες μηνύουσι, καὶ συνιᾶσιν αὐτῶν ὄρνιθες θᾶττον ἢ ἄνθρωποι καὶ συνέντες ἀπαγγέλλουσιν ὡς δύνανται καὶ τοῖς ἀνθρώποις εἰσὶ κήρυκες ἄλλοι ἄλλων θεῶν · Διὸς μὲν ἀετός, Ἀπόλλωνος δὲ ἱέραξ καὶ κόραξ, Ἥρας δὲ πελαργός, Ἀθηνᾶς δὲ αὖ κρέξ τε καὶ γλαῦξ, καὶ Δήμητρος γέρανος ὡς ἄλλων ἄλλοι. 6 Καὶ μὴν καὶ ἡμῶν οἱ παρατηροῦντες καὶ οἱ σύντροφοι γιγνώσκουσιν αὐτῶν τὰ φθέγματα. Ὁ γοῦν κυνηγέτης ἀπὸ τῆς ὑποκρίσεως ᾔσθετο τοῦ κυνὸς ὑλακτοῦντος νῦν μὲν ὅτι ζητεῖ τὸν λαγών, νῦν δὲ ὅτι εὗρεν, ⟨νῦν δὲ ὅτι διώκει,⟩ νῦν δὲ ὅτι

5. 2^{4} λέγειν ed. pr. : λέγει codd. || 4^{4} τῷ μὴ Re. : τῷ δὲ μὴ codd. τῷ μηδὲ V p.c. || 5^{3} post δύνανται add. νῦν μὲν ὅτι διώκει — πλανᾶται [cf. infra 6^{4-6}] codd. praue || 6^{5} νῦν — διώκει huc traiecerunt edd. : habent post δύνανται [5^{3}] codd.

<s'il le poursuit> ou s'il l'a pris ; s'il s'égare, il le sait aussi. 7 Le vacher sait que sa vache a faim ou soif, qu'elle est lasse ou qu'elle est en chaleur ou qu'elle cherche son veau. Le rugissement du lion menace, le hurlement du loup montre qu'il est malheureux, et le bêlement de la brebis dit clairement au berger quel est son besoin.

6. 1 Pour les animaux aussi le langage des hommes est clair, qu'ils soient irrités contre eux ou bienveillants, qu'ils les appellent ou les chassent, qu'ils veuillent leur demander ou leur donner quelque chose ; en un mot aucune intention ne leur échappe et ils y répondent chaque fois à propos. Et ils ne peuvent se comporter ainsi que parce que le semblable par l'intelligence agit sur son semblable[1]. 2 Certains airs de musique calment même les cerfs, les taureaux et d'autres animaux sauvages qui deviennent doux[2]. 3 Ceux-là même qui décrètent que les animaux sont dénués de raison, disent que le chien s'entend à conduire un raisonnement et qu'il procède par disjonction complexe lorsque, poursuivant une piste, il arrive à un carrefour : « ou bien (se dit le chien) la bête a pris ce chemin-ci ou bien celui-là ou bien cet autre ; or ce n'est ni celui-ci ni celui-là : c'est donc cet autre et il reste à poursuivre de ce côté »[3]. 4 Mais ils ont beau jeu de remarquer que cette démarche est naturelle puisque personne ne la lui a enseignée, tout de même que nous avons reçu le discours par nature, même s'il nous arrive d'instituer tout seuls certains noms parce que nous en sommes capables aussi selon notre nature. 5 Cependant, s'il faut en croire Aristote[4], on voit les animaux assurer l'éducation de leurs petits et leur apprendre entre autres choses à parler : le rossignol par exemple apprend

1. Voir aux *Notes complémentaires*, p. 235.
2. Des faits semblables sont rapportés par Élien, *Nat. anim.* XII, 46.
3-4. Voir aux *Notes complémentaires*, p. 235-236.

ἔλαβεν, καὶ πλανωμένου ὅτι πλανᾶται. 7 Καὶ ὁ βουκόλος οἶδεν ὅτι [νῦν μὲν] ἡ βοῦς πεινῇ ἢ διψῇ ἢ κέκμηκεν ἢ ὀργᾷ ἢ τὸν μόσχον ζητεῖ· καὶ λέων βρυχώμενος δηλοῖ ὅτι ἀπειλεῖ, καὶ λύκος ὠρυόμενος ὅτι κακῶς πράττει, καὶ οἷς βληχώμεναι οὐκ ἔλαθον τὸν ποιμένα ὅτου δέονται.

6. 1 Οὐ τοίνυν οὐδὲ ἐκεῖνα ἔλαθεν ἡ τῶν ἀνθρώπων φωνή, οὐκ ὀργιζομένων, οὐ φιλοφρονουμένων, οὐ καλούντων, οὐχ ἡ διώκουσα, οὐχ ἡ αἰτοῦσα, οὐχ ἡ διδοῦσα, οὐδεμία ἁπλῶς, ἀλλὰ πάσαις οἰκείως ὑπήκουσαν· ὅπερ ἀδύνατον ποιεῖν μὴ τοῦ | ὁμοίου τῇ συνέσει τῷ ὁμοίῳ ἐνεργοῦντος. 2 Σωφρονίζονται δὲ καὶ μέλεσι καὶ ἥμεροι ἐξ ἀγρίων γίγνονται ἔλαφοι καὶ ταῦροι καὶ ἕτερα ζῷα. 3 Διαλεκτικῆς μὲν γὰρ αὐτοί φασιν οἱ τὸ ἄλογον αὐτῶν καταψηφιζόμενοι ἐπαΐειν τοὺς κύνας, κεχρῆσθαί τε τῷ διὰ πλειόνων διεζευγμένῳ ἰχνεύοντας ὅταν εἰς τριόδους ἀφίκωνται. Ἤτοι γὰρ ταύτην ἢ ἐκείνην ἢ τὴν ἑτέραν ἀπεληλυθέναι τὸ θηρίον· οὔτε δὲ ταύτην, οὔτε ταύτην· ταύτην ἄρα, καθ' ἣν λοιπὸν καὶ διώκειν. 4 Ἀλλ' ἕτοιμον λέγειν φύσει ταῦτα ποιεῖν ὅτι μηδεὶς αὐτὰ ἐξεδίδαξεν, ὡς δὴ καὶ ἡμῶν τὸν λόγον [οὐ] φύσει κεκληρωμένων, εἰ καί τινα τίθεμεν τῶν ὀνομάτων αὐτοὶ διὰ τὸ καὶ πρὸς τοῦτο ἐπιτηδείως ἔχειν κατὰ φύσιν. 5 Εἰ μέντοι πιστεύειν δεῖ Ἀριστοτέλει, καὶ διδάσκοντα ὤφθη οὐ μόνον τῶν ἄλλων τι ποιεῖν τὰ τέκνα τὰ ζῷα, ἀλλὰ καὶ φθέγγεσθαι,

5. 7[2] νῦν μὲν del. Re. || [5] οἷς He. : ὅϊς codd. || 6. 4[3] οὐ deleui.

à son petit à chanter[1]. Et, ainsi qu'il le dit[2], les animaux apprennent beaucoup les uns des autres, beaucoup aussi des hommes ; et tous témoignent qu'il dit vrai, les dresseurs et les soigneurs de chevaux, les cavaliers et les cochers, les chasseurs, les cornacs, les bouviers, tous les dompteurs de bêtes sauvages et tous les dresseurs d'oiseaux. 6 Eh bien ! ce qui précède suffit à conduire un homme non prévenu à accorder une part d'intelligence aux animaux, mais celui qui est prévenu et ne connaît pas les animaux se laisse emporter à soutenir sa convoitise envers eux[3]. Et comment ne serait-il pas amené à mal juger et à décrier des êtres qu'il n'hésite pas à mettre en pièces comme il casse une pierre ? 7 Aristote pourtant et Platon[4], Empédocle et Pythagore[5], Démocrite[6] et tous ceux qui se sont appliqués à découvrir la vérité sur les animaux, leur ont reconnu la participation au discours[7].

Deuxième preuve : la pensée des animaux

7. 1 Mais il faut montrer qu'ils ont aussi le discours interne ou discours intérieur. Or il semble que de l'un à l'autre, comme le dit aussi Aristote quelque part, la différence ne soit pas essentielle, mais que ce soit une question de plus ou de moins[8] ; de la même façon beaucoup pensent même que le passage des dieux à nous marque un changement, sans que cette différence soit une différence d'essence mais une différence dans la raison qui est exacte ou non[9]. 2 Tout le monde est à peu près d'accord pour dire que, au moins pour la sensation et pour l'organisation générale, tant des organes des sens que du corps, les dispositions des animaux sont semblables aux nôtres. Non seulement, en effet, comme nous ils ont part aux affections conformes à la nature et aux mouvements qu'elles entraînent, mais aussi aux affections contraires à la nature et malsaines qui se

1. Cité aussi par PLUT., *De soll. an.* 19, 973 B et par ÉLIEN, *Nat. anim.* III, 40.
2-9. Voir aux *Notes complémentaires*, p. 236-237.

ὡς ἀηδὼν τὸν νεοττὸν ᾄδειν. Καὶ ὥς αὐτός γέ φησι, πολλὰ μὲν παρ' ἀλλήλων μανθάνει ζῷα, πολλὰ δὲ καὶ παρ' ἀνθρώπων, καὶ πᾶς αὐτῷ ἀληθεύοντι μαρτυρεῖ, πᾶς μὲν πωλοδάμνης, πᾶς δὲ ἱπποκόμος τε καὶ ἱππεὺς καὶ ἡνίοχος, πᾶς δὲ κυνηγέτης τε καὶ ἐλεφαντιστὴς καὶ βουκόλος καὶ οἱ τῶν θηρίων διδάσκαλοι οἵ τε τῶν ὀρνίθων πάντες. 6 'Αλλ' ὁ μὲν εὐγνώμων καὶ ἐκ τούτων μεταδίδωσι συνέσεως τοῖς ζῴοις, ὁ δὲ ἀγνώμων καὶ ἀνιστόρητος αὐτῶν φέρεται συνεργῶν αὑτοῦ τῇ εἰς αὐτὰ πλεονεξίᾳ. Καὶ | πῶς γὰρ οὐκ ἔμελλε κακολογήσειν καὶ διαβαλεῖν ἃ κατακόπτειν ὡς λίθον προῄρηται ; 7 'Αλλ' 'Αριστοτέλης γε καὶ Πλάτων 'Εμπεδοκλῆς τε καὶ Πυθαγόρας Δημόκριτός τε καὶ ὅσοι ἐφρόντισαν τὴν ἀλήθειαν περὶ αὐτῶν ἑλεῖν ἔγνωσαν τὸ μετέχον τοῦ λόγου.

7. 1 Δεικτέον δὲ καὶ τὸν ἐντὸς αὐτῶν καὶ ἐνδιάθετον. Φαίνεται δὲ ἡ παραλλαγή, ὥς φησί που καὶ 'Αριστοτέλης, οὐκ οὐσίᾳ διαλλάττουσα, ἀλλ' ἐν τῷ μᾶλλον καὶ ἧττον θεωρουμένη · καθάπερ πολλοὶ οἴονται καὶ τὴν θεῶν πρὸς ἡμᾶς ἐξηλλάχθαι, οὐ κατ' οὐσίαν οὔσης τῆς διαφορᾶς ταύτης, ἀλλὰ κατὰ το ἀκριβὲς ἢ μὴ τοῦ λόγου. 2 Καὶ ὅτι μὲν ἄχρι γε αἰσθήσεως τῆς τε ἄλλης ὀργανώσεως τῆς τε κατὰ τὰ αἰσθητήρια καὶ τῆς κατὰ σάρκα ὁμοίως ἡμῖν διάκειται, πᾶς σχεδὸν συγκεχώρηκεν. Καὶ γὰρ οὐ μόνον τῶν κατὰ φύσιν παθῶν τε καὶ κινημάτων τῶν διὰ τούτων ὁμοίως ἡμῖν κεκοινώνηκεν, ἀλλ' ἤδη καὶ τῶν παρὰ φύσιν καὶ νοσωδῶν ἐν αὐτοῖς θεωρουμένων. Οὐκ ἂν δέ τις εὖ

6. 6[3] αὑτοῦ ed. pr. : αὐτοῦ codd. || 7[4] τοῦ λόγου ed. pr. : τὸν λόγον codd. post λόγου add. proponebat τοῦ προφορικοῦ Re.

rencontrent chez eux ; et il ne serait pas sage de dire, parce que leurs corps est différemment constitué, qu'ils sont incapables de la faculté de raison, quand on voit chez les hommes une grande diversité de constitution selon les races et les peuples, et qu'on leur accorde cependant à tous la raison. 3 L'âne[1] est sujet au rhume et, si le mal lui descend jusqu'au poumon, il meurt, comme l'homme ; le cheval souffre d'abcès intérieurs purulents et périt alors de consomption, comme l'homme ; il contracte le tétanos, la goutte, la fièvre, la rage et parfois même il « baisse les yeux », comme on dit. Si une jument gravide[2] vient à respirer l'odeur d'une lampe éteinte, elle avorte, comme la femme. 4 Comme nous le bœuf connaît la fièvre et devient furieux, et de même le chameau. La corneille a la gale et la lèpre, ainsi que le chien ; ce dernier est sujet à la goutte et à la rage ; le porc s'enroue et plus encore le chien qui donne précisément à cette affection chez l'homme son nom de « collier de chien »[3]. 5 Le cas de ces animaux nous est connu parce qu'ils partagent notre existence, mais, faute d'un commerce plus étendu, nous ignorons ce qu'il en est des autres. 6 En outre[4] les animaux châtrés s'amollissent : le coq ne chante plus, mais sa voix mue et vient à ressembler à celle de la femelle, comme il arrive à l'homme, et il est impossible de reconnaître les cornes et la voix d'un bœuf châtré de celles d'une vache ; les cerfs ne perdent plus leurs cornes, mais les conservent telles quelles, comme les eunuques conservent leur poil ; et s'ils n'ont pas de cornes, il ne leur en pousse pas, comme cela arrive aux hommes qui sont châtrés avant que la barbe ne leur pousse. 7 C'est ainsi que presque tous les animaux sont semblables à nous pour les affections du corps.

1. Sauf quelques modifications de détail, ces renseignements sur les maladies des animaux viennent d'Aristote, *H.A.* VIII, 21-25, 603 a 29 - 605 a 22. Voir *Introduction*, t. I, p. xxviii-xxix.
2. Cf. Élien, *Nat. anim.* IX, 54.
3-4. Voir aux *Notes complémentaires*, p. 237.

φρονῶν διὰ τὸ ἐξηλλαγμένον τῆς ἕξεως τοῦ σώματος ἄδεκτα λογικῆς εἴποι διαθέσεως, ὁρῶν καὶ ἐπ' ἀνθρώπων πολλὴν τὴν παραλλαγὴν τῆς ἕξεως κατά τε γένη καὶ ἔθνη, καὶ ὅμως λογικοὺς συγχωρῶν πάντας. 3 Ὄνος μέν γε κατάρρῳ ἁλίσκεται, κἂν εἰς πνεύμονα αὐτῷ ῥυῇ τὸ νόσημα, ἀποθνῄσκει ὥσπερ ἄνθρωπος· ἵππος δὲ καὶ ἔμπυος γίγνεται καὶ φθίνει, ὥσπερ ἄνθρωπος, καὶ τέτανος λαμβάνει ἵππον καὶ ποδάγρα καὶ πυρετὸς καὶ λύττα, ὁπότε καὶ κατωπιᾶν λέγεται. Καὶ ἡ κύουσα ἵππος, ἐπειδὰν ὀσφρήση|ται λύχνου ἀπεσβεσμένου, ἀμβλίσκει ὡς ἄνθρωπος. 4 Πυρέττει δὲ καὶ βοῦς καὶ μαίνεται, καθάπερ καὶ ὁ κάμηλος. Κορώνη δὲ ψωριᾷ καὶ λεπριᾷ, καὶ κύων· οὗτος μέν γε καὶ ποδαγριᾷ καὶ λυττᾷ. Ὗς δὲ βραγχᾷ, καὶ ἔτι μᾶλλον κύων, καὶ τὸ πάθος ἐν ἀνθρώπῳ ἀπὸ τοῦ κυνὸς κυνάγχη κέκληται. 5 Καὶ ταῦτα γνώριμα, ἐπεὶ σύννομα ταῦτα ἡμῖν τὰ ζῷα, τῶν δὲ ἄλλων ἐσμὲν ἄπειροι διὰ τὸ ἀσύνηθες. 6 Καὶ εὐνουχιζόμενα δὲ μαλακίζεται· οἱ μέν γε ἀλεκτρυόνες οὐδὲ ᾄδουσιν ἔτι, ἀλλὰ τὴν φωνὴν ἐπὶ τὸ θῆλυ μεταβάλλουσιν ὥσπερ ἄνθρωποι, βοός τε κέρατα καὶ φωνὴν οὐκ ἔστι διαγνῶναι τομίου καὶ θήλεος· οἱ δὲ ἔλαφοι οὐκέτι ἀποβάλλουσι τὰ κέρατα, ἀλλὰ συνέχουσιν, ὡς εὐνοῦχοι τὰς τρίχας, μὴ ἔχοντες δὲ οὐ φύουσιν, ὥσπερ οἱ πρὶν πώγωνα ἐκφῦσαι ἐκτμηθέντες. 7 Οὕτω σχεδὸν ἁπάντων τὰ σώματα ὁμοίως τοῖς ἡμετέροις κατὰ τὰ πάθη.

7. 3[4] ἔμπυος ed. pr. : ἔμπυρος codd. ‖ 3[7] ἀπεσβεσμένου ed. pr. : ἀπεσβυσμένου codd. ‖ 4[3] ante pr. καὶ add. ὥσπερ Nauck ‖ 5[1] ταῦτα Ab. : τὰ codd. ‖ 7[1] ὁμοίως codd. : ὁμοίως ἔχει coni. Fo. ὅμοια coni. Rh.

8. 1 Quant aux affections de l'âme, vois si elles ne sont pas toutes semblables ; et d'abord la sensation. L'homme en effet ne perçoit pas les saveurs par le goût, les couleurs par la vue, les odeurs par l'odorat, son ouïe ne perçoit pas les bruits, son toucher le chaud, le froid ou les autres sensations tactiles, sans que tous les animaux le fassent semblablement[1]. 2 Les animaux ne sont pas privés de la sensation du fait qu'ils ne sont pas des hommes, et ils ne sont pas dépourvus de la raison de ce fait : car alors les dieux aussi seront privés de la raison, du fait qu'ils ne sont pas des hommes, ou bien c'est nous-mêmes qui le serons, s'il est vrai que les dieux sont doués de raison. 3 Bien mieux, les animaux semblent avoir une sensation bien supérieure à la nôtre. Quel homme, fût-ce même le Lyncée de la fable, a la vue aussi perçante que celle du serpent[2] ? De là vient que les poètes emploient « *drakein* » au sens de voir[3] ; l'aigle, « volât-il très haut dans le ciel, le lièvre n'échappe pas à son regard »[4]. 4 Quelle ouïe plus fine que celle des grues à qui les sons parviennent de distances où la vue de l'homme ne saurait atteindre ? L'odorat est tellement supérieur chez presque tous les animaux qu'ils sentent des odeurs qui nous échappent et qu'ils savent reconnaître à quelle race appartient un animal rien qu'à flairer sa piste ; et les hommes se servent des chiens comme guides, s'il faut poursuivre un sanglier ou un cerf. 5 Et tandis que nous mettons longtemps à sentir l'état du temps, les autres animaux en ont la perception presque immédiate, en sorte qu'ils nous servent à conjecturer le temps qu'il va faire[5]. Ils savent si bien distinguer les saveurs, qu'ils discernent avec exactitude ce qui est malsain ou sain ou toxique,

1-3. Voir aux *Notes complémentaires*, p. 237-238.

4. Homère. *Il.*, XVI, 676.

5. L'antiquité nous a laissé de nombreux témoignages sur l'observation des animaux en vue d'en tirer des renseignements sur le temps. Ainsi le thon annonce les équinoxes et les grenouilles la pluie (cf. Plutarque, *De soll. an.* 29, 979 E et 34, 982 E) ; ailleurs c'est l'accouplement des animaux ou la migration des oiseaux : cf. Lucrèce, V, 1077 sq., et pour de très nombreux exemples Aratos, *Phaenomena*, 909 sq.

8. 1 Τά γε μὴν τῆς ψυχῆς πάθη ὅρα εἰ μὴ πάντα ὅμοια· καὶ πρῶτά γε τὴν αἴσθησιν. Οὐ γὰρ δὴ ἀνθρώπου μὲν ἡ γεῦσις χυμῶν, ἡ δὲ ὄψις χροιῶν, ἢ ὀσμῶν ἡ ὄσφρησις ἀντιλαμβάνεται, ἢ ψόφων ἡ ἀκοή, ἢ θερμῶν ἢ ψυχρῶν ἡ ἁφὴ ἢ τῶν ἄλλων ἁπτῶν, οὐχὶ δὲ καὶ τῶν ζῴων ἁπάντων ὁμοίως. 2 Οὐδὲ ταύτης μὲν ἀφῄρηται τὰ ζῷα διὰ τὸ μὴ εἶναι ἄνθρωποι, λογικῆς δὲ ἀμοιροῦσι διὰ τοῦτο· ἐπεὶ οὕτω γε καὶ οἱ θεοὶ διὰ | τὸ μὴ εἶναι ἄνθρωποι λογικῆς στερήσονται, ἢ ἡμεῖς, εἴπερ οἱ θεοὶ λογικοί. 3 Αἰσθήσεως μέν γε καὶ πλεονεκτεῖν ἔοικεν μᾶλλον τὰ ζῷα. Τίς μὲν γὰρ ἀνθρώπων τοσοῦτον βλέπει, οὐδὲ γὰρ ὁ μυθευόμενος Λυγκεύς, ὅσον ὁ δράκων ; Ὅθεν καὶ τὸ βλέπειν δρακεῖν λέγουσιν οἱ ποιηταί· τὸν δὲ ἀετὸν « καὶ ὑψόθ' ἐόντα οὐκ ἔλαθε πτώξ ». 4 Τίς δὲ ὀξυηκοώτερος γεράνων, αἳ ἀπὸ τοσούτων ἀκούουσιν ὅπως οὐδὲ ἀνθρώπων τις ὁρᾷ ; Τῇ μὲν γὰρ ὀσφρήσει τοσούτῳ πλεονεκτεῖ σχεδὸν πάντα τὰ ζῷα, ὡς ἐκείνοις προσπίπτειν τὰ ἡμᾶς λανθάνοντα, καὶ κατὰ γένος ἐπιγιγνώσκειν ἕκαστον ἤδη καὶ ἐξ ἴχνους ὀσφραινόμενα. Οἱ δὲ ἄνθρωποι ἡγεμόσι κυσὶ χρῶνται, εἰ δεῖ ἐλθεῖν ἐπὶ σῦν ἢ ἔλαφον. 5 Καὶ ἡμῶν μὲν ὀψὲ ἡ τοῦ ἀέρος κατάστασις ἅπτεται, τῶν δὲ ἄλλων ζῴων εὐθύς, ὡς τούτοις τεκμηρίοις χρῆσθαι τοῦ μέλλοντος. Τὴν δὲ τῶν χυμῶν διάκρισιν οὕτως οἶδεν, ὡς ἐξακριβοῦν καὶ τὰ νοσερὰ καὶ τὰ ὑγιεινὰ καὶ τὰ δηλητήρια, ὡς οὐδὲ

8. 3[4] Λυγκεύς ed. pr. : λυγγεύς codd. ‖ [5] ὑψόθ' ἐόντα restituit Nauck ex HOM. : ὑψόθεν ὄντα codd. ‖ 4[2] τοσούτων ... ὅπως codd. : τοσούτων ... ὅσων coni. Re., τοσούτου ... ὁπόσου coni. Ab. ‖ [7] εἰ He. : οἱ codd. ‖ δεῖ ἐλθεῖν Re. : διελθεῖν codd. ‖ 5[5] οὐδὲ ed. pr. : οὐδὲν codd.

mieux que ne le font nos médecins. 6 Et Aristote dit[1] que les êtres dont les sensations sont les plus vives, sont aussi les plus sensés. Sans doute la diversité des corps selon les êtres peut faire qu'ils soient facilement ou difficilement affectés, qu'ils disposent plus ou moins[2] de leur raison, mais elle ne peut changer l'âme dans son essence, dès lors qu'elle n'altère pas les sensations ni les affections de l'âme, et qu'elle ne les fait pas disparaître absolument. 7 Il faut donc admettre que la différence consiste dans le plus ou le moins, mais non pas dans la privation absolue ; ni dans le fait que l'un ait absolument tout et l'autre absolument rien. Mais de même qu'entre les membres d'une même famille l'un a plus de santé et l'autre moins, et que dans la maladie semblablement la différence est grande selon les naturels heureux ou déficients, de même parmi les âmes l'une est bonne, l'autre mauvaise ; et parmi les mauvaises[3] l'une l'est plus, l'autre moins. Les bonnes non plus ne le sont pas également : la « bonté » de Socrate n'est pas semblable à celle d'Aristote ni à celle de Platon, et entre ceux-là même dont la réputation est également grande, il n'y a pas de parité. 8 Si donc notre activité intellectuelle est supérieure à celle des animaux, nous ne devons pas pour cela leur enlever cette activité, pas plus qu'on ne dénie aux perdrix la faculté de voler, parce que les faucons volent mieux, et pas davantage aux faucons, parce que l'épervier vole mieux qu'eux et que tous les autres oiseaux. Sans doute peut-on admettre que l'âme ait une communauté d'affections avec le corps et qu'elle soit affectée sous son action suivant qu'il est bien ou mal disposé[4], mais nullement qu'elle transforme sa propre nature[5]. 9 Si l'âme n'a qu'une communauté d'affections avec le corps et si

1-3. Voir aux *Notes complémentaires*, p. 238.

4. Ainsi le philosophe stoïcien Cléanthe (chez Némésius, *De nat. hom.* p. 32 = *S.V.F.* I, 518) : « les affections de l'âme suivent (συμπάσχει) celles du corps malade ou blessé ». Voir d'autres témoignages *ap.* Ps. Plutarque, *Placita*, IV, 23, p. 131 Mau.

5. Sur cette question dans le néoplatonisme, cf. C. Steel, *The changing Self. A Study on the Soul in later Neoplatonism*, Bruxelles 1978, p. 95-116.

ἀνθρώπων οἱ ἰατροί. 6 Φρονιμώτερα δέ φησιν ὁ Ἀριστοτέλης εἶναι τὰ εὐαισθητότερα. Σωμάτων δὲ παραλλαγαὶ εὐπαθῆ μὲν ἢ δυσπαθῆ ποιῆσαι δύνανται καὶ μᾶλλον καὶ ἧττον πρόχειρον ἔχειν τὸν λόγον, κατ' οὐσίαν δὲ τὴν ψυχὴν ἐξαλλάττειν οὐ δύνανται, ὅπου γε οὐδὲ τὰς αἰσθήσεις οὐδὲ τὰ πάθη ἔτρεψαν, οὐδὲ τέλεον ἐκβεβηκυίας ἐποίησαν. 7 Ἐν οὖν | τῷ μᾶλλον καὶ ἧττον ἡ διαφορὰ συγχωρείσθω, οὐκ ἐν τῇ τελείᾳ στερήσει · οὐδ' ἐν τῷ καθάπαξ τὸ μὲν ἔχειν, τὸ δὲ μή · ἀλλ' ὡς ἐν ἑνὶ γένει τὸ μὲν [ὡς] ὑγιεινότερον σῶμά ἐστι, τὸ δὲ ἧττον, καὶ ἐπὶ νόσου ὁμοίως πολὺ τὸ διάφορον, ἔν τε εὐφυΐαις καὶ ἀφυΐαις, οὕτω καὶ ἐν ψυχαῖς ἣ μὲν ἀγαθή, ἣ δὲ φαύλη · καὶ τῆς φαύλης ἣ μὲν μᾶλλον, ἣ δὲ ἧττον · καὶ τῶν ἀγαθῶν οὐχ ἡ αὐτὴ ἰσότης, οὐδὲ ὁμοίως Σωκράτης ἀγαθὸς καὶ Ἀριστοτέλης καὶ Πλάτων, οὐδ' ἐν ὁμοδόξοις ἡ ταυτότης. 8 Οὐ τοίνυν οὐδ' εἰ μᾶλλον ἡμεῖς νοοῦμεν ἢ τὰ ζῷα, διὰ τοῦτο ἀφαιρετέον τῶν ζῴων τὸ νοεῖν, ὥσπερ οὐδὲ τὸ πέτεσθαι τοὺς πέρδικας, ὅτι μᾶλλον αὐτῶν ⟨οἱ⟩ ἱέρακες πέτονται, οὐδὲ τοὺς ἄλλους ἱέρακας, ὅτι καὶ τούτων καὶ τῶν ἄλλων ἁπάντων ὁ φασσοφόνος. Συμπάσχειν μὲν οὖν δοίη ἄν τις ψυχὴν σώματι καὶ πάσχειν τι πρὸς αὑτοῦ εὖ ἢ κακῶς διακειμένου, μεταβάλλειν δὲ τὴν αὑτῆς φύσιν οὐδαμῶς. 9 Εἰ δὲ συμπάσχει μόνον καὶ χρῆται αὐτῷ ὡς ὀργάνῳ,

8. 6[6] ἔτρεψαν ... ἐποίησαν Va. : -ψεν ... -σεν codd. || 7[3] alt. ὡς del. Re. || [6] τῆς φαύλης codd. : τῶν φαύλων coni. Nauck praue || 8[4] οἱ add. Nauck || [8] αὑτῆς Nauck : αὐτῆς codd.

elle ne s'en sert que comme d'un instrument[1], il se peut qu'elle accomplisse, par l'intermédiaire d'un corps organisé autrement que le nôtre, bien des actes qui nous sont impossibles et connaisse bien des affections, suivant les dispositions de ce corps ; elle ne peut toutefois changer sa propre nature.

9. 1 Il nous faut maintenant démontrer encore qu'il y a en eux une âme rationnelle et qu'ils ne manquent pas d'intelligence. 2 Et d'abord chaque animal connaît ses points faibles et ses points forts : attentif à garder les uns du danger, il se sert des autres ; ainsi la panthère combat avec ses crocs, le lion avec ses griffes et ses crocs, le cheval avec son sabot et le bœuf avec ses cornes, le coq avec son ergot et le scorpion avec son dard. Les serpents d'Égypte aveuglent les yeux de ceux qui les attaquent en crachant leur venin, d'où leur nom de « crache-venin »[2], et, par tel moyen ou par tel autre, tous les animaux assurent leur sauvegarde. 3 Ensuite tandis que certains, ce sont les forts, vivent loin des hommes, les faibles fuient la présence des bêtes sauvages plus fortes pour rechercher la compagnie des hommes, les uns d'un peu plus loin, comme les moineaux sur les toits et les hirondelles[3], les autres même en devenant familiers comme les chiens. 4 Émigrant au gré des saisons, les animaux n'ignorent rien de ce qui touche à leurs intérêts. Et l'on peut observer semblablement chez les poissons un tel raisonnement ainsi que chez les oiseaux. 5 Les anciens se sont attachés à réunir un grand nombre de ces faits dans leurs traités sur l'intelligence des animaux, et celui d'entre eux qui a apporté le plus de soin à cette étude, Aristote, affirmait que tous les animaux disposent leur <gîte> en fonction de leur subsistance et de leur sauvegarde[4].

1. Allusion à l'anthropologie du *Premier Alcibiade,* 129 e - 130 a, sur laquelle on consultera J. Pépin, *Idées grecques sur l'homme et sur Dieu,* Paris, 1971, p. 72 sq., 101 sq.

2-4. Voir aux *Notes complémentaires,* p. 238-239.

δράσειε μὲν ἂν δι' αὐτοῦ πολλά, ἀλλοίως ὀργανωμένου ἢ ὡς ἡμῖν, ὧν ἡμεῖς δρᾶν ἀδύνατοι, καὶ συμπάθοι ἄν πως διακειμένου, οὐ μέντοι τὴν αὑτῆς ἐξαλλάξειε φύσιν.

9. 1 Ὅτι τοίνυν καὶ λογικὴ ἐν αὐτοῖς ἐστι καὶ οὐκ ἀφῄρηται φρονήσεως ἐπιδεικτέον. 2 Πρῶτον μὲν ἕκαστον οἶδεν ᾗ τε ἀσθενές ἐστιν ᾗ τε ἰσχυρόν, καὶ τὰ μὲν φυλάττεται, τοῖς δὲ χρῆται, ὡς πάρδαλις μὲν ὀδοῦσιν, ὄνυξι δὲ λέων καὶ ὀδοῦσιν, ἵππος δὲ ὁπλῇ καὶ βοῦς κέρασι, |καὶ ἀλεκτρυὼν μὲν πλήκτρῳ, σκορπίος δὲ κέντρῳ · οἱ δ' ἐν Αἰγύπτῳ ὄφεις πτύσματι, ὅθεν καὶ πτυάδες καλοῦνται, [καὶ] τυφλοῦσι τὰς ὄψεις τῶν ἐπιόντων, ἄλλο δὲ ἄλλῳ χρῆται, σῷζον ἑαυτὸ ἕκαστον. 3 Πάλιν τὰ μὲν ἐκποδὼν νέμεται τῶν ἀνθρώπων, ὅσα ἰσχυρά · τὰ δὲ ἀγεννῆ ἐκποδὼν μὲν τῶν ἰσχυροτέρων θηρίων, τοὔμπαλιν δὲ μετὰ τῶν ἀνθρώπων · καὶ ἢ πορρωτέρωθεν, ὡς στρουθοὶ ἐν ὀροφαῖς καὶ χελιδόνες, ἢ καὶ συνανθρωποῦντα, ὡς οἱ κύνες. 4 Ἀμείβει δὲ καὶ τόπους κατὰ τὰς ὥρας, καὶ πᾶν ὅσον τὸ πρὸς τὸ συμφέρον οἶδεν. Ὁμοίως δ' ἄν τις καὶ ἐπὶ ἰχθύων ἴδοι τὸν τοιοῦτον λογισμὸν καὶ ἐπ' ὀρνίθων. 5 Ἃ δὴ ἐπὶ πλέον συνῆκται τοῖς παλαιοῖς ἐν τοῖς περὶ ζῴων φρονήσεως, τοῦ ταῦτα πολυπραγμονήσαντος ἐπὶ πλέον Ἀριστοτέλους λέγοντος πᾶσι τοῖς ζῴοις μεμηχανῆσθαι πρὸς τὸν βίον καὶ σωτηρίαν αὐτῶν τὴν ⟨οἴκησιν⟩.

8. 9[2] ὀργανωμένου codd. : ὠργαν- coni. Nauck || [4] αὑτῆς Nauck : αὐτῆς codd. || 9. 2[2] ᾗ τε ... ᾗ τε Ab. : εἴτε ... εἴτε ... codd. || [6] ὅθεν — καλοῦνται del. Nauck ut glossema || [7] καὶ del. He. || 3[1] ἐκποδὼν He. : ἐκ ποδῶν codd. || [4] πορρωτέρωθεν ego : πορρωτέρω μὲν codd. || 5[5] οἴκησιν add. ed. pr.

10. 1 Dire que ces qualités appartiennent aux animaux par nature, c'est dire, sans s'en rendre compte, qu'ils sont raisonnables par nature ou bien que la raison n'existe pas en nous par nature et qu'il n'est pas dans notre nature qu'elle atteigne la perfection. 2 En tout cas chez la divinité la raison ne saurait être non plus le fruit de l'instruction : il n'y a pas eu un moment où elle était dénuée de raison, mais être et être douée de raison allèrent de pair, sans qu'elle ait jamais été empêchée d'être raisonnable, car sa raison n'est pas une acquisition, fruit de l'apprentissage. 3 Cependant il en est du savoir des animaux comme de celui des hommes : la nature leur apprend presque tout, mais il s'y ajoute aussi l'apport de l'instruction, qu'ils apprennent les uns des autres ou, comme nous l'avons dit[1], des hommes. Et ils sont doués de la mémoire dont le rôle est justement primordial dans l'acquisition de la raison et de l'intelligence[2]. 4 Le vice et la jalousie existent aussi chez eux, même s'ils sont moins débordants que chez les hommes ; en effet, leur malice est moins grave que celle des hommes. Par exemple, un maçon ne s'aviserait pas de jeter les fondations[3] d'une maison en état d'ivresse, ni un constructeur de poser la quille d'un navire sans être en bonne santé, ni un cultivateur de planter une vigne sans y apporter toute son attention : tandis que les hommes entreprennent de procréer le plus souvent en état d'ivresse. 5 Il n'en va pas de même des animaux qui ne fécondent la femelle que dans le but d'en avoir des petits ; et pour la plupart, lorsqu'ils l'ont rendue féconde, ils n'entreprennent plus de la couvrir et elle ne le tolère pas[4]. On connaît assez jusqu'où vont les excès des hommes en ce domaine et leur licence. 6 Chez les animaux le compagnon connaît

1. Cf. *supra*, chap. 6, 5.

2. Sur le rôle de la mémoire dans la formation de l'intelligence, cf. ARISTOTE, *Met.*, A, 1, 981 b 21 sq.

3. Voir aux *Notes complémentaires*, p. 239.

4. Cf. PLUTARQUE, *Bruta ratione uti*, 7, 990 D : « ni la femelle fécondée n'accueille le mâle, ni le mâle ne tente plus de l'approcher ».

10. 1 Ὁ δὲ φύσει λέγων αὐτοῖς προσεῖναι ταῦτα ἀγνοεῖ λέγων ὅτι φύσει ἐστὶ λογικά, ἢ ὡς τοῦ λόγου μὴ φύσει ἐν ἡμῖν συνισταμένου, καὶ τῆς τελειώσεως μὴ καθὸ πεφύκαμεν τὴν αὔξησιν λαμβανούσης. 2 Τὸ μέν γε θεῖον οὐδὲ διὰ μαθήσεως λογικὸν γέγονεν· οὐ γὰρ ἦν ὅτε ἦν ἄλογον, ἀλλ' ἅμα τε ἦν καὶ λογικὸν ἦν, καὶ οὐ κεκώλυται εἶναι λογικόν, ὅτι οὐ διὰ διδασκαλίας ἀνέλαβε τὸν λόγον. 3 Καίτοι ἐπὶ τῶν ἄλλων ζῴων, καθάπερ ἐπὶ τῶν ἀνθρώπων, τὰ μὲν πολλὰ ἐν αὐτοῖς ἡ φύσις ἐδίδαξεν, τὰ δὲ ἤδη παρέσχε | καὶ ἡ μάθησις· διδάσκονται δὲ τὰ μὲν ὑπ' ἀλλήλων, τὰ δέ, ὡς ἔφαμεν, ὑπὸ ἀνθρώπων. Καὶ ἔχει γε μνήμην, ἥπερ εἰς ἀνάληψιν λογισμοῦ καὶ φρονήσεως ἐτύγχανεν οὖσα κυριωτάτη. 4 Εἰσὶ δὲ καὶ αἱ κακίαι καὶ οἱ φθόνοι ἐν αὐτοῖς, εἰ καὶ μὴ οὕτω κέχυνται ὥσπερ ἐν ἀνθρώποις· ἔστι γὰρ αὐτῶν ἡ κακία κουφοτέρα τῆς ἀνθρώπων. Αὐτίκα ἀνὴρ μὲν οἰκοδόμος οἰκίας θεμέλια οὐκ ἂν καταβάλοιτο μὴ νήφων, οὐδὲ ναυπηγὸς νεὼς τρόπιν μὴ ὑγιαίνων, οὐδὲ γεωργὸς ἄμπελον φυτεύσαι μὴ πρὸς τοῦτο τὸν νοῦν ἔχων· παιδοποιοῦνται δὲ σχεδὸν πάντες μεθύοντες. 5 Ἀλλ' οὐ τά γε ζῷα· ζῳογονεῖ δὲ τέκνων ἕνεκα, καὶ τὰ πλεῖστα, ὅταν ἐγκύμονα ποιήσῃ τὴν θήλειαν, οὔτε [μὲν] αὐτὰ ἐπιβαίνειν ἐπιχειρεῖ, οὔτε τὸ θῆλυ ἀνέχεται. Ἡ δὲ ὕβρις ὅση ἐν τούτοις ἡ ἀνθρώπειος καὶ ἀκολασία δήλη. 6 Οἶδε δὲ ἐπὶ τῶν ζῴων τὰς ὠδῖνας

10. 4[5] καταβάλοιτο Wyttenbach : καταβάλοι ὅτι codd. || [6] φυτεύσαι ed. pr. : φυτεῦσαι codd. || 5[3] μὲν del. nescio quis.

les douleurs de la parturition et très souvent, comme par exemple le coq, il les partage[1]. D'autres aident à l'incubation, comme par exemple la colombe mâle ; ils se soucient de prévoir le lieu où leurs compagnes mettront bas[2]. Après la parturition chaque animal nettoie son petit ainsi que lui-même. 7 L'observation montre que les animaux vont toujours en ordre et qu'ils se portent au-devant de celui qui les nourrit avec des manifestations de joie, sachant reconnaître leur maître et dénoncer l'homme malveillant[3].

11. 1 Qui ne sait quel respect de la justice envers autrui se rencontre chez les animaux qui vivent en société, chez chaque fourmi[4], chaque abeille et leurs semblables ? Qui n'a entendu parler de la fidélité de la pigeonne envers son compagnon, elle qui, si elle est trompée, cherche à faire périr l'adultère si elle le surprend[5], ou encore de la justice des cigognes pour leurs parents[6] ? 2 En chacun d'eux en effet se distingue une certaine vertu particulière à laquelle sa nature le dispose, sans que pour autant le caractère naturel et fixe de cette vertu empêche qu'ils soient raisonnables : voilà en effet ce qu'il faut réfuter si l'on tient que les actes de la vertu n'appartiennent pas aussi en propre à l'aptitude rationnelle[7]. 3 Et si nous ne comprenons pas le mode de cette activité, parce que nous ne pouvons pas pénétrer dans leur raisonnement, nous n'irons pas cependant les accuser d'être dénués de raison. Car Dieu non plus, nul ne peut s'insinuer dans son intellect : mais d'après les actes du soleil nous approuvons le sentiment de ceux qui en font un être doué d'intellect et de raison[8].

12. 1 On pourrait s'étonner que ceux qui font dériver la justice de la raison et traitent de sauvages et d'injustes les animaux qui ne vivent pas en notre société, n'étendent pourtant pas la justice jusqu'aux animaux qui vivent dans cette société. 2 En effet, de

1. Pour des faits comparables, cf. Élien, *Nat. anim.* IV, 29.
2-8. Voir aux *Notes complémentaires*, p. 239-240.

ὁ σύνοικος, καὶ συνωδίνει γε τὰ πολλά, ὥσπερ καὶ ἀλεκτρυόνες · τὰ δὲ καὶ συνεκλέπει, ὡς ταῖς περιστεραῖς οἱ ἄρρενες · καὶ τόπου προνοεῖ, οὗ μέλλουσι τίκτειν. Καὶ γεννῆσαν ἕκαστον ἐκκαθαίρει τὸ γεννώμενον καὶ ἑαυτό. 7 Παρατηρήσας δ' ἄν τις κατίδοι καὶ σὺν τάξει ἰόντα πάντα καὶ διαπαντῶντα μετὰ τοῦ σαίνειν τῷ τρέφοντι καὶ ἐπιγιγνώσκειν τὸν δεσπότην καὶ μηνύειν τὸν ἐπίβουλον.

11. 1 Τὰ δὲ συναγελαστικὰ ὅπως τηρεῖ τὸ δίκαιον τὸ πρὸς ἄλληλα, τίς ἀγνοεῖ ; τοῦτο μὲν μυρμήκων ἕκαστον, τοῦτο δὲ καὶ μελιττῶν | καὶ τῶν ὁμοίων. Τίς δὲ σωφροσύνης φαττῶν πρὸς τοὺς συνοίκους, αἳ καὶ μοιχευθεῖσαι ἀναιροῦσιν εἰ λάβοιεν τὸν μοιχεύσαντα, ἢ τῆς τῶν πελαργῶν δικαιοσύνης πρὸς τοὺς τεκόντας ἀνήκοος ; 2 Ἐξέχει γὰρ ἐν ἑκάστῳ ἰδία τις ἀρετὴ πρὸς ἣν πεφυσίωται, οὔτε τῆς φύσεως οὔτε τοῦ βεβαίου διὰ τοῦτο ἀφαιρουμένου αὐτῶν τὸ λογικόν · ἐκεῖνο γὰρ ἐλέγχειν δεῖ, εἰ μὴ τὰ ἔργα ἀρετῶν καὶ λογικῆς ἐντρεχείας οἰκεῖα. 3 Εἰ δὲ μὴ συνίεμεν πῶς πράττεται διὰ τὸ μὴ εἰσδύνειν αὐτῶν εἰς τὸν λογισμὸν δύνασθαι, οὐ μέντοι διὰ τοῦτο ἀλογίαν αὐτῶν κατηγορήσομεν. Οὐδὲ γὰρ θεοῦ τις εἰς τὸν νοῦν διαδῦναι δύναται · ἐκ δὲ τῶν ἔργων τοῦ ἡλίου συνῃνέσαμεν τοῖς νοερὸν καὶ λογικὸν αὐτὸν ἀποφηναμένοις.

12. 1 Θαυμάσειε δ' ἄν τις τοὺς τὴν δικαιοσύνην ἐκ τοῦ λογικοῦ συνιστάντας καὶ τὰ μὴ κοινωνοῦντα τῶν ζῴων ἄγρια καὶ ἄδικα λέγοντας, μηκέτι δὲ ἄχρι τῶν κοινωνούντων τὴν δικαιοσύνην ἐκτείνοντας. 2 [οἷς]

11. 1[4] σωφροσύνης Fo. : -σύνην codd. || [5] τῆς codd. : τις coni. Ab. || 3[5] ἡλίου codd. : θεοῦ coni. Va. || **12.** 1[3] τῶν Re. : τούτων codd. || 2[1] οἷς del. Va.

même que chez les hommes, si l'on détruit la société, c'en est fait de la vie, de même chez les animaux. Ainsi les oiseaux, les chiens, de nombreux quadrupèdes, comme la chèvre, le cheval, le mouton, l'âne, le mulet, loin de la société des hommes périssent[1]. 3 Et la nature qui les a créés les a établis dans le besoin des hommes et les hommes dans le besoin des animaux, inscrivant dans leur nature leur devoir de justice envers l'homme, et dans la nature de l'homme son devoir de justice envers eux. 4 Et s'il en est qui s'attaquent à l'homme, rien d'étonnant à cela : car il est vrai, selon le mot d'Aristote[2], que, si la nourriture était offerte à tous les animaux à profusion, ils ne seraient féroces ni entre eux ni avec nous, leurs haines et leurs amitiés n'étant que pour s'assurer la nourriture, encore que limitée au strict nécessaire, et l'espace vital[3]. 5 Et les hommes ? S'ils s'étaient trouvés ainsi réduits à la dernière extrémité comme le sont les animaux, combien ne seraient-ils pas devenus plus féroces encore que ceux qu'ils jugent féroces ? On l'a bien vu dans les guerres et les famines, quand ils n'évitaient pas même de se manger entre eux. Et sans qu'il soit besoin de guerre et de famine, ne mangent-ils pas les animaux doux et familiers ?

13. 1 Ils sont raisonnables, dira-t-on peut-être, mais ils n'ont pas de relation à nous. Et en vérité c'est parce que les animaux sont dénués de raison qu'ils supprimaient notre relation à eux ; et ils en faisaient des êtres dénués de raison, parce que <... et qu'> ils étaient de ceux qui font dépendre notre société avec eux du besoin et non de la raison. Mais notre propos était de montrer qu'ils sont raisonnables, non s'ils ont passé avec nous une convention : en effet, tous les

1. Voir aux *Notes complémentaires*, p. 240.

2. Cf. Aristote, *H.A.* IX, 1, 608 b 30 sq. et 610 a 33 sq. : « s'ils avaient profusion de nourriture, ils seraient doux envers les hommes... et entre eux », et : αἱ μὲν οὖν φιλίαι καὶ οἱ πόλεμοι τοῖς θηρίοις διὰ τὰς τροφάς.

3. Cf. *ibid.* : « les animaux qui occupent les mêmes lieux et vivent des mêmes ressources se font la guerre ».

Καθάπερ γὰρ ἐπὶ τῶν ἀνθρώπων οἴχεται τὸ ζῆν ἀρθείσης τῆς κοινωνίας, οὕτω κἀκείνοις. Ὄρνιθες γοῦν καὶ κύνες καὶ πολλὰ τῶν τετραπόδων, οἷον αἶγες, ἵπποι, πρόβατα, ὄνοι, ἡμίονοι, τῆς μετὰ ἀνθρώπων κοινωνίας ἀφαιρεθέντα ἔρρει. 3 Καὶ ἡ δημιουργήσασα αὐτὰ φύσις ἐν χρείᾳ τῶν ἀνθρώπων κατέστησε τούς τε ἀνθρώπους εἰς τὸ χρῄζειν αὐτῶν, τὸ δίκαιον ἔμφυτον αὐτοῖς τε πρὸς ἡμᾶς καὶ ἡμῖν πρὸς αὐτὰ κατασκευάσασα. 4 Εἰ δέ τινα πρὸς ἀνθρώπους ἀγριαίνει, θαυμαστὸν οὐδέν· ἀληθὲς γὰρ ἦν τὸ τοῦ Ἀριστοτέ|λους, ὡς ἀφθονίαν εἰ τῆς τροφῆς πάντα ἐκέκτητο, οὔτ' ἂν πρὸς ἄλληλα οὔτε πρὸς ἀνθρώπους ἔσχεν ἂν ἀγρίως· ταύτης γὰρ χάριν, καίτοι ἀναγκαίας καὶ εὐτελοῦς οὔσης, αἵ τε ἔχθραι καὶ αἱ φιλίαι αὐτοῖς, καὶ τοῦ τόπου ἕνεκα. 5 Ἄνθρωποι δὲ εἰ οὕτως εἰς στενὸν κομιδῇ κατεκέκλειντο ὡς τὰ ζῷα, πόσῳ ἂν ἀγριώτεροι καὶ τῶν δοκούντων ἀγρίων ἐγένοντο; Διέδειξε δὲ καὶ ὁ πόλεμος καὶ λιμός, ὅπου οὐδὲ γεύσασθαι φείδονται ἀλλήλων· καὶ ἄνευ γε πολέμου καὶ λιμοῦ τὰ σύντροφα καὶ ἥμερα τῶν ζῴων κατεσθίουσιν.

13. 1 Ἀλλὰ φαίη τις ἂν ὅτι ἐστὶ μὲν λογικά, οὐκ ἔχει δὲ πρὸς ἡμᾶς τινα σχέσιν. Καὶ μὴν διὰ τὸ ἄλογα εἶναι ἀφῄρουν τὴν πρὸς αὐτὰ σχέσιν· ἐποίουν ⟨δ'⟩ ἄλογα, ἐπεὶ τὰ ⟨...⟩ ἐκ τῆς χρείας ἦν ἀναπτόντων τὴν πρὸς αὐτὰ κοινωνίαν, οὐκ ἐκ τοῦ λόγου· ἡμῖν δὲ εἰ λογικὰ προύκειτο δεῖξαι, οὐκ εἰ συνθήκας πρὸς ἡμᾶς πεποίηται· ἐπεὶ καὶ

12. 3[1] ἐν χρείᾳ ed. pr. : ἐχροίᾳ codd. || 4[5] ἔσχεν He. : ἔσχον codd. || **13.** 1[3] δ' addidi || [4] post ἐπεὶ τὰ lacunam posui.

hommes n'ont pas passé de convention avec nous, et cependant nul ne dira qu'un homme qui n'a pas passé de convention est dénué de raison[1]. 2 Au demeurant les animaux sont pour la plupart des esclaves de l'homme et en même temps, comme quelqu'un l'a justement dit[2], réduits en esclavage par l'ignorance des hommes ; cependant, à force de sagesse et de justice, ils ont fait de leurs maîtres des serviteurs pleins de sollicitude ; et puis leurs vices sont évidents, et c'est par là que se manifeste le mieux leur raison[3] : ils connaissent les jalousies et les rivalités au sujet des femelles et de même les femelles au sujet des mâles. 3 Mais un seul vice leur est inconnu, la malveillance pour qui leur témoigne de l'amitié : ils y répondent chaque fois par une totale amitié. Et si grande est leur confiance envers l'homme bienveillant qu'ils le suivent où qu'il les conduise, fût-ce au sacrifice ou à un danger manifeste ; et, bien que ce ne soit pas pour eux mais pour soi qu'on les nourrit, ils ont de l'amitié pour leur maître. Il n'est personne, au contraire, contre qui les hommes ourdissent autant de complots que contre celui qui les nourrit, personne dont ils souhaitent autant la mort.

14. 1 Ils mettent tant de raison dans leurs actes que, s'ils se laissent entraîner par l'intempérance et la faim à s'approcher d'un appât, ils ne laissent pas de flairer le piège : tel n'approche qu'en biaisant, tel autre hésite à plusieurs reprises et tente la possibilité d'enlever la nourriture sans se faire prendre[4], et bien souvent, la raison venant à dominer le penchant, ils renoncent ; quelques-uns vont jusqu'à insulter le piège dressé par l'homme en le compissant. D'autres enfin par gourmandise, tout en sachant qu'ils seront pris, choisissent de manger, comme le firent les compagnons d'Ulysse, quittes à risquer la mort[5].

1. Reprise des objections faites *supra* I, 12, 5-6 ; en particulier, pour συνθήκη (13, 1), cf. *supra* I, 12, 5.
2. Nous ne sommes pas parvenu à identifier cet auteur.
3-5. Voir aux *Notes complémentaires*, p. 240.

τῶν ἀνθρώπων οὐ πᾶς ἡμῖν συντίθεται, καὶ οὐδεὶς τὸν μὴ συνθέμενον εἴποι ἂν ἄλογον. 2 Καίτοι τὰ πολλὰ καὶ ἐδούλευσεν ἀνθρώποις καί, ὡς ἔφη τις λέγων ὀρθῶς, [ὡς] δουλεύοντα ὑπ' ἀγνωμοσύνης ἀνθρώπων ὅμως ὑπὸ σοφίας καὶ δικαιοσύνης τοὺς δεσπότας ὑπηρέτας καὶ ἐπιμελητὰς αὑτῶν πεποίηται. Αἵ γε μὴν κακίαι αὐτῶν πρόδηλοι, ἐξ ὧν μάλιστα τὸ λογικὸν διαφαίνεται· καὶ γὰρ φθονοῦσι καὶ ζηλοτυποῦσιν ὑπὲρ τῶν θηλειῶν, αἵ τε θήλειαι ὑπὲρ τῶν ἀρρένων. 3 Μία δὲ αὐτοῖς κακία οὐχ ὑπάρχει, ἐπιβουλὴ τῷ εὐνοοῦντι, ἀλλὰ πᾶσα εὔνοια παντὶ οὖσα τυγχάνει· καὶ τοσοῦτον τῷ εὐνοοῦντι | θαρρεῖ, ὡς ἕπεσθαι ᾗ ἂν ἄγῃ τις, κἂν ἐπὶ σφαγὴν καὶ προῦπτον κίνδυνον· κἂν γὰρ μὴ δι' αὑτά, δι' ἑαυτὸν δέ τις αὐτὰ τρέφῃ, εὐνοεῖ τῷ κεκτημένῳ. Ἄνθρωποι δὲ ἐπ' οὐδένα οὕτω συνίστανται ὡς ἐπὶ τὸν τρέφοντα, καὶ οὐδένα οὕτως ἀποθνῄσκειν εὔχονται ὡς τοῦτον.

14. 1 Οὕτω δ' ἐστὶ λογιστικὰ ὧν δρᾷ, ὥστε πολλάκις ἐπιστάμενα τὰ δελέατα ὅτι ἐπίβουλά ἐστι, δι' ἀκρασίαν πρόσεισιν ἢ διὰ λιμόν. Καὶ τὰ μὲν οὐκ εὐθέως προσῆλθεν, τὰ δὲ μέλλει καὶ πειρᾶται εἰ δύναται ἀφελεῖν τὴν τροφὴν ἄνευ τοῦ περιπεσεῖν, καὶ πολλάκις κρατήσαντος τοῦ λογισμοῦ τὸ πάθος ἀπέστη· ἔνια δὲ καὶ ἐνυβρίσαντα καὶ προσουρήσαντα τῷ σοφίσματι τῶν ἀνθρώπων· τὰ δὲ ὑπὸ λιχνείας, εἰδότα ὅτι ἁλώσεται, οὐ χεῖρον ἢ οἱ Ὀδυσσέως ἑταῖροι, περιεῖδε φαγόντα ἀποθανεῖν.

13. 2[3] ὡς del. Re. || [5] αὑτῶν Nauck : αὐτῶν codd. || 3[5] pr. αὐτά Nauck : ἑαυτὰ codd. || [7] ὡς Va. : ἢ codd., ᾗ coni. Ab.

2 Certains ont justement tenté de montrer, d'après le lieu de séjour échu à chaque espèce, que bien des animaux sont plus sensés que nous. En effet, de même que les êtres qui habitent l'éther sont doués de raison, de même, disent-ils, ceux qui habitent le séjour immédiatement voisin, tels ceux de l'air, puis, avec une différence, ceux de l'eau, puis de même ceux qui vivent sur la terre : or nous habitons la plus basse région. Car nous ne pouvons pas conclure à la supériorité des dieux d'après le lieu de leur séjour, sans appliquer aussi aux mortels semblable critère[1].

15. 1 Et du moment que les animaux acquièrent des arts, et des arts propres aux hommes, — ils apprennent à danser, à tenir les rênes[2], à lutter dans un combat singulier, à marcher sur un fil, et puis encore à écrire et à lire, à jouer de la flûte et de la cithare, à tirer à l'arc et à aller à cheval[3] —, iras-tu encore contester qu'ils ont ce qui va recevoir, quand tu vois en eux ce qu'ils ont reçu ? 2 Où le reçoivent-ils, si la raison en qui les arts se réalisent n'est pas là antérieurement ? Car non seulement ils n'entendent pas notre langage comme un bruit confus, mais ils perçoivent la différence entre les signes, ce qui ne peut venir que d'une intelligence raisonnable[4]. 3 Mais, disent-ils, ils sont malhabiles à ces activités humaines. — Mais les hommes non plus n'y sont pas tous habiles : sinon les concours n'auraient pas de sens ni pour les gagnants ni pour les perdants. 4 — Mais, disent-ils, ils ne délibèrent pas, ne tiennent pas assemblée, ne rendent pas la justice. — Tous les hommes, dis-moi, le font-ils donc ? Beaucoup ne passent-ils pas aux actes avant de délibérer ? Et comment pourrait-on démontrer qu'ils ne délibèrent pas ? Nul n'en peut fournir un indice, tandis que les études particulières qu'on a faites sur les animaux

1-3. Voir aux *Notes complémentaires*, p. 240-241.
4. Cf. *supra*, 6. 1.

2 Οὐ κακῶς δέ τινες κἀκ τῶν τόπων πεπείρανται πολλὰ δεικνύναι μᾶλλον ἡμῶν ἐμφρονέστερα, ὧν εἴληχεν. Ὡς γὰρ τὰ κατὰ τὸν αἰθέρα οἰκοῦντά ἐστι λογικά, οὕτω φασὶ τὰ μετ' ἐκεῖνον εὐθέως τὸ πλησιάζον οἰκοῦντα, ὁποῖα τὰ ἐν ἀέρι, εἶτα τὰ ἔνυδρα διαφέρειν, εἶθ' οὕτω τὰ ἐπίγεια· ὧν ἡμεῖς τὴν ὑποστάθμην οἰκοῦμεν· οὐ γὰρ δὴ ἐπὶ μὲν τῶν θεῶν κἀκ τοῦ τόπου τὸ κρεῖττον συλλογιζόμεθα, οὐχὶ δὲ καὶ ἐπὶ τῶν θνητῶν τὸ ὅμοιον θήσομεν.

15. 1 Ὅταν δὲ καὶ τέχνας ἀναλαμβάνῃ καὶ ταύτας ἀνθρωπίνας, ὀρχεῖσθαι μανθάνοντα καὶ ἡνιοχεῖν μονομαχεῖν τε καὶ καλοβατεῖν, ἤδη δὲ καὶ γράφειν καὶ ἀναγιγνώσκειν | αὐλεῖν τε καὶ κιθαρίζειν καὶ τοξεύειν καὶ ἱππεύειν, ἔτι ἀμφισβητήσεις εἰ τὸ δεξόμενον ἔχει, τοῦ παραδεχθέντος ἐν αὐτοῖς θεωρουμένου ; 2 Ποῦ γὰρ δέχεται, εἰ μὴ ὁ λόγος ὑπῆν ἐν ᾧ συνίστανται αἱ τέχναι ; Οὐδὲ γὰρ ὡς ψόφου τῆς φωνῆς ἡμῶν ἀκούει, ἀλλὰ καὶ τῶν σημείων τῆς διαφορᾶς ἐστιν αὐτοῖς ἐπαίσθησις, ἥτις δὴ ἐκ συνέσεως λογικῆς παραγίγνεται. 3 Ἀλλὰ κακῶς, φασί, ποιεῖ τὰ ἀνθρωπικά. Οὐδὲ γὰρ ἄνθρωποι πάντες καλῶς· ἢ μάτην ἂν ἀγῶνα καὶ νικῶντες ἦσαν καὶ ἡττώμενοι. 4 Ἀλλ' οὐδὲ βουλεύονται, φασίν, οὐδ' ἐκκλησιάζουσιν οὐδὲ δικάζουσιν. Οἱ γὰρ ἄνθρωποι, εἰπέ μοι, πάντες ; οὐχὶ δὲ πολλοῖς, πρὶν βουλεύσωνται, αἱ πράξεις ; Πόθεν δὲ καὶ ἐπιδείξειεν ἄν τις ὅτι οὐ βουλεύονται ; Τούτου μὲν γὰρ τεκμήριον οὐδεὶς εἰπεῖν ἔχει, τοῦ δ' ἐναντίου οἱ κατὰ μέρος περὶ τῶν ζῴων συγγράψαντες ἔδειξαν.

14. 2[2] uerba ὧν εἴληχεν post τῶν τόπων [2[1]] traiecit He. || **15.** 2[5] δὴ Nauck : ἤδη codd. || 3[2] φασί Va. : φησί codd. || 4[1] οὐδὲ codd. : οὐ coni. Nauck || [2] οἱ codd. : ἢ coni. Ab. || [3] βουλεύσωνται Re. : -σονται codd.

démontrent le contraire. 5 Quant aux autres objections que l'on débite contre eux[1], ce sont autant de vieilleries : « ils n'ont pas de villes », dit-on. — Mais les Scythes n'en ont pas non plus, dirai-je, eux qui vivent dans des chariots[2], ni les dieux. Ils disent encore : « il n'y a pas de lois écrites chez les animaux ». — Mais les hommes n'en eurent pas non plus tant qu'a duré leur bonheur[3]. C'est Apis[4], dit-on, qui le premier institua des lois en Grèce, quand le besoin s'en fit sentir.

16. 1 C'est donc par gloutonnerie que les hommes refusent la raison aux animaux : mais les dieux et les hommes divins les respectent autant que les suppliants. 2 Ainsi dans un oracle, le dieu a révélé à Aristodicos de Cymé[5] que les moineaux étaient ses suppliants. Socrate jurait par les animaux et, avant lui, Rhadamanthe[6]. 3 Les Égyptiens en ont fait des dieux[7] : ou bien ils les regardaient vraiment comme tels, ou bien ils les représentaient à dessein sous les traits d'un bœuf, d'un oiseau et des autres animaux, afin qu'on s'abstînt de manger la chair de ces animaux tout autant que celle des hommes, ou pour toute autre raison plus mystérieuse[8]. 4 Pareillement les Grecs[9] ont mis à la statue de Zeus des cornes de bélier[10], des cornes de taureau à celle de Dionysos[11] ; quant à Pan ils l'ont formé d'un homme et d'un bouc[12]. Les Muses et les Sirènes ont reçu des ailes, ainsi que Nikè, Iris, Éros et Hermès. 5 Lorsque dans les chants de procession de Pindare les dieux s'enfuient poursuivis par Typhon, le poète les peint tous non pas à la ressemblance des hommes, mais à celle des autres animaux[13] ; on dit aussi que Zeus, épris d'amour, se fit <tantôt> taureau, tantôt aigle ou cygne ; par ces récits les anciens voulaient indiquer le respect qu'on doit aux animaux ; et ils l'indiquaient mieux encore par le récit qui attribue à Zeus une

1. Voir aux *Notes complémentaires*, p. 241.
2. Cf. Hérodote, IV, 46 et 121.
3-13. Voir aux *Notes complémentaires*, p. 241-242.

5 Λοιπὸν δὲ τὰ ἄλλα ἕωλα, ὅσα κατ᾿ αὐτῶν ῥητορεύεται · οἷον ὅτι πόλεις αὐτοῖς οὔκ εἰσιν · οὐδὲ γὰρ τοῖς ἁμαξοβίοις Σκύθαις, φήσω, οὐδὲ τοῖς θεοῖς. Οὐδὲ νόμοι γραπτοί, φασί, παρὰ τοῖς ζῴοις · οὐδὲ γὰρ παρὰ ἀνθρώποις, ἄχρις εὐδαιμόνουν. Ἆπις δὲ λέγεται πρῶτος νομοθετῆσαι παρ᾿ Ἕλλησιν, ὅτε ἐδεήθησαν.

16. 1 Ἀνθρώποις μὲν οὖν διὰ τὴν λαιμαργίαν οὐ δοκεῖ λόγον ἔχειν τὰ ζῷα · θεοῖς δὲ καὶ θείοις ἀνδράσιν ἐξ ἴσου τοῖς [ἱεροῖς] ἱκέταις τετίμηται. 2 Καὶ χρῶν γε ὁ θεὸς Ἀριστοδίκῳ τῷ Κυμαίῳ ἱκέτας τοὺς στρουθοὺς | αὐτοῦ ἔφη εἶναι. Σωκράτης δὲ καὶ ὤμνυεν κατ᾿ αὐτῶν, καὶ ἔτι πρὸ αὐτοῦ Ῥαδάμανθυς. 3 Αἰγύπτιοι δὲ καὶ θεοὺς ἐνόμισαν, εἴτε ὄντως θεοὺς ἡγούμενοι, εἴτε ἐξεπίτηδες τὰ τῶν θεῶν εἴδη βοοπρόσωπα καὶ ὀρνιθοπρόσωπα καὶ τῶν ἄλλων ποιοῦντες, ὅπως [ἐξ] αὐτῶν ἐξ ἴσου καὶ τῶν ἀνθρώπων ἀπέχοιντο, εἴτε καὶ δι᾿ ἄλλας αἰτίας μυστικωτέρας. 4 Οὕτω δὴ καὶ οἱ Ἕλληνες τῷ μὲν τοῦ Διὸς ἀγάλματι κριοῦ προσῆψαν κέρατα, ταύρου δὲ τῷ Διονύσου · τὸν δὲ Πᾶνα ἐξ ἀνθρώπου καὶ αἰγὸς συνέθηκαν, τὰς δὲ Μούσας ἐπτέρωσαν καὶ τὰς Σειρῆνας, κατὰ τὰ αὐτὰ δὲ τήν τε Νίκην καὶ τὴν Ἶριν καὶ τὸν Ἔρωτα καὶ τὸν Ἑρμῆν. 5 Πίνδαρος δὲ ἐν προσοδίοις πάντας τοὺς θεοὺς ἐποίησεν, ὅποτε ὑπὸ Τυφῶνος ἐδιώκοντο, οὐκ ἀνθρώποις ὁμοιωθέντας, ἀλλὰ τοῖς ἄλλοις ζῴοις · ἐρασθέντα δέ φασι Δία γενέσθαι ⟨νῦν⟩ μὲν ταῦρον, νῦν δὲ ἀετὸν καὶ κύκνον. Δι᾿ ὧν τὴν πρὸς τὰ ζῷα τιμὴν οἱ παλαιοὶ ἐνεδείκνυντο · καὶ ἔτι

15. 5[3] φήσω del. He. || **16.** 1[3] ἱεροῖς del. He. || 2[2] αὐτοῦ ed. pr. : αὔτου codd. || 3[4] pr. ἐξ del. Ab. et Re. || 5[3] φασι Bergk : πασιφάης codd. || [4] νῦν add. Ab.

chèvre pour nourrice[1]. 6 En Crète une loi de Rhadamanthe obligeait à jurer par tous les animaux[2]. Ce n'était pas par jeu que Socrate jurait par le chien et par l'oie[3], mais à l'exemple du fils de Zeus et de Diké[4], ni par jeu qu'il appelait les cygnes des compagnons attachés au même service que lui[5]. 7 Le mythe encore fait entendre que les animaux ont la même âme que la nôtre : les dieux en colère les changèrent d'hommes en animaux, mais ils leur gardent depuis de la pitié et de l'amitié. Telles sont les légendes qu'on raconte sur les dauphins, les alcyons, les rossignols et les hirondelles[6].

17. 1 Il n'est pas d'ancien ayant eu le bonheur d'être nourri par un animal, qui n'ait fait sonner plus haut que celui de son père le nom de sa nourrice, louve ou biche, chèvre ou abeille, colombes pour Sémiramis, chienne pour Cyrus, cygne pour un Thrace qui en porta même le nom[7]. 2 De là viennent aussi les éponymes de certains dieux, Dionysos Eiraphiôtès, Apollon Lykéios et Delphinios, Poséidon Hippios et Athéna Hippia[8]. On se rend Hécate plus propice en l'invoquant sous le nom de taureau, de chien, de lionne[9]. 3 Et si c'est en quelque sorte pour s'excuser du crime de manger les animaux offerts en sacrifice qu'ils en font des êtres dénués de raison, pourquoi les Scythes qui mangent leurs parents[10] n'en diraient-ils pas autant de ceux-ci?

18. 1 Ces faits et d'autres que nous allons maintenant rappeler en passant en revue les écrits des Anciens, montrent que les animaux sont des êtres raisonnables, et, si la raison chez la plupart d'entre eux est imparfaite, il reste qu'ils n'en sont pas totalement privés.

1. Zeus se transforma en taureau pour séduire et enlever Europe (cf. Apoll. *Bibl.* III, 1, 1) ; en cygne pour enlever Léda avec laquelle il engendra Pollux et Hélène (III, 10, 7) ; en aigle pour enlever Ganymède (III, 12, 2). Enfin il a eu pour nourrice, en Crète, la chèvre Amalthée (III, 1, 7).

2-10. Voir aux *Notes complémentaires*, p. 242-243.

μᾶλλον, ὅταν τὸν Δία θρέψαι λέγωσιν αἶγα. 6 Κρησὶ δὲ νόμος ἦν Ῥαδαμάνθυος ὅρκον ἐπάγεσθαι πάντα τὰ ζῷα. Οὐδὲ Σωκράτης τὸν κύνα καὶ τὸν χῆνα ὀμνὺς ἔπαιζεν, ἀλλὰ κατὰ τὸν τοῦ Διὸς καὶ Δίκης παῖδα ἐποιεῖτο τὸν ὅρκον, οὐδὲ παίζων ὁμοδούλους αὑτοῦ ἔλεγε τοὺς κύκνους. 7 Αἰνίσσεται δὲ καὶ ὁ μῦθος ὡς | ὁμόψυχά ἐστιν ἡμῖν, καὶ χόλῳ μὲν θεῶν μεταβαλεῖν ἐξ ἀνθρώπων εἰς ζῷα, μεταβαλόντας δὲ λοιπὸν ἐλεεῖσθαι καὶ φιλεῖσθαι. Τοιαῦτα γὰρ τὰ περὶ δελφίνων λεγόμενα καὶ τὰ περὶ ἀλκυόνων ἀηδόνων τε καὶ χελιδόνων.

17. 1 Αὐχεῖ δὲ καὶ τῶν παλαιῶν ἕκαστος, ὅστις εὐτύχησε τῆς ἐκ τῶν ζῴων ἀνατροφῆς, οὐχ οὕτω τοὺς πατέρας ὡς τοὺς ἀναθρεψαμένους, [ὡς] ὃ μὲν λύκαιναν, ὃ δὲ ἔλαφον, ἄλλος αἶγα, ἄλλος μέλιτταν, Σεμίραμις δὲ τὰς περιστεράς, Κῦρος δὲ κύνα, κύκνον δὲ Θρᾷξ, καὶ τοὔνομα τοῦ θρέψαντος ἔφερεν. 2 Ὅθεν καὶ θεοῖς ἐπωνυμίαι, Διονύσῳ μὲν εἰραφιώτης, Ἀπόλλωνι δὲ λύκειος καὶ δελφίνιος, Ποσειδῶνι δὲ ἵππιος, καὶ Ἀθηνᾷ ἱππία. Ἡ δ' Ἑκάτη ταῦρος, κύων, λέαινα ἀκούουσα μᾶλλον ὑπακούει. 3 Εἰ δ' ὅτι θύοντες αὐτὰ κατεσθίουσι, διὰ τοῦτο ὥσπερ αὑτοὺς παραμυθούμενοι ἄλογα λέγουσιν, εἴποιεν ἂν καὶ οἱ τοὺς πατέρας ἑστιώμενοι Σκύθαι ἀλόγους εἶναι τοὺς πατέρας.

18. 1 Διὰ μὲν τούτων καὶ ἄλλων, ὧν ἑξῆς μνησθησόμεθα τὰ τῶν παλαιῶν ἐπιτρέχοντες, δείκνυται λογικὰ ὄντα τὰ ζῷα, τοῦ λόγου ἐν τοῖς πλείστοις ἀτελοῦς μὲν ὄντος, οὐ μὴν παντελῶς ἐστερημένου. Τῆς δὲ δικαιοσύνης πρὸς

16. 6[4] Δίκης Re. : δίκαιον codd. || [5] αὑτοῦ ed. pr. : αὐτοῦ codd. || **17.** 1[2] τῶν del. Nauck || [3] alt. ὡς del. He. || [5] τὰς del. prop. Nauck || ante καὶ uerb. ὃς add. prop. Nauck || 3[2] αὑτοὺς He. : αὐτοὺς codd.

Et si, au dire même de nos adversaires[1], la justice s'applique aux êtres raisonnables, comment n'aurions-nous pas aussi des devoirs de justice envers les animaux ? 2 En effet nous n'étendrons pas jusqu'aux plantes le devoir de justice[2] : elles montrent avec la raison une grande incompatibilité[3]. Cependant, là encore, nous usons des fruits en nous gardant bien de couper[4] l'arbre avec les fruits, et nous ne recueillons les graines des céréales et des légumineuses que lorsqu'elles se sont desséchées et qu'elles tombent mortes sur le sol, au lieu que nul ne porterait à sa bouche de la chair d'animal crevé, exception faite pour les poissons et encore les faisons-nous périr de mort violente : tant est grande notre injustice pour les animaux.

Arguments des Stoïciens et des Péripatéticiens tirés de Plutarque, et réponse

3 Et pour commencer, comme le dit aussi Plutarque[5], le besoin qu'a notre nature et l'usage qu'elle fait de certaines choses, ne font nullement que l'injustice doive se donner libre carrière et s'étendre à tout. Il accorde sans doute et permet, pour satisfaire aux besoins nécessaires, de causer un dommage limité — pour autant qu'il y ait dommage à retirer du profit des plantes tout en les laissant vivre ; mais faire mourir autrui et le détruire gratuitement[6] et pour le plaisir a toujours été le comble de la sauvagerie et de l'injustice[7]. 4 D'ailleurs l'abstinence de la chair des animaux ne nous empêche ni de vivre ni de bien vivre[8]. Si c'était en effet comme pour l'air et l'eau, les plantes et les fruits, sans lesquels nous ne saurions vivre, que nous ayons besoin pour subsister de tuer les animaux et de manger leur chair, notre nature se trouverait impliquée nécessairement dans cette injustice. Mais si beaucoup

1-6. Voir aux *Notes complémentaires*, p. 243-244.

7. Comme le remarque F. H. Sandbach (éd. cit., p. 119), les première lignes de l'extrait de Plutarque paraissent être un condensé plutôt qu'une citation littérale.

8. Ζῆν / εὖ ζῆν, distinction déjà bien connue de Platon : cf. *Rép.* I, 329 a 9 ; 354 a 1 ; *Lois,* VIII, 829 a 1.

τὰ λογικὰ οὔσης, καθάπερ φασὶν οἱ ἀντιλέγοντες, πῶς οὐχὶ καὶ πρὸς ταῦτα εἴη ἂν ἡμῖν τὸ δίκαιον ; 2 Οὐ γὰρ καὶ πρὸς τὰ φυτὰ παρατενοῦμεν τὸ τῆς δικαιοσύνης διὰ τὸ φαίνεσθαι πολὺ τὸ πρὸς τὸν λόγον ἀσύγκλωστον · καίτοι κἀνταῦθα τοῖς καρποῖς χρῆσθαι εἰώθαμεν, οὐ μὴν σὺν τοῖς καρποῖς κατακόπτειν καὶ τὰ | πρέμνα, τὸν δὲ σιτικὸν καρπὸν καὶ τὸν τῶν χεδροπῶν αὐανθέντα καὶ εἰς γῆν πίπτοντα καὶ τεθνηκότα συλλέγομεν, ζῴων δὲ τὰ θνησείδια, πλὴν τῶν ἰχθύων, ἃ καὶ αὐτὰ βίᾳ ἀναιροῦμεν, οὐκ ἄν τις προσενέγκαιτο · ὥστε πολὺ τὸ ἄδικον ἐν τούτοις.

3 Ἀρχὴν δέ, ὡς καὶ Πλούταρχός φησιν, οὐκ ἐπεὶ δεῖταί τινων ἡμῶν ἡ φύσις καὶ χρώμεθα τούτοις, ἤδη ἐπὶ πᾶν προακτέον καὶ πρὸς πάντα τὴν ἀδικίαν. Δίδωσι μὲν γὰρ καὶ παρέχει τοῖς ἀναγκαίοις τὴν ἄχρι τινὸς βλάβην, (εἴ γε βλάβη τὸ λαμβάνειν τι παρὰ τῶν φυτῶν, καίτοι ζώντων μενόντων) · τὸ δ' ἐκ περιουσίας καὶ πρὸς ἡδονὴν ἀπολλύειν ἕτερα καὶ φθείρειν τῆς παντελοῦς ἦν ἀγριότητος καὶ ἀδικίας. 4 Καὶ ἡ τούτων ἀποχὴ οὔτε πρὸς τὸ ζῆν οὔτε πρὸς τὸ εὖ ζῆν ἡμᾶς ἠλάττου. Εἰ μὲν γὰρ ὡς ἀέρος καὶ ὕδατος φυτῶν τε καὶ καρπῶν, ὧν ἄνευ ζῆν ἀδύνατόν ἐστιν, οὕτω φόνου ζῴων καὶ βρώσεως σαρκῶν ἐτυγχάνομεν δεόμενοι πρὸς τὸν βίον, ἀναγκαίαν ἡ φύσις συμπλοκὴν εἶχεν ἂν πρὸς ταύτην τὴν ἀδικίαν · εἰ δὲ πολλοὶ μὲν

18. 3^{7} ἀπολλύειν Re. : ἀπολαύειν codd.

de prêtres des dieux, beaucoup de rois de peuples barbares qui veulent se garder purs, d'innombrables espèces d'animaux parviennent, sans toucher du tout à une telle nourriture, à vivre et à atteindre la fin conforme à leur nature, ne faut-il pas être un insensé[1], à supposer que nous soyons dans la nécessité de faire la guerre à certains animaux, pour proscrire les rapports pacifiques avec ceux-là même qui s'y prêtent, ne laissant d'autre alternative que de ne respecter la justice envers aucun et ainsi pouvoir vivre, ou de la respecter envers tous et renoncer à vivre ? 5 De même donc que chez les hommes, si l'on a en vue son propre salut, celui de ses enfants ou de sa patrie, la nécessité excuse l'injustice du vol commis contre des particuliers, ou celle du pillage d'une région et d'une ville, tandis que de tels actes, commis pour la richesse ou la satiété ou pour raffiner sur ses plaisirs et se procurer l'assouvissement de désirs nullement nécessaires, paraissent être le fait d'un sauvage, d'un intempérant et d'un pervers, — de même les dommages causés aux plantes, l'emploi du feu et des eaux de source, la tonte et la traite des brebis[2], le dressage des bœufs mis sous le joug, Dieu les pardonne à qui en use pour sa sauvegarde et sa conservation, tandis que conduire des animaux à la boucherie et, soûl de meurtre, les faire cuire, non pas pour s'en nourrir et s'en rassasier, mais afin d'y trouver son plaisir et d'en repaître sa gloutonnerie, il n'y a pas de nom pour désigner un tel forfait et un tel crime. 6 C'est assez en effet que nous mettions à la tâche et à la peine pour notre usage des animaux qui n'ont aucun besoin de travailler, et que, après les avoir domptés et mis sous le joug, nous fassions

« des chevaux de bât, des baudets et des rejetons des taureaux »,

1. Rappel des arguments développés par les Stoïciens (cf. *D.A.* I, 4, 4) et les Épicuriens (cf. *ibid.*, I, 12, 5-6 et 14, 1-2) ; voir aussi Plutarque, *De soll. an.* 6, 964 A.
2. Cf. *D.A.* I, 21, 1 et III, 26, 12.

ἱερεῖς θεῶν, πολλοὶ δὲ βασιλεῖς βαρβάρων ἁγνεύοντες, ἄπειρα δὲ γένη ζῴων τὸ παράπαν οὐ θιγγάνοντα τῆς τοιαύτης τροφῆς ζῶσι καὶ τυγχάνουσι τοῦ κατὰ φύσιν τέλους, πῶς οὐκ ἔστιν ἄτοπος ὁ κελεύων, εἴ τισιν ἀναγκαζόμεθα πολεμεῖν, μηδὲ οἷς ἔξεστιν εἰρηνικῶς ὁμιλεῖν, ἀλλὰ ἢ πρὸς μηθὲν τῇ δικαιοσύνῃ χρωμένους ζῆν, ἢ πρὸς πάντα χρωμένους μὴ ζῆν ; 5 Ὥσπερ οὖν ἐπ' ἀνθρώπων ὁ μὲν αὑτοῦ σωτηρίας ἕνεκα καὶ παίδων καὶ πατρίδος ἢ χρήματά | τινων παραιρούμενος ἢ χώραν ἐπιτρίβων καὶ πόλιν ἔχει πρόσχημα τῆς ἀδικίας τὴν ἀνάγκην, ὅστις δὲ ταῦτα δρᾷ διὰ πλοῦτον ἢ κόρον ἢ ἡδονὰς τρυφώσας καὶ ἀποπληρώσεις οὐκ ἀναγκαίων ποριζόμενος ἐπιθυμιῶν, ἄμικτος εἶναι δοκεῖ καὶ ἀκρατὴς καὶ πονηρός, οὕτως τὰς μὲν εἰς φυτὰ βλάβας καὶ πυρὸς καὶ ναμάτων ἀναλώσεις κουράς τε προβάτων καὶ γάλα βοῶν τε ἐξημέρωσιν καὶ κατάζευξιν ἐπὶ σωτηρίᾳ καὶ διαμονῇ τοῖς χρωμένοις ὁ θεὸς δίδωσι συγγνώμων, ζῷα δὲ ὑπάγειν σφαγαῖς καὶ μαγειρεύειν ἀναπιμπλαμένους φόνου, μὴ τροφῆς ἢ πληρώσεως χάριν, ἀλλ' ἡδονῆς καὶ λαιμαργίας ποιουμένους τέλος, ὑπερφυῶς ὡς ἄνομον καὶ δεινόν. 6 Ἀρκεῖ γὰρ ὅτι μηδὲν πονεῖν δεομένοις χρώμεθα προκάμνουσι καὶ μοχθοῦσιν,

ἵππων ὄνων τ' ὀχεῖα καὶ ταύρων γονάς,

18. 4^{10-11} ἀναγκαζόμεθα prop. Nauck : ἀναγκαζοίμεθα codd. || 5^{2} αὑτοῦ He. : αὐτοῦ codd. || alt. καὶ He. : ἢ codd. || ^{4} ἔχει Va. : ἔχειν codd. || ^{11} συγγνώμων Duebner : συγγνώμην codd. || ^{14} ὑπερφυῶς Ab. : ὑπερφυὲς codd. || 6^{3} μοχθοῦσιν Re. : μόχθους codd. || ^{4} τ' ὀχεῖα Re. coll. Plut. *Mor.* 98 C, 964 F : τε ὀχεῖαν codd.

comme le dit Eschyle[1],

« des esclaves suppléants qui prennent la relève de nos travaux ».

19. 1 Et celui qui nous défend[2] de faire usage du bœuf pour notre nourriture, d'éteindre et de détruire un souffle vital pour servir de condiments à notre goinfrerie et d'ornement à notre table, quel bien nécessaire à notre sauvegarde ou utile à notre vertu enlève-t-il à notre vie ? 2 Cependant[3] mettre sur le même pied plantes et animaux, voilà qui est tout à fait forcé. La nature des uns en effet est de sentir, de souffrir, de craindre, de subir un dommage et donc aussi l'injustice. Les autres n'ont aucune sensation et donc rien qui leur soit inapproprié ou mauvais, un dommage ou une injustice. En effet toute « appropriation » et aversion a son principe dans la sensation. Or les disciples de Zénon posent l'« appropriation » comme le principe de la justice[4]. 3 Lorsqu'on voit un grand nombre d'hommes ne vivre que par les sens, dénués d'intellect et de raison, un grand nombre encore surpasser par leur cruauté, leurs colères et leur avidité les plus redoutables bêtes féroces, tyrans meurtriers de leurs enfants, ou de leurs parents[5], exécuteurs des basses œuvres des rois, n'est-ce pas folie de penser que nous avons <des devoirs de justice> envers eux, tandis qu'envers le bœuf de labour, le chien familier, les brebis qui donnent leur lait pour notre nourriture, leur laine pour notre parure, nous n'en aurions aucun ? Cela n'est-il pas tout à fait contraire à la raison ?

1-3. Voir aux *Notes complémentaires*, p. 244-245.

4. Pour F. H. Sandbach (éd. Loeb, p. 357 et n. *a*), le développement des paragraphes 2-3, bien qu'il contienne des éléments tirés de Plutarque, pourrait être de la composition de Porphyre.

5. Cette liste évoque les grands criminels dont il est question dans les mythes infernaux de la *République* (X, 615 c-e) et du *Phédon* (113 e).

ὡς Αἰσχύλος φησίν,

ἀντίδουλα καὶ πόνων ἐκδέκτορα

χειρωσάμενοι καὶ καταζεύξαντες.

19. 1 Ὁ δὲ ἀξιῶν ἡμᾶς ὄψῳ μὴ χρῆσθαι βοΐ, μηδὲ πνεῦμα καὶ ζωὴν διολλύντας καὶ διαφθείροντας ἡδύσματα πλησμονῆς καὶ καλλωπίσματα προτίθεσθαι τραπέζης, τίνος ἀναγκαίου πρὸς σωτηρίαν ἢ καλοῦ πρὸς ἀρετὴν ἀφαιρεῖται τὸν βίον ; 2 Οὐ μὴν ἀλλὰ καὶ τοῖς ζῴοις τὰ φυτὰ παραβάλλειν κομιδῇ βίαιον. Τὰ μὲν γὰρ αἰσθάνεσθαι πέφυκε |καὶ ἀλγεῖν καὶ φοβεῖσθαι καὶ βλάπτεσθαι, διὸ καὶ ἀδικεῖσθαι · τοῖς δὲ οὐθέν ἐστιν αἰσθητόν, οὕτω δὲ οὐδὲ ἀλλότριον οὐδὲ κακὸν οὐδὲ βλάβη τις οὐδὲ ἀδικία. Καὶ γὰρ οἰκειώσεως πάσης καὶ ἀλλοτριώσεως ἀρχὴ τὸ αἰσθάνεσθαι. Τὴν δὲ οἰκείωσιν ἀρχὴν τίθενται δικαιοσύνης οἱ ἀπὸ Ζήνωνος. 3 Πῶς δὲ οὐκ ἄλογον πολλοὺς τῶν ἀνθρώπων ἐπ' αἰσθήσει μόνον ζῶντας ὁρῶντας, νοῦν δὲ καὶ λόγον οὐκ ἔχοντας, πολλοὺς δὲ πάλιν ὠμότητι καὶ θυμῷ καὶ πλεονεξίᾳ τὰ φοβερώτατα τῶν θηρίων ὑπερβεβληκότας, παιδοφόνους καὶ πατροκτόνους, τυράννους καὶ βασιλέων ὑπουργούς, πρὸς μὲν τούτους οἴεσθαι ⟨δίκαιόν τι⟩ εἶναι ἡμῖν, πρὸς δὲ τὸν ἀροτῆρα βοῦν καὶ τὸν σύντροφον κύνα καὶ τὰ γάλακτι μὲν τρέφοντα, κουρᾷ δὲ κοσμοῦντα θρέμματα μηδὲν εἶναι, πῶς οὐ παραλογώτατόν ἐστιν ;

18. 6[6] ἀντίδουλα Va. [cf. Plut., *Mor.* 964 F] : ἂν δοῦλα codd. || 19. 1[1] μηδὲ ed. pr. : μηδὲν codd. || [3] προτίθεσθαι Ab. : προσ- codd. || 3[6] βασιλέων codd. : βασάνων coni. Wyttenbach || [7] δίκαιόν τι add. Re.

20. 1 Mais, n'en doutons pas, cette opinion de Chrysippe mérite créance, qui veut que les dieux aient fait les hommes pour eux et les uns pour les autres, et les animaux pour nous[1], le cheval pour nous aider à la guerre, le chien pour nous aider à la chasse, le léopard, l'ours et le lion pour exercer notre courage[2]. Quant au porc — et c'est là le plus savoureux de ces bienfaits[3] — il n'est né que pour être immolé, Dieu ayant mêlé l'âme à sa chair comme du sel[4], en vue de nous apprêter un mets friand. 2 Et pour que nous ayons des sauces et des desserts à profusion, il a préparé des coquillages de toute sorte, les pourpres et les orties de mer, et les diverses sortes d'oiseaux, non pas à partir de quelque chose d'extérieur à lui-même, mais en y consacrant une large part de lui-même[5], l'emportant ainsi en douceur sur les nourrices[6] et comblant[7] ainsi les régions terrestres de plaisirs et de jouissances. 3 Mais que celui qui ne juge pas cette opinion entièrement incroyable et indigne de Dieu considère ce qu'il répondra à cet argument de Carnéade[8] : tout être produit par la nature qui atteint la fin à quoi le destine sa nature et pour quoi il a été produit, y trouve son intérêt — on doit entendre « intérêt » au sens le plus commun du terme : eux disent l'« utilité »[9] — ; or le porc a été produit par la nature pour être égorgé et mangé ; il atteint donc en subissant ce sort ce à quoi le destine sa nature et il y trouve son intérêt. 4 En outre s'il est vrai que c'est pour l'usage de l'homme que Dieu a façonné les animaux, quel usage ferons-nous des mouches, des moustiques, des chauves-souris, des scarabées, des scorpions, des vipères, animaux dont les uns sont hideux à voir, sales à toucher, intolérables à sentir, et poussent des cris effrayants et horribles, et dont les autres sont tout à fait funestes à ceux qu'ils rencontrent ? Quant aux baleines, aux

1-8. Voir aux *Notes complémentaires*, p. 245.

9. Ainsi Chrysippe, ἐν τῷ πρώτῳ τῶν Κατορθωμάτων (*S.V.F.* III, 674). Les Stoïciens emploient ὠφέλεια pour ce qui apporte une aide au plan moral ; εὐχρηστία convient pour ce qui satisfait un besoin naturel.

20. 1 Ἀλλ' ἐκεῖνο νὴ Δία τοῦ Χρυσίππου πιθανὸν [ἦ] ὡς ἡμᾶς αὑτῶν καὶ ἀλλήλων οἱ θεοὶ χάριν ἐποιήσαντο, ἡμῶν δὲ τὰ ζῷα, συμπολεμεῖν μὲν ἵππους καὶ συνθηρεύειν κύνας, ἀνδρείας δὲ γυμνάσια παρδάλεις καὶ ἄρκτους καὶ λέοντας. Ἡ δὲ ὗς — ἐνταῦθα γάρ ἐστι τῶν χαρίτων τὸ ἥδιστον — οὐ δι' ἄλλο τι πλὴν θύεσθαι ἐγεγόνει, καὶ τῇ σαρκὶ τὴν ψυχὴν ὁ θεὸς οἷον ἅλας ἐνέμιξεν, εὐοψίαν ἡμῖν μηχανώμενος. 2 Ὅπως δὲ ζωμοῦ καὶ παραδειπνίων ἀφθονίαν ἔχωμεν, ὄστρεά τε παντοδαπὰ καὶ πορφύρας καὶ ἀκαλήφας καὶ γένη πτηνῶν ποικίλα παρεσκεύασεν, οὐκ ἀλλαχόθεν, ἀλλ' ὡς αὑτοῦ μέγα μέρος ἐνταῦθα τρέψας, εἰς γλυκυθυμίας τὰς τιτθὰς ὑπερβαλλόμενος | καὶ καταπυκνώσας ταῖς ἡδοναῖς καὶ ἀπολαύσεσι τὸν περίγειον τόπον. 3 Ὅτῳ δὴ ταῦτα δοκεῖ τι τοῦ πιθανοῦ καὶ θεῷ πρέποντος μετέχειν, σκοπείτω τί πρὸς ἐκεῖνον ἐρεῖ τὸν λόγον ὃν Καρνεάδης ἔλεγεν· ἕκαστον τῶν φύσει γεγονότων ὅταν τοῦ πρὸς ὃ πέφυκε καὶ γέγονε τυγχάνῃ τέλους, ὠφελεῖται. Κοινότερον δὲ ⟨τὸ⟩ τῆς ὠφελείας, ἣν εὐχρηστίαν οὗτοι λέγουσιν, ἀκουστέον. Ἡ δὲ ὗς φύσει γέγονε πρὸς τὸ σφαγῆναι καὶ καταβρωθῆναι· καὶ τοῦτο πάσχουσα τυγχάνει τοῦ πρὸς ὃ πέφυκε, καὶ ὠφελεῖται. 4 Καὶ μὴν εἰ πρὸς ἀνθρώπων χρῆσιν ὁ θεὸς μεμηχάνηται τὰ ζῷα, τί χρησόμεθα μυίαις, ἐμπίσι, νυκτερίσι, κανθάροις, σκορπίοις, ἐχίδναις; Ὧν τὰ μὲν ὁρᾶν εἰδεχθῆ καὶ θιγγάνειν μιαρὰ καὶ κατ' ὀδμὰς δυσανάσχετα καὶ φθέγγεται δεινὸν καὶ ἀτερπές, τὰ δ' ἄντικρυς ὀλέθρια τοῖς τυγχάνουσι;

20. 1[1] ἦ del. Bernardakis : ἦ codd. ἣν coni. Duebner || [2] αὑτῶν He. : αὐτῶν codd. || [6] ἐγεγόνει codd. : γέγονε prop. Sandbach || 2[4] ὡς del. Sandbach || αὑτοῦ Wyttenbach : αὐτοῦ codd. || [5] γλυκυθυμίας codd. : γλυκυχυμίας prop. Sandbach || 3[3] post ἔλεγεν add. ὡς Sandbach || [5] τὸ add. Ab. || 4[6] τυγχάνουσι codd. : ἐντυγχ- coni. Re.

requins et autres cétacés « que nourrit par milliers, » comme le dit Homère, « la hurlante Amphitrite »[1], pourquoi le démiurge ne nous a-t-il pas appris à quelles fins utiles ils ont été produits par la nature ? 5 Et s'ils disent que tous n'ont pas été produits pour nous et à cause de nous, outre que cette distinction comporte bien de la confusion et bien des obscurités, nous n'échappons pas encore à l'injustice puisque nous attaquons et maltraitons ceux qui ont été produits non pas à cause de nous, mais comme nous conformément à la nature. 6 Sans compter que si nous déterminions d'après le besoin ce qui est fait pour nous, il nous faudrait aussitôt accorder que nous-mêmes sommes nés pour les plus funestes des animaux, comme les crocodiles, les baleines et les serpents[2]. En effet, ils ne peuvent nous être absolument d'aucune utilité ; eux, au contraire, ravissant les hommes qui se présentent sur leur passage et les faisant périr, les dévorent, nullement plus cruels en cela que nous, avec cette différence que c'est le besoin et la faim qui les poussent à cette injustice, tandis que c'est par démesure, par luxe, par jeu bien souvent, au théâtre et dans les chasses, que nous tuons la plupart des animaux.

7 Voilà bien[3] les pratiques qui ont fortifié l'instinct de meurtre et de bestialité qui est en nous et notre impassibilité devant la souffrance, et les premiers qui ont eu cette audace ont largement contribué à l'effacement de la douceur. Mais les Pythagoriciens faisaient de la bonté envers les bêtes un entraînement à l'humanité et à la pitié[4]. Et donc comment n'ont-ils pas éveillé à la justice plus que ceux qui disent que l'on détruit par cette pratique la justice habituelle[5] ? L'habitude a en effet un pouvoir merveilleux pour mener l'homme très loin par une accoutumance progressive de l'affectivité.

1. Homère, *Od.*, XII, 97.
2-4. Voir aux *Notes complémentaires*, p. 246.
5. Cette phrase est une addition de Porphyre.

φαλαίνας δὲ καὶ πρίστεις καὶ τὰ ἄλλα κήτη, « ἃ μυρία βόσκειν » Ὅμηρός φησιν « ἀγάστονον Ἀμφιτρίτην », τί οὐκ ἐδίδαξεν ἡμᾶς ὁ δημιουργὸς ὅπῃ χρήσιμα τῇ φύσει γέγονεν ; 5 Εἰ δὲ οὐ πάντα φασὶν ἡμῖν καὶ δι' ἡμᾶς γεγονέναι, πρὸς τῷ σύγχυσιν ἔχειν πολλὴν καὶ ἀσάφειαν τὸν διορισμόν, οὐδὲ ἐκφεύγομεν τὸ ἀδικεῖν, ἐπιτιθέμενοι καὶ χρώμενοι βλαβερῶς τοῖς οὐ πρὸς ἡμᾶς, ἀλλ' ὥσπερ ἡμεῖς κατὰ φύσιν γεγενημένοις. 6 Ἐῶ λέγειν ὅτι τῇ χρείᾳ τὸ πρὸς ἡμᾶς ὁρίζοντες οὐκ ἂν φθάνοιμεν ἑαυτοὺς ἕνεκα τῶν ὀλεθριωτάτων ζῴων, οἷα κροκόδειλοι καὶ φάλαιναι καὶ δράκοντες, γεγονέναι συγχωροῦντες. Ἡμῖν μὲν γὰρ οὐθὲν ἀπ' ἐκείνων ὑπάρχει τὸ παρά|παν ὠφελεῖσθαι· τὰ δὲ ἁρπάζοντα καὶ διαφθείροντα τοὺς παραπίπτοντας ἀνθρώπους βορᾷ χρῆται, μηδὲν ἡμῶν κατὰ τοῦτο δρῶντα χαλεπώτερον, πλὴν ὅτι τὰ μὲν ἔνδεια καὶ λιμὸς ἐπὶ ταύτην ἄγει τὴν ἀδικίαν, ἡμεῖς δὲ ὕβρει καὶ τρυφῆς ἕνεκα ⟨καὶ⟩ παίζοντες πολλάκις ἐν θεάτροις καὶ κυνηγεσίοις τὰ πλεῖστα τῶν ζῴων φονεύομεν.

7 Ἐξ ὧν δὴ καὶ τὸ μὲν φονικὸν καὶ θηριῶδες ἡμῶν ἐπερρώσθη καὶ τὸ πρὸς οἶκτον ἀπαθές, τοῦ δ' ἡμέρου τὸ πλεῖστον ἀπήμβλυναν οἱ πρῶτοι τοῦτο τολμήσαντες. Οἱ δὲ Πυθαγόρειοι τὴν πρὸς τὰ θηρία πρᾳότητα μελέτην ἐποιήσαντο τοῦ φιλανθρώπου καὶ φιλοικτίρμονος. Ὥστε πῶς οὐχ οὗτοι πρὸς δικαιοσύνην μᾶλλον ἤγειραν ἢ οἱ φθείρεσθαι λέγοντες ἐκ τούτων τὴν συνήθη δικαιοσύνην ; Ἡ γὰρ συνήθεια δεινὴ τοῖς κατὰ μικρὸν ἐνοικειουμένοις πάθεσι πόρρω προαγαγεῖν τὸν ἄνθρωπον.

20. 4[7] φαλαίνας codd. : φάλαιναι coni. Re. ‖ δὲ Bernardakis : τε codd., δέ γε coni. Sandbach ‖ 6[10] alt. καὶ add. Sandbach ‖ 7[2] ἀπαθές codd. : ἀκαμπές Plut. ‖ [4] Πυθαγόρειοι codd. : Πυθαγορικοὶ Plut. ‖ [5] τοῦ φιλανθρώπου καὶ φιλοικτίρμονος codd. : πρὸς τὸ φιλάνθρωπον καὶ φιλοίκτιρμον Plut. ‖ [9] προαγαγεῖν Plut. : προσαγαγεῖν codd.

21. 1 Oui, disent-ils, mais[1] de même que l'immortel s'oppose au mortel, l'incorruptible au corruptible, l'incorporel au corporel, il faut de même, puisque le rationnel existe, que l'irrationnel se pose et existe en face de lui, et que de tant de couples celui-là ne reste pas seul inachevé et mutilé ; comme si nous-mêmes nous n'étions pas d'accord sur ce point et comme si nous ne démontrions pas que la part de l'irrationnel est grande dans les êtres. 2 En effet, elle est grande, à coup sûr, et répandue à profusion dans tous les êtres qui ne participent pas à l'âme, et nous n'avons pas besoin de mettre autre chose en face du rationnel : mais tout inanimé, du seul fait qu'il est irrationnel et sans pensée, s'oppose à ce qui possède, en même temps que l'âme, raison et pensée. 3 En outre, si quelqu'un veut que la nature ne soit pas tronquée, mais que la nature animée ait <d'un côté le rationnel et de l'autre l'irrationnel, un autre voudra que la nature animée ait> d'un côté l'imaginatif et de l'autre le non-imaginatif, d'un côté ce qui a des sensations et de l'autre ce qui n'en a pas, pour que la nature présente bien, pour chaque catégorie, des couples antithétiques d'habitus et de privations qui s'équilibrent en quelque sorte. Or cela est absurde[2]. 4 S'il est absurde de chercher à établir qu'une part de l'animé éprouve des sensations et que l'autre n'en a pas, que l'une est imaginative et l'autre non, pour la raison que tout animé est de ce seul fait naturellement doué de sensations et imaginatif, on aura pareillement tort de réclamer qu'une part de l'animé soit rationnelle et l'autre irrationnelle, dans une controverse avec des hommes pour qui[3] tout ce qui participe à la sensation participe aussi à l'intelligence, et pour qui tout animal possède par nature une certaine opinion et un certain raisonnement, au même titre que

1-2. Voir aux *Notes complémentaires*, p. 246.

3. Ici encore on va employer contre les Stoïciens leurs propres théories pour tenter de les mettre en contradiction avec eux-mêmes.

21. 1 Ναί, φασίν, ἀλλ' ὡς τῷ θνητῷ τὸ ἀθάνατον ἀντίκειται καὶ τῷ φθαρτῷ τὸ ἄφθαρτον καὶ σώματί γε τὸ ἀσώματον, οὕτως ὑπάρχοντι [γε] τῷ λογικῷ χρῆναι τὸ ἄλογον ἀντικεῖσθαι καὶ ἀνθυπάρχειν, καὶ μὴ μόνην ἐν τοσαῖσδε συζυγίαις ἀτελῆ τήνδε λείπεσθαι καὶ πεπηρωμένην, ὥσπερ ἡμῶν μὴ τοῦτο συγχωρούντων ἢ πολὺ τὸ ἄλογον ἐπιδεικνύντων ἐν τοῖς οὖσιν. 2 Πολὺ γὰρ δήπου καὶ ἄφθονον ἐν πᾶσι τοῖς ψυχῆς ἀμοιροῦσι, καὶ οὐδὲν ἑτέρας δεόμεθα πρὸς τὸ λογικὸν ἀντιθέσεως· ἀλλὰ πᾶν εὐθὺς τὸ ἄψυχον, | ἄλογον ὂν καὶ ἀνόητον, ἀντίκειται τῷ μετὰ ψυχῆς λόγον ἔχοντι καὶ διάνοιαν. 3 Εἰ δέ τις ἀξιοῖ μὴ κολοβὸν εἶναι τὴν φύσιν, ἀλλὰ τὴν ἔμψυχον φύσιν ἔχειν ⟨τὸ μὲν λογικόν, τὸ δ' ἄλογον, ἕτερος ἀξιώσει τὴν ἔμψυχον φύσιν ἔχειν⟩ τὸ μὲν φανταστικόν, τὸ δὲ ἀφαντασίωτον, καὶ τὸ μὲν αἰσθητικόν, τὸ δὲ ἀναίσθητον, ἵνα δὴ τὰς ἀντιζύγους ταύτας καὶ ἀντιθέτους ἕξεις καὶ στερήσεις περὶ ταὐτὸν ἡ φύσις ἔχῃ γένος οἷον ἰσορρόπους. Ἀλλ' ἄτοπον τοῦτό γε. 4 Εἰ δὲ ἄτοπος ὁ ζητῶν τοῦ ἐμψύχου τὸ μὲν αἰσθανόμενον, τὸ δὲ ἀναίσθητον εἶναι, καὶ τὸ μὲν φαντασιούμενον, τὸ δὲ ἀφαντασίωτον, ὅτι πᾶν ἔμψυχον αἰσθητικὸν εὐθὺς εἶναι καὶ φανταστικὸν πέφυκεν, οὐδ' οὕτως ἐπιεικῶς ἀπαιτήσει τὸ μὲν λογικὸν εἶναι τοῦ ἐμψύχου, τὸ δὲ ἄλογον, πρὸς ἀνθρώπους διαλεγόμενος μηθὲν οἰομένους αἰσθήσεως μετέχειν ὃ μὴ καὶ συνέσεως, μηδ' εἶναι ζῷον ᾧ μὴ δόξα τις καὶ λογισμὸς ὥσπερ αἴσθησις καὶ ὁρμὴ κατὰ φύσιν

21. 1[3] γε deleui ex Plut. ‖ [5-6] πεπηρωμένην Plut. : πεπληρωμένην codd. ‖ 2[4] ἄλογον ὂν codd. : ὡς ἄλογον Plut. ‖ 3[1] δέ Plut. : καί codd. ‖ [2] κολοβὸν εἶναι Plut. : κοινῶς codd. ‖ ἔμψυχον Plut. : ἔμφυτον codd. ‖ [3-4] τὸ μὲν λογικὸν — φύσιν ἔχειν ex. Plut. additum ‖ [6] ταύτας Plut. : ταύταις codd. ‖ στερήσεις Plut. : ποιήσεις codd. ‖ [7] ἰσορρόπους codd. : ἰσορροπούσας Plut. ‖ [7-8] ἀλλ' ἄτοπον τοῦτό γε add. Porphyrius, ut uidetur ‖ 4[1] δὲ Plut. : γε codd. ‖ [2] αἰσθανόμενον codd. : αἰσθητικὸν Plut. ‖ [4] οὐδ' οὕτως Plut. : οὕτως γὰρ οὐδὲ οὗτος codd. ‖ [6] μηθὲν codd. : μηδὲ ἓν Plut. ‖ [8] ὥσπερ Plut. : ὡς πᾶσα codd.

la sensation et l'impulsion. 5 Car la nature qui fait toutes choses pour qu'elles répondent à une intention et une destination précises, comme ils le disent justement[1], n'a pas donné la sensation à l'animal simplement pour pâtir et sentir, mais parce que, entouré d'êtres dont les uns lui sont appropriés et les autres inappropriés, il ne pourrait survivre un seul instant, s'il n'apprenait à se garder des uns et à se mêler aux autres. 6 Or, si la sensation fournit à chacun semblablement la connaissance des uns et des autres, les conséquences de la sensation, la saisie et la poursuite des choses utiles, le rejet et la fuite des choses funestes et pénibles, nul moyen qu'elles se rencontrent chez qui n'a pas reçu par nature la faculté de raisonner, juger, se souvenir et être attentif. 7 Les êtres qu'on dépouillera de toute attente, de tout souvenir, projet ou préparation[2], de l'espoir, de la crainte, du désir et de l'affliction, il ne leur servira de rien d'avoir des yeux ou des oreilles ; et il vaut mieux être débarrassé de toute sensation et de toute imagination qui ne s'accompagnent pas de la faculté qui en fait usage, que d'éprouver peine, douleur et souffrance sans avoir les moyens de repousser ces maux. 8 Et justement le physicien Straton[3] démontre que sans l'intellection absolument aucune sensation ne se produit. Souvent en effet un texte que nous parcourons des yeux, des paroles qui frappent notre ouïe nous échappent et nous fuient, parce que notre esprit est occupé à autre chose ; puis il revient[4] : alors il change sa course et poursuit un à un chacun des mots qu'il a laissé échapper. C'est en ce sens qu'il a été dit

« c'est l'intellect qui voit, l'intellect qui entend : le reste est sourd et aveugle »[5] ;

1. Doctrine que les Stoïciens, au témoignage d'Alexandre d'Aphrodise, *De fato*, 11 (= *S.V.F.* II, 1140), partagent avec « presque tous les philosophes ». C'est une doctrine essentielle chez Aristote et Théophraste, cf. p. ex. H. Bonitz, *Ind. Arist.* s. v. φύσις, 836 a 51 sq., 836 b 27 sq.

2. Terminologie stoïcienne, cf. *infra*, p. 179 et n. 2.

3-5. Voir aux *Notes complémentaires*, p. 246-247.

πάρεστιν. 5 Ἡ γὰρ φύσις, ἥν ἕνεκά του καὶ πρός τι πάντα ποιεῖν ὀρθῶς λέγουσιν, οὐκ ἐπὶ ψιλῷ τῷ πάσχειν καὶ αἰσθάνεσθαι τὸ ζῷον αἰσθητικὸν ἐποίησεν, ἀλλὰ ὄντων μὲν οἰκείων πρὸς αὐτὸ πολλῶν, ὄντων δὲ ἀλλοτρίων, οὐδὲ ἀκαρὲς ἦν περιεῖναι μὴ μαθόντι τὰ μὲν φυλάττεσθαι, τοῖς δὲ | συμφέρεσθαι. 6 Τὴν μὲν οὖν γνῶσιν ἀμφοῖν ὁμοίως ⟨ἡ⟩ αἴσθησις ἑκάστῳ παρέχει, τὰς δὲ ἑπομένας ⟨τῇ⟩ αἰσθήσει τῶν μὲν ὠφελίμων λήψεις καὶ διώξεις, διακρούσεις δὲ καὶ φυγὰς τῶν ὀλεθρίων καὶ λυπηρῶν, οὐδεμία μηχανὴ παρεῖναι τοῖς μὴ λογίζεσθαί τι καὶ κρίνειν καὶ μνημονεύειν καὶ προσέχειν πεφυκόσιν. 7 Ὧν γὰρ ἂν ἀφέλῃς παντάπασι προσδοκίαν, μνήμην, πρόθεσιν, παρασκευήν, τὸ ἐλπίζειν, τὸ δεδοικέναι, τὸ ἐπιθυμεῖν, τὸ ἀσχάλλειν, οὔτε ὀμμάτων ὄφελος παρόντων οὔτε ὤτων · αἰσθήσεώς τε πάσης καὶ φαντασίας τὸ χρώμενον οὐκ ἐχούσης ἀπηλλάχθαι βέλτιον ἢ πονεῖν καὶ λυπεῖσθαι καὶ ἀλγεῖν, ᾧ διακρούσεται ταῦτα μὴ παρόντος. 8 Καίτοι Στράτωνός γε τοῦ φυσικοῦ λόγος ἐστὶν ἀποδεικνύων ὡς οὐδὲ αἰσθάνεσθαι τὸ παράπαν ἄνευ τοῦ νοεῖν ὑπάρχει. Καὶ ⟨γὰρ⟩ γράμματα πολλάκις ἐπιπορευομένους τῇ ὄψει καὶ λόγοι προσπίπτοντες τῇ ἀκοῇ διαλανθάνουσιν ἡμᾶς καὶ διαφεύγουσι πρὸς ἑτέροις τὸν νοῦν ἔχοντας · εἶτ' αὖθις ἐπανῆλθε καὶ μεταθεῖ καὶ διώκει τῶν προειρημένων ἕκαστον ἀναλεγόμενος · ᾗ καὶ λέλεκται · νοῦς ὁρᾷ, νοῦς ἀκούει, τὰ δ' ἄλλα κωφὰ καὶ τυφλά,

21. 5[2] τῷ Plut. : τὸ codd. ‖ [2-3] πάσχειν καὶ codd. : πάσχοντι (sic) Plut., πάσχον τι coni. Re. ‖ [5] περιεῖναι Plut. : εἶναι codd. ‖ μαθόντι Plut. : μαθόντα codd. ‖ 6[2] ἡ ex Plut. additum ‖ παρέχει Plut. : παρεῖχεν codd. ‖ [3] τῇ ex Plut. additum ‖ 7[1-2] ὧν γὰρ ἂν codd. : ἀλλ' ὧν ἂν Plut. ‖ [2] πρόθεσιν Plut. : πρόσ- codd. ‖ [4] post ὄφελος add. οὐδὲν αὐτοῖς Plut. ‖ [7] ᾧ Plut. : καὶ codd. ‖ διακρούσεται Plut. : διακρούεσθαι codd. ‖ 8[4] γὰρ ex Plut. additum ‖ [8] προειρημένων codd. : προϊεμένων Plut. ‖ [9] ὁρᾷ codd. : ὁρῇ Plut. ‖ ante alt. νοῦς habet καὶ Plut.

car l'affection qui a pour siège l'œil ou l'oreille ne produit pas de sensation sans la présence de la pensée. 9 D'où la réponse du roi Cléomène[1] : il assistait à un banquet où se faisait applaudir un chanteur dont on voulut savoir s'il ne semblait pas habile : « Voyez vous-mêmes, demanda-t-il, pour moi j'ai l'esprit dans le Péloponnèse ». Donc tous les êtres qui possèdent la sensation, nécessairement possèdent aussi l'intellection.

22. 1 Mais soit ! accordons que la sensation n'a pas besoin du secours de l'esprit pour accomplir sa fonction. Mais alors, quand la sensation, qui a fait sentir à <l'animal> la différence entre ce qui lui est approprié et ce qui lui est inapproprié, est partie, qu'y a-t-il dès lors en lui qui se souvient des choses pénibles et les craint, désire ardemment les choses utiles et, si elles sont absentes, agit en sorte qu'elles deviennent présentes, qui prévoit des affûts et des cachettes qui lui servent les uns de pièges pour ses proies et les autres de refuges pour échapper à ses poursuivants ? 2 Justement eux-mêmes[2] nous étourdissent dans leurs « Introductions »[3] à définir chaque fois le projet comme l'indication de l'accomplissement, le dessein comme une impulsion avant l'impulsion, la préparation comme une action avant l'action, le souvenir comme la compréhension[4] d'une proposition au passé dont le présent a été compris à la suite d'une sensation. Car il n'est aucune de ces actions qui ne fasse appel à la raison et elles se rencontrent toutes chez tous les animaux. Il en va de même à coup sûr de ce qu'ils disent des intellections, qu'ils appellent notions lorsqu'elles sont gardées au repos dans l'esprit, et pensées lorsqu'elles sont en mouvement[5]. 3 Alors

1. Cf. PLUTARQUE, *Vie de Cléomène*, 13, 7, 810 E.
2. Voir aux *Notes complémentaires*, p. 347.
3. Ou « *Traités élémentaires* » : c'est un titre qu'employait, par exemple, Chrysippe : cf. *S.V.F.* II, 13 (p. 6, 30 ; 7, 16, etc.) ; III, p. 196 (n° XVII).
4-5. Voir aux *Notes complémentaires*, p. 247.

ὡς τοῦ περὶ τὰ ὄμματα καὶ τὰ ὦτα πάθους, ἂν μὴ παρῇ τὸ φρονοῦν, αἴσθησιν οὐ ποιοῦντος. 9 Διὸ καὶ | Κλεομένης ὁ βασιλεὺς παρὰ πότον εὐδοκιμοῦντος ἀκροάματος, ἐρωτηθεὶς εἰ μὴ φαίνεται σπουδαῖον, ἐκέλευεν ἐκείνους σκοπεῖν, αὐτὸς γὰρ ἐν Πελοποννήσῳ τὸν νοῦν ἔχειν. Ὅθεν ἀνάγκη πᾶσιν οἷς τὸ αἰσθάνεσθαι, καὶ τὸ νοεῖν ὑπάρχειν.

22. 1 Ἀλλ' ἔστω μὴ δεῖσθαι τοῦ νοῦ τὴν αἴσθησιν πρὸς τὸ αὑτῆς ἔργον· ἀλλ' ὅταν γε ⟨τῷ ζῴῳ⟩ πρὸς τὸ οἰκεῖον καὶ τὸ ἀλλότριον ἡ αἴσθησις ἐνεργασαμένη διαφορὰν ἀπέλθῃ, τί τὸ μνημονεῦόν ἐστιν ἤδη καὶ δεδιὸς τὰ λυποῦντα καὶ ποθοῦν τὰ ὠφέλιμα καὶ μὴ παρόντα ὅπως παρέσται μηχανώμενον ἐν αὐτοῖς, καὶ παρασκευαζόμενον ὁρμητήρια καὶ καταφυγὰς καὶ θήρατρα πάλιν αὖ τοῖς ἁλωσομένοις καὶ ἀποδράσεις τῶν ἐπιτιθεμένων ; 2 Καὶ ταυτί γε κἀκεῖνοι λέγοντες ἀποκναίουσιν ἐν ταῖς εἰσαγωγαῖς ἑκάστοτε τὴν πρόθεσιν ὁριζόμενοι σημείωσιν ἐπιτελειώσεως, τὴν δ' ἐπιβολὴν ὁρμὴν πρὸ ὁρμῆς, παρασκευὴν δὲ πρᾶξιν πρὸ πράξεως, μνήμην δὲ κατάληψιν ἀξιώματος παρεληλυθότος, οὗ τὸ παρὸν ἐξ αἰσθήσεως κατελήφθη. Τούτων γὰρ οὐδὲν ὅ τι μὴ λογικόν ἐστι, καὶ πάντα τοῖς ζῴοις ὑπάρχει πᾶσιν· ὥσπερ ἀμέλει καὶ ⟨τὰ⟩ περὶ τὰς νοήσεις, ἃς ἀποκειμένας μὲν ἐννοίας καλοῦσι, κινουμένας δὲ διανοήσεις.

21. 9[3] ἐκέλευεν codd. : -σεν Plut. || [5] οἷς codd. : οἷς ἂν Plut. || **22.** 1[2] αὑτῆς Plut. : αὐτῆς codd. || τῷ ζῴῳ ex Plut. additum || [5] παρόντα codd. : παρόντων Plut. || [7-8] θήρατρα πάλιν αὖ τοῖς ἁλωσομένοις καὶ ἀποδράσεις Plut. : θήρατρα καὶ πάλιν αὐτοῖς ἁλοῦσιν ἀποδράσεις codd. || 2[1] καὶ ταυτί γε Plut. : ἢ ταυτί γε codd. || [8] τὰ ex Plut. additum || ἀποκειμένας codd. : ἐναπο- Plut.

qu'ils s'accordent communément à dire que toutes les passions sont des jugements et des opinions déficients[1], il est étonnant qu'ils ne remarquent pas <chez> les bêtes bon nombre d'actes et de mouvements, les uns de colère, les autres de crainte, voire de jalousie et de rivalité. Ils châtient pourtant les chiens et les chevaux fautifs, non pas en vain, mais pour les amender, leur faisant éprouver par le moyen de la souffrance une peine que nous appelons repentir. 4 Le plaisir qui vient des oreilles s'appelle charme, celui qui vient des yeux fascination[2] ; on emploie l'un et l'autre pour les bêtes : les cerfs et les chevaux se laissent charmer par la flûte de Pan et le hautbois[3] ; le crabe[4] est tiré de son trou par le son de la flûte de Pan et l'alose, dit-on, au bruit du chant sort de l'eau et s'approche[5]. 5 Ceux qui disent sottement à ce propos que les animaux n'éprouvent pas de plaisir, de colère ni de crainte, qu'ils ne font pas de préparation, ne se souviennent pas, mais que c'est « comme si » l'abeille se souvenait, « comme si » l'hirondelle se préparait, « comme si » le lion s'emportait, « comme si » le cerf s'effrayait, je ne sais ce qu'ils répondront à qui dira qu'ils ne voient pas davantage ni n'entendent, mais que c'est « comme si » ils voyaient et « comme si » ils entendaient, qu'ils n'ont pas de voix, mais que c'est « comme si » ils en avaient une, qu'ils ne vivent pas du tout, mais que c'est « comme si » ils vivaient. Ces propos ne sont pas plus contraires à l'évidence que les premiers, comme un homme de bon sens pourrait s'en convaincre. 6 Et quand, mettant en regard des mœurs des hommes, de leur vie, de leurs actions, de leurs habitudes celles des animaux, je remarque en eux une grande déficience,

1. Définition stoïcienne, voir p. ex. *S.V.F.* III, 382 : τὰ πάθη ... τοῦ λόγου διαστροφὰς ... καὶ λόγου κρίσεις ἡμαρτημένας ; 459 : τὰ πάθη ... δόξας ... καὶ κρίσεις πονηράς, etc.

2. Ce sont des définitions stoïciennes : κήλησις μὲν οὖν ἐστιν ἡδονὴ δι' ὤτων κατακηλοῦσα, ou encore : κήλησις δὲ ἡδονὴ δι' ἀκοῆς κατακηλοῦσα, et : γοητεία δὲ ἡδονὴ δι' ὄψεως κατὰ ἀπάτην (*S.V.F.* III, 400-403).

3-5. Voir aux *Notes complémentaires*, p. 247-248.

3 Τὰ δὲ πάθη σύμπαντα κοινῶς κρίσεις φαύλας καὶ δόξας ὁμολογοῦντες εἶναι, θαυμαστὸν ὅτι δὴ παρορῶσιν ⟨ἐν⟩ τοῖς θηρίοις ἔργα καὶ κινήματα, πολλὰ μὲν θυμῶν, πολλὰ δὲ φόβων καὶ νὴ | Δία φθόνων καὶ ζηλοτυπιῶν. Αὐτοὶ δὲ κύνας ἁμαρτόντας καὶ ἵππους κολάζουσιν, οὐ διὰ κενῆς, ἀλλ' ἐπὶ σωφρονισμῷ, λύπην δι' ἀλγηδόνος ἐμποιοῦντες αὐτοῖς, ἣν μετάνοιαν ὀνομάζομεν. 4 Ἡδονῆς δὲ τῆς μὲν δι' ὤτων ὄνομα κήλησίς ἐστιν, τῆς δὲ δι' ὀμμάτων γοητεία. Χρῶνται δὲ ἑκατέραις ἐπὶ τὰ θηρία · κηλοῦνται μὲν ἔλαφοι καὶ ἵπποι σύριγξι καὶ αὐλοῖς, καὶ τοὺς παγούρους ἐκ τῶν χηραμῶν ἀνακαλοῦνται μελιζόμενοι ταῖς σύριγξι, καὶ τὴν θρίτταν ᾀδόντων ἀναδύεσθαι καὶ προϊέναι λέγουσιν. 5 Οἱ δὲ περὶ τούτων ἀβελτέρως λέγοντες μήτε ἥδεσθαι μήτε θυμοῦσθαι μήτε φοβεῖσθαι μήτε παρασκευάζεσθαι μήτε μνημονεύειν, ἀλλ' « ὡσανεὶ μνημονεύειν » τὴν μέλιτταν καὶ « ὡσανεὶ παρασκευάζεσθαι » τὴν χελιδόνα καὶ « ὡσανεὶ θυμοῦσθαι » τὸν λέοντα καὶ « ὡσανεὶ φοβεῖσθαι » τὸν ἔλαφον, οὐκ οἶδα τί χρήσονται τοῖς λέγουσι μηδὲ βλέπειν μηδὲ ἀκούειν, ἀλλ' « ὡσανεὶ βλέπειν » αὐτὰ καὶ « ὡσανεὶ ἀκούειν », μηδὲ φωνεῖν ἀλλ' « ὡσανεὶ φωνεῖν », μηδὲ ὅλως ζῆν ἀλλ' « ὡσανεὶ ζῆν ». Ταῦτα γὰρ ἐκείνων οὐ μᾶλλόν ἐστι λεγόμενα [καὶ] παρὰ τὴν ἐνάργειαν [ὁμοίως], ὡς ὁ εὐγνώμων ἂν πεισθείη. 6 Ὅταν δὲ τοῖς ἀνθρωπίνοις ἤθεσι καὶ βίοις καὶ πράξεσι καὶ διαίταις τὰ τῶν ζῴων παρατιθεὶς πολλὴν ἐνορῶ φαυλότητα καὶ τῆς

22. 3[1] κρίσεις Plut. : φύσεις codd. || [2] ὁμολογοῦντες Plut. : -τας codd. || ὅτι Plut. : οἷον codd. || [3] ἐν ex Plut. additum || [4] νὴ codd. : ναὶ μὰ Plut. || [5] ἁμαρτόντας codd. : ἁμαρτάνοντας Plut. || 4[2] τῆς μὲν ... τῆς δὲ codd. : τῷ μὲν ... τῷ δὲ Plut. || [4-5] παγούρους Plut. : κακούργους codd. || [5] μελιζόμενοι codd. : βιαζόμενοι Plut. || [6] σύριγξι codd. : φώτιγξι Plut. || ᾀδόντων Plut. post ᾀδόντων uerba καὶ κροτούντων habet Plut. : ᾄδοντες codd. || 5[5] pr. ὡσανεὶ Plut. : ὡς ἂν codd. || [6] τὸν codd. : τὴν Plut. || χρήσονται Plut. : χρήσασθαι codd. || [10] καὶ ex Plut. seclusum || [11] ὁμοίως deleui ex Plut. || 6[3] φαυλότητα codd. : φλαυρότητα Plut.

sans aucune tendance, aucun progrès, aucun désir manifeste vers la vertu, à laquelle est ordonnée la raison, je pourrais être en peine d'expliquer que la nature ait donné le principe à des êtres incapables d'atteindre la fin[1]. Eh bien ! cela même ne leur paraît pas absurde. 7 Ainsi ils ont bien posé chez nous l'affection pour les enfants comme le principe de la vie sociale et de la justice[2], et vu quelle était présente, grande et forte, chez les animaux, mais ils leur dénient et leur refusent la participation à la justice ; d'autre part il ne manque au mulet aucun des organes de la génération : il a en effet les organes mâles, les organes femelles et il en use avec plaisir, mais sans pouvoir atteindre la fin de la génération[3]. 8 Vois par ailleurs s'il n'est pas ridicule encore d'affirmer que les Socrate eux-mêmes, les Platon, les Zénon[4] sont livrés au <vice> sans le céder en rien à n'importe quel esclave, semblablement insensés, licencieux et injustes[5], et de reprocher ensuite aux bêtes l'impureté et l'imperfection de leur attachement à la vertu comme une privation et non pas comme une déficience ou une faiblesse de la raison — tout en accordant que le vice suppose la raison[6], vice dont chaque bête sauvage est remplie. Nous voyons <en effet> chez beaucoup lâcheté, licence, injustice et méchanceté.

23. 1 Quant à vouloir prétendre que ce qui n'est pas fait par nature pour recevoir une raison parfaite, ne reçoit pas du tout de raison, en premier lieu cela revient à prétendre que le singe ne participe pas par nature à la laideur ni la tortue à la lenteur, parce qu'ils ne sont pas capables aussi de la beauté ni de la vitesse ; c'est ensuite ne pas faire la distinction qui s'impose : car la simple raison vient de la nature, tandis que la raison véritable et parfaite[7] vient des soins et de

1-5. Voir aux *Notes complémentaires*, p. 248.

6. Cf. *supra*, p. 168 et n. 3.

7. Doctrine de type aristotélicien, cf. ALEXANDRE APHR., *De fato*, 27, p. 198, 3 sq. Bruns (*Supplem. Aristotelicum*, II 2, Berlin, 1892).

ἀρετῆς, πρὸς ἣν ὁ λόγος γέγονεν, μηδένα τῶν ζῴων ἐμφανῆ στοχασμὸν μηδὲ προκοπὴν μηδὲ ὄρεξιν, ἀποροίην ἂν πῶς ἡ φύσις | δέδωκε τὴν ἀρχὴν τοῖς ἐπὶ τὸ τέλος ἐξικέσθαι μὴ δυναμένοις· ἢ τοῦτο μὲν οὐδ' ἐκείνοις ἄτοπον εἶναι δοκεῖ. 7 Τὴν γοῦν πρὸς τὰ ἔγγονα φιλοστοργίαν ἀρχὴν μὲν ἡμῖν κοινωνίας καὶ δικαιοσύνης τιθέμενοι, πολλὴν δὲ τοῖς ζῴοις καὶ ἰσχυρὰν ὁρῶντες παροῦσαν, οὔ φασιν αὐτοῖς οὐδ' ἀξιοῦσι μετεῖναι δικαιοσύνης· ἡμιόνοις δὲ τῶν γεννητικῶν μορίων οὐδὲν ἐνδεῖ· καὶ γὰρ αἰδοῖα καὶ μήτρας καὶ τὸ χρῆσθαι μεθ' ἡδονῆς τούτοις ἔχουσαι πρὸς τὸ τέλος οὐκ ἐξικνοῦνται τῆς γενέσεως. 8 Σκόπει δὲ ἄλλως μὴ καὶ καταγέλαστόν ἐστι καὶ τοὺς Σωκράτεις καὶ τοὺς Πλάτωνας καὶ τοὺς Ζήνωνας οὐδὲν ἐλαφροτέρᾳ ⟨κακίᾳ⟩ τοῦ τυχόντος ἀνδραπόδου συνεῖναι φάσκειν, ἀλλ' ὁμοίως ἄφρονας εἶναι καὶ ἀκολάστους καὶ ἀδίκους, εἶτα τῶν θηρίων αἰτιᾶσθαι τὸ μὴ καθαρὸν μηδ' ἀπηκριβωμένον πρὸς ἀρετήν, ὡς στέρησιν, οὐχὶ φαυλότητα λόγου καὶ ἀσθένειαν [προσεῖναι], καὶ ταῦτα τὴν κακίαν ὁμολογοῦντας εἶναι λογικήν, ἧς πᾶν θηρίον ἀναπέπλησται. Καὶ ⟨γὰρ⟩ δειλίαν πολλοῖς καὶ ἀκολασίαν ἀδικίαν τε καὶ κακόνοιαν ὁρῶμεν ὑπάρχουσαν.

23. 1 Ὁ δὲ ἀξιῶν τὸ μὴ πεφυκὸς ὀρθότητα λόγου δέχεσθαι μηδὲ λόγον δέχεσθαι, πρῶτον μὲν οὐδὲν διαφέρει τοῦ μήτε πίθηκον αἴσχους φύσει μετέχειν μήτε χελώνην βραδυτῆτος ἀξιοῦντος, ὅτι μηδὲ κάλλους ἐπιδεκτικὰ μηδὲ τάχους ἐστίν· ἔπειτα τὴν διαφορὰν ἐμποδὼν οὖσαν | οὐ συνορᾷ. Λόγος μὲν γὰρ ἐγγίγνεται φύσει, σπουδαῖος

22. 6^4 μηδένα Plut. : μηδὲν codd. || ^{6} τοῖς codd. : αὐτοῖς Plut. || 7^2 μὲν Plut. : ἐν codd. || ^{3} δὲ Plut. : τε codd. || 8^1 alt. καὶ non habet Plut. || ^{2} καὶ τοὺς Ζήνωνας addidit Porphyrius, ut uidetur || ^{3} ἐλαφροτέρᾳ κακίᾳ Plut. : ἐλαφρότερα codd. || ^{7} προσεῖναι deleui ex Plut. || ^{9} γὰρ ex Plut. additum || **23.** 1^1 ὁ ... ἀξιῶν Plut. : τὸ ... ἀξιοῦν codd. || ^{4} ἐπιδεκτικὰ Plut. : ἐπιδεικτικὰ codd. || ^{6} συνορᾷ Plut. : συνορῶσιν codd.

l'éducation. 2 Aussi le domaine de la raison est-il donné en partage à tous les êtres animés, mais la raison parfaite et la sagesse, ils ne peuvent même pas dire qu'un seul des hommes les possède[1], tout nombreux qu'ils soient. 3 De même[2] qu'une vue diffère d'une autre vue, un vol d'un autre vol (car le faucon et la cigale ne voient pas semblablement, et l'aigle et la perdrix ne volent pas semblablement), de même il n'est pas donné à tout être raisonnable d'avoir également part à la raison parvenue au plus haut degré de souplesse et d'acuité. Car il se rencontre chez les animaux bien des exemples de vie sociale, de courage et d'industrie pour se procurer des ressources et en régler l'emploi, et inversement des exemples des défauts contraires, d'injustice, de lâcheté, de sottise[3]. 4 C'est même une question de savoir à qui des animaux terrestres ou des animaux aquatiques donner la supériorité[4]. La différence est claire si l'on compare les hippopotames aux cigognes : celles-ci nourrissent leur père, ceux-là le tuent pour saillir leur mère[5]. C'est clair encore avec les colombes[6] et les perdrix[7] : chez ces dernières, en effet, le mâle fait disparaître les œufs et les détruit, parce que la femelle qui couve ne se laisse pas saillir ; chez les colombes, le mâle relaye à tour de rôle la femelle dans le soin de l'incubation ; il est le premier à donner la becquée aux petits et, si la femelle s'écarte trop longtemps, il la ramène à coups de bec vers ses œufs et sa couvée. 5 Antipater[8], reprochant aux ânes et aux moutons leur insouciance de la propreté, oublia, je ne sais pourquoi, de remarquer les lynx et les hirondelles : ceux-là s'écartent et s'emploient à cacher

1. Sur l'absence de sagesse chez les hommes selon les Stoïciens et spécialement selon Chrysippe, cf. *S.V.F.* III, 668 (= PLUTARQUE, *De comm. not.* 33, 1076 B) ; 662 (= PLUTARQUE, *De Stoïc. repug.* 31, 1048 E) : μαίνεσθαι πάντας, ἀφραίνειν, ἀνοσίους εἶναι, παρανόμους ; même thème déjà *supra*, 22, 8. Voir M. POHLENZ, *Die Stoa*, I, Göttingen, 1959, t. I, p. 157.

2. Cf. PHILON, *De animalibus*, 29.

3. Cf. PLUTARQUE, *Bruta ratione uti*, 10, 992 D.

4-8. Voir aux *Notes complémentaires*, p. 249.

δὲ ὁ λόγος καὶ τέλειος ἐξ ἐπιμελείας καὶ διδασκαλίας. 2 Διὸ τοῦ λογικοῦ πᾶσι τοῖς ἐμψύχοις μέτεστιν, τὴν δὲ ὀρθότητα καὶ σοφίαν οὐδὲ ἄνθρωπον εἰπεῖν κεκτημένον ἔχουσιν, κἂν μυρίοι δὲ ὦσιν. 3 Ὥσπερ ὄψεώς ἐστι πρὸς ὄψιν διαφορὰ καὶ πτήσεως πρὸς πτῆσιν· οὐ γὰρ ὁμοίως ἱέρακες βλέπουσι καὶ τέττιγες, οὐδὲ ἀετοὶ πέτονται καὶ πέρδικες· οὕτως οὔτε παντὶ λογικῷ μέτεστιν ὡσαύτως τῆς δεχομένης τὸ ἄκρον εὐστροφίας καὶ ὀξύτητος. Ἐπεὶ δείγματά γε πολλὰ κοινωνίας καὶ ἀνδρείας καὶ τοῦ πανούργου περὶ τοὺς πορισμοὺς καὶ τὰς οἰκονομίας, ὥσπερ αὖ καὶ τῶν ἐναντίων, ἀδικίας, δειλίας, ἀβελτερίας, ἔνεστιν αὐτοῖς. 4 Ὅθεν καὶ ζητήσεις τινὲς συνίστανται, τῶν μὲν τὰ χερσαῖα προῆχθαι λεγόντων, τῶν δὲ τὰ θαλάττια. Καὶ δῆλόν ἐστι παραβαλλομένων ἵππων μὲν ποταμίων τοῖς πελαργοῖς· οἳ μὲν γὰρ τρέφουσι τοὺς πατέρας, οἳ δὲ κτείνουσιν, ἵνα τὰς μητέρας ὀχεύωσιν· καὶ περιστεραῖς πάλιν περδίκων· οἳ μὲν γὰρ ἀφανίζουσι τὰ ᾠὰ καὶ διαφθείρουσι, τῆς θηλείας, ὅταν ἐπῳάζῃ, μὴ προσδεχομένης τὴν ὀχείαν· οἳ δὲ καὶ διαδέχονται τὴν ἐπιμέλειαν ἐν μέρει θάλποντες, καὶ ψωμίζουσι πρότεροι τὰ νεόττια, καὶ τὴν θήλειαν, ἂν πλείονα χρόνον ἀποπλανηθῇ, κόπτων ὁ |ἄρρην εἰσελαύνει πρὸς τὰ ᾠὰ καὶ τοὺς νεοττούς. 5 Ὄνοις δὲ καὶ προβάτοις Ἀντίπατρος ἐγκαλῶν ὀλιγωρίαν καθαριότητος, οὐκ οἶδ' ὅπως παρεῖδε τὰς λύγγας καὶ τὰς χελιδόνας· ὧν αἱ μὲν ἐκτοπίζουσι παντάπασι κρύπ-

23. 1^{7} ὁ deest apud Plut. || 2^{3} κἂν — ὦσιν non habet Plut. || 3^{4} οὔτε codd. : οὐδὲ Plut. || ^{5} δεχομένης codd. : εὑρομένης Plut. || $^{5-6}$ ἐπεὶ δείγματά Plut. : ἐπιδείγματά codd. || ^{8} ἔνεστιν Plut. : ἐστὶν codd. || 4^{3-4} ἵππων — πελαργοῖς prop. Nauck : ἵππων μὲν χερσαίων τοῖς ποταμίοις codd. πελαργοῖς ἵππων ποταμίων Plut. || ^{5} κτείνουσιν codd. : ἀποκτιννύουσιν Plut. || ^{9} θάλποντες codd. : θάλποντες τὰ ᾠά Plut. || 5^{3} οἶδ' ὅπως Nauck : οἶδεν ὅπως codd., οἶδα πῶς Plut.

et à faire disparaître complètement <leur urine>[1] ; et les hirondelles apprennent à leurs petits à se tourner vers l'extérieur pour rejeter leurs excréments[2]. 6 De plus nous ne disons pas qu'un arbre soit plus ignorant qu'un autre[3], comme nous le disons du mouton par rapport au chien, ni qu'un légume soit moins courageux qu'un autre, comme nous le disons du cerf par rapport au lion ; c'est que, de la même façon qu'il n'y a pas, entre les êtres qui ne se meuvent pas, plus ou moins de lenteur, ni de voix plus ou moins faible entre les êtres muets, de la même façon, il ne saurait y avoir plus ou moins de lâcheté ou d'indolence ou d'intempérance pour qui n'a pas en lui par nature la faculté de penser ; mais c'est elle qui, présente chez les uns et chez les autres diversement selon le plus ou le moins[4], a produit les différences que nous voyons. 7 Il n'y a pas à s'étonner qu'il y ait une telle différence entre l'homme et les animaux pour la facilité à apprendre, la vivacité d'esprit et pour ce qui regarde la justice et la vie sociale. Car beaucoup d'entre eux aussi, soit par la taille et l'agilité, soit par la puissance de la vue et la finesse de l'ouïe, dépassent tous les hommes[5]. Pour autant l'homme n'est ni sourd ni aveugle ni impuissant : mais nous courons, quoique moins vite que les cerfs, et nous voyons, quoique moins bien que les faucons ; quant à la force et à la taille, la nature ne nous les a pas refusées, bien que nous ne soyons rien en ce domaine en regard de l'éléphant et du chameau. 8 Pareillement ne disons donc pas, si l'intelligence des bêtes sauvages est plus indolente et leur pensée plus mauvaise, qu'elles ne pensent pas, qu'elles n'ont pas d'activité intellectuelle du tout, ni qu'elles n'ont pas de raison, mais disons qu'elles en ont une chétive et trouble, comme une vue faible et brouillée.

1-2. Voir aux *Notes complémentaires*, p. 249.

3. Même développement dans Plutarque, *Bruta ratione uti*, 10, 992 D.

4. Pour cette distinction κατὰ τὸ μᾶλλον καὶ ἧττον, cf. *supra*, p. 160 et n. 8 ; et 8 ,6-9.

5. Voir aux *Notes complémentaires*, p. 249-250.

τουσαι καὶ ἀφανίζουσαι ⟨τὸ λυγγούριον⟩, αἱ δὲ χελιδόνες ἔξω στρεφομένους διδάσκουσι τοὺς νεοττοὺς ἀφιέναι τὸ περίττωμα. 6 Καὶ μὴν δένδρον δένδρου οὐ λέγομεν ἀμαθέστερον, ὡς κυνὸς πρόβατον, οὐδὲ λαχάνου λάχανον ἀνανδρότερον, ὡς ἔλαφον λέοντος· ἢ καθάπερ ἐν τοῖς ἀκινήτοις ἕτερον ἑτέρου βραδύτερον οὐκ ἔστιν, οὐδὲ μικροφωνότερον ἐν τοῖς ἀναύδοις, οὕτως οὐδὲ δειλότερον οὐδὲ νωθρότερον οὐδὲ ἀκρατέστερον, οἷς μὴ φύσει πάρεστιν ἡ τοῦ φρονεῖν δύναμις, ἄλλοις δὲ ἄλλως κατὰ τὸ μᾶλλον καὶ ἧττον παροῦσα τὰς ὁρωμένας διαφορὰς πεποίηκεν. 7 Ἀλλ' οὐ θαυμαστὸν ὅσον ἄνθρωπος εὐμαθείᾳ καὶ ἀγχινοίᾳ καὶ τοῖς περὶ δικαιοσύνην καὶ κοινωνίαν διαφέρει τῶν ζῴων. Καὶ γὰρ ἐκείνων πολλὰ τοῦτο μὲν μεγέθει καὶ ποδωκείᾳ, τοῦτο δὲ ὄψεως ῥώμῃ καὶ ἀκοῆς ἀκριβείᾳ πάντας ἀνθρώπους ἀπολέλοιπεν· ἀλλ' οὐ διὰ τοῦτο κωφὸς οὐδὲ τυφλὸς οὐδὲ ἀδύνατος ὁ ἄνθρωπός ἐστιν· ἀλλὰ καὶ θέομεν, εἰ καὶ βραδύτερον ἐλάφων, καὶ βλέπομεν, εἰ καὶ χεῖρον ἱεράκων· ἰσχύος τε καὶ μεγέθους ἡ φύσις ἡμᾶς οὐκ ἀπεστέρησεν, καίτοι τὸ μηδὲν ἐν τούτοις πρὸς ἐλέφαντα καὶ κάμηλον ὄντας. 8 Οὐκοῦν | ὁμοίως μηδὲ τὰ θηρία λέγωμεν, εἰ νωθρότερον φρονεῖ καὶ κάκιον διανοεῖται, μὴ διανοεῖσθαι μηδὲ φρονεῖν ὅλως μηδὲ κεκτῆσθαι λόγον, ἀσθενῆ δὲ κεκτῆσθαι καὶ θολερόν, ὥσπερ ὀφθαλμὸν ἀμβλυώττοντα καὶ τεταραγμένον.

23. 5[4] τὸ λυγγούριον ex Plut. additum ‖ [5] διδάσκουσι Plut. : -σαι codd. ‖ 6[6] οἷς Plut. : ὅπου codd. ‖ πάρεστιν Nauck : πᾶσιν codd. et Plut. ‖ 7[6] κωφὸς οὐδὲ codd. : non habet Plut. ‖ post ἀδύνατος uerba οὐδ' ἄωτος habet Plut. ‖ 8[2] λέγωμεν Plut. : λέγομεν codd.

24. 1 Si tant d'auteurs n'avaient pas réuni et rapporté tant de faits, nous en aurions produit une infinité pour démontrer le naturel heureux des animaux[1]. 2 Il faut pourtant examiner encore ce point : il semble en effet que c'est à la partie ou à la faculté née capable d'une opération selon la nature, qu'il appartient aussi, devenue mutilée ou malade, de tomber dans ce qui est contre nature, comme pour l'œil de tomber dans la cécité, pour la jambe de boiter, pour la langue de balbutier, à elle et à aucune autre. 3 Qui n'a pas dans sa nature de voir ne peut être aveugle, ni boiteux qui n'a pas dans sa nature de marcher, ni balbutiant, ni muet, ni bègue qui n'a pas de langue. Tu ne saurais parler de perdre le sens ou l'esprit ou d'être pris de folie, là où il n'y a pas d'abord par nature l'exercice de l'intelligence, de la pensée et du raisonnement. Car cela seul peut être affecté qui possède la faculté dont la privation, la mutilation ou tout autre détérioration constituent l'affection. 4 Or, j'ai rencontré[2] des chiens et aussi des chevaux enragés ; au dire de certains le bœuf encore et le renard ont des accès de folie. Mais l'exemple du chien suffit : il ne souffre pas de contestation et témoigne que l'animal possède une raison et une intelligence non déficientes, dont le trouble et la confusion forment cette affection que l'on appelle rage ou folie. 5 Nous ne voyons pas en effet que ni leur vue ni leur ouïe soient altérées ; mais de même que, si un homme souffre de mélancolie[3] ou s'il divague, il est absurde de ne pas avouer que son intelligence, sa raison et sa mémoire sont dérangées et gâtées (c'est bien en effet ce que l'usage courant dit des insensés, qu'ils ne sont plus dans leur bon sens, mais qu'ils ont perdu la raison[4]) de même celui qui pense que la

1. Plutarque avait écrit : « je pourrais donner une foule de preuves de docilité d'esprit (εὐμαθείας) et d'heureux naturel (εὐφυΐας) chez les différents animaux. C'est à pleins seaux, à pleines bassines que je pourrais puiser ces exemples dans les théâtres impériaux où la superbe Rome étale ses spectacles » (963 C).

2-4. Voir aux *Notes complémentaires*, p. 250.

24. 1 Εἰ δὲ μὴ πολλὰ ἦν πολλοῖς συνηγμένα καὶ εἰρημένα, μυρία ἂν παρηγάγομεν εἰς ἐπίδειξιν τῆς τῶν ζῴων εὐφυΐας. 2 Ἐκεῖνο δ' ἔτι σκεπτέον. Ἔοικε γὰρ τοῦ πεφυκότος ἢ μέρους ἢ δυνάμεως κατὰ φύσιν τι δέχεσθαι, τοῦ αὐτοῦ εἶναι καὶ εἰς τὸ παρὰ φύσιν ἐμπίπτειν πηρωθὲν ἢ νοσῆσαν, ὥσπερ ὀφθαλμοῦ μὲν εἰς τυφλότητα ἐμπίπτειν, σκέλους δὲ εἰς χωλότητα, καὶ γλώττης εἰς ψελλότητα, ἄλλου δὲ μηδενός. 3 Οὐ γάρ ἐστι τυφλότης μὴ πεφυκότος ὁρᾶν, οὐδὲ χωλότης μὴ πεφυκότος βαδίζειν, ψελλόν τε καὶ ἄναυδον καὶ τραυλὸν μὴ γλῶσσαν ἐχόντων · οὐδ' ἂν παραπαίοντα ἢ παράφορον εἴποις οὐδὲ μαινόμενον, ᾧ μὴ τὸ φρονεῖν καὶ διανοεῖσθαι καὶ λογίζεσθαι κατὰ φύσιν ὑπῆρχεν. Οὐ γάρ ἐστιν ἐν πάθει γενέσθαι μὴ κεκτημένον δύναμιν, ἧς τὸ πάθος ἢ στέρησις ἢ πήρωσις ἤ τις ἄλλη κάκωσίς ἐστιν. 4 Ἀλλὰ μὴν ἐντετύχηκά γε λυττώσαις κυσίν, ἔτι δὲ καὶ ἵπποις · ἔνιοι δὲ καὶ βοῦς φασι μαίνεσθαι καὶ ἀλώπεκας. Ἀρκεῖ δὲ τὸ τῶν κυνῶν · ἀναμφισϐήτητον γάρ ἐστι καὶ μαρτυρεῖ λόγον καὶ διάνοιαν ἔχειν οὐ φαύλην τὸ ζῷον, ἧς ταραττομένης καὶ συγχεομένης ἡ λεγομένη λύττα καὶ μανία πάθος ἐστίν. 5 Οὔτε γὰρ ὄψιν ἀλλοιουμένην αὐτοῖς οὔτε ἀκοὴν ὁρῶμεν, ἀλλ' | ὥσπερ ἀνθρώπου μελαγχολῶντος ἢ παρακόπτοντος ὁ μὴ λέγων ἐξεστάναι καὶ διεφθορέναι τὸ φρονοῦν καὶ [τὸ] λογιζόμενον καὶ μνημονεῦον ἄτοπός ἐστι · καὶ γὰρ ἡ συνήθεια ταῦτά γε κατηγορεῖ τῶν παραφρονούντων μὴ εἶναι παρ' αὑτοῖς ἀλλὰ ἐκπεπτωκέναι τῶν λογισμῶν ·

24. 3^{4} παράφορον codd. : παραφρονοῦν Plut. ‖ ^{8} ἐστιν codd. : ἦν Plut. ‖ 4^{1} μὴν Plut. : μὴ codd. ‖ ^{3} τὸ Plut. : τὰ codd. ‖ ^{4} ἀναμφισϐήτητον γάρ codd. : ὃ ἀναμφ- Plut. ‖ 5^{2} αὐτοῖς codd. : αὐτῶν Plut. ‖ ^{5} τὸ ex Plut. seclusum ‖ ^{6} γε Plut. : τε codd. ‖ ^{7} αὑτοῖς Plut. : αὐτοῖς codd.

maladie du chien enragé est due à une autre cause et que ce n'est pas parce que sa faculté naturelle de penser, raisonner et se souvenir est pleine de trouble et frappée d'égarement, qu'il ne reconnaît pas les visages les plus chéris et fuit les lieux <familiers>, celui-là[1], apparemment ou bien ne voit pas l'évidence ou bien voit en effet la réalité, mais en tire l'occasion de quereller opiniâtrement contre la vérité[2].

6 Voilà donc ce que Plutarque dans plusieurs livres[3] répond aux Stoïciens et aux Péripatéticiens pour réfuter leurs arguments.

Argumentation de Théophraste

25. 1 Et voici l'argumentation de Théophraste[4]. Les enfants issus de la même origine, c'est-à-dire des mêmes père et mère, sont, disons-nous, apparentés par nature les uns aux autres ; et en outre nous disons que les descendants des mêmes grands-parents sont apparentés les uns aux autres tout comme les citoyens d'une même cité le sont par la communauté de la terre et de leurs relations mutuelles : car pour ceux-ci nous ne jugeons plus que c'est le fait d'être issus les uns et les autres des mêmes parents qui les apparente entre eux, sauf dans le cas où leur race a pour fondateurs des premiers ancêtres communs ou descendant des mêmes parents. 2 C'est ainsi, je pense, que nous disons également d'un Grec vis-à-vis d'un autre Grec, d'un Barbare vis-à-vis d'un autre Barbare, de tous les hommes les uns vis-à-vis des autres qu'ils sont parents et de la même race, pour l'une de ces deux raisons, soit pour avoir les mêmes ancêtres, soit pour avoir en commun la nourriture, les mœurs et la même race.

1. Il s'agit à nouveau des Stoïciens : cf. GALIEN, *De Hippocr. et Plat. dogm.* V, 1, p. 407, 3-12 Müller (Lips., 1874), où l'on lit : ψευδεῖ ... δόγματι τῷ τῶν ἄλλων Στωϊκῶν, οἵ γε μέχρι τοσούτου φιλονεικίας ἥκουσιν, ὥστε, ἐπειδὴ τῆς λογικῆς δυνάμεως ἔφασαν εἶναι τὰ πάθη, τοῖς ἀλόγοις ζῴοις μὴ μετέχειν συγχωρεῖν, οἱ πλεῖστοι δὲ οὐδὲ τοῖς παιδίοις, ὅτι δηλαδὴ καὶ ταῦτα οὐδέπω λογικά.

2-4. Voir aux *Notes complémentaires*, p. 250-251.

οὕτως ὁ τοὺς λυττῶντας κύνας ἄλλο τι πεπονθέναι νομίζων, ἀλλ' οὐχὶ τοῦ φρονεῖν πεφυκότος καὶ λογίζεσθαι καὶ μνημονεύειν ἀναπεπλησμένου ταραχῆς καὶ παραπεπαικότος ἀγνοεῖν τὰ φίλτατα πρόσωπα καὶ φεύγειν τὰς ⟨συντρόφους⟩ διαίτας, ἢ παρορᾶν τὸ φαινόμενον ἔοικεν ἢ συνορῶν τὸ γιγνόμενον ἐξ αὐτοῦ φιλονεικεῖν πρὸς τὴν ἀλήθειαν.

6 Τὰ μὲν δὴ τοῦ Πλουτάρχου ἐν πολλοῖς βιβλίοις πρὸς τοὺς ἀπὸ τῆς Στοᾶς καὶ τοῦ Περιπάτου εἰς ἀπάντησιν εἰρημένα ἐστὶ τοιαῦτα.

25. 1 Θεόφραστος δὲ καὶ τοιούτῳ κέχρηται λόγῳ. Τοὺς ἐκ τῶν αὐτῶν γεννηθέντας, λέγω δὲ πατρὸς καὶ μητρός, οἰκείους εἶναι φύσει φαμὲν ἀλλήλων · καὶ τοίνυν καὶ τοὺς ἀπὸ τῶν αὐτῶν προπατόρων σπαρέντας οἰκείους ἀλλήλων εἶναι νομίζομεν καὶ μέντοι ⟨καὶ⟩ τοὺς ἑαυτῶν πολίτας τῷ τῆς τε γῆς καὶ ⟨τῆς⟩ πρὸς ἀλλήλους ὁμιλίας κοινωνεῖν. Οὐ γὰρ ἐκ τῶν αὐτῶν ἔτι τότε τοιούτους ἀλλήλοις φύντας οἰκείους αὑτοῖς εἶναι κρίνομεν, εἰ μὴ ἄρα | τινὲς τῶν πρώτων αὐτοῖς προγόνων οἱ αὐτοὶ τοῦ γένους ἀρχηγοὶ πεφύκασιν ἢ ἀπὸ τῶν αὐτῶν. 2 Οὕτω δὲ [καὶ] οἶμαι καὶ τὸν Ἕλληνα μὲν τῷ Ἕλληνι, τὸν δὲ βάρβαρον τῷ βαρβάρῳ, πάντας δὲ τοὺς ἀνθρώπους ἀλλήλοις φαμὲν οἰκείους τε καὶ συγγενεῖς εἶναι, δυοῖν θάτερον, ἢ τῷ προγόνων εἶναι τῶν αὐτῶν, ἢ τῷ τροφῆς καὶ ἠθῶν καὶ ταὐτοῦ γένους κοινωνεῖν. 3 Οὕτω δὲ καὶ τοὺς πάντας

24. 5[10-11] παραπεπαικότος Nauck : -πεπτωκότος codd. -πεπαικότας Plut. ‖ [12] συντρόφους ex Plut. additum ‖ **25.** 1[5] alt. καὶ add. Nauck ‖ [6] alt. τῆς add. Nauck ‖ [8] αὑτοῖς Va. : αὐτοῖς codd. ‖ 2[1] pr. καὶ secl. Nauck.

3 Pareillement nous posons que tous les hommes[1] mais aussi tous les animaux sont de la même race, parce que les principes de leur corps sont par nature les mêmes (en parlant ainsi je ne me réfère pas aux premiers éléments[2] — car les plantes en proviennent aussi —, mais je pense à la peau, aux chairs et à ce genre d'humeurs inhérentes aux animaux), et beaucoup plus encore parce que l'âme qui est en eux n'est pas différente par nature, sous le rapport des appétits, des mouvements de colère, des raisonnements aussi et par-dessus tout des sensations[3]. Mais comme pour le corps, certains animaux ont de même l'âme parfaite tandis que pour d'autres elle l'est moins ; pour tous cependant les principes sont par nature les mêmes[4]. La parenté des affections le montre aussi.

4 Si ce qu'on dit de l'origine des mœurs est vrai, toutes les espèces sont intelligentes, mais elles diffèrent par l'éducation et par la composition du mélange des premiers éléments. Sous tous les rapports donc la race des autres animaux nous serait apparentée et serait la même que la nôtre : car les moyens de subsister sont les mêmes pour tous ainsi que l'air qu'ils respirent, selon Euripide[5], et un sang rouge coule en tous les animaux et tous montrent qu'ils ont en commun pour père et mère le ciel et la terre[6].

Conclusion et exhortation finale

26. 1 Ainsi puisqu'ils sont de la même race, s'il apparaissait, selon Pythagore[7], qu'ils ont reçu aussi la même âme que nous[8], on serait à bon droit jugé impie de ne pas s'abstenir d'être injuste envers des parents[9]. 2 Le fait que certains sont des animaux féroces ne rompt nullement ce lien

1-7. Voir aux *Notes complémentaires*, p. 251-252.

8. Cf. *supra*, 1, 4.

9. Pour Pythagore les idées de parenté et de justice sont liées : cf. Jamblique, *V. Pyth.* 108 : προσέταξεν ἀπέχεσθαι τῶν ἐμψύχων · ἅτε γὰρ βουλομένους ἄκρως δικαιοπραγεῖν ἔδει δήπου μηδὲν ἀδικεῖν τῶν συγγενῶν ζῴων ; voir aussi *V. Pyth.* 69 (39, 16 sq. Deubner).

ἀνθρώπους ἀλλήλοις τίθεμεν [καὶ] συγγενεῖς, καὶ μὴν ⟨καὶ⟩ πᾶσι τοῖς ζῴοις· αἱ γὰρ τῶν σωμάτων ἀρχαὶ πεφύκασιν αἱ αὐταί· λέγω δὲ οὐκ ἐπὶ τὰ στοιχεῖα ἀναφέρων τὰ πρῶτα· ἐκ τούτων μὲν γὰρ καὶ τὰ φυτά· ἀλλ' οἷον δέρμα, σάρκας καὶ τὸ τῶν ὑγρῶν τοῖς ζῴοις σύμφυτον γένος· πολὺ δὲ μᾶλλον τῷ τὰς ἐν αὐτοῖς ψυχὰς ἀδιαφόρους πεφυκέναι, λέγω δὴ ταῖς ἐπιθυμίαις καὶ ταῖς ὀργαῖς, ἔτι δὲ τοῖς λογισμοῖς καὶ μάλιστα πάντων ταῖς αἰσθήσεσιν. Ἀλλ' ὥσπερ τὰ σώματα, οὕτω καὶ τὰς ψυχὰς τὰ μὲν ἀπηκριβωμένας ἔχει τῶν ζῴων, τὰ δὲ ἧττον τοιαύτας, πᾶσί γε μὴν αὐτοῖς αἱ αὐταὶ πεφύκασιν ἀρχαί. Δηλοῖ δὲ ἡ τῶν παθῶν οἰκειότης.

4 Εἰ δὲ ἀληθές ἐστι τὸ λεγόμενον, ὡς ἡ τῶν ἠθῶν γένεσίς ἐστι τοιαύτη, φρονοῦσι μὲν ἅπαντα φῦλα, διαφέρουσι δὲ ταῖς ἀγωγαῖς τε καὶ ταῖς τῶν πρώτων κράσεσιν. Παντάπασιν ἂν οἰκεῖον εἴη καὶ συγγενὲς ἡμῖν | τὸ τῶν λοιπῶν ζῴων γένος· καὶ γὰρ τροφαὶ [πᾶσαι] αἱ αὐταὶ πᾶσιν αὐτοῖς καὶ πνεύματα, ὡς Εὐριπίδης, καὶ φοινίους ἔχει ῥοὰς τὰ ζῷα πάντα καὶ κοινοὺς ἁπάντων δείκνυσι γονεῖς οὐρανὸν καὶ γῆν.

26. 1 Ὥστε συγγενῶν ὄντων, εἰ φαίνοιτο κατὰ Πυθαγόραν καὶ [τὴν] ψυχὴν τὴν αὐτὴν εἰληχότα, δικαίως ἄν τις ἀσεβὴς κρίνοιτο τῶν οἰκείων τῆς ἀδικίας μὴ ἀπεχόμενος. 2 Οὐ μὴν ὅτι τινὰ ἄγρια αὐτῶν, διὰ τοῦτο τὸ οἰκεῖον ἀποκέκοπται· οὐθὲν γὰρ ἧττον ἀλλὰ καὶ μᾶλλον

25. 3[2] pr. καὶ secl. Be. || [3] καὶ add. Be. || γὰρ Be. : τε codd. || [5] τούτων Fe. : τούτου codd. || [6] δέρμα Be. : σπέρμα codd. || σάρκας codd. : καὶ σάρκας prop. Nauck || [10] οὕτω hic transp. Re. : post ψυχὰς habent codd. || 4[5] πᾶσαι secl. Re. || **26.** 1[2] pr. τὴν secl. Nauck

de parenté : il est des hommes qui ne leur cèdent en rien, mais plutôt sont pires, pour faire du mal à leurs prochains et se laisser emporter à nuire à n'importe qui, comme poussés par une sorte d'inspiration venant de leur nature particulière et de leur méchanceté[1] ; cela nous conduit à les faire périr, mais non pas à rompre notre relation avec ce qui n'est pas féroce. 3 De même, s'il y a aussi des animaux féroces, nous devons comme tels les faire périr, comme nous faisons périr de tels hommes, mais <sans> renoncer à notre relation aux autres moins féroces. Et il ne faut manger ni les uns ni les autres, pas plus que les hommes injustes. 4 Dès lors notre injustice est grande lorsque nous faisons périr les animaux non féroces aussi bien que les animaux féroces et injustes, et que nous mangeons les premiers : nous sommes doublement injustes, parce que nous les faisons périr bien que non féroces et parce que nous en faisons un festin, leur mort n'ayant pas d'autre justification que cette pâture. 5 On pourrait ajouter encore aux précédentes des raisons comme celles-ci : dire que[2] le fait d'étendre aux animaux le droit détruit le droit, c'est ne pas voir qu'on ne sauvegarde pas ainsi la justice, mais qu'on renforce le plaisir, qui est l'ennemi de la justice. En tout cas quand le plaisir est la fin, on voit périr la justice[3]. 6 Qui ne voit clairement en effet que le respect de la justice grandit avec la pratique de l'abstinence? Celui qui s'abstient de porter atteinte à tout être animé, même s'il s'agit d'êtres qui n'entrent pas avec lui en société, s'abstiendra à bien plus forte raison de nuire à ses congénères[4]. Car l'ami du genre ne haïra pas l'espèce, mais plutôt, plus grande sera son amitié pour le genre animal, plus grande aussi sera la justice[5] qu'il gardera pour la partie qui lui est apparentée.

1-4. Voir aux *Notes complémentaires*, p. 252.

5. Le substantif féminin auquel renvoie ταύτην n'est sûrement pas οἰκείωσις, comme le veut Nauck à la suite de Reiske, mais δικαιοσύνη, qui est ici l'objet du débat et qui accompagne volontiers διασῴζω, comme plus haut en 26, 5.

τῶν ἀνθρώπων ἔνιοι κακοποιοί τε τῶν πλησίον εἰσὶ καὶ φέρονται πρὸς τὸ βλάπτειν τὸν ἐντυχόντα καθάπερ ὑπό τινος πνοῆς τῆς ἰδίας φύσεως καὶ μοχθηρίας· διὸ καὶ ἀναιροῦμεν τούτους, οὐ μέντοι ἀποκόπτομεν τὴν πρὸς τὸ ἥμερον σχέσιν. 3 Οὕτως οὖν, εἰ καὶ τῶν ζῴων τινὰ ἄγρια, ἐκεῖνα μὲν ὡς τοιαῦτα ἀναιρετέον καθάπερ καὶ τοὺς τοιούτους ἀνθρώπους, τῆς δὲ πρὸς τὰ λοιπὰ καὶ ἡμερώτερα σχέσεως ⟨οὐκ⟩ ἀποστατέον· ἑκατέρων δὲ οὐδέτερα βρωτέον, ὡς οὐδὲ τοὺς ἀδίκους τῶν ἀνθρώπων. 4 Νῦν δὲ πολὺ τὸ ἄδικον ποιοῦμεν ἀναιροῦντες μὲν καὶ τὰ ἥμερα [ὅτι] καὶ τὰ ἄγρια καὶ τὰ ἄδικα, ἐσθίοντες δὲ τὰ ἥμερα· κατ' ἄμφω γὰρ ἄδικοι, ὅτι ἥμερα ὄντα ἀναιροῦμεν καὶ ὅτι ταῦτα θοινώμεθα, καὶ ψιλῶς ὁ τούτων θάνατος εἰς τὴν βορὰν ἔχει τὴν ἀναφοράν. 5 Προσθείη δ' ἄν τις τούτοις καὶ τὰ τοιαῦτα. Ὁ γὰρ λέγων ὅτι ὁ παρεκτείνων τὸ δίκαιον ἄχρι τῶν ζῴων φθείρει τὸ δίκαιον, ἀγνοεῖ ὡς αὐτὸς οὐ τὴν | δικαιοσύνην διασῴζει, ἀλλ' ἡδονὴν ἐπαύξει, ἥ ἐστι δικαιοσύνῃ πολέμιον. Ἡδονῆς γοῦν οὔσης τέλους, δείκνυται δικαιοσύνη ἀναιρουμένη. 6 Ἐπεὶ ὅτι τὸ δίκαιον συναύξεται διὰ τῆς ἀποχῆς τίνι οὐ δῆλον; Ὁ γὰρ ἀπεχόμενος παντὸς ἐμψύχου, κἂν μὴ τῶν συμβαλλόντων αὐτῷ εἰς κοινωνίαν, πολλῷ μᾶλλον πρὸς τὸ ὁμογενὲς τῆς βλάβης ἀφέξεται. Οὐ γὰρ ὁ τὸ γένος φιλῶν τὸ εἶδος μισήσει, ἀλλὰ μᾶλλον ὅσῳ μεῖζον τὸ γένος τὸ τῶν ζῴων, τοσούτῳ καὶ πρὸς τὸ μέρος καὶ τὸ οἰκεῖον

26. 3[4] οὐκ add. Fo. || ἑκατέρων Be. : -ρως codd. || 4[2] ὅτι del. Nauck.

7 Donc qui se regarde comme apparenté à l'animal en général ne sera pas injuste envers tel animal en particulier ; mais qui circonscrit à l'homme le droit est tout prêt, forcé en quelque sorte dans son réduit, à renverser la barrière qui retient l'injustice[1]. 8 Aussi l'assaisonnement de Pythagore est-il plus savoureux encore que celui de Socrate[2], pour qui l'assaisonnement de la nourriture était d'avoir faim ; pour Pythagore le sentiment de n'être injuste envers personne y ajoutait encore la saveur de la justice : car éviter de se nourrir de chair animale, c'était éviter de commettre des injustices pour se nourrir. 9 Assurément Dieu n'a pas fait qu'il nous fût impossible d'assurer notre propre sauvegarde sans faire du mal à autrui : c'eût été en effet nous donner notre nature comme un principe d'injustice[3]. Il semble bien que ceux-là encore n'ont pas vu le caractère propre de la justice qui ont pensé la faire venir de la parenté avec les hommes[4] : on aurait ainsi une sorte de philanthropie[5], alors que la justice consiste à s'abstenir de porter atteinte ou de nuire à tout être innocent quel qu'il soit. C'est comme ceci que se conçoit l'homme juste, non comme cela : en sorte qu'on doit étendre jusqu'aux animaux[6] la justice qui consiste à ne pas nuire. 10 Voilà pourquoi elle est essentiellement domination du rationnel sur l'irrationnel, et soumission de l'irrationnel[7]. Car lorsque l'un domine et que l'autre se soumet, c'est une nécessité absolue que l'homme ne nuise à nul être. Car lorsque, les passions étant réprimées et les appétits et les colères éteints, la raison obtient la domination qui lui revient en propre, il s'ensuit aussitôt l'assimilation au Supérieur[8]. 11 Le Supérieur dans l'univers est, on le sait, totalement

1. Voir aux *Notes complémentaires*, p. 252-253.
2. Cf. Xénophon, *Mémorables*, I, 3, 5.
3. Cf. Plutarque, *Sept. sap. conv.* 16, 159 C : Ὧι δὲ ἄνευ κακώσεως ἑτέρου τὴν αὑτοῦ σωτηρίαν ἀμήχανον ὁ θεὸς πεποίηκε, τούτῳ τὴν φύσιν ἀρχὴν ἀδικίας προσέθεικεν.
4. Le texte vise ici les Stoïciens, qui bornent les relations de droit aux seuls êtres raisonnables ; cf. *supra*, I, 4, 1.
5-8. Voir aux *Notes complémentaires*, p. 253.

ταύτην διασώσει. 7 Ὁ τοίνυν τὴν οἰκείωσιν πεποιημένος πρὸς τὸ ζῷον, οὗτος καὶ τό τι ζῷον οὐκ ἀδικήσει· ὁ δὲ μόνον περιγράψας ἐν ἀνθρώπῳ τὸ δίκαιον ἕτοιμός ἐστιν ὡς ἐν στενῷ ἀπορρῖψαι τὴν ἄφεξιν τῆς ἀδικίας. 8 Ὥστε καὶ τοῦ Σωκρατικοῦ ὄψου ἥδιον τὸ Πυθαγόρειον. Ὁ μὲν γὰρ ὄψον τροφῆς τὸ πεινῆν ἔλεγε, Πυθαγόρας δὲ τὸ μηθένα ἀδικεῖν καὶ ἐφηδύνειν δικαιοσύνῃ τὸ ὄψον. Ἡ γὰρ φυγὴ τῆς ἐμψύχου τροφῆς φυγὴ ἦν τῶν περὶ τὴν τροφὴν ἀδικημάτων. 9 Οὐ γὰρ δὴ μὴ μετὰ κακώσεως ἑτέρου τὴν ἑαυτῶν σωτηρίαν ἀμήχανον ἡμῖν ὁ θεὸς ἐποίησεν· ἐπεὶ οὕτω γε τὴν φύσιν ἡμῖν ἀρχὴν ἀδικίας προσετίθει. Μήποτε δὲ καὶ ἀγνοεῖν οὗτοι ἐοίκασι τὸ ἰδίωμα τῆς δικαιοσύνης, ὅσοι ἐκ τῆς πρὸς ἀνθρώπους οἰκειώ|σεως εἰσάγειν ταύτην ᾠήθησαν· αὕτη μὲν γὰρ φιλανθρωπία τις ἂν εἴη, ἡ δὲ δικαιοσύνη ἐν τῷ ἀφεκτικῷ καὶ ἀβλαβεῖ κεῖται παντὸς ὁτουοῦν τοῦ μὴ βλάπτοντος. Καὶ οὕτω γε νοεῖται ὁ δίκαιος, οὐκ ἐκείνως· ὡς διατείνειν τὴν δικαιοσύνην καὶ ἄχρι τῶν ἐμψύχων κειμένην ἐν τῷ ἀβλαβεῖ. 10 Διὸ καὶ ἡ οὐσία αὐτῆς ἐν τῷ τὸ λογιστικὸν ἄρχειν τοῦ ἀλόγου, ἕπεσθαι δὲ τὸ ἄλογον. Ἄρχοντος γὰρ τούτου, τοῦ δ' ἑπομένου, πᾶσα ἀνάγκη ἀβλαβῆ εἶναι πρὸς πάν ὁτιοῦν ἄνθρωπον. Συνεσταλμένων γὰρ τῶν παθῶν καὶ τῶν ἐπιθυμιῶν καὶ ὀργῶν μεμαρασμένων, τοῦ δὲ λογισμοῦ τὴν οἰκείαν ἔχοντος ἀρχήν, εὐθὺς ἡ ὁμοίωσις ἕπεται ἡ πρὸς τὸ κρεῖττον. 11 Τὸ δὲ ἐν τῷ παντὶ κρεῖττον πάντως

26. 7[4] ἀπορρῖψαι He. : ἀπορίψαι codd. || ἄφεξιν scripsi duce Nauck : ἔφ- codd. || 9[6] ταύτην ed. pr. : ταύτη codd.

innocent : lui, par sa puissance, était sauvegarde[1] pour tout être, bienfaisance pour tout être[2], indépendance à l'égard de tout être ; nous, par la justice, nous ne nuisons à personne, mais, à cause de notre élément mortel, nous dépendons des choses nécessaires. 12 Prendre les choses nécessaires ne nuit pas aux plantes, quand nous prenons ce qu'elles laissent tomber, ni aux fruits, quand nous en usons après qu'ils sont morts, ni aux brebis alors que par la tonte nous leur rendons plutôt service et que nous partageons leur lait en leur donnant nos soins[3]. 13 Aussi le juste apparaît-il comme voulant s'amoindrir lui-même de ce qui en lui est corporel, et cela sans injustice envers lui-même : car il accroît par l'éducation du corps[4] et sa maîtrise le bien intérieur, c'est-à-dire l'assimilation à Dieu.

27. 1 Si la fin est le plaisir, la justice véritable ne peut être sauvegardée[5], ni si l'on attend la plénitude de son bonheur des biens qui sont premiers selon la nature[6] ou du moins si on se les propose tous. Chez beaucoup en effet les mouvements de la nature irrationnelle et les besoins donnent le signal de l'injustice. Dès lors la zoophagie est un besoin, afin de conserver la nature, comme ils disent[7], à l'abri de la souffrance et du besoin des choses qu'elle désire. Mais si la fin est de s'assimiler le plus possible à Dieu, l'innocence envers tous les êtres est sauvegardée. 2 De même donc que l'homme qui se laisse conduire par ses passions, du fait qu'il limite son innocence à ses enfants et à sa femme, plein de mépris et de convoitises envers les autres, éveille en lui, où l'irrationnel vient à dominer,

1-2. Voir aux *Notes complémentaires*, p. 253-254.

3. Sur cet argument cf. *supra*, II, 13, 1 (citation de Théophraste).

4. Sur cette image du Pédagogue, c'est-à-dire la raison, qui doit éduquer, discipliner l'enfant qui est en nous, c'est-à-dire l'irrationnel, les passions du corps, cf. *supra*, I, 44, 2 ; 45, 1 et 4, et *Notice* t. I, p. 11-12.

5. Cf. *supra*, p. 187, n. 3.

6-7. Voir aux *Notes complémentaires*, p. 254.

ἦν ἀβλαβές, καὶ αὐτὸ μὲν διὰ δύναμιν καὶ σωστικὸν πάντων καὶ εὐποιητικὸν πάντων καὶ ἀπροσδεὲς πάντων· ἡμεῖς δὲ διὰ μὲν δικαιοσύνην ἀβλαβεῖς πάντων, διὰ δὲ τὸ θνητὸν ἐνδεεῖς τῶν ἀναγκαίων. 12 Ἡ δὲ τῶν ἀναγκαίων λῆψις οὐ βλάπτει οὔτε φυτά, ὅταν ἃ ἀποβάλλουσι λάβωμεν, οὔτε καρπούς, ὅταν τεθνηκότων χρησώμεθα τοῖς καρποῖς, οὔτε πρόβατα, ὅταν διὰ τῆς κουρᾶς αὐτὰ μᾶλλον ὀνήσωμεν καὶ τοῦ γάλακτος κοινωνήσωμεν παρέχοντες αὐτοῖς τὴν ἐξ ἡμῶν ἐπιμέλειαν. 13 Διὸ προσπίπτει ὁ δίκαιος οἷον ἐλαττωτικὸς ἑαυτοῦ τῶν κατὰ σῶμα, οὐκ ἀδικεῖ δὲ ἑαυτόν· αὔξει γὰρ τῇ τούτου παιδαγωγίᾳ καὶ ἐγκρατείᾳ τὸ ἐντὸς ἀγαθόν, τουτέστιν ἡ πρὸς θεὸν ὁμοίωσις.

27. 1 Οὔτε τοίνυν ἡδονῆς οὔσης τέλους ἡ ὄντως σῴζεται δικαιοσύνη, οὔτε | τῶν πρώτων κατὰ φύσιν συμπληρούντων τὴν εὐδαιμονίαν, ἢ ἐκκειμένων γε πάντων. Ἐν πολλοῖς γὰρ τὰ τῆς ἀλόγου κινήματα φύσεως καὶ αἱ χρεῖαι ἀδικίας κατάρχει. Αὐτίκα τῆς ζῳοφαγίας ἐδεήθησαν, ἵνα τὴν φύσιν, ὥς φασιν, διαφυλάξωσιν ἀλύπητον καὶ ἀνενδεᾶ ὧν ὀρέγεται. Τοῦ δ' ὁμοιοῦσθαι θεῷ ὄντος τέλους ὡς ἔνι μάλιστα, σῴζεται τὸ ἀβλαβὲς ἐν ἅπασιν. 2 Ὅνπερ τοίνυν τρόπον ὁ πάθεσιν ἀγόμενος πρὸς μόνα τέκνα καὶ γυναῖκα ἀβλαβής, τῶν δὲ ἄλλων καταφρονητικὸς καὶ πλεονέκτης, ὡς ἂν τοῦ ἀλόγου κρατοῦντος ἐν αὐτῷ, πρὸς

26. 13[1] προσπίπτει Fo. : προ- codd.

le désir des réalités mortelles qui le laissent stupide, tandis que celui qui se laisse conduire par la raison tâche d'observer l'innocence envers ses concitoyens aussi et plus encore[1] envers les étrangers et envers tout homme, lui qui tient la partie irrationnelle sujette[2], plus raisonnable que les premiers et donc plus divin, — de même celui qui ne limite pas l'innocence aux seuls hommes, mais l'étend encore aux autres animaux, est plus semblable à Dieu, et, s'il peut l'étendre jusqu'aux plantes, il sauvegarde encore plus l'image de Dieu[3]. 3 Toujours est-il que l'infériorité de notre nature et, ce que déploraient les Anciens, que

« de pareilles querelles et pareilles discordes nous fussions enfantés »[4]

viennent de là, de notre impuissance à conserver pur et innocent vis-à-vis de tous les êtres ce qu'il y a en nous de divin : c'est que vis-à-vis de tous nous n'étions pas sans besoin. 4 La cause en est la génération et le fait que nous sommes engendrés dans l'Indigence[5], Expédient ayant disparu. Or Indigence tirait d'autrui sa sauvegarde et l'ordre par quoi elle recevait l'être. Par conséquent plus on a besoin de secours extérieurs, plus on est cloué[6] à Indigence ; et plus nombreux sont les besoins, moins on participe à Dieu et plus on vit dans la compagnie d'Indigence. 5 Car qui est semblable à Dieu possède aussitôt par cette ressemblance la richesse vraie ; et qui est riche et sans aucun besoin ne commet pas l'injustice : car aussi longtemps qu'on commet l'injustice, possédât-on toutes les richesses et toute l'étendue de la terre, on est pauvre puisqu'on vit dans la compagnie d'Indigence et qu'on est par là injuste, loin de Dieu, impie et asservi à toute malice, dont l'existence, qui est une privation du bien, a été produite par la chute de l'âme dans la matière.

1. Ἔτι μᾶλλον, Nauck supprimait ces mots, à tort, semble-t-il : il faut donner à τηρεῖ une valeur d'effort et y voir le souci de la plus difficile perfection, comme il est dit à la fin du paragraphe 2.

2-6. Voir aux *Notes complémentaires*, p. 254-255.

τὰ θνητὰ ἐγείρεται καὶ ταῦτα ἐκπλήττεται, ὁ δὲ λόγῳ ἀγόμενος καὶ πρὸς πολίτην τηρεῖ τὸ ἀβλαβὲς καὶ ἔτι μᾶλλον πρὸς ξένους καὶ πρὸς πάντας ἀνθρώπους, ὁ τὴν ἀλογίαν ἔχων ὑπήκοον, καὶ αὐτὸς παρ' ἐκείνους λογικώτερος, διὰ ταῦτα δὲ καὶ θειότερος· οὕτως ὁ μὴ μόνον στήσας τὸ ἀβλαβὲς ἐν ἀνθρώποις, παρατείνας δὲ καὶ εἰς τὰ ἄλλα ζῷα μᾶλλον ὅμοιος θεῷ, καὶ εἰ ἄχρι φυτῶν δυνατόν, ἔτι μᾶλλον σῴζει τὴν εἰκόνα. 3 Εἰ δὲ μή, ἀλλ' ἐντεῦθέν γε τὸ τῆς φύσεως ἡμῶν ἐλάττωμα, ἐντεῦθεν τὸ θρηνούμενον πρὸς τῶν παλαιῶν, ὡς

τοίων ἔκ τ' ἐρίδων ἔκ τε νεικέων γενόμεσθα,

ὅτι τὸ θεῖον καὶ ἀκήρατον καὶ ἐν πᾶσιν ἀβλαβὲς σῴζειν οὐ δυνάμεθα· οὐ γὰρ ἐν πᾶσιν ἦμεν ἀπροσδεεῖς. 4 Αἰτία δὲ ἡ γένεσις καὶ τὸ ἐν τῇ πενίᾳ ἡμᾶς γενέσθαι, | τοῦ πόρου ἀπορρυέντος. Ἡ δὲ πενία ἐξ ἀλλοτρίων τὴν σωτηρίαν καὶ τὸν κόσμον, δι' οὗ τὸ εἶναι ἐλάμβανεν, ἐκτᾶτο. Ὅστις οὖν πλειόνων δεῖται τῶν ἔξωθεν, ἐπὶ πλέον τῇ πενίᾳ προσήλωται· καὶ ὅσῳ πλεόνων ἐνδεής, τοσούτῳ θεοῦ μὲν ἄμοιρος, πενίᾳ δὲ σύνοικος. 5 Τὸ γὰρ θεῷ ὅμοιον τῇ ὁμοιώσει εὐθὺς πλοῦτον ἔχει τὸν ἀληθινόν. Πλουτῶν δὲ οὐδεὶς καὶ χρῄζων μηδενὸς ἀδικεῖ· ἕως γὰρ ἀδικεῖ, κἂν πάντα ἔχῃ χρήματα κἂν πάντα τῆς γῆς πλέθρα, πένης ἐστὶ πενίᾳ ὑπάρχων σύνοικος, διὰ ταῦτα δὴ καὶ ἄδικος καὶ ἄθεος καὶ ἀσεβὴς καὶ πάσῃ κακίᾳ ἔνοχος, ἧς τὴν ὑπόστασιν ἡ πρὸς τὴν ὕλην τῆς ψυχῆς πτῶσις κατὰ στέρησιν τοῦ ἀγαθοῦ παρήγαγεν. 6 Λῆρος

6 Par conséquent tout est niaiserie aussi longtemps qu'on s'égare loin du principe ; on manque de tout aussi longtemps qu'on ne regarde pas vers Expédient ; et l'on cède à la partie mortelle de sa nature aussi longtemps qu'on n'a pas appris à connaître son être véritable[1]. L'injustice est très habile à se persuader elle-même et à corrompre ceux qu'elle tient sous sa coupe, parce que ses rapports avec ses nourrissons s'accompagnent de plaisir. 7 De même que dans le choix des vies[2], celui qui a l'expérience des deux est un juge plus exact que celui qui n'en a essayé qu'une seule, de même dans le choix ou le rejet des devoirs moraux, celui qui d'en haut a une vue d'ensemble est un juge plus sûr, même des réalités inférieures, que celui qui juge d'en bas ce qu'il a devant les yeux. Aussi celui qui vit selon l'intellect détermine-t-il plus exactement que celui qui vit selon la partie irrationnelle, les choix à faire et à ne pas faire ; car il a aussi une longue expérience de l'irrationnel, puisqu'au début il a eu commerce avec lui : mais celui qui ignore tout des choses de l'intellect séduit ses semblables, enfant qui débite des sornettes à des enfants. 8 Mais, disent-ils, à supposer que tous puissent se rendre à ces raisons, que nous arrivera-t-il ? Rien d'autre évidemment que d'être heureux, l'injustice étant bannie de chez les hommes et la justice devenant citoyenne de ce monde comme elle l'est du ciel. 9 C'est dès lors comme si[3] les Danaïdes elles-mêmes étaient en peine de ce que sera leur vie une fois qu'elles seront affranchies de leur tâche de remplir le tonneau percé au moyen du crible. Car ils sont en peine de ce qui arrivera, à supposer que nous puissions cesser de nous

1. Cf. *D.A.* I, 29, 4 et *Introduction*, t. I, p. LV-LVI ; voir aussi *Sent.* 40, p. 50, 16-21 Lamberz : « ceux qui peuvent aller intellectivement vers leur propre essence et connaître leur propre essence (τὴν αὑτῶν γιγνώσκειν οὐσίαν) et qui, par cette connaissance et par la science de cette connaissance, peuvent se ressaisir (ἀπολαμβάνειν) eux-mêmes dans l'unité du connaissant et du connu, ceux-là, parce qu'ils sont présents à eux-mêmes, l'être aussi leur est présent ». Pour l'expression τὸν ὄντως ἑαυτὸν, cf. P. Hadot, *Porphyre...*, t. I, p. 91, n. 1 et 327, n. 5.

2-3. Voir aux *Notes complémentaires*, p. 255-256.

οὖν πάντα, ἕως τις τῆς ἀρχῆς ἀπέσφαλται, καὶ ἐνδεὴς πάντων, ἕως οὗ πρὸς τὸν πόρον οὐ βλέπει, εἴκει τε τῷ θνητῷ τῆς φύσεως αὑτοῦ, ἕως τὸν ὄντως ἑαυτὸν οὐκ ἐγνώρισεν. Δεινὴ δὲ ἡ ἀδικία πείθειν ἑαυτὴν καὶ δεκάζειν τοὺς ὑπ' αὐτῇ συνεχομένους, διότι σὺν ἡδονῇ προσομιλεῖ τοῖς τροφίμοις. 7 Ὥσπερ δὲ ἐν βίων αἱρέσεσιν ἀκριβέστερος κριτὴς ὁ πεῖραν ἀμφοῖν εἰληφὼς τοῦ θατέρου πειραθέντος μόνου, οὕτως ἐν αἱρέσεσι καὶ φυγαῖς καθηκόντων ἀσφαλέστερος κριτὴς ὁ ἐκ τοῦ ἐπαναβεβηκότος κρίνων καὶ τὸ ἧττον τοῦ κάτωθεν κρίνοντος τὰ προκείμενα. Ὥστε ὁ κατὰ νοῦν ζῶν τοῦ κατὰ τὴν ἀλογίαν ἀκριβέστερος ὁριστὴς ὧν τε αἱρετέον καὶ ὧν μή· διῆλθε γὰρ καὶ δι' ἀλογίας, | ἅτε ἐξ ἀρχῆς ταύτῃ προσομιλήσας· ὁ δὲ ἄπειρος ὢν τῶν κατὰ νοῦν πείθει τοὺς ὁμοίους, παῖς ἐν παισὶ φλυαρῶν. 8 Ἀλλ' εἰ πάντες, φασί, τούτοις πεισθεῖεν τοῖς λόγοις, τί ἡμῖν ἔσται; Ἢ δῆλον ὡς εὐδαιμονήσομεν, ἀδικίας μὲν ἐξορισθείσης ἀπ' ἀνθρώπων, δικαιοσύνης δὲ πολιτευομένης καὶ παρ' ἡμῖν, καθάπερ καὶ ἐν οὐρανῷ. 9 Νῦν δ' ὅμοιον, ὡς εἰ [καὶ] αἱ Δαναΐδες ἠπόρουν τίνα βίον βιώσονται ἀπαλλαγεῖσαι τῆς περὶ τὸν τετρημένον πίθον διὰ τοῦ κοσκίνου λατρείας. Τί γὰρ ἔσται ἀποροῦσιν, εἰ παυσαίμεθα ἐπιφοροῦντες εἰς τὰ

27. 6[3] πόρον Re. : κόρον codd. || [4] αὑτοῦ Nauck : αὐτοῦ codd. || [5] δεκάζειν Fo. : δι- codd. || 7[7] αἱρετέον Re. : αἱρετὸν codd. || 9[1] καὶ ex Plut. seclusum.

porter vers nos passions et nos désirs, dont le flot ne s'échappe qu'à cause de notre ignorance des belles choses, amoureux que nous sommes de cette vie limitée aux besoins nécessaires et vouée à leur recherche. 10 Donc que ferons-nous, demandes-tu, ô homme[1]? Nous imiterons les hommes de l'âge d'or, nous imiterons les affranchis. Avec les premiers habitaient Aïdos et Némésis[2] et Dikè, parce qu'ils se contentaient du fruit de la terre : ce fruit que pour eux

« portait la terre féconde,
d'elle-même, en abondance et à profusion » ;

quant aux affranchis, ce qu'au temps de leur servitude ils procuraient à leurs maîtres, ils se le procurent maintenant à eux-mêmes. 11 Pareillement donc toi aussi, affranchi de l'esclavage du corps et du service de ses passions, comme tu leur donnais toute sorte de nourritures extérieures, ainsi tu te donneras à toi-même toute sorte de nourritures intérieures, possédant à nouveau[3] dans la justice ton bien propre sans plus enlever par force celui d'autrui.

1. L'introduction de cette apostrophe confère un caractère parénétique à la fin du livre III, et elle pourrait se rapporter à Firmus Castricius auquel l'ouvrage est dédié (sur ce procédé, cf. J. WACKERNAGEL, *Ueber einige antike Anredeformen*, Progr. Göttingen, 1912). — Le thème de l'âge d'or, qui fait son apparition ici, sera longuement développé au début du livre IV du *D.A.*

2. Cf. HÉSIODE, *Travaux*, 200 et, pour Dikè, 256. Et pour la citation suivante *ibid.* 117-118.

3. Ἀπολαμβάνειν : on a déjà rencontré ce verbe *supra*, p. 191, n. 1 dans *Sent.* 40, p. 50, 19 ; voir encore *ibid.*, p. 51, 11 ἑαυτούς τε ἀπολαμβάνειν καὶ τῷ θεῷ συναπτόμενοι. L'emploi technique de ce verbe par Porphyre a été examiné par W. THEILER, *Forschungen...*, p. 217.

πάθη ἡμῶν καὶ τὰς ἐπιθυμίας, ὧν τὸ πᾶν διαρρεῖ ἀπειρίᾳ τῶν καλῶν τὸν ἐπὶ τοῖς ἀναγκαίοις καὶ ὑπὲρ τῶν ἀναγκαίων στεργόντων ἡμῶν βίον. 10 Τί τοίνυν πράξομεν, ἐρωτᾷς, ὦ ἄνθρωπε ; Μιμησόμεθα τὸ χρυσοῦν γένος, μιμησόμεθα τοὺς ἐλευθερωθέντας. Μεθ' ὧν μὲν γὰρ Αἰδὼς καὶ Νέμεσις ἥ τε Δίκη ὡμίλει, ὅτι ἠρκοῦντο τῷ ἐκ γῆς καρπῷ · καρπὸν γάρ σφισιν

ἔφερεν ζείδωρος ἄρουρα
αὐτομάτη πολλόν τε καὶ ἄφθονον ·

οἱ δέ γε ἐλευθερωθέντες ἃ πάλαι τοῖς δεσπόταις ὑπηρετοῦντες ἐπόριζον, ταῦτα ἑαυτοῖς πορίζουσιν. 11 Οὐκ ἄλλως καὶ σὺ τοίνυν ἀπαλλαγεὶς τῆς τοῦ σώματος δουλείας καὶ τῆς τοῖς πάθεσι τοῖς διὰ τὸ σῶμα | λατρείας, ὡς ἐκεῖνα ἔτρεφες παντοίως τοῖς ἔξωθεν, οὕτως αὑτὸν θρέψεις παντοίως τοῖς ἔνδοθεν, δικαίως ἀπολαμβάνων τὰ ἴδια καὶ οὐκέτι τὰ ἀλλότρια βίᾳ ἀφαιρούμενος.

27. 9⁵⁻⁶ ἀπειρίᾳ τῶν καλῶν PLUT. : ἀπορία τῶν κακῶν codd. || ⁶ τῶν ἀναγκαίων ed. pr. : τὸν ἀναγκαῖον codd. || 10⁴ ὡμίλει Nauck : ὁμιλεῖ codd. || 11⁴ αὑτὸν ed. pr. : αὐτὸν codd.

SCHOLIA

II, 6, 3^{2} : πέλανα· πέμματα ἐκ παιπάλης, ἥ ἐστι λεπτότατον ἄλευρον εἰς θυσίαν ἐπιτήδειον· ἢ οἱ μέλιτι δεδευμένοι καρποί· ἢ θεοῖς ἀπαρχαί τινες· ἢ ὁ περὶ τῷ στόματι πεπηγὼς ἀφρός· καὶ τὸ περιπεπηγὸς καὶ ἐξηραμένον ὀπῶδες δάκρυον, οἷον λιβανωτὸς καὶ κόμι· καὶ ὁ τοῦ μάντεως μισθὸς ὀβολός.

II, 16, 4^{6} : λιβανωτός ἐστι τὸ ἐκ Λιβάνου γιγνόμενον ἄρωμα· ψαιστὰ δέ εἰσιν ἄλφιτα ἐλαίῳ καὶ οἴνῳ δεδευμένα, ἀπὸ τῆς τοῦ μύλου περιψήσεως· ἅπερ ἐπεθυμίων τοῖς θεοῖς· πόπανα δὲ πλακούντια πλατέα καὶ λεπτὰ καὶ περιφερῆ.

1-11 B^a legi nequit || 1-6 e SVDA s.u. πελανός, IV, 80, 19-24 Adler || 1 πέλανα codd. : πελανοί SVDA || παιπάλης SVDA : πέπλων P^a παιπλ uel πεπλ [sic] cett. || 3 θεοῖς SVDA : θεοὶ codd. || τῷ VMLKP^a SVDA : τὸ G^aFP^bT || 4 πεπηγὼς VMKP^a SVDA : -γὸς G^aFP^bT L || ἀφρός VMLKP^a SVDA : ἀφορός G^aFP^bT || περιπεπηγὸς K SVDA : περὶ πεπηγὸς cett. || 5 λιβανωτὸς SVDA : -ὸν codd. || pr. καὶ om. SVDA || 6 τοῦ μάντεως [μάνταιος G^aFP^bT] codd. : τῷ μάντει SVDA || 8-10 ψαιστὰ — θεοῖς e SVDA s.u. ψαιστά, IV, 841, 12-13 Adl. || 8 δέ εἰσιν om. SVDA || 9 ante ἀπὸ uerba ψαιστὰ δὲ καλεῖται habet SVDA || 9-10 ἅπερ — θεοῖς post δεδευμένα [8] habet SVDA || 9 ἐπεθυμίων VMLKP^a SVDA : ἐπιθ- G^aFP^bT || 10-11 e SVDA s.u. πόπανα, IV, 173, 5 Adl. || 10 δὲ om. SVDA

II, 17, 3^{4-10} : τοῦτο καὶ Σώπατρος προφέρει ἐν ταῖς ἐκλογαῖς τῶν ἱστοριῶν[1].

II, 21, 1^{1} : κύρϐεις τρίγωνοι πίνακες ἐν οἷς οἱ περὶ τῶν ἱερῶν νόμοι καὶ πολιτικοί· ἄξονες δὲ τετράγωνοι ἐν οἷς οἱ ἰδιωτικοί.

II, 26, 3^{5} : θεοῦ ἀκούσαντες, θεὸν ἐπικαλεσάμενοι.

II, 30, 3^{1} : περίεργος κρίσις καὶ παιγνιώδης.

II, 36, 6^{1} : ἰωνικῶς ἀντὶ τοῦ εὔφημα· καὶ εὐστομεῖν ἀντὶ τοῦ εὐφημεῖν λέγουσιν.

II, 40, 2^{3-4} : τὰ παρὰ δαιμόνων ἡμῖν ἐγγινόμενα πρὸς ἀποστασίαν τοῦ ὄντως θεοῦ.

II, 41, 3^{4-6} : ὅτι οἱ ἄγγελοι ἀναστέλλονται τὰ ἐκ τῶν δαιμόνων κακά· προσημαίνουσι γὰρ ταῦτα.

1-2 om. P^a || 3-5 e SVDA s.u. κύρϐεις, III, 217, 15-17 Adl. || 3 τρίγωνοι VLKP^aT SVDA : τρύγ- G^aF$B^a$$P^b$ M || 4 post νόμοι uerba ἐγγεγραμμένοι ἦσαν habet SVDA || ἄξονες δὲ codd. : καὶ ἄξονες SVDA || 4-5 τετράγωνοι — ἰδιωτικοί codd. : ἐκαλοῦντο οἱ περὶ τῶν ἰδιωτικῶν ἔχοντες τοὺς νόμους καὶ τετράγωνοι SVDA || 6 e SVDA s.u. θεοκλυτήσαντες, II, 696, 32 Adl. || 8-9 e SVDA s.u. εὐστομεῖν, II, 473, 27 Adl. || ἰωνικῶς — λέγουσιν codd. : τὸ εὐφημεῖν· καὶ οἱ Ἴωνες εὔστομα κείσθω φασί SVDA || 12 ante ὅτι uerb. σημειῶσαι habent G^aFP^bT || ἀναστέλλονται ego : -οντες codd.

1. Cf. *Souda, s.v.* Σώπατρος, IV, 407, 14 Adler : Ἀπαμεύς, σοφιστής, ἢ μᾶλλον Ἀλεξανδρεύς. Ἐπιτομὰς πλείστων. Τινὲς δὲ καὶ τὴν ἐκλογὴν τῶν ἱστοριῶν τούτου εἶναί φασι. Pour la *Souda*, ce Sopatros est distinct de Sopatros d'Apamée, philosophe disciple de Jamblique. Photios (cod. 161) a lu, d'un auteur nommé Sopatros, des Ἐκλογαὶ διάφοροι en 12 livres. Compte tenu de son analyse, il semble peu probable que le scholiaste ait trouvé la citation d'Antiphane dans cet ouvrage. Les Ἐκλογαὶ διάφοροι et les Ἐκλογαὶ τῶν ἱστοριῶν sont apparemment deux recueils différents. Sont-ils du même auteur? Le Sopatros du cod. 161 de Photios est sans doute l'élève de Jamblique (voir R. Henry, *Remarques à propos des codices 161 et 239 de Photius* in *L'Antiquité Classique* 7, 1938, p. 291-293). Il a pu écrire les deux recueils. Mais on ne peut exclure que le Sopatros du scholiaste soit le rhéteur athénien du même nom (voir Glöckner, art. *Sopatros* 10, *R.E.*) ou le mystérieux Sopatros « plutôt d'Alexandrie » de la *Souda*.

II, 50, 1^{1-5} : ὡς οἶμαι τὸν θεῖον λέγει Μωσέα[1].

II, 56, 6 : ὅτι καὶ Βούλγαροι τοῦτο ἐποίουν πρὸ τοῦ δέξασθαι τὸ ἅγιον βάπτισμα[2].

II, 60, 1^{3} : διαφθείρειν χρήμασιν ἢ δώροις.

II, 61, 7^{4-6} : ὥσπερ οἱ θαυμάσιοι Μακκαβαῖοι.

III, 21, 8^{8-9} : οἶμαι Ἡράκλειτον τοῦτο λέγειν[3].

1 om. L || 2 ante ὅτι uerb. σημειῶσαι add. $G^aFB^aP^bT$ KP^a || 4 e Svda s.u. δεκάζεσθαι, II, 17, 11-12 Adl. || 5 om. T.

---

1. Cf. en effet *Lévitique* 15, 19-28. C'est vraisemblablement l'allusion à la menstruation qui a suscité la scholie.

2. Cette scholie porte la marque d'une polémique anti-hérétique. Les Bulgares y sont visés en tant que « bougres » ou bogomiles, et par là suspects de tous les crimes aux yeux de l'orthodoxie byzantine. On note la référence au baptême, que les bogomiles rejetaient et méprisaient sous sa forme orthodoxe (voir D. Anguelov, *Le bogomilisme en Bulgarie*, trad. fr. Paris 1972, p. 76-77 ; 95). L'idée des sacrifices d'enfants a sa source dans une partie de la doctrine bogomile, pour laquelle les jeunes enfants, créatures de Satan, sont des « ordures » (voir Cosmas, *Traité contre les Bogomiles*, p. 81 Puech-Vaillant). Cette perversion bulgare appartient, pour le scholiaste, au passé. Si c'est le passé païen, il s'agit de disqualifier la nation bulgare. Si c'est un passé hérétique, le scholiaste considère que l'hérésie a disparu et que les Bulgares reconnaissent de nouveau le baptême. Bien que l'hérésie soit restée vivace jusqu'au XIIIe siècle, les opérations de répression périodiquement entreprises par le pouvoir ont pu, à plusieurs reprises, faire croire à son éradication.

3. Erreur évidente du scholiaste : voir *supra*, p. 178 et n. 5.

NOTES COMPLÉMENTAIRES DU LIVRE II

Page 73.

1. Qualifier les animaux d'ἄλογα est d'une grande inconséquence pour quelqu'un qui, plus loin, affirme que toute âme douée de sensibilité et de mémoire est douée aussi de raison (*D.A.* III, 1, 4). W. Pötscher, qui affirme (*Theophrastos*' Π. Εὐσ., p. 68) que « le qualificatif d'ἄλογος pour les bêtes ne peut se rencontrer dans le *D.A.* lorsque Porphyre s'exprime avec ses propres mots », fait de cette phrase un extrait de Théophraste. La correction de ἄλογα en ἄλλα est tentante (cf. II, 57, 3, où τῶν ἄλλων ζῴων βρῶσις s'oppose à ἀνθρωποφαγία), mais elle serait de mauvaise méthode et reviendrait à exclure *a priori* toute possibilité de citation non décelable, ou simplement d'inadvertance de la part de Porphyre.

4. Cf. *D.A.* IV, 5, 3-5. Pausanias, VIII, 13, 1 : le prêtre et la prêtresse d'Artémis Hymnia à Orchomène observent « des règles de propreté et plus généralement des règles de vie différentes de celles du commun des hommes ». On trouve plusieurs exemples de ces lois propres aux prêtres dans T. Wächter, *Reinheitsvorschriften im griechischen Kult, Relig. Gesch. Vers. u. Vorarb.* 9, 1, p. 13-14; 18; 33; 59; 102. On n'y trouve cependant aucun exemple de châtiment.

Page 74.

1. Ce sujet, c'est l'abstinence. Porphyre ne veut traiter des sacrifices que dans la mesure où ce développement pourra s'intégrer harmonieusement dans son œuvre (συμμέτρου), et où il ne traitera, dans la question des sacrifices, que ce qui est lié d'une façon ou d'une autre au problème de l'abstinence (οἰκείου).

2. Voir *supra*, *Notice*, p. 17 sq. Le passage suivant est traduit, selon sa version eusébienne, dans Eusèbe, *P.E.* I, éd. des Places, Paris 1976 (*Sources Chrétiennes*, n° 206).

3. J. Bernays (*Theophrastos*' *Schrift*..., p. 43-44) fait deux rapprochements avec Aristote. L'ancienneté des Égyptiens est mentionnée en *Politique* VII, 10, 1329 b 30 et en *Des Météores* I, 14, 352 b 20 ; l'Égypte comme œuvre du Nil est mentionnée dans ce dernier texte.

4. Sur l'importance des offrandes de parfums dans la religion égyptienne et des mélanges de plantes odorantes, voir Plutarque, *Isis et Osiris* 79-80, 383 B-F. Voir aussi Pfister, art. *Rauchopfer*, *R.E.*

5. La restitution καὶ μαστήρ est due à J. Toup, *Opuscula Selecta*, Leipzig 1780, t. II, p. 403. Voir notre *Introduction*, t. I, p. lxxvii.

6. Théophraste se montre ici fidèle à la doctrine aristotélicienne des débuts malheureux de l'humanité : voir ARISTOTE, *Politique* II, 8, 1269 a 5.

Page 75.

1. Le texte, sans aucun doute altéré et depuis longtemps, puisque la tradition indirecte ne nous est d'aucun secours, ne laisse place jusqu'ici à aucune restitution entièrement satisfaisante.

1° Le texte des mss. présente une contradiction insupportable entre ἀπήρξατο, même modifié par μετὰ πολλῶν πόνων, et οὐ ... ἔθυον à la phrase suivante.

2° La conjecture de Bernays (*op. cit.*, p. 168) : μαστὴρ ... γιγνόμενος... μετὰ πολλῶν πόνων, πῶς καὶ δακρύων... ἀπήρξατ' ἄν, repose sur le rappel d'un sens largement attesté de δάκρυ ou δάκρυον, celui de *résine*, ou de tout autre liquide suintant d'un végétal. Ce sens, fort bien connu de Théophraste lui-même — et Bernays en fournit plusieurs exemples — est beaucoup mieux approprié au contexte que l'évocation des larmes dans les yeux des hommes cherchant leur nourriture. Bernays fait donc de δακρύων le complément de σταγόνας. Mais il lui faut aussi, pour résoudre la contradiction, introduire dans le texte les mots πῶς et ἄν.

3° Nauck conserve purement et simplement le texte des mss.

4° Pötscher n'adopte pas non plus l'interprétation de Bernays concernant δακρύων. Il réduit néanmoins la contradiction en adoptant ἀπήρξατ' ἄν.

La faute a dû intervenir entre πόνων et δακρύων. On peut supposer

— soit qu'entre πόνων et καὶ se trouvait un groupe de mots comportant ἄν et la mention d'un genre d'offrandes se présentant non pas sous forme d'essences liquides, mais sous d'autres formes convenant mieux à la casse ou au safran ;

— soit, comme nous le faisons, que le ἄν disparu se trouvait entre πόνων et δακρύων. Ce serait certes une place inhabituelle. Mais peut-être cela expliquerait-il mieux sa disparition et son remplacement par καὶ, dû à la proximité de πόνων et de δακρύων, deux formes qui peuvent facilement susciter entre elles une liaison du type καί.

2. Suggérant l'image poétique d'une terre adolescente qui se couvre de duvet, Théophraste compare ici les premiers sacrifices à l'offrande de la première barbe symbolisant pour les adolescents l'entrée dans l'âge d'homme. Théophraste a dû être témoin de l'instauration de cette coutume, qui a débuté sous le règne d'Alexandre, lorsque les Grecs ont abandonné le port de la barbe. Voir DAREMBERG-SAGLIO, I¹, art. *Barba*, p. 669-670 (Attention aux références à Dion Cassius, erronées pour la plupart : on trouvera les références correctes dans la *R.E.*, art. *Bart*).

3. Le tableau des origines de l'humanité présenté ici par Théophraste est surprenant au premier abord. Il nous montre en effet les hommes déjà présents, et capables d'adorer les dieux célestes, au moment où la nature ne produisait pas encore d'arbres, et encore moins d'animaux. J. Bernays (*op. cit.*, p. 44-52) traite ce problème d'une manière détaillée, en fournissant à l'appui de sa démonstration les textes les plus convaincants : ARISTOTE, *Politique* II, 8, 1269 a 4 et *Métaphysique* XI, 8, 1074 b 10. Il démontre ainsi la fidélité de Théophraste à la doctrine aristotélicienne de l'éternité du monde et de l'homme. Selon Aristote, lui-même tributaire de Platon (voir *Lois* III, 677 a - 678 d), les premiers hommes sont toujours les survivants d'une catastrophe ayant mis fin à l'ère précédente en détruisant animaux et végétaux. La nature recommence son cycle à partir de l'herbe, mais les hommes ont échappé à la destruction totale.

4. Voir *infra*, 32, 2.

5. Sur ces feux immortels, dont les plus connus sont ceux de Delphes et de Délos, voir voir M. DELCOURT, *Pyrrhos et Pyrrha*, Paris 1965, p. 105 sq.

6. Θυμιατήρια désigne soit des brûle-parfums proprement dits, soit des autels portatifs sur lesquels les parfums étaient brûlés à l'air libre. Voir DAREMBERG-SAGLIO, art. *Ara* I[1], p. 348-349 et *Turibulum*, V, p. 542-544.

7. L'étymologie proposée par Théophraste correspond, malgré une présentation inexacte, à une réalité certaine. Cf. J. CASABONA, *Recherches sur le vocabulaire des sacrifices en grec*, Paris 1966, p. 71-154. Il n'en est évidemment pas de même pour l'origine du mot ἄρωμα, qui n'a d'ailleurs pas d'étymologie connue.

Page 76.

1. Proverbe bien connu. Cf. par exemple ZÉNOBIOS, *Cent.* II, 40 et la note de l'édition Leutsch-Schneidewin. Voir *D.A.* IV, 2, 6 et la note *ad locum.*

2. Le passage compris entre καὶ πρώτης (5, 6) et κριθῶν (6, 1) est à rapprocher d'OVIDE, *Fastes* IV, 395-402.

3. Le rite très important des οὐλοχύται, constamment mentionné chez Homère, consistait, avant la mise à mort de la victime, à répandre sur elle et sur l'autel des grains d'orge apportés dans une corbeille sacrée. Voir L. ZIEHEN, art. *Opfer*, *R.E.* 18[1], col. 602-604.

4. Voir *Notice*, p. 67-69.

5. Dans ce contexte, ces objets font penser aux ἱερά d'Éleusis, cachés toute l'année dans le saint des saints du *télestérion*, et dévoilés aux mystes lors des Grands Mystères. Ces ἱερά pouvaient-ils représenter des instruments agricoles? Leur nature est à ce jour totalement inconnue. Voir G. E. MYLONAS, *Eleusis and the Eleusinian Mysteries*, Princeton 1961, p. 273-274.

6. Autre expression proverbiale. Cf. Zénobios, *Cent.* I, 21 et la note de l'éd. Leutsch-Schneidewin.

7. Θυηλαί désigne proprement les parts de la victime consacrées aux dieux et brûlées (voir J. Casabona, *op. cit.*, p. 121-122). Τὰ τέλη, au pluriel, désigne l'accomplissement d'un sacrifice dû (voir *ibid.*, p. 306). Son emploi au singulier n'est pas inconnu (cf. Eschyle, fr. 387 Nauck). Il s'explique ici parce que Théophraste décompose l'ensemble du rituel en ses éléments singuliers.

8. Voir *Notice*, p. 69.

9. Parce que ce rite ne constitue plus qu'une partie du sacrifice. Sur θῦμα, à la fois *produit offert* et *acte d'offrir*, et sa position sémantique entre θυσία et ἱερεῖον, voir J. Casabona, *op. cit.*, p. 146-152.

10. Sur ἀπαρχή et ἀπάρχεσθαι, voir J. Rudhardt, *Notions fondamentales de la pensée religieuse et actes constitutifs du culte dans la Grèce classique*, Genève 1958, p. 219-222. Ce livre, pourvu de deux index, grec et français, est riche d'études sur de nombreux mots du vocabulaire cultuel.

11. Sur πέλανοι, voir *Notice*, p. 69-70.

Page 77.

1. On a depuis longtemps reconnu dans cette procession la cérémonie du second jour des Thargélies, célébrée le 7 Thargélion (environ mai). La fête était consacrée à Apollon et Artémis, et la procession particulièrement dédiée aux Heures et au Soleil auteur de la croissance des plantes. Sur la question, voir Gebhard, art. *Thargelia 1, R.E.* ; W. Pötscher, *Theophrastos'* Π. Εὐσ., p. 132-134 ; H. W. Parke. *Festivals of the Athenians*, Londres 1977, p. 146-149. On ignore jusqu'à quelle date la fête a été célébrée. Quoi qu'il en soit, la mention ἔτι καὶ νῦν peut fort bien être due à Théophraste, qui souligne ainsi que le rite n'a pas changé depuis le temps des premiers sacrifices.

2. De cette liste, seul le χύτρος est attesté ailleurs que dans ce passage (Photios, *Lex.*, s.v. Θαργήλια ; voir W. Pötscher, *loc. cit.*), bien qu'un certain nombre de témoignages disent qu'on portait en procession les prémices des récoltes. Le texte de Théophraste est donc très précieux, surtout si on le met en rapport avec Plutarque, *De Esu* I, 2, 993 F : « Il n'est pas surprenant, dit Plutarque, que nous ayons fait des animaux un usage contre nature, au temps où l'on mangeait de la boue (ὅτ' ἰλὺς ἠσθίετο), où l'on dévorait l'écorce des bois et où la découverte d'une pousse de chiendent (ἄγρωστιν ... βλαστάνουσαν) ou d'une racine d'osier était un grand bonheur. Et quand nous eûmes goûté et mangé des glands, nous dansâmes de plaisir autour du chêne... » Le texte de Plutarque permet d'une part de sauver celui de Théophraste en corrigeant la leçon εἰλυσπόα des mss. D'autre part, il suggère une signification possible des produits portés en procession : ils représenteraient symboliquement l'évolution de

la nourriture humaine de l'état de dénuement sauvage à l'état d'abondance civilisée. Dans le reste de la liste, le mot ἡγηριάς, donné par les mss., est certainement une leçon fautive, et non un hapax de sens inconnu. Il pourrait être une altération d'ἡγητηρία, si ce mot ne figurait pas lui-même dans la liste. Il s'agit en fait d'une altération d'ἱκετήριαι. Ἱκετηρία désigne proprement le rameau d'olivier brandi par les suppliants ; le mot est ici employé comme synonyme d'εἰρεσιώνη. L'εἰρεσιώνη est une branche de laurier ou d'olivier garnie de laine, à laquelle on suspendait des prémices (figues, pain, miel, huile, vin, selon Plutarque, *Thésée* 22). La *Souda* définit d'ailleurs l'εἰρεσιώνη par θάλλος ἱκετηρία. Plus loin, la *Souda*, citant une scholie à Aristophane, *Cav.* 729, indique que cet objet était offert, lors des Thargélies, au Soleil et aux Heures. Quant à ὀρθοστάτης, *gâteau droit*, son étymologie serait liée, selon H. Grégoire (note à Euripide, *Hélène* 547, C.U.F. Paris 1950), à σταῖς, σταιτός, *farine*.

4. Un rapprochement fait par Nauck dans son apparat critique avec Simplicius, *In Epict.*, p. 95, 34 Dübner permet de situer le peuple ainsi désigné. Simplicius rapporte qu'au dire de Théophraste les seuls athées au monde furent les Acrothoïtes, qui se virent à cause de cela engloutis par la terre. Or Acrothooi est le nom d'une petite cité de la presqu'île de l'Athos, ce qui correspond à la localisation des Thoens aux frontières de la Thrace. Elle est mentionnée par Thucydide, IV, 109 et Strabon, VII, fr. 33. Elle se trouvait probablement au pied du mont Acrathos, contrefort de l'Athos à l'extrémité S-E de la presqu'île.

Page 78.

3. Le nom des *Bassaroi* n'apparaît nulle part en dehors de ce passage. Un rapprochement s'impose avec le nom *Bassarai* désignant les Ménades, à qui le verbe αἱμοδατεῖν s'appliquerait parfaitement. Si d'autre part on admet que les mots *Bassara*, *Bassareus* sont d'origine thrace, et qu'il était connu dans l'Antiquité que les Thraces pratiquaient des sacrifices humains (voir Hérodote, V, 5 et IX, 119), on peut supposer qu'il s'agit ici d'un peuple thrace, mythique ou réel.

4. Felicianus a considéré ταύρων comme un nom propre et l'a traduit *Taurorum* avec une majuscule. Son choix est pleinement justifié. Le renchérissement souligné par l'articulation binaire οὐ μόνον ... ἀλλὰ καί doit être à deux degrés (sacrifices humains-anthropophagie), et non à trois degrés (sacrifices taurins-sacrifices humains-anthropophagie : les deux derniers degrés ne peuvent être réduits à un seul, car, pour les Grecs, ils n'étaient pas censés aller de pair). D'autre part, dans le domaine des sacrifices humains, les habitants de la Tauride ont chez les Anciens une réputation bien établie, surtout depuis l'*Iphigénie en Tauride* d'Euripide (cf. aussi Ammien Marcellin, XXII, 8, 34), et Théophraste a pu les mentionner à propos des « Bassares » en songeant à une

contagion entre peuples voisins habitant l'Ouest et le Nord du Pont-Euxin. Enfin, et surtout, le complément de θυσία désignant l'objet sacrifié est toujours, chez Théophraste, construit avec ἐκ ou διά plus génitif. Le génitif sans préposition, tel qu'il apparaît ici, doit désigner le sujet opérateur du sacrifice. Si l'on tient à refuser l'allusion aux Taures, il faut absolument corriger le texte en τὰς ταυροθυσίας.

5. Théophraste n'est pas le fondateur de cette doctrine historique. Elle s'exprime déjà chez Platon, *Lois* VI, 782 c.

Page 79.

3. Témoignage recensé par H. W. Parke et D. E. W. Wormell, *The Delphic Oracle*, t. II, Oxford 1956, p. 214, sous le n° 536 (date inconnue).

4. Cette anecdote pose un problème d'interprétation et de traduction. Les noms ἐπίσκοπος et θεοπρόποι sont-ils des noms communs ou des noms propres? La tournure stylistique du texte précédant l'oracle laisse à penser que le citateur les considère comme des noms propres. Mais c'est peut-être une erreur de sa part. En effet, le texte même de l'oracle semble bien employer ces noms comme noms communs. On sait que les θεοπρόποι sont des délégués officiels chargés de consulter l'oracle au nom d'une cité. Quant au titre d'ἐπίσκοπος, il peut être donné à tout personnage investi d'une mission de surveillance. L'édition de Nauck fait état (app. crit., p. 140) d'un rapprochement effectué par Wilamowitz-Möllendorff (*Conj. crit.*, in *Ind. Schol. Gott.*, 1884, p. 15) entre les θεοπρόποι de ce passage et la famille des Θεοπροπίδαι, originaire d'Érétrie, et mentionnée par Diogène Laërce, II, 125. Cette note a fait autorité. *L.S.J.*, s.v. θεοπρόπος, signale que ce nom est également un nom de famille équivalent de Θεοπροπίδαι. Parke et Wormell (*op. cit.*, p. 214) déclarent qu'il y avait à Érétrie, selon Wilamowitz, une famille du nom de *Théopropoi*. Le pas est ainsi imprudemment franchi entre deux formes malgré tout différentes. Quant au nom propre Épiscopos, il est peu probable qu'il ait été en usage à une époque où l'oracle pouvait recevoir de telles questions. Il est vraisemblable que la Pythie répond en fait à un personnage revêtu d'on ne sait quelle charge, et lui montre aimablement qu'on se souvient qu'il appartient à une famille ayant fourni, peut-être héréditairement, des consultants officiels.

5. Oracle recensé par Parke et Wormell, *op. cit.*, p. 214, sous le n° 537 (date inconnue).

6. Nous adoptons la correction (voir app. crit.) proposée par G. Wolff (*Porph. Phil. ex orac.*, Berlin 1866, réimpr. Hildesheim 1962, p. 39). Le mot ἡ χέρνιψ, -ιβος désigne l'eau dont on aspergeait la victime, et peut-être les fidèles, avant le sacrifice. Il désigne aussi indifféremment le récipient contenant cette eau : voir J. Rudhardt, *op. cit.*, p. 173-174 et 259-260.

7. Voir Daremberg-Saglio, art. *Sacrificium*, *Grèce*, t. IV², p. 966 : « On souhaitait que la victime eût l'air de consentir à être sacrifiée, et on interprétait comme un signe d'adhésion de sa part un mouvement de la tête. Quelques gouttes d'eau qu'on lui jetait sur les oreilles, ou même dans une oreille, l'amenaient d'ordinaire à se secouer. Dès lors, tout était en règle ; la victime avait consenti. » Voir aussi Plutarque, *De def. orac.* 46, 435 B-C ; 51, 438 A.

8. Les mss. donnent Ἰκάρῳ, corrigé en Ἰκαρίῳ par Meursius (*De populis Atticae*, Leyde 1616, s.v. Ἰκαρία). Le nom de ce dème apparaît soit sous la forme Icaria (chez Étienne de Byzance), soit sous la forme Icarios (chez Pausanias, Athénée, Hésychios et dans la *Souda*). Le dème était situé sur le versant N-E du Pentélique (voir Kolbe, art. *Ikaria*, *R.E.*).

9. Le passage qui va de 9, 2 à 10, 2 et qui évoque les origines des sacrifices de porcins, ovins, caprins et bovins appelle la comparaison avec Ovide, *Métamorphoses* XV, 111-142. Le poète latin fait parler Pythagore, qui reproche aux hommes d'en être venus, après l'âge d'or, à tuer et manger des animaux domestiques. L'existence d'un *topos* pythagoricien sur les origines du meurtre et de la consommation des quatre espèces dont il est question paraît ainsi prouvée. Mais les différences entre le texte d'Ovide et celui du *D.A.* sont très sensibles. Ovide n'évoque les circonstances du premier meurtre qu'à propos des porcins et des caprins ; le porc fut tué, dit-il, pour avoir déterré des semences (le *D.A.* est muet sur les circonstances qui provoquèrent le meurtre involontaire du porc) ; le bouc fut sacrifié à Bacchus parce qu'il avait brouté une vigne (même explication que dans le *D.A.*). De plus, Ovide a donné à son texte une belle unité, tandis que la série d'anecdotes présentée par le *D.A.* offre un caractère un peu hétéroclite. On nous annonce (9, 1) des exemples montrant que les causes des sacrifices d'animaux à Athènes sont de fâcheuses réactions humaines. Le premier exemple (le porc) répond mal à cette attente : il y a eu erreur, certes, mais on ignore laquelle. Les troisième et quatrième exemples (la chèvre et le bœuf) y répondent au contraire fort bien. Mais le deuxième (le mouton) paraît totalement en dehors du sujet. En outre, si les deux derniers sont attiques, conformément à l'annonce, les deux premiers semblent plutôt delphiques. Il paraît en tout cas certain que ce passage n'est pas entièrement dû à Théophraste : voir *Notice*, p. 21-22.

10. Voir *Notice*, p. 51-58.

Page 81.

2. J. Bernays et W. Pötscher se refusent à traduire ψυχή par *âme* et traduisent ce mot par *Leben*. Je pense que leur scrupule est injustifié. En traduisant ψυχή par *vie*, on ne rend pas compte de tout ce qui est suggéré avec ce mot par un philosophe comme

Théophraste, qui admettait chez tous les êtres vivants la présence d'une âme : le passage le plus significatif à cet égard est précisément cité par Porphyre en *D.A.* III, 25 (= fr. 5 Bernays).

3. Littéralement : *le sacrifice est un rite saint comme l'indique le vocabulaire*. En effet, ἡ ὁσία, *le rite religieux*, peut être employé à la place de ἡ θυσία (cf. ὁσίη κρεάων, *Hymne à Hermès* 130). Théophraste se fonde sur cette relative synonymie pour démontrer l'impossibilité d'un sacrifice non saint.

Page 83.

2. C'est P. Needham (*Hierocles, In Aureum Carmen*, Cambridge 1709, p. 364) qui a transmis la correction κεχαρίσθαι (voir app. crit.) que Richard Bentley lui avait suggérée en privé. Ce dernier lui avait également proposé de lire τῆς πήρας à la place de τοῦ πυρός.

4. Le texte de l'oracle est cité par Hiéroclès, *In Aur. Carm.* I, 21, p. 14, 5 Köhler (= Mullach, *Fr. Philos. Gr.* I, p. 418) : ἀλλά μοι εὔαδε χόνδρος ἀγακλυτοῦ Ἑρμιονῆος. D'autre part Ptolémée Héphestion, chez Photios, *Bibl.*, cod. 190, 148 B, rapporte qu'aux dires de certains l'homme le plus pieux du monde fut Lycias (ou Lycios) d'Hermioné, mentionné, dit-il, par Théophraste dans une de ses lettres. On peut penser que Théophraste citait l'oracle dans le Π. Εὐσ., et que Porphyre, à sa suite, l'a également cité dans un ouvrage qui a servi de modèle à Hiéroclès (chez ce dernier, le contexte de l'oracle est riche en formules présentes également dans le *D.A.* ou dans la *Lettre à Marcella*). On notera que pour Théophraste, χόνδρος, comme ψαιστά, peut désigner de la pâte (voir *Hist. Plant.* IV, 4, 9). Quant à la version de Ptolémée Héphestion, elle semble entachée de deux erreurs. La référence à la « lettre » de Théophraste pourrait bien résulter de l'utilisation maladroite ou malhonnête d'une anthologie. Et le nom du personnage provient peut-être d'une corruption de ΑΓΑΚΛΥΤΟΥ en ΑΓΑΝΛΥΚΟΥ ; ainsi se serait dégagé un nom Lycos, devenu Lycios puis Lycias (la tradition manuscrite de Photios se partage entre les deux leçons Λύκιον et Λυκίαν).

5. Parke et Wormell, *op. cit.*, II, p. 98, enregistrent ces deux déclarations de la Pythie rapportées par Théophraste sous les nos 239 et 240. Le texte oraculaire cité par Hiéroclès constitue le no 242. Sous le no 243 figure ce qui semble être une version tardive de ce texte : εὔαδέ μοι χθιζὸς λιβανὸς κλυτοῦ Ἑρμηνῆος, chez Sopatros, *Prolégomènes à Aristide*, p. 740 Dindorf, *Aristides* III. Les oracles ainsi rapportés ont été rendus, selon Parke et Wormell, entre 431 et 373.

6. Cette phrase peut être considérée comme une des formules-clés de la réforme religieuse proposée par Théophraste. La nouveauté ne consiste pas à dire que la divinité n'est pas uniquement sensible à la richesse des offrandes, mais à supposer que l'autre

élément qui entre en ligne de compte n'est pas l'*état* dans lequel se trouve le sacrifiant au moment du sacrifice (dignité/indignité, pureté/impureté), mais sa *manière d'être* habituelle. Platon, qui a pu servir de précurseur à Théophraste en affirmant que seul le sacrifice de l'homme de bien est agréé (*Lois* IV, 716 d - 717 a, voir *D.A.* II, 61, 4), passe encore cependant par le concept de pureté : le méchant, dit-il, est impur (ἀκάθαρτος), souillé (μιαρός).

Page 84.

1. J. Bernays, *op. cit.*, p. 69-70, expose d'une façon convaincante les raisons qui confirment qu'il s'agit bien ici d'un extrait de Théopompe, historien du IVe siècle av. J.-C., connu de Porphyre sans l'intermédiaire de Théophraste. Cet extrait constitue le fr. 344 de Théopompe chez F. Jacoby, *F. Gr. H.*, II, 1 B, p. 607. D'après F. Jacoby, ce pourrait être un extrait du livre 26 des *Philippica.*

2. Il n'est guère possible de se faire une idée précise et sûre de la disposition de ce local. En tout cas, la Pythie et les consultants se tenaient dans la partie Ouest du temple d'Apollon, dans l'adyton ou dans une crypte sous l'adyton. Voir Parke et Wormell, *op. cit.*, I, p. 28-30.

4. Petite cité montagnarde dont les ruines ont été retrouvées près du village de Nemnitsa (25 km env. à l'O de Mantinée, ou la même distance au N-O de l'actuelle Tripoli). Au temps de Pausanias (VIII, 36, 2), ce n'est plus qu'un village.

5. La correction τὸ μέγεθος est proposée par Cobet dans *Novae Lectiones*, Leyde 1858, p. 452.

6. Faire briller (φαιδρύνειν) les statues était une opération régulière dans la religion grecque. Des personnages appelés φαιδρυνταί (ou φαιδυνταί) étaient préposés à cet office. Voir Daremberg-Saglio, art. *Phaidryntès*, t. IV, 1, p. 423 (la principale source sur cette fonction est Pausanias, V, 14, 5). Plutarque, *De Pyth. orac.* 3, 395 D-E, pose le problème de l'effet de l'huile sur les statues de bronze, ce qui laisse à penser que le brillant s'obtenait en frottant les statues avec de l'huile.

Page 85.

2. T. Plüss, *Phidyle* in *Neue Jahrb. Klass. Altert.* 3, 1899, p. 501, n. 1, suivi par M. P. Nilsson, *Gesch. Gr. Rel.* I, 3e éd., p. 648, rétablit avec raison le τυράννων des mss. contre la correction Τυρρηνῶν de Meineke, *Fr. Poet. Com. Gr.*, ed. major, II, p. 91, adoptée par Bernays et Nauck. Des conflits ont pu s'élever entre Carthaginois et Étrusques, mais nous n'en avons aucun témoignage, et les Étrusques apparaissent au contraire comme les alliés traditionnels des Carthaginois. Pour T. Plüss, le texte veut parler des tyrans de Sicile, probablement Gélon et ses frères, et Théron. La victoire sur les Carthaginois est probable-

ment celle d'Himère (480), après laquelle Gélon envoya une offrande à Delphes (cf. HÉRODOTE VII, 165-166).

3. Θυλεῖσθαι est un hapax. La forme θυηλεῖσθαι est à peine mieux attestée. Voir J. CASABONA, *op. cit.*, p. 122 : « la *koiné*, qui a repris θυηλή » (au sens d'*offrande sacrifiée*) « en a tiré un verbe θυηλεῖσθαι ... Ces mots (*scil.* θυηλεῖσθαι et θυήλημα) n'ont pas connu une grande fortune. »

4. Témoignage recensé par Parke et Wormell, *op. cit.*, II, p. 98, sous le n° 241 (daté inexplicablement entre 431 et 373 par les auteurs, qui admettent pourtant que les consultants sont Gélon et Théron). Sur ces anecdotes delphiques, voir M. P. NILSSON, *Gesch. Gr. Rel.* I, p. 648-650.

Page 86.

4. Tynnichos de Chalcis, dont PLATON, *Ion* 534 d, nous dit qu'il n'avait composé qu'un seul péan, mais que celui-ci était dans toutes les bouches, et que c'était sans doute le plus beau de tous les poèmes.

Page 87.

1. Bernays (*op. cit.*, p. 70-71) montre que l'on pourrait tenir pour probable qu'avec οἱ τὰ περὶ τῶν ἱερουργιῶν γεγραφότες Porphyre pense à Aristomène, contemporain d'Hadrien, auteur d'un Πρὸς τὰς ἱερουργίας, dont le livre III, selon ATHÉNÉE, III, 115 A, serait consacré aux πόπανα.

2. La leçon exacte ὀλαῖς a été rétablie pour la première fois par Wagner (*Aesch. et Soph. Fragm.*, Bratislava 1852, t. II, p. 19), les mss. hésitant entre ὅλαις et ὄλαις.

4. Le peuple mythique des Hyperboréens est lié d'une part aux thaumaturges légendaires du VIe siècle, voire à Pythagore, et d'autre part aux cultes delphique et délien d'Apollon. Les anciens vantaient leur piété et leur vertu sans reproche, ainsi que leur existence éternellement heureuse. En particulier, les témoignages s'accordent à les présenter comme végétariens. Voir DÄBRITZ, art. *Hyperboreer*, *R.E.*

A Délos existait un culte des « vierges hyperboréennes » avec tombeaux et monuments. Mais les ὑπομνήματα de notre texte demandent à être correctement interprétés.

1) Il s'agit d'objets provenant des Hyperboréens (ἐξ Ὑπερβορέων), donc probablement pas de monuments ou tombeaux.

2) S'agit-il de mémoires écrits, de « commentaires »? En ce cas l'information est à rapprocher de celle que donne l'*Axiochos* 371 a, où l'auteur parle des tablettes de bronze apportées à Délos par les Hyperboréens et portant un texte qui dévoilait les secrets de l'au-delà.

3) Il s'agit plus probablement d'offrandes qui rappelaient les sacrifices primitifs (τῶν πρίν). Les témoignages les plus intéres-

sants sont alors ceux d'HÉRODOTE, IV, 33, de CALLIMAQUE, *A Délos*, 283-294 et de PAUSANIAS, I, 31, 2, qui évoquent tous trois le même pèlerinage périodique à Délos, cortège censé venir de l'Hyperborée et chargé de gerbes (Callimaque) et d'offrandes enveloppées de paille (Hérodote). Selon Pausanias, ces offrandes étaient des ἀπαρχαί, c'est-à-dire des prémices de produits récoltés. De toute façon, vu l'accent porté sur la présence de céréales dans cette procession, le rite constitue à juste titre pour Porphyre un exemple éclatant d'offrandes végétales.

Sur toute cette question, voir H. GALLET DE SANTERRE, *Délos primitive et archaïque*, Paris 1958, p. 166 sq. et aussi C. T. SELTMAN, *The offering of the Hyperboreans* in *Class. Quart.* 22, 1928, p. 55 sq., A. D. NOCK, *Hyperborean offerings* in *Class. Rev.* 53, 1929, p. 126 sq. ; C. PICARD, *La route des processions hyperboréennes en Grèce* in *Rev. Hist. Rel.* 132, 1947, p. 95 sq. ; J. TRÉHEUX, *La réalité historique des offrandes hyperboréennes*, in *Studies presented to D. M. Robinson*, II, Washington Univ. 1953, p. 158-174.

5. Cf. *supra*, 15, 3, et la n. 6. Si l'on se réfère au texte des *Lois* évoqué dans cette note, on constate que 19, 4-5 est plus proche de la perspective de Platon que 15, 3. Les deux éditeurs du Π. Εὐσ., font reprendre ici les citations de Théophraste. Ils peuvent s'appuyer sur quelques indices : mention de l'ἦθος, expressions θεοφιλεῖς, χαίροντα ... τὸν θεόν (Voir *Notice*, p. 19, n. 5). Mais je ne parviens pas à être convaincu. L'obstacle principal est l'absence du nom de Théophraste (voir *Notice*, p. 22). A ce moment de la rédaction du *D.A.* Porphyre, imprégné de la pensée de Théophraste, peut très bien employer lui-même les expressions de son modèle.

6. Sur l'exigence de pureté pour le corps et le vêtement, voir T. WÄCHTER, *Reinheitsvorschriften im griechischen Kult*, *R.G.V.V.* 9, 1, 1910, p. 11-24.

7. Cette inscription n'est reproduite, en dehors de ce passage, que par CLÉMENT, *Strom.* V, 1, 13, 3. PREGER, *Inscr. Gr. Metr.* n° 207, fait remonter l'inscription à la date de la construction de l'Asclépieion, située par G. ROUX, *L'architecture de l'Argolide aux IVe-IIIe siècles*, Paris 1961, p. 413, aux environs de 370. Le plus-que-parfait προεγέγραπτο pose deux problèmes : celui de la date de la disparition de l'inscription et celui du véritable auteur de ce passage. Théophraste eût dû employer le présent. Mais Porphyre a pu modifier le temps du verbe pour éviter l'anachronisme. D'autres inscriptions semblables ont été relevées par T. Wächter, *op. cit.*, p. 7-8.

Page 88.

1. Cf. ch. 5. Il semble que Théophraste, dans son ouvrage, après avoir énoncé sa thèse sur l'origine et le développement des sacrifices, soit ensuite passé à la démonstration. La démonstra-

tion serait orientée symétriquement par rapport à l'énoncé de la thèse. 1° Démonstration du caractère tardif des sacrifices d'animaux. 2° Démonstration de la priorité des sacrifices de produits récoltés. 3° Démonstration de l'existence, avant l'agriculture, de sacrifices d'herbes. Puis Théophraste aborde le problème des libations.

2. Sur la question des νηφάλια, voir L. Ziehen, art. Νηφάλια, *R.E.* 16, col. 2481-2489. Les rites grecs font une distinction fondamentale entre les libations de vin et les libations de liquides autres que le vin. Le mot νηφάλιον recouvre-t-il tous ces autres liquides? A cette question l'article de L. Ziehen répond aussi clairement que possible. Le mot peut avoir cet emploi, mais sous le vocable νηφάλιον les Grecs voient presque toujours deux liquides, distincts ou mélangés : l'eau et surtout le miel. C'est le miel qui semble le mieux caractériser le νηφάλιον, car il est senti comme antithétique du vin : ἀντίθετον φύσιν μάλιστα τοῦ μέλιτος πρὸς τὸν οἶνον ἔχοντος, Plutarque, *Propos de Table* IV, 6, 2, 672 B (cf. aussi Athénée, XV, 693 E). Pour Théophraste les libations d'huile ne font pas partie des νηφάλια (Τὰ μὲν ἀρχαῖα... νηφάλια / εἶτ' ἐλαιόσπονδα / τέλος δ' ... οἰνόσπονδα). De fait, les libations d'huile sont assez peu attestées, et surtout les inscriptions montrent que l'huile peut être associée au vin (*I.G.* XII, 5, 593, l. 8-9 ; *S.I.G.*[3] 1026, l. 24-25). On note l'omission des libations de lait, mieux attestées pourtant que les libations d'huile.

3. Cf. *Schol.* Aristophane, *Oiseaux* 1354 : Κύρβεις ... ἀπὸ τῶν Κορυβάντων, ἐκείνων γὰρ εὕρημα, ὥς φησι Θεόφραστος ἐν τῷ Περὶ Εὐσεβείας. Photios, *Lex.*, s. v. κύρβεις : Θεόφραστος δὲ ἀπὸ τῶν κρητικῶν Κορυβάντων · τῶν γὰρ Κορυβαντικῶν ἱερῶν οἷον ἀντίγραφα αὐτοὺς εἶναι. Dans le *D.A.* lui-même, le mot a suscité la scholie suivante, visiblement empruntée à la *Souda*, s. v. κύρβεις : κύρβεις τρίγωνοι πίνακες ἐν οἷς οἱ περὶ τῶν ἱερῶν νόμοι καὶ πολιτικοί · ἄξονες δὲ τετράγωνοι ἐν οἷς οἱ ἰδιωτικοί. Le mot κύρβεις, dont l'étymologie est très discutée, désigne des pyramides de bois, de pierre ou de bronze sur lesquelles, à Athènes, étaient gravées et exposées les lois de Solon, et en particulier celles qui fixaient les règles du culte (voir Plutarque, *Solon* 25). Seul Théophraste dit explicitement que ces lois étaient héritées des Crétois. Mais, ainsi que J. Bernays l'a relevé (*op. cit.*, p. 165-166), Plutarque, qui affirme en *Solon* 25 que Solon a fait dresser les κύρβεις, dit aussi au ch. 12 de la même *Vie* qu'il s'était fait aider dans son œuvre législatrice par le Crétois Épiménide, qu'on appelait « le nouveau Courète ». Quant à savoir si les rites définis sur ces pyramides prescrivaient l'usage de libations sans vin, nous n'en avons pas d'autre témoignage. En revanche, l'abstinence n'était, semble-t-il, pas exclue du culte des Courètes ou des Corybantes. Voir le fragment des *Crétois* d'Euripide cité par Porphyre en *D.A.* IV, 19 et la note correspondante ; le κουρήτων βάκχος se garde de manger des êtres animés : τήν τ' ἐμψύχων βρῶσιν ἐδεστῶν πεφύλαγμαι (v. 14 sq.).

Nous avons adopté, dans notre texte, un certain nombre de corrections que Nauck avait trouvées chez D. Ruhnken, *Hist. Crit. Orat. Gr.*, p. 88, in J. J. Reiske, *Oratorum Graecorum quae supersunt*, Leipzig 1770-75, vol. 8, t. I (voir app. crit.).

4. Contrairement à l'opinion de Bernays, on peut supposer que le fragment est extrait des Καθαρμοί (= fr. 128 Diels).

5. Théophraste (ou peut-être Porphyre) a éprouvé le besoin d'expliciter le symbole employé ici par Empédocle pour désigner l'un de ses deux principes fondamentaux, Φιλία et Νεῖκος.

Page 89.

1. Le rôle de l'αἴσθησις est important dans la logique théophrastienne : cf. Clément, *Stromates*, II, 2, 9, 5 : « Théophraste dit que la perception (αἴσθησις) est le principe de la croyance ; c'est par elle que les principes s'étendent à la raison qui est en nous et à la pensée discursive. » L'expression αἴσθησις περὶ τὸ συγγενές peut surprendre puisque l'on attend τοῦ συγγενοῦς. Elle s'explique si l'on sait que chez Théophraste l'αἴσθησις-perception est active et n'est pas la simple sensation. Cf. *Métaph.* VIII, 19 Ross-Fobes : « la perception contemple les différences et recherche les causes. »

2. Rappelons que les expressions françaises « approprié », « appropriation », « s'approprier à » traduisent tant bien que mal les mots οἰκεῖος, οἰκείωσις / οἰκειότης, οἰκειοῦσθαι, chaque fois qu'ils font référence à la doctrine connue sous le nom de « doctrine de l'οἰκείωσις » (voir *Notice*, p. 26). Ces mots français ne sont employés dans cette acception que par une distorsion violente de leur sens habituel, mais une tradition déjà ancienne autorise à le faire. Sur la parenté et l'« appropriation » de tous les êtres vivants chez Théophraste, voir l'extrait essentiel de *D.A.* III, 25, que Bernays (*op. cit.*, p. 99) rattache au Περὶ Εὐσεβείας, et Pötscher (*op. cit.*, p. 95 sq.), avec quelques doutes, au Περὶ ζῴων φρονήσεως καὶ ἤθους.

3. Cette formule rappelle celle de l'épicurien Hermarque citée par Porphyre en *D.A.* I, 7, 1 : φυσικῆς τινος οἰκειώσεως ὑπαρχούσης τοῖς ἀνθρώποις πρὸς ἀνθρώπους. Dans les deux cas il s'agit de ce qui pousse les hommes à ne pas s'entretuer. L'influence de Théophraste sur Hermarque, de cinquante ans son cadet, paraît ici certaine. Et ce n'est sans doute qu'une partie de la dette de l'épicurisme envers Théophraste : voir en effet *infra*, II, 27, 5, p. 94, n. 6.

5. Théophraste rejoint ici la position moyenne concernant la conduite à tenir à l'égard des animaux : il faut se garder de tuer les animaux inoffensifs, mais tuer les autres peut devenir une nécessité. Nous avons déjà rencontré cette distinction entre animaux nuisibles et non nuisibles chez Hermarque, cité en *D.A.* I, 11. Elle était familière au pythagorisme : cf. Porph., *V. Pyth.* 39 ; Jambl., *V. Pyth.* 98 ; Plut., *De soll. anim.* 7, 964 F.

La fidélité de Théophraste à Aristote est ici en défaut (mais voir *Notice*, p. 23, n. 2). Pour Aristote, aucun droit ne saurait interdire à l'homme de tuer un animal, quel qu'il soit. Voir U. Dierauer, *Tier und Mensch im Denken der Antike*, Amsterdam 1977, p. 177.

Page 93.

1. Les sacrifices humains organisés officiellement en l'honneur de Zeus Lykaios, au sanctuaire du mont Lycée en Arcadie, sont bien attestés. Théophraste affirme qu'ils se pratiquaient encore de son temps (μέχρι τοῦ νῦν). Ils existaient encore à l'époque de Pausanias, mais ils étaient alors devenus clandestins (Paus., VIII, 38, 5). Sur la question des sacrifices humains en Grèce, voir F. Schwenn, *Die Menschenopfer bei den Griechen und Römern*, *R.G.V.V.* 15, 3, 1915. Sur Zeus Lykaios, voir les p. 20-25 de cet ouvrage, ainsi que M. P. Nilsson, *Gesch. Gr. Rel.*, I (3e éd.), p. 397-401.

2. Les deux exemples, Lykaia et Carthage, se trouvent également réunis dans le *Minos*, 315 c. Sur les sacrifices d'enfants à Baal-Hammon-Cronos, eux aussi bien connus, voir H. C. Picard, *Les religions de l'Afrique antique*, Paris 1954, p. 44-50.

3. Bernays (*op. cit.*, p. 117-118) avance l'hypothèse que Théophraste évoquerait ici un rite attique faisant partie du culte d'Artémis Brauronia, ou plus exactement de l'Artémis Tauropolos d'Halae. Pour des raisons subtilement analysées par Bernays, Théophraste n'aurait pas voulu être plus précis. Malheureusement cela ne repose que sur l'interprétation d'un seul indice : Euripide, *Iph. Taur.* 1449-1461. Il est clair que ce passage d'Euripide comporte une trace de l'existence antérieure de sacrifices humains (qui sont relativement fréquents dans le culte d'Artémis, voir L. R. Farnell, *Cults of the Greek States*, Oxford 1896-1909, t. II, p. 566). Mais peut-on en déduire l'existence d'un rite selon lequel, lors des cérémonies, on entaillait la peau de la gorge d'un homme afin de faire couler son sang? L. Deubner, *Attische Feste*, Berlin 1932, réimpr. Hildesheim 1966, p. 208-209, admet l'existence de ce rite. Si l'interprétation est exacte, l'expression « à dates régulières » correspondrait à ce que dit Aristote, *Const. Ath.* 54, 7 : « Il y a des fêtes qui se célèbrent tous les quatre ans, (parmi lesquelles) les Brauronies », étant entendu que Brauron et Halae étaient deux sanctuaires d'Artémis différents mais voisins (7 ou 8 km), et que les cultes pouvaient y être soit réellement liés, soit confondus dans l'esprit des Athéniens.

Page 94.

1. Περιρραντήριον : ce mot désigne soit le vase contenant l'eau lustrale (Hérodote, I, 51) avec laquelle on aspergeait les fidèles à l'entrée d'un sanctuaire ou avant un sacrifice

(περιρραίνειν, voir ARISTOPHANE, *Paix* 970-971 ; ATHÉNÉE, IX, 409 B), soit l'instrument servant à projeter cette eau (THÉODORET, *Hist. Eccl.* III, 16, 2), soit, semble-t-il, l'aspersion, ou l'eau lustrale elle-même (ALEX. POLYHISTOR chez DIOGÈNE LAËRCE, VIII, 33 ; LUCIEN, *Pseudol.* 23). Le but de l'aspersion était d'écarter des cérémonies sacrées les individus atteints d'une souillure. Voir LUCIEN, *De sacr.* 13 : « Quiconque n'a pas les mains pures ne peut franchir les *perirrantêria* (παριέναι εἴσω τῶν περιρραντηρίων) » et surtout ESCHINE, *C. Ctés.* 176 : « Les coupables de refus de servir ou de lâcheté sont exclus des *perirrantêria* de l'agora. » L'action de περιρραίνειν délimitait donc un espace d'où étaient exclus les gens coupables de crimes trop graves pour être purifiés par l'aspersion elle-même.

2. Κηρύγματι : Théophraste désigne ainsi la πρόρρησις (cf. LUC., *De Sacr.* 12 ; ANTIPHON, V, 88 = VI, 6). Il s'agit d'une proclamation visant à éloigner du sacrifice les impurs. Un exemple nous en est donné par ARISTOPHANE, *Paix* 968-969, où l'officiant s'écrie : « Τίς τῇδε ; », l'assistance répondant : « Πολλοὶ κἀγαθοί ». Le scholiaste explique que cet échange de paroles avait lieu « afin que ceux dont la conscience n'était pas nette se retirassent des libations. »

3. Ἀρθμίου, que je propose à la place de mss. ἀριθμείου, est un mot archaïque, mais Théophraste pense peut-être à une formule sacramentelle. La fonction sémantique de ἄρθμιος est de s'opposer à πολέμιος. La proclamation dont il est question n'exclut donc pas les combattants ayant versé le sang à la guerre.

4. Les historiens des religions ont longtemps vu en effet dans les sacrifices d'animaux les succédanés d'anciens sacrifices humains. Là n'est sans doute pas la seule origine des sacrifices d'animaux, mais il est certain que Théophraste énonce ici un fait incontestable, à savoir qu'avec l'évolution des mœurs, dans un grand nombre de cultes une victime animale a fini par remplacer la victime humaine. Voir DAREMBERG-SAGLIO, art. *Sacrificium*, IV, 2, p. 961-962. Les exemples témoignant en faveur de cette évolution sont assez nombreux ; cf. en particulier PAUSANIAS, IX, 8, 2 ; ÉLIEN, *Hist. Anim.* XII, 34 ; et *D.A.* II, 55.

5. = πάλιν. Deux évolutions opposées se produisent : une bonne, qui fait passer les hommes des sacrifices humains aux sacrifices d'animaux, et une mauvaise, qui les fait passer de la frugalité à la gourmandise.

6. Ce passage a une couleur épicurienne, notamment avec les mots ἀναγκαίαν, ἔνδειαν (cf. *D.A.* I, 49, 2-3) et κόρου (cf. *D.A.* I, 54, 4-5). De plus, tout le § 5 forme une sorte de parenthèse qui retarde la progression des idées exposées par Théophraste. S'agit-il d'une intervention de Porphyre ? C'est une possibilité, l'autre étant que Théophraste serve ici de précurseur aux épicuriens. Du reste, le mot κόρος se rencontre aussi au § 4, ainsi que le mot ἀπληστία, qui rappelle ἄπληστος de *D.A.* I, 54, 3.

7. Le processus décrit par Théophraste dans ce chapitre est peut-être un peu complexe. En voici le schéma :

(1) La nécessité conduit les hommes à se manger entre eux (§ 1).

(2) L'homme devenant nourriture à son tour, il est offert aux dieux à titre de prémices (§ 1).

(3) Les sacrifices humains sont remplacés par des sacrifices d'animaux (§ 3).

(4) Par gourmandise les hommes ne se contentent plus de la nourriture légitime et sont disposés à manger de tout (§ 4).

(5) La conjonction de (3) et de (4) amène les hommes à consommer les animaux puisqu'ils ne conçoivent pas de sacrifice sans consommation et qu'en l'occurence leur gourmandise s'en trouve satisfaite (§ 6).

8. Cf. *supra*, ch. 22, n. 1.

9. La leçon d'Eusèbe ἀκράτοισι appuie la conjecture ἀκρήτοισι de Scaliger (*In Empedoclis et aliorum carmina notae*, Genève 1573). Le mot ἀκρίτοισι signifierait qu'au meurtre d'un taureau succède sans distinction possible le meurtre d'un autre taureau. Mais ἀκρίτοισι (-υ-υ) n'entre pas dans le vers. Bien que la faute revienne deux fois (cf. ch. 21), on ne peut guère l'imputer à Porphyre et encore moins à Théophraste. Le sens originel de l'adjectif ἄκρατος / ἄκρητος est *sans mélange*. Quand, en poésie, il qualifie le sang, il n'a plus cette valeur indicative, mais une valeur expressive.

10. Fin du fragment d'Empédocle (Καθαρμοί, fr. 128 Diels) dont le début est cité au ch. 21, 4.

Page 95.

1. Bernays, *op. cit.*, p. 128, signale un texte qui confirme l'existence de cet autel. Il s'agit d'un fragment de la *Constitution de Délos* d'Aristote : fr. 489 Rose[3]. Ce fragment mentionne un autel d'Apollon Génétor, autel ἀναίμακτος sans feu et sans victimes, situé derrière le Kératinos. Selon H. Gallet de Santerre, *Délos primitive et archaïque*, Paris 1958, p. 173 sq., qui apporte d'autres témoignages associant cet autel à Pythagore (Diogène Laërce, VIII, 1, 3 ; Jamblique, *V. Pyth.* 25 et 35), son emplacement est en réalité inconnu.

2. Cf. *D.A.* I, 23, 1, n. 4. On retrouve ici un écho de la tradition qui attribuait au pythagorisme le souci de lutter contre l'anthropophagie, tradition aberrante, dérivée de l'idée selon laquelle les pythagoriciens, en recommandant la douceur envers les animaux, voulaient *a fortiori* susciter la *philanthropia*. Cf. *D.A.* III, 20, 7 ; et aussi II, 31, 3, n. 2. Pour une autre interprétation de cette tradition, voir M. Détienne, *Dionysos mis à mort*, Paris 1977, p. 148.

Page 96.

2. Bernays a condamné la leçon καὶ μὴ κατασχοῦσι. Nauck l'a approuvé, tout en maintenant la leçon dans son texte. Pötscher

(*op. cit.*, p. 141) admet qu'on doit la conserver, mais traduit le mot par « s'opposer à » (*sich dagegen stellen*). Pourquoi refuser le sens bien connu de « se retenir »? Le dieu invite les futurs consommateurs du bœuf à avoir bonne conscience, ce qui est très important.

Page 98.

2. L'αἴσθησις mentionnée ici, ainsi qu'au § 6, me paraît être la même qu'en 22, 1 et 27, 7. La différence de traduction ne relève que d'un ajustement au contexte.

Page 99.

2. Les qualicatifs de *mère* et de *nourrice* donnés par Théophraste à la terre remontent à une tradition longue et abondante. Pour *mère,* cf. PINDARE, *Ol.* VII, 70 ; EURIPIDE, fr. 944 Nauck, etc. Pour *mère* et *nourrice* réunis, cf. entre autres ESCHYLE, *Sept* 16 : Γῇ τε μητρί, φιλτάτῃ τρόφῳ ; PLATON, *Rép.* III, 414 e. De plus, le culte de Gê Kourotrophos est ancien et important à Athènes. La Terre-Mère jouissait en Attique d'une particulière vénération, qu'il ne faut pas séparer de la prétention des Athéniens à l'autochtonie. La Terre se distingue ainsi de l'ensemble des dieux et constitue même, comme dans ce passage, une divinité susceptible d'être mise en parallèle avec l'ensemble des dieux. Cf. ESCHYLE, *Sept* 69 : Ὦ Ζεῦ τε καὶ Γῆ καὶ πολισσοῦχοι θεοί ; DÉMOSTHÈNE, *Couronne* 158 : ὦ γῆ καὶ θεοί. Ce rôle est particulièrement net en ce qui concerne les sacrifices. Théophraste évoque ici une réalité cultuelle et son témoignage rejoint celui de la *Souda,* s.v. Κουροτρόφος : « (Erichthonios) institua la loi selon laquelle tout sacrifice à un dieu quelconque doit être précédé d'un sacrifice à (Gê Kourotrophos). » Voir sur cette question A. DIETERICH, *Mutter Erde,* Leipzig 1905.

3. Cf. *supra* 5, 2 : « les dieux célestes visibles ». J. Bernays (*op. cit.*, p. 44 et 128) s'efforce de montrer sur ce point la fidélité de Théophraste à Aristote, ce qui est une entreprise difficile. Le passage bien connu auquel il renvoie (ARISTOTE, *Métaph.* XI, 1074 b 1 sq.) n'est guère convaincant. Tout ce qu'on peut en tirer est la certitude qu'Aristote plaçait le séjour de la divinité dans les sphères célestes. Mais si Aristote affirme constamment que les astres sont des corps *divins* (*Métaph.* XI, 1074 a 31 ; *De Caelo* II, 292 b 32) ou des objets visibles *divins* (*Eth. Nic.* VI, 1141 b 1 ; *Métaph.* V, 1026 a 18 ; *Phys.* II, 196 a 33), jamais il ne dit explicitement dans ses œuvres conservées que les astres sont des *dieux.* Cette opinion est au contraire attestée chez Théophraste en dehors du *D.A.* Cf. CICÉRON, *De Nat. Deor.* I, 13, 35 : « *(Theophrastus)... diuinum tribuit principatum... signis sideribusque caelestibus.* » S'il y a un rapprochement à faire avec

Aristote, c'est avec l'Aristote des ouvrages perdus. Cf. en effet Περὶ Φιλοσοφίας, fr. 18 Rose[3] : « ce grand dieu visible (*scil.* le ciel) qui contient le soleil et la lune et tout le panthéon des planètes et des fixes » ; cf. aussi fr. 23 Rose[3] etc. Voir sur cette question W. Pötscher, *Strukturprobleme der Aristotelischen und Theophrastischen Gottesvorstellung*, Leyde 1970, p. 32-65 et 79-80. Il est bien évident que Théophraste baigne ici dans un courant différent de celui du Lycée, et qui réunit deux croyances : théologie astrale et immortalité céleste de l'âme. Plutôt qu'à Aristote, il conviendrait ici de rattacher Théophraste

— soit au pythagorisme : cf. Diogène Laërce, VIII, 27 : « Le soleil, la lune et les autres astres sont des dieux » ; quant à l'immortalité céleste, cf. par exemple Ion de Chios, test. A 2 Timpanaro-Cardini = Aristophane, *Paix* 832 et scholie ;

— soit à Platon : *Crat.* 397 d ; *Phèdre* 248 c - 249 a ; *Phédon* 84 b ; 82 b-d ; *Tim.* 40 e ;

— soit à l'*Epinomis* (cf. 986 d - 987 d).

Sur les origines et les formes de la doctrine de l'immortalité céleste, voir L. Rougier, *L'origine astronomique de la croyance pythagoricienne en l'immortalité céleste des âmes*, Le Caire 1933 ; *La religion astrale des Pythagoriciens*, Paris 1959 ; F. Cumont, *Lux Perpetua*, Paris 1949. Sur la théologie astrale en général, voir A. J. Festugière, *La Révélation d'Hermès Trismégiste* II, *Le Dieu Cosmique*, Paris 1950, p. 452-459 ; J. Pépin, *Théologie cosmique et théologie chrétienne*, Paris 1964, p. 103-291.

4. Comme l'explique W. Pötscher (*Theophrastos'* Π. Ε., p. 129), les mythes en question sont ceux qui illustraient l'ouvrage de Théophraste et que Porphyre n'a pas reproduits, exception faite pour celui qui concerne l'origine des Bouphonia.

Page 101.

2. La distinction entre langage proféré et langage intérieur se retrouve en *D.A.* III, 3. Le succès de cette distinction semble remonter aux Stoïciens : cf. *S.V.F.* II, fr. 135. Il n'est nullement surprenant de la trouver chez Apollonios de Tyane, qui subit fortement, dans son pythagorisme, l'influence stoïcienne (cf. E. Norden, *Agnostos Theos*, Leipzig 1913, p. 345).

7. De Rhoer, suivi par les éditeurs postérieurs, avait corrigé δοξοποιοῦντες en δοξοκοποῦντες. Cette correction est suspecte. Le verbe δοξοκοπεῖν semble en effet beaucoup plus courant que le verbe δοξοποιεῖν donné par les mss. De ce dernier nous avons deux autres exemples : *Pap. Berlin* 5026, l. 176 (Preisendanz, *Pap. Gr. Mag.*, Berlin-Leipzig 1928, I, p. 30) = *louer Dieu* ; Polybe, XVIII, 15, 16 = *doter d'opinion*, ou *d'opinions*. Nous avons en outre un exemple de δοξοποιία dans Clément, *Protr.* XX, 29 = *action de créer des opinions fausses* (en agissant sur l'imagination). Donc ici le sens de δοξοποιεῖν doit être *façonner l'opinion en agissant sur l'imagination, en imposer.*

Page 102.

1. Le mot παραβλητέον est difficile à interpréter. Le sens donné par *L.S.J.*, s.v. παραβλητέον, avec référence à ce passage, *il faut offrir*, n'est justifié par aucun autre exemple. Je choisis, parmi les différents sens de παραβάλλω ou παραβάλλομαι, celui de *s'exposer à*, *s'aventurer à*.

5. Idée semblable exprimée *supra*, II, 5, 2. L'idée que le feu est l'élément le plus proche de la nature des dieux est commune au platonisme (cf. Plat., *Tim.* 40 a) et au pythagorisme. L'exaltation du feu sacré en tant qu'élément du culte était en germe dans cette doctrine mais a pu se trouver renforcée par l'exemple oriental, et notamment iranien (cf. Bidez-Cumont, *Les Mages hellénisés*, Paris 1938, t. II, p. 530).

Page 103.

1. Il faut certainement conserver la leçon καὶ ἄλλοις (voir app. crit.). Mais quel sens lui donner? A celui que nous avons choisi, et où καὶ est adverbial, on peut opposer : « on le fait pour les démons et les autres puissances, qu'ils soient (les démons et les autres) bons ou mauvais ». Notre choix est déterminé par les précédents constitués par *Timée* 40 d, où après avoir, comme ici les Pythagoriciens, parlé des astres, Platon écrit : περὶ δὲ τῶν ἄλλων δαιμόνων, et, plus nettement encore, par Albinos, *Epitomé* 15, 1, où le *Timée* est paraphrasé par εἰσὶ δὲ καὶ ἄλλοι δαίμονες.

2. La démonologie pythagoricienne est pour Porphyre une doctrine secrète : voir *Notice*, p. 35, et *Introduction*, t. I, p. xxii-xxiii. Plutarque, *De def. or.* 14, 417 C, manifeste la même réticence à parler des mystères où se révèle la vérité sur les démons. « Εὔστομά μοι κείσθω » dit-il lui aussi. Mais la formule lui est fournie, selon ses propres dires, par Hérodote (II, 171).

4. Bel exemple de théologie négative. Le procédé d'exclusion *ni ... ni* a peut-être pour modèle *Parménide* 138 a, où Platon emploie, à propos de l'Un, la formule οὔτε ... ἐν ἄλλῳ οὔτε ἐν ἑαυτῷ.

5. Ce renvoi n'est pas clair pour nous. Il pourrait à la rigueur faire partie du texte cité. Sinon, il faut supposer qu'il est peu précis et qu'il se réfère à la séquence 33, 2 - 34, 2, où sont abordés les problèmes des besoins des dieux, puis de l'inadéquation de tout sacrifice au premier dieu.

6. Pourtant, Porphyre a plusieurs fois affirmé la non-spatialité de l'âme : *Sent.* 2 et 3 ; *Symmikta Zetemata*, p. 74, p. 94, p. 95 Dörrie. L'âme du monde échapperait-elle à cette loi? Sans doute, si l'on admet que Macrobe, *In Somn. Scip.* II, 2, 1-20, où l'âme du monde se voit attribuer les trois dimensions, dépend rigoureusement du *Commentaire* de Porphyre sur le *Timée* : voir Porph., *In Tim.*, p. 57, 18-22 Sodano. Toujours est-il qu'au moment de la rédaction du *D.A.*, la représentation tridimensionnelle, au

moins pour l'âme du monde, ne gêne pas Porphyre outre mesure puisqu'il ne censure pas la formule. Voir à ce propos M. A. Elferink, *La descente de l'âme d'après Macrobe*, Leyde 1968, p. 20-24, qui souligne que Porphyre n'est pas réellement engagé par cette formule : la description de l'âme du monde ne l'intéresse guère en l'occurence ; le problème qui l'occupe est de savoir à qui il faut sacrifier. Même idée chez J. H. Waszink, *Studien zum Timaioskommentar des Calcidius*, Leyde 1964, p. 12-13. Porphyre est en train de citer un bref résumé du *Timée*. Dans ce type d'ouvrage, la question de la nature mathématique de l'âme du monde est obligatoirement posée, à partir de *Timée* 35 a - 37 a. Les commentateurs ont opté pour différentes solutions : âme-nombre, âme-figure géométrique, âme-harmonie, ou les trois à la fois. Voir sur cette question A. J. Festugière, *Révélation...* III, p. 180, et P. Merlan, *From Platonism to Neoplatonism*, La Haye 1953, p. 8-29. L'expression elle-même, τριχῇ διαστατόν, apparaît pour la première fois ici, bien que Némésius, *De nat. hom.*, p. 71, 11 Matthaei déclare que les Stoïciens ont appelé l'âme τριχῇ διαστατή. L'idée est néanmoins très ancienne puisque selon Jamblique, *De anima*, chez Stobée, I, 49, 32 (I, 364, 2-4 Wa.), Speusippe (ive siècle av. J.-C.) aurait déjà défini l'âme comme un πάντῃ διαστατόν, précisant l'expression du *Timée* (36 e) πάντῃ διαπλεκεῖσα.

7. Allusion en quelque sorte à *Timée* 30 a, où le monde non ordonné par l'âme est dit se mouvoir sans mesure et sans ordre (κινούμενον πλημμελῶς καὶ ἀτάκτως). Voir aussi *Notice*, p. 43.

8. Cf. *Timée* 34 b : « (le démiurge) enveloppa le corps (du monde) dans l'âme » ; cf. aussi 36 e. L'âme est-elle autour du corps ou dans le corps? Selon Platon, l'âme du monde occupe les deux positions à la fois : *Timée* 30 b, 34 b ; l'âme humaine est dans le corps : *Timée* 69 c, 73 c-d, *Lois* X, 898 e. Selon Plotin, toutes deux sont autour du corps, mais l'âme humaine pénètre quelque peu ce dernier (voir *Enn.* IV, 3, 7, 12 ; 8, 2, 42-47 ; 8, 8, 1). Porphyre, dans le *D.A.*, laisse dire que l'âme du monde entoure le corps (apparemment sans le pénétrer, à la différence de ce qui est dit dans le *Timée*), et affirme d'autre part que l'âme humaine est enveloppée par le corps comme par une tunique (I, 31, 3 et II, 46, 1 ; voir *Notice* du livre I, t. I, p. 37 sq.).

Page 104.

1. La théologie descendante ici exposée complète celle du *Timée* par la mise en place du Premier Dieu (en gros le « Bien » de la *République*), et l'ampute du Démiurge. Après les dieux-astres et le ciel (appelé ici κόσμος), évoqués en 37 d - 40 d, Platon place les autres dieux, dont il règle le compte d'une façon assez cavalière en 40 e - 41 a. Il ne les appelle pas démons, et leur invisibilité n'est posée que d'une manière implicite. Ils correspondent bien cependant à la première des trois espèces de démons énumérées

ici. C'est dans le *Cratyle*, 397 d sq., que Platon oppose aux astres, qui seuls méritent le nom de dieux, les autres divinités, appelées démons. L'*Epinomis* enfin (984 d - 985 b) oppose aux dieux-astres trois catégories de démons, dont certaines sont capables de « haïr », mais qui ne recoupent pas les trois genres distingués ici. La classification que la source de Porphyre a construite à partir des textes platoniciens est une tentative de conciliation entre la religion philosophique et la religion civique. Elle répond en effet aux deux questions-clés : « pourquoi les vrais dieux, ceux que nous fait connaître la philosophie, ne reçoivent-ils aucun culte? » et « pourquoi la divinité, pourtant exempte des passions humaines, se fâche-t-elle si elle ne reçoit pas sa part? ».

2. Les meilleurs parallèles à cette formule se trouvent dans la littérature hermétique (Voir *Corp. Herm.* X, 7, p. 116, 7 Nock-Fest. : ἀπὸ μιᾶς ψυχῆς τῆς τοῦ παντὸς πᾶσαι αἱ ψυχαί εἰσιν) et chez Macrobe, *In Somn. Scip.* I, 6, 20 : *Mundi anima quae animarum omnium fons est.* Une telle représentation ne paraît guère platonicienne dans ses origines : elle ne correspond pas du tout, en tout cas, au récit du *Timée*, dans lequel le Démiurge fabrique les âmes individuelles parallèlement à l'âme du monde. En revanche, elle pourrait avoir été familière au stoïcisme ; voir *S.V.F.* II, 633 : notre âme a été tirée du monde, qui est un vivant animé ; *S.V.F.* I, 112 et 113 : le monde enfante les hommes. Sur les rapports de l'âme individuelle avec l'âme du monde, Porphyre expose un point de vue différent en *Sent.* 37, p. 42,13 - 44,15 Lamb. : les âmes individuelles sont *dans* l'âme universelle sans toutefois la diviser (Cf. Plotin, *Enn.* VI, 4, 4, 37-46). Voir aussi *Notice,* p. 45.

3. Sur cette localisation des démons, voir les rapprochements faits par J. Bidez - F. Cumont, *Les Mages hellénisés*, Paris 1938, t. II, p. 276, n. 1. Signalons en particulier Porph., *De Regr.* fr. 2, p. 29* Bidez et surtout Eusèbe, *P.E.* IV, 5, 2 : « On dit qu'aux dieux furent assignés le ciel et l'éther jusqu'à la lune, aux démons la zone lunaire et l'air, aux âmes les zones terrestre et souterraine. » Cette localisation était courante dans le moyen-platonisme. J. Bidez et F. Cumont citent Maxime de Tyr et Philon. Leur référence à Plutarque, *Mor.* 431 B est inexacte ; c'est à *De def. orac.* 13, 416 E qu'il faut renvoyer, passage remontant lui-même à Xénocrate (= fr. 166 Heinze).

5. Dans l'Antiquité tardive, les arts libéraux sont considérés comme une partie de l'ensemble des τέχναι : voir H. I. Marrou, *Les arts libéraux dans l'Antiquité classique* in *Actes du 4e Congrès Int. de Phil. Médiév.*, Montréal-Paris 1969, p. 5-27, repris dans *Patristique et Humanisme,* Paris 1976, p. 37-61.

6. Ce passage se ressent de l'influence conjointe de *Timée* 24 b-c et de *République* II et III, 369 d - 412 a. Dans le *Timée,* le prêtre égyptien cite, parmi les dons d'Athéna, l'exercice de l'intelligence, la mantique, la médecine, et les bonnes conditions climatiques avec l'expression εὐκρασίαν τῶν ὡρῶν que l'on retrouve ici. Mais ce passage du *Timée* évoque aussi la division

de l'état en plusieurs classes sociales exerçant des métiers distincts. Or le modèle de cette division se trouve dans la *République*, aux livres II et III, où sont successivement examinées toutes les activités mentionnées ici, dans un ordre identique : activité agricole et techniques artisanales (369 d - 372 c), éducation divisée en musique et gymnastique (376 e - 405 a), médecine liée à la gymnastique (405 a - 410 a).

Page 105.

4. Cf. JAMBLIQUE, *Myst. Ég.* I, 20, 62, 5-7 des Places et CALCIDIUS, *loc. cit.* Sur l'invisibilité des démons, cf. *Epinomis* 984 e.

5. L'idée que le *pneuma* est suceptible de recevoir des empreintes et donc de prendre figure est chère à Porphyre, qui l'exprime également en *Sent.* 29.

6. Voir *Notice*, p. 43.

7. Cf. PORPH., *A Anébon* 2, 9 a Sodano et CALCIDIUS, *loc. cit.*

8. Cf. PLUTARQUE, *De def. orac.* 16, 419 A : « En quoi les démons se distingueraient-ils des dieux s'ils étaient incorruptibles et impassibles ? »

9. Il faut revenir à la leçon des mss. porphyriens τρέφεσθαι et rejeter la leçon d'Eusèbe τρέπεσθαι. Τρέφεσθαι forme avec ἀπορρεῖν un bien meilleur couple que τρέπεσθαι. Pour Porphyre, le *pneuma* est susceptible de s'épaissir durant la vie corporelle : voir *Sent.* 29 et *D.A.* II, 42, 3, où il s'agit vraiment d'une nourriture. La leçon τρέφεσθαι est garantie par Jamblique, qui discute ce passage en s'opposant à Porphyre, en *Myst. Ég.* V,10, 212 des Pl. Jamblique nie que le corps des démons soit nourri (τρέφεσθαι) par les sacrifices et qu'il produise des effluences (μήτε ἀπορρεῖν τι ἀπ' αὐτοῦ). Sur le concept d'ἀπορροία, voir H. DÖRRIE, *Ein unphilosophisches Wort im spätantiken Denken*, in *Parusia (Fest. J. Hirschberger)*, Francfort 1965. Voir aussi ch. 46, n. 6.

Page 106.

3. L'imputation des tremblements de terre aux mauvais démons est certainement d'origine orientale : voir H. LEWY, *Chaldaean Oracles and Theurgy*, Le Caire 1956, p. 259, n. 2. Pour les autres calamités, cf. XÉNOCRATE dans PLUTARQUE, *De def. orac.* 14, 417 D : « Souvent des démons pleins d'ardeur et de violence... envoient... aux cités des épidémies (λοιμούς)... frappent leur sol de stérilité (ἀφορίας)... suscitent des guerres et des séditions (πολέμους καὶ στάσεις). » Voir aussi *supra*, *Notice*, p. 38.

Page 107.

1. Une des fonctions de la démonologie élaborée à l'époque du moyen-platonisme était de résoudre les contradictions entre la

religion « philosophique » et la religion civique ou populaire : voir *supra*, p. 104, n. 1. La démonologie permet au philosophe de participer sans se renier aux cultes publics, du moment qu'il ne se trompe pas sur les destinataires de ces cultes. En outre, elle disculpe à la fois les dieux et la cité. Ceux que la cité cherche à apaiser ne sont pas des dieux, mais de mauvais démons. Et si la cité se trompe, elle n'est pas responsable de son erreur. En effet, étant totalement mauvais, les mauvais démons ajoutent à leur méchanceté la dissimulation : ou bien ils se font ignorer, ou bien, sous des modalités non précisées ici, ils font passer leurs actions et leurs exigences pour celles des vrais dieux.

5. Ce grand Dieu qui sème le trouble dans l'univers pourrait être le Dieu des chrétiens, tel que le montre parfois l'Ancien Testament, lorsque Yahvé dans sa colère bouleverse la terre et la mer : la *Septante* emploie alors volontiers le verbe ταράσσειν : voir *Psaume* 18, 8 ; 77, 17 ; *Isaïe* 24, 19 ; 51, 15 ; *Jérémie* 4, 24. Les philosophes qui cautionnent une telle représentation de Dieu peuvent être des gnostiques, ou même des philosophes chrétiens : si, comme c'est probable, ce développement n'est pas une citation mais un commentaire purement porphyrien, on pourrait même supposer que Porphyre pense à Origène, un philosophe qui n'a pas rougi de défendre les Écritures. C'est cette possibilité qui nous conduit à préférer la leçon d'Eusèbe τεταράχθαι φασίν (4^5) à celle de la tradition directe (voir app. crit.), qui marque moins fermement l'idée que les adversaires de Porphyre profèrent eux-mêmes ces énormités. En toute rigueur grammaticale, le sujet de φασίν devrait être les mauvais démons, mais on voit mal comment ces derniers pourraient « dire » quelque chose, si ce n'est par l'intermédiaire des hommes qu'ils dévoient.

Page 108.

4. Le langage ici employé est celui de la logique aristotélicienne : cf. *Catég.* V, 4 a 35 ; VI, 6 a 1 ; *De Interpr.* 14, 24 b 10. Jamblique, qui emploie le même langage en *Myst. Ég.* II, 10, 93, 7-8 des Pl., peu après avoir cité (93, 2-3), comme Porphyre, Plat., *Rép.* I, 335 d, a certainement sous les yeux ce passage du *D.A.*

5. Il y a probablement une lacune entre γένοιτο et τούτων. Ce démonstratif, qui désigne évidemment les mauvais démons, ne renvoie à rien de ce qui précède, puisqu'il faut remonter de plus de vingt lignes pour trouver mention des mauvais démons. Le reste de la phrase est lourd et maladroit. Pour donner plus de force à son affirmation, l'auteur (c'est-à-dire Porphyre ou son modèle éventuel) utilise les moyens d'une rhétorique qui rend sa phrase difficilement compréhensible à la première lecture (trois négations qui se succèdent en se contrariant). On remarque malgré tout les correspondances πολλά / καθ' ἕνα et ἐνίοτε / οὐκ ἔσθ' ὅτε. Cette opposition marquée par Porphyre signifie que

l'activité des mauvais démons est multiforme, donc brouillonne, et sporadique, tandis que celle des démons bienfaisants s'exerce dans des domaines rigoureusement définis et d'une façon continue.

6. Cf. PORPH., *A Anébon* 2, 1-2 So., où l'on trouve la même distinction entre les diverses formes de mantique.

7. Cf. *A Anébon*, 2, 10 b So. Depuis le fameux texte du *Banquet*, 202 e, le rôle joué par les démons dans la mantique apparaît comme une de leurs attributions les plus importantes. Mais la divergence entre Porphyre et Platon est ici caractéristique. Dans le *Banquet* 202 e, Platon attribue indistinctement aux démons mantique et sorcellerie. Porphyre est le premier à séparer aussi nettement ces deux attributions.

8. Voir *Notice*, p. 44.

Page 109.

1. En particulier lors de leurs prétendues apparitions. En fait ils se contentent bien souvent, selon Porphyre, d'agir directement sur l'imagination de leurs victimes. Cf. *A Anébon* 2, 9 a So. : « C'est ainsi qu'ils (les ensorcelés) parlent de vision directe, ignorant qu'ils mettent au compte de sa présence (du démon) ce qui n'est qu'affection de leur propre imagination. »

2. *Iliade* IX, 500.

3. Voir *Notice*, p. 44.

4. Les mauvais démons se réjouissent et se nourrissent de la fumée des sacrifices et du sang : idée constante chez Porphyre. Cf. *Phil. or.* 148-149 Wolff ; *A Anébon* 2, 8 b, p. 20, 1 So. Mais l'idée est déjà exprimée par Celse (ORIGÈNE, *C. Celse* VIII, 60) ainsi que par les *Sent. Sext.* (n° 564, voir *Notice*, p. 14). Cette croyance est liée à la doctrine stoïcienne de l'ἀναθυμίασις (cf. *S.V.F.* I, 141 ; II, 778), selon laquelle les astres se nourrissent des exhalaisons terrestres. Cette doctrine est exposée par Porphyre dans l'*Antre des Nymphes* 11. Il est à noter que dans ce chapitre de l'*Antre*, Porphyre en arrive à signaler l'effet funeste sur l'âme des exhalaisons venues de la terre. Chez Porphyre l'ἀναθυμίασις est toujours quelque chose de dangereux, qui alourdit l'âme et provoque sa descente et sa dégradation : cf. *D.A.* I, 28, 2. Il est intéressant de voir comment Jamblique modifie cette opinion afin de justifier les sacrifices aux dieux : selon lui, les exhalaisons des sacrifices bien faits s'adaptent aux dieux et ne peuvent les alourdir (*Myst. Ég.* V, 3).

5. Εὐλαβηθήσεται : Jamblique insiste lui aussi (*Myst. Ég.* V, 25, 236, 17) sur la nécessité de la prudence (εὐλάβεια) dans les rapports avec les êtres supérieurs. Mais la prudence selon Jamblique admet des attitudes que refuse la prudence selon Porphyre.

6. Si la démonologie médioplatonicienne peut rendre loisible au philosophe la participation à toutes les formes de culte public (voir *supra*, p. 107, n. 1), Porphyre est bien décidé à refuser cette facilité. Sur la religion de Porphyre et la religion de la cité, voir *Introduction*, t. I, p. LVIII sq.

Page 110.

1. Par opposition à la notion commune ou innée, qui est juste, mais globale et grossière. L'emploi de διαρθροῦν en ce sens est familier au stoïcisme : cf. ÉPICTÈTE, II, 17, 10 et 13, DIOGÈNE LAËRCE, VII, 199.

2. Sur le dualisme de Porphyre, voir *Introduction*, t. I, p. XLI-XLIV.

3. C'est-à-dire les *Oracles Chaldaïques*? Voir *Notice*, p. 39 sq.

4. Au ch. 2. Porphyre avait alors annoncé cette démonstration mais l'avait retardée pour examiner d'abord la question des sacrifices.

5. Voir *Notice*, p. 40-41.

Page 111.

1. Voir *Notice*, p. 38.

2. Les exigences de pureté jouent un rôle considérable dans la magie antique. Les formules enjoignant au magicien de se purifier avant l'opération magique, et en particulier de ne pas manger de viande, sont très nombreuses dans les papyrus magiques. Cf. HOPFNER, art. *Mageia*, *R.E.* 14, col. 359-362, et les références qu'il cite.

Page 112.

2. Cf. PLUTARQUE, *De Esu* I, 1, 993 B : « ... cette manducation qui fait entrer en contact avec des plaies étrangères (ἀλλοτρίων) et qui recueille les sucs (χυμούς) et les humeurs qui coulent des blessures mortelles. »

3. Voir par exemple l'inscription rapportée par T. WÄCHTER, *Reinheitsvorschriften*..., p. 61, réglementant le port des chaussures dans un sanctuaire.

4. Sur le monde comme temple de Dieu, voir A. J. FESTUGIÈRE, *Révélation*... II, p. 223-238 ; p. 538 ; p. 568 ; et J. PÉPIN, *Théologie cosmique*..., p. 289-291. Sur l'antinomie monisme-dualisme de ce chapitre, voir *Introduction*, t. I, p. XLIII.

5. Voir *Notice* du livre I, t. I, p. 37-41. Voir aussi *Notice* de ce livre, p. 14.

6. 'Απορροία : mot riche en influences chrétiennes et gnostiques. Voir en particulier l'argument valentinien rapporté par MÉTHODE, *De autex.* 9, p. 169, 12 *G.C.S.* Cf. *supra*, 39, 2, n. 9.

7. Le texte parle en réalité de puissances ou éléments démoniques (δαιμονίων, et non δαιμόνων). Faut-il soupçonner une faute textuelle? Peut-être pas, car il est possible que Porphyre tienne à insister sur le côté très indirect de la présence des démons dans l'âme : voir *Notice*, p. 44-45.

Page 113.

3. On trouve dans F. Cumont, *Lux Perpetua*, p. 34 ; 97 ; 107 ; 215 ; 320, de nombreuses références qui montrent que les pratiques ici dénoncées par Porphyre étaient bien connues des anciens. Et il n'est pas douteux que les nécromants antiques recherchaient les cadavres, ou morceaux de cadavres, au point parfois de s'en procurer par le meurtre.

4. Sur les auteurs ainsi désignés, voir *Notice*, p. 38, 40 et 46.

5. Voir *Notice*, p. 45.

6. Cf. *infra*, 49, 1 ; 52, 4. Voir *Notice*, p. 48.

7. Cette forme de divination tient beaucoup plus de la magie que de la mantique proprement dite — bien que mantique et magie ne soient évidemment pas sans rapports entre elles (voir Bouché-Leclercq, *Histoire de la divination dans l'Antiquité*, Paris 1879, I, ch. 1). Les animaux cités ici par Porphyre sont des animaux dont le rôle divinatoire a toujours été admis dans le monde grec. Mais les pratiques ici décrites ne font pas partie des méthodes traditionnelles de la divination antique, et chez Pline, *Hist. Nat.* XXX, 24, 84, un procédé comparable concernant la taupe est rapporté aux *Magi* : les Mages s'aspergent de sang de taupe afin de retrouver le délire divin. Chez Philostrate, *V. Apoll.* I, 20, p. 56 Conyb., des Arabes mangent des cœurs de serpents pour devenir devins. Porphyre lui-même, dans *A Anébon* 2, 2 f So., parle, à propos des procédés de divination, de καταπόσεις τινῶν : il s'agit bien là aussi d'acquérir l'inspiration par ingestion, mais l'expression employée est vague.

Page 114.

1. Voir *Notice*, p. 15.

2. Cf. *supra*, 47, 3. Voir *Notice*, p. 48.

3. C'est-à-dire sans le recours à la théurgie et aux démons qui forment ensuite une escorte indiscrète autour de celui qui les a appelés. Cf. *De Regr.* 7, p. 34*, 31 sq. Bidez : « *errare homines theurgica disciplina... atque esse certissimum errorem agendo et supplicando ad principes angelosque decurrere.* » A plus forte raison donc les démons absorbés avec la chair des animaux empêchent la rencontre avec Dieu, qui exige un état de solitude et de dépouillement rigoureux.

4. Cf. *supra*, 47, 3 ; voir *Notice*, p. 45.

5. Cf. Héraclite, fr. 35 Diels : πολλῶν ἵστορας φιλοσόφους ἄνδρας.

6. Sur le thème du retour à soi, voir *Introduction*, t. I, p. LV.

7. Voir *Notice*, p. 49.

8. Presque tous les cas d'impureté énumérés ici par Porphyre relèvent de croyances communes dans la religion grecque.

— ἀνδρῶν ἀνοσίων : formule vague, qui repose sur le principe du caractère contagieux de l'impureté.

— ἐμμήνων : M. P. Nilsson, *Gesch. Gr. Rel.* I, p. 94, et T. Wächter, *op. cit.*, p. 36 sq., remarquent que la menstruation n'est dénoncée comme source d'impureté que par quelques textes rares et tardifs. Wächter fait observer que le précepte ordonnant d'éviter tout contact avec elle est au contraire courant dans les religions orientales. Selon Nilsson, ce tabou a été introduit en Grèce avec les religions orientales.

— συνουσιῶν : Wächter omet de citer les relations sexuelles parmi les causes d'impureté ; la croyance était pourtant ancienne et répandue, comme le montre Nilsson, p. 96-97.

— τάφων : sur les multiples textes, épigraphiques ou littéraires, relatif à cette croyance, voir Wächter, p. 53 et Nilsson, p. 96-97.

— θέας αἰσχρᾶς : cf. Julien, *Ep.* 89, 304 B.

— θέας πενθικῆς : la seule vue d'un enterrement rend impur : Julien, *Ep.* 136 b, p. 199, 16-22 Bidez.

— ἀκροάσεως : cf. Julien, *Ep.* 89, 300 C.

Page 115.

1. Les § 1 et 2 seraient, selon W. Pötscher (*Theophrastos'* Π. Εὐσ., p. 50-62) un extrait du Π. Εὐσ. de Théophraste. L'argument le plus fort, fondé sur la présence de l'adjectif ἄλογος, n'est pas décisif : voir *supra*, 2, 3, p. 73, n. 1. La démonstration de W. Pötscher prouve que rien ne s'oppose à ce que ce passage soit un extrait de Théophraste, mais ne prouve pas qu'il ne puisse être dû à personne d'autre.

2. Cette affirmation n'est guère confirmée par les textes antiques. Dans les textes grecs, on relève un seul exemple dans Strabon, XI, 4, 7, qui cite les Ibères du Caucase. En revanche, les Romains dénoncent assez souvent ce genre de pratique, mais ils en soupçonnent des personnes vivant dans l'Empire : des devins d'Arménie ou de Commagène vivant à Rome (Juvénal, *Sat.* VI, 550-552), l'empereur Héliogabale (*Hist. Aug.*, *Héliog.* 8). Leurs soupçons sont aussi tombés sur Apollonios de Tyane (Philostr., *V. Apoll.* VII, 11, p. 168 Conyb.) et même sur un citoyen romain, adversaire de Cicéron (Cic., *Contre Vatinius* 14).

4. Cette question, Porphyre l'a posée dans la *Lettre à Anébon* (2, 3 a et 4 c So.). La seule réponse sûre qu'il y donne est qu'en tout cas les dieux ne peuvent se prêter aux pratiques ordinaires de la divination.

5. Pour Porphyre, la cause est entendue. Fidèle aux convictions exposées dans la *Lettre à Anébon*, il considère que les modes de divination qui comportent des éléments que nous appellerions volontiers magiques, comme la consultation des entrailles, ne peuvent fonctionner qu'avec la participation des démons, non des dieux, et des mauvais démons plutôt que des bons. C'est une opinion que Jamblique lui reproche amèrement tout au long du livre III des *Myst. Ég.* Favorisent la divination, dit Porphyre, les démons nés de la matière ou les âmes prises aux animaux (*A Anébon* 2, 4 c So.) ou encore (*ibid.* 2, 7 a, p. 16, 6-7 So.) « un genre de nature trompeur, polymorphe et changeant, qui revêt le masque

des dieux, des démons et des âmes des morts » (trad. des Places dans JAMBL., *Myst. Ég.* III, 31, 175, 16-17). D'autre part, d'après *Myst. Ég.* III, 21, 146, 13-14 d.P., Porphyre a cité dans sa *Lettre*, à l'appui de sa thèse, « l'opinion des athées (*scil.* des chrétiens) qui font du mauvais démon l'inspirateur de toute la mantique » (= 2, 7, p. 17, 12-13 So.). Pour Porphyre, la suppression de la mantique traditionnelle ne comporte aucun inconvénient, car

1° le sage n'a pas besoin de connaître son avenir matériel (*D.A.* II, 52, 3). La même idée est exprimée en termes analogues en *A Anébon* 2, 19 b So. : « Il est vain le savoir de ceux qui importunent (ἐνοχλήσασιν) l'intellect divin au sujet d'un esclave en fuite, de l'achat d'une terre, d'un mariage (γάμου) ou d'une affaire commerciale (ἐμπορίας) » ;

2° quand il s'agit de son véritable salut, le sage peut compter sur les bons démons qui l'informent sans y être invités (*D.A.* II, 53, 1).

Page 116.

4. Ὄττα, -ης : vieux mot poétique généralement employé pour désigner la voix divine entendue soit directement, soit par l'intermédiaire des oracles. Porphyre en fait ici un moyen d'expression démonique : il s'agit des avertissements qui parviennent à notre conscience d'une façon parfois si précise qu'on a l'impression qu'ils nous ont été « soufflés ». L'archétype du démon qui avertit est évidemment le démon de Socrate.

5. Cf. *supra*, 46, 2. L'expression est peut-être inspirée de PLATON, *Théét.* 146 a : φίλους τε καὶ προσηγόρους ἀλλήλοις. Est προσήγορος celui avec qui la conversation est facile, avec qui l'on s'entend bien (dans tous les sens de l'expression).

6. Τὸ ἔν τινι τιμιώτατον peut être une façon de désigner l'âme : cf. PLATON, *Lois* V, 731 c ; ARISTOTE, *Polit.* VII, 1, 1323 b 17 ; TIMÉE DE LOCRES, *De nat. mundi*, 21 (209, 2), p. 124 Marg, où τὸ τιμιώτατον désigne l'âme du monde. S'agit-il ici de l'âme du monde? Si c'est le cas, le texte fait sûrement référence à l'Hécate des *Oracles Chaldaïques* (voir notes suivantes).

7. La Nature intellectuelle : il est surprenant de voir ici la Nature affectée d'un qualicatif positif. Partout ailleurs dans le *D.A.*, chaque fois que φύσις ne signifie pas *manière d'être, genre*, le mot est déterminé de manière négative, puisqu'il est constamment question des « nécessités de la nature » avec lesquelles le sage doit plus ou moins composer : I, 43, 1 ; 45, 3 ; 48, 3 ; II, 49, 1, etc. Il est possible que le texte soit fautif et qu'il faille supposer à l'origine ἡ θεία ou ἡ δαιμονία φύσις : « *La nature divine* ou *démonique... étant intellectuelle...* » Mais il n'existe pas de preuve garantissant cette conjecture. Nous sommes donc obligés de compter avec le texte tel qu'il est. S'il est exact, on voit comment

Porphyre retourne contre la mantique un argument sur lequel elle pouvait se fonder. A « la Nature est rationnelle, donc l'observation de certaines de ses œuvres permet d'en prévoir d'autres, donc la mantique est utile », Porphyre oppose « la Nature est intellectuelle, donc pour communiquer avec notre intellect elle n'a pas besoin du détour par les signes sensibles, donc la mantique est inutile ». La justification de la mantique par la rationalité de la Nature a été proposée par les Stoïciens : voir Cicéron, *De div.* I, 52. Et certes l'argumentation développée par le texte a une portée antistoïcienne. Mais il est peu probable que Porphyre admette, sans l'affecter du moindre signe de doute, le postulat de ses adversaires à seule fin de les confondre. On doit également renoncer à trouver chez Plotin le garant de l'idée d'une Nature intellectuelle. D'abord la Nature n'est jamais qualifiée ainsi dans les *Ennéades*. Elle y est certes parfois définie comme une forme, ou une contemplation, ou une partie de l'âme du monde (III, 8, 2, 22 ; 3, 18 ; 4, 15, voir J. N. Deck, *Nature, Contemplation and the One, a study in the philosophy of Plotinus*, Toronto 1967, p. 64-72) ; elle pourrait mériter le qualificatif d'intellectuelle, mais, dans son œuvre la plus plotinienne, Porphyre lui donne une valeur résolument négative (*Sent.* 29, p. 20, 1-4 Lamb. : « la Nature travaille plutôt dans l'humide et le souterrain »). Le modèle de Porphyre serait donc peut-être à chercher dans les *Oracles Chaldaïques*, bien que l'expression « Nature intellectuelle » n'y apparaisse nulle part : voir *Notice*, p. 45-46. Il est certain que la liaison entre Nature et Destin, sous-jacente dans cette discussion sur la mantique, est constante dans la littérature chaldaïque. Mais, même s'il s'agit d'une citation, le texte nous force à conclure que Porphyre approuve consciemment l'idée d'une Nature intellectuelle, car elle est fondamentale dans sa démonstration.

8. Ce verbe plaide évidemment en faveur de la faute textuelle. Il s'appliquerait plus facilement à la nature divine ou démonique qu'à la Nature. Toutefois, il faut tenir compte de ce que, dans la pensée chaldaïque, la Nature est liée à la personne divine d'Hécate (voir H. Lewy, *op. cit.*, p. 89-90). A ce titre elle pourrait être vénérée.

9. Voir *Notice*, p. 40, n. 1.

Page 117.

2. Ce témoignage de Porphyre est étudié par Pohlenz, art. *Kronos*, *R.E.* 11, col. 1997. Pohlenz considère que le sacrifice du condamné à mort n'a pu être destiné qu'à Artémis. Comme la fête d'Artémis tombait à Rhodes en même temps que les Cronia, la confusion a été faite, favorisée par l'assimilation assez fréquente de Cronos au dieu phénicien Bal, dont le culte comportait réellement des sacrifices humains. Pohlenz cite par exemple Soph., *Androm.* fr. 122 : « Depuis toujours chez les barbares la loi veut qu'à Cronos on sacrifie le genre humain. »

5. Étienne de Byzance cite les noms de Κορώνεια, qu'il définit πόλις Κύπρου, et de Κορώνη, qu'il définit πόλις Σαλαμινίων et μοῖρα τῆς Σαλαμῖνος τῆς ἐν Κύπρῳ. Ce dont Porphyre transmet le nom sous la forme Κορωνίς n'est donc pas l'ancien nom de Salamine, mais le nom d'un district (canton? quartier? dème?) de cette cité. Sur la forme exacte du nom, on peut hésiter. Est-ce ΚΟΡΩΝΙΔΙ devenu ΚΟΡΩΝΙΑΙ ou l'inverse ? La forme Κορωνίδιον des mss. du *D.A.* est due à une dittographie de l'initiale du mot suivant.

6. Ce mois correspond au début de l'automne selon Kubitschek, art. *Aphrodisios 12, R.E.*

7. L'histoire du sacrifice humain de Salamine de Chypre, telle que la retrace Porphyre, semble assez confuse et souvent purement mythique.

1° Agraulos, plus connue sous la forme Aglauros, est une personnalité liée de très près au culte d'Athéna et généralement présentée comme fille de Cécrops et d'une mère portant le même nom qu'elle, Aglauros. Le nom d'Agraulis (ou Aglauris) n'apparaît guère ailleurs qu'ici, sinon au pluriel pour désigner les trois filles de Cécrops (παρθένοι Ἀγλαυρίδες, Eur., *Ion* 23). Le nom d'Aglauros est devenu par endroits un des noms cultuels d'Athéna. La seule relation entre elle et les sacrifices humains réside dans la légende qui, faisant d'Aglauros une prêtresse d'Athéna, raconte qu'elle s'est jetée volontairement du haut de l'Acropole (ou dans la mer), pour sauver Athènes menacée par la guerre.

2° Par ailleurs ce passage de Porphyre est le seul document qui fasse état d'un culte chypriote d'Aglauros, et même d'Athéna ainsi que de Diomède. Et il est très étonnant qu'Aglauros soit ici associée à Diomède plutôt qu'à Athéna : ὁ τῆς Ἀθηνᾶς νεὼς καὶ ὁ τῆς Ἀγραύλου καὶ Διομήδους.

3° L'époque de Diomède est évidemment celle de la guerre de Troie dans l'esprit du rédacteur de cette histoire. Celui-ci imagine la promotion du prince Diomède (qui, selon les données légendaires connues, n'a aucun lien avec Chypre) au rang de héros. Le récit porte-t-il l'écho d'un fait réel, l'installation relativement récente d'un culte de Diomède à Chypre? Les lieux de culte de Diomède sont assez nombreux et très dispersés. Son culte est lié à celui d'Athéna à Argos. En Attique, Diomède et Athéna sont liés dans la légende, mais aucune trace d'un culte conjoint n'a été retrouvée. Voir Bethe, art. *Diomedes, R.E.* 5, col. 818-820.

4° F. Schwenn, *Die Menschenopfer bei den Griechen und Römern, R.G.V.V.* 15, 1914-15, p. 70-71, tente d'interpréter les données fournies par Porphyre. Le rapprochement qu'il opère entre les modalités très particulières du sacrifice humain décrit par Porphyre (avec prédominance des symboles guerriers : lance, éphèbes) et les circonstances du meurtre d'Hector et des funérailles de Patrocle est intéressant et laisse à penser qu'un tel sacrifice devait servir à honorer un héros mort au combat.

8. La période pendant laquelle ont pu coexister un roi de Chypre et un Séleucos est extrêmement brève. C'est en effet vers 310 av. J.-C., du vivant du premier Séleucos connu, que prend fin la relative autonomie des cités chypriotes. Or rien ne nous autorise à penser que Séleucos Ier ait pu recevoir le surnom de θεολόγος. Le nom de Diphilos est inconnu par ailleurs. En revanche on note l'existence d'un Séleucos gouverneur de Chypre au nom des Ptolémées entre 181 et 116. De toute façon les données de Porphyre sont ici encore confuses et probablement non historiques. Séleucos le théologien a toute chance d'être un personnage mythique.

9. Il s'agit du premier Amosis (ou Amasis), pharaon de la 18e dynastie, qui régna au xvie siècle av. J.-C.

Page 118.

1. Le titre le plus connu parmi les œuvres de Manéthon, historien égyptien de langue grecque du IIIe s. av. J.-C., est celui d'Αἰγυπτιακά. Le titre rapporté ici par Porphyre peut être rapproché de la ἱερὰ βίβλος attribuée à Manéthon par Eusèbe, *P.E.* II, *prooem.*, 5. Mais s'agit-il d'un véritable titre ou d'un descriptif ? F. Jacoby (*F. Gr. H.*, no 609, fr. 14), pense qu'il s'agit d'un titre. Voir aussi l'éd. W. G. Waddell (coll. Loeb), fr. 85.

2. Cette opération, classique dans la religion égyptienne, était effectuée par des spécialistes que les Grecs appelèrent μοσχοσφραγισταί : cf. *D.A.* IV, 7, 3. Sur le problème de l'existence des sacrifices humains en Égypte, et sur le lieu réel du culte évoqué ici (Ilithyiapolis ?), voir les n. 2 et 3 de l'éd. Waddell.

3. Ὠμάδιος est avec ὠμηστής, « mangeur de chair crue », une épithète assez fréquente de Dionysos. Le dépècement des victimes et l'absorption de chair crue (omophagie) sont des éléments bien connus du culte dionysiaque. L'usage de victimes humaines semble être resté cantonné dans les îles de l'Est de la mer Égée. A Chios et Ténédos il faut ajouter Lesbos, d'après un renseignement fourni par Clément, *Protr.* 42, 5.

4. Il n'existe aucune autre mention de cet historien, dont notre passage constitue le seul fragment conservé (Müller, *Fr. Gr. Hist.*, Paris 1841-1851, IV, 408).

5. Il s'agit du mythographe athénien du Ier s. ap. J.-C., auteur entre autres d'un Περὶ θεῶν. Notre extrait constitue le fr. 125 de cet auteur dans Jacoby, *op. cit.*, no 244.

6. F. Schwenn (*op. cit.*, p. 78) considère que le nom d'Arès signifie que ce sacrifice humain avait lieu en temps de guerre, comme dans l'exemple tiré de Phylarque par Porphyre en II, 56, 7.

7. Cronos est la divinité grecque à laquelle est régulièrement assimilée la grande divinité sémite qui apparaît sous les formes El, Baal, Bel. L'existence de sacrifices d'enfants en l'honneur de

cette divinité, en particulier chez les Phéniciens et les Carthaginois, est tout à fait reconnue.

8. Sur Sanchuniathon, voir P. NAUTIN, *Sanchuniathon chez Philon de Byblos et chez Porphyre* in *Rev. Biblique* 56, 1949, p. 259-273, et *La valeur documentaire de l'« Histoire Phénicienne »*, *ibid.*, p. 573-578. Il s'agit d'un personnage assez mystérieux, d'un « fantôme » selon P. Nautin. Il était connu des Grecs grâce à la traduction de son œuvre par Philon de Byblos (Ier-IIe s. ap. J.-C.), qui le situe chronologiquement avant la guerre de Troie (P. Nautin pense qu'en fait Porphyre est l'auteur malhonnête de cette datation). Porphyre a également mentionné Sanchuniathon et la traduction de son œuvre par Philon de Byblos dans le livre IV du *Contre les Chrétiens* (= fr. 41 Harnack), selon le témoignage d'EUSÈBE, *P.E.* I, 9, 21. Eusèbe a utilisé pour son compte l'*Histoire Phénicienne*, à laquelle il attribue neuf livres. L'extrait cité dans le *D.A.* provient vraisemblablement du début du livre I, où était exposée la théogonie phénicienne. Cette origine est confirmée par Eusèbe qui, par deux fois (*P.E.* I, 10, 44 et IV, 11), cite Philon dans les termes suivants : « Il était d'usage chez les anciens, lors des grandes calamités (ἐν ταῖς μεγάλαις συμφοραῖς) et des périls, que les chefs d'une cité ou ceux de la nation offrissent, en rançon de la survie de tous, la vie de leur enfant préféré qu'ils sacrifiaient aux divinités vengeresses. » Suit l'exemple du roi Cronos (devenu plus tard dieu) sacrifiant son fils. Pour établir une unité entre les deux témoignages, il faut supposer que l'*Hist. Phén.*, après le passage cité par Eusèbe, ajoutait que Cronos était à son tour devenu demandeur et que le haut (?) personnage qui devait lui sacrifier son enfant était désigné par un vote de ses pairs. Porphyre résumerait ainsi à grands traits un passage dont Eusèbe, de son côté, ne cite qu'une partie. Le témoignage de Porphyre constitue le fr. 3 de Philon de Byblos dans MÜLLER, *op. cit.* III, 560, et le fr. 3 de cet historien dans JACOBY, *op. cit.*, n° 790.

9. Historien du deuxième tiers du IIIe s. av. J.-C. Cf. JACOBY n° 344, fr. 48. La référence fournie par Porphyre pourrait être un titre : *Recueil des sacrifices crétois.*

10. Voir POHLENZ, art. *Kronos*, *R.E.* 11, col. 1997, qui commente ce passage. Selon l'auteur, il n'y a jamais eu de sacrifices humains en l'honneur du Cronos grec. L'erreur d'Istros serait née d'une confusion à partir de la danse des Courètes armés autour du berceau de Zeus, et des sacrifices humains offerts au Zeus crétois.

11. Personnage également cité par Porphyre en *D.A.* IV, 16, 5, comme auteur d'un traité sur le culte de Mithra, et inconnu par ailleurs. A son sujet, voir R. TURCAN, *Mithras Platonicus*, Leyde 1975, p. 23-43. Le problème qui se pose ici est de savoir sur quoi porte ἐφ' Ἀδριανοῦ. S'il porte sur συναγαγών, il date Pallas ; s'il porte sur καταλυθῆναι, il date l'interdiction des sacrifices humains. En faveur de la première solution, voir O. SEEL, art. *Pallas*, *R.E.*, et R. TURCAN, *op. cit.*, p. 41 ; en faveur

de la seconde, F. Schwenn, *op. cit.*, p. 187 et F. Cumont, *Textes et documents relatifs au culte de Mithra*, Bruxelles 1899, I, p. 26. Cette dernière paraît plus vraisemblable grammaticalement : l'aoriste καταλυθῆναι attire ἐφ' Ἀδριανοῦ comme complément de temps (si l'interdiction n'était pas située dans le temps, elle serait mieux exprimée par un parfait). Nous n'avons, certes, aucune trace d'un décret interdisant, à cette époque, les sacrifices humains, mais un tel événement n'a rien que de vraisemblable, et nous en connaissons des exemples à d'autres époques de l'Empire (voir F. Schwenn, *loc. cit.*).

12. Cette assertion, dont la source n'est pas précisée, semble née d'une triple confusion entre le culte d'une divinité sémite, la légende des jeunes filles envoyées par les Locriens comme tribut à l'Athéna d'Ilion (cf. Apollodore, *Epit.* VI, 20 sq.) et la légende d'Iphigénie. Toutefois, R. Turcan (*op. cit.*, p. 41) la tient pour véridique et due à Pallas, qui aurait personnellement constaté les faits.

Page 119.

1. Ce peuple est également mentionné par Étienne de Byzance, s.v. Δούμαθα, qui tire son information d'un certain Glaucos, auteur d'*Antiquités Arabes*, peut-être aussi la source de Porphyre. La cité de Doumatha, considérée comme puissante par les Anciens, portait le nom arabe de *Dūmat al-Gandal.* Elle a été identifiée à l'oasis d'*eğ-Ğōf*. Cette oasis, nœud de pistes caravanières, est située en Arabie Déserte à 450 km environ au S-E de Damas : voir F. Altheim-R. Stiehl, *Die Araber in der alten Welt*, Berlin 1964-1969 *(indices)*, et A. Poidebard, *La trace de Rome dans le désert de Syrie*, Paris 1934, p. 96 sq.

2. Historien du IIIe s. av. J.-C. Cf. Jacoby, n° 81, fr. 80.

3. La pratique n'était pas aussi commune que le prétend Phylarque, mais elle a bien existé. L'exemple le plus fameux est le sacrifice ordonné par Thémistocle avant Salamine : cf. F. Schwenn, *op. cit.*, p. 75 sq.

7. On trouve chez un certain nombre d'auteurs chrétiens des protestations indignées contre cette coutume, qui se maintint probablement jusqu'au règne de Constantin. Cf. Daremberg-Saglio, II, 2, p. 1072, art. *Feriae Latinae.* Au cours des fêtes de Jupiter Latiaris en effet, un condamné à mort — ou un gladiateur — était exécuté en guise de victime.

8. Le texte transmis dit « Balca ».

9. Le récit que transmet Porphyre de la célèbre victoire d'Amilcar sur les mercenaires en 238 est proche de celui de Polybe, I, 84-85. Polybe dit aussi qu'avant de s'entredévorer, les rebelles avaient d'abord mangé leur prisonniers, puis leurs serviteurs. Mais il ne donne à l'intervention finale d'Amilcar avec ses éléphants aucun motif moral ou religieux.

Page 121.

5. Il y a ici une faute de logique dans l'argumentation qui fait soupçonner une interpolation. Le bon sens exige que l'étymologie reposant sur θυμιᾶν soit donnée avant ὅθεν.

6. Cf. *supra*, 5, 3. La remarque sur ἐπιθύειν est intéressante. J. Casabona, *op. cit.*, p. 98, note que ce verbe, employé à l'époque archaïque, a cessé de l'être à la période classique, puis a resurgi dans la *koiné*. L'auteur de la remarque a donc observé que θύειν était concurrencé par ἐπιθύειν dans la langue courante de son temps. Cet auteur est-il Théophraste, qui emploie ce mot en 12,3? On trouve au livre II une autre occurrence de ce verbe chez Théopompe, en 16, 5.

7. Sur l'emploi de ἔρδειν, voir J. Casabona, *op. cit.*, p. 39-62.

8. *Iliade* I, 315-316.

NOTES COMPLÉMENTAIRES DU LIVRE III

Page 152.

2. Le troisième livre du traité va être spécialement consacré à établir nos devoirs de justice envers les animaux. Il répond ainsi à une objection annoncée dès I, 4 et due aux Stoïciens et Péripatéticiens : la justice est liée à la parenté et à la communauté fondée sur la possession de la raison. Or les animaux ne sont pas doués de raison. Les hommes n'ont donc pas de devoirs de justice envers eux. Ainsi Chrysippe (*S.V.F.* III, 367 = D.L. VII, 129) : ἔτι ἀρέσκει αὐτοῖς μηδὲν εἶναι ἡμῖν δίκαιον πρὸς τὰ ἄλλα ζῷα διὰ τὴν ἀνομοιότητα, καθά φησι Χρύσιππος ἐν τῷ πρώτῳ περὶ Δικαιοσύνης. D'où le soin que prend Porphyre d'établir les liens étroits qui unissent notre condition et celle des animaux. La notion est reprise constamment par : ὅμοιος, ὁμοιόω, ὁμοίως *(passim)*, ὁμοίωσις 26, 10 et 12 ; 27, 5, ὁμοιότης 4, 5, ὁμογένης 26, 6 ; IV, 22, 4, ὁμόδουλος 16, 6, ὁμόψυχος 16, 7 — Sur la thèse stoïcienne, cf. U. Dierauer, *op. cit.*, p. 199-252.

3. Sur le terme ὁσία, cf. les études de H. Jeanmaire, *Le substantif* Hosia *et sa signification comme terme technique dans le vocabulaire religieux* dans *Rev. Et. Gr.* 58, 1945, p. 66-89, de M. A. L. H. Van der Valk, *Zum Worte* ὅσιος dans *Mnemosyne* N.S., 10, 1942, p. 113-140 et de E. Benveniste, « *Profanus* et *profanare* » dans *Hommages à G. Dumézil*, Bruxelles, 1960, p. 46-53 ; voir aussi *Le vocabulaire des institutions indo-européennes*, t. II, Paris, 1969, p. 198-202 et P. Chantraine, *Dictionnaire étymologique de la langue grecque*, s. v. ὅσιος.

Page 153.

1. L'affirmation ne se retrouve pas comme telle dans les fragments de Pythagore recueillis par H. Diels dans ses *Fragmente der Vorsokratiker* (6e éd., 3 vol., Berlin 1951-1952, désignés par *FVS*). Dans l'un des fragments, l'αἴσθησις est présentée comme l'un des quatre composants d'une âme rationnelle : νοῦν, ἐπιστήμην, δόξαν, αἴσθησιν, ἐξ ὧν πᾶσα τέχνη καὶ ἐπιστήμη καὶ αὐτοὶ λογικοί ἐσμεν (= Ps. Plut., *Placita*, I, 3, 8, p. 56, 23-25 Mau = *FVS* 58 B 15, p. 455, 11 sq.). Un autre fragment affirme le rôle primordial de la mémoire pour l'étude (Jamblique, *V. Pyth.*, XXIX, 164 = *FVS* 58 D 1). Voir aussi W. Burkert, *Lore and Science in Ancient Pythagoreanism*, Cambridge (Mass.), 1972, p. 74-75 ; U. Dierauer, *op. cit.*, p. 78 sq.

2. Voir les textes rassemblés dans *S.V.F.* III, 367-376 et, en particulier, le n° 370 (= Sext. Emp., *Adv. math.*, IX 130) : φασὶν οἱ Στωικοὶ δικαιοσύνην τινὰ καὶ ἐπιπλοκὴν ἔχειν τοὺς ἀνθρώπους πρὸς ἀλλήλους καὶ τοὺς θεούς ... ἐπεὶ λόγον ἔχομεν τὸν ἐπ' ἀλλήλους τε καὶ θεοὺς διατείνοντα, οὗ τὰ ἄλογα τῶν ζῴων μὴ μετέχοντα οὐκ ἂν ἔχοι τι πρὸς ἡμᾶς δίκαιον.

3. Noter que la source dont on a conjecturé l'existence pour les chapitres 2, 1-18, 2 (cf. *supra, Notice*, p. 138-143) est désignée par Porphyre comme οἱ παλαιοί. Cela implique que cette source a, à ses yeux, une autorité réelle. Dans la suite (27, 3) les *palaioi* sont Empédocle ; dans le *De antro nympharum* 4, 32 ; 6, 21 ; 16, 15 ; 18, 29 ; 20, 2 ; 30, 11 Westerink, l'expression désigne toujours des auteurs d'une antiquité plus ou moins vénérable, mais d'une autorité considérable. On peut donc considérer que dans le présent passage l'expression désigne quelque auteur nettement antérieur à Porphyre et d'une autorité considérable à ses yeux.

5. La distinction entre les deux sortes du λόγος est courante chez les Stoïciens : voir *S.V.F.* II, 135 sq., 223, etc. ; elle est acceptée également par les autres écoles philosophiques, cf. D. Babut, *Plutarque et le Stoïcisme*, Paris, 1969, p. 73 et notes 9-10. Il peut être intéressant de citer les deux passages parallèles, qui dépendent de la même source que Porphyre : Philon, *De animalibus* 12 (*Verbi* (= λόγος) *duplex est species. Una intus in consilio sita (quae dicitur ratio), quae habet sicut fons aut sedes in se animae principatum directivum. Altera pronuntiativa similis fluvio, per os et linguam naturali instrumento ad aures percurrens*) et Sext. Emp., *Pyrrh. Hyp.* I, 65 : τούτου (*scil.* τοῦ λόγου) ὁ μέν ἐστιν ἐνδιάθετος, ὁ δὲ προφορικός ...; le λ. ἐνδιάθετος consiste dans τῇ αἱρέσει τῶν οἰκείων καὶ φυγῇ τῶν ἀλλοτρίων, τῇ γνώσει τῶν εἰς τοῦτο συντεινουσῶν τεχνῶν, τῇ ἀντιλήψει τῶν κατὰ τὴν οἰκείαν φύσιν ἀρετῶν <καὶ> τῶν περὶ τὰ πάθη.

6. Notre texte a été omis par Von Arnim dans ses *S.V.F.* ; il présente pourtant un étroit parallélisme avec *S.V.F.* III, 668 (= Diogenianus *ap.* Eus., *P.E.* VI, 8, 13 ; I 324, 7-10, Mras) : ἕνα δὲ ἢ δύο μόνους ... σοφοὺς γεγονέναι, τοὺς δ' ἄλλους δι' ἀφροσύνην ἐπίσης τοῖς προειρημένοις μεμηνέναι ; voir aussi *S.V.F.* III, 13 (= Cic., *De finibus*, IV, 15), 658 (Al. Aphr., *De fato*, 28) ; de très nombreux textes ont été rassemblés par A. S. Pease dans son édition du *De natura deorum* (Cambridge, Mass., 1955) *ad* I, 23, t. I, p. 196.

7. Φιλαυτία : le mot figurait peut-être dans la source de Porphyre (cf. *Notice*, p. 139). On a peut-être un souvenir de Platon, *Lois*, V, 732 a : « en vertu de cette même erreur (*scil.* φιλεῖν αὑτὸν) tous se sont habitués à prendre pour de la sagesse leur ignorance foncière ». Selon Aristote, *Eth. Nic.* IX, 8, 1168 a 28 - 1169 b 2, le mot s'employait couramment dans un sens péjoratif pour parler « des gens qui s'attribuent la grosse part en fait de fortune, d'honneurs et de plaisirs corporels ». C'est plutôt dans ce dernier sens que l'entend Porphyre qui reprend la formule à son compte

au début de III, 16, 1 en la précisant dans le sens de son traité : « c'est par gloutonnerie que les hommes refusent la raison aux animaux ». On condamne ici la représentation stoïcienne d'un monde asservi à l'homme (cf. III, 20, 1-2). Voir une étude de ce mot par I. Hausherr, *Philautie, de la tendresse pour soi à la charité selon St. Maxime le confesseur, Orientalia Christiana Analecta*, fasc. 137, Rome 1952.

8. Les Stoïciens reconnaissent aux animaux le discours proféré, cf. *S.V.F.* II, 135 (= Sext. Emp. *Adv. Math.* VIII (= *Adv. Logicos* II), 275 ; texte repris dans *S.V.F.* II, 223) : φασὶν ὅτι ἄνθρωπος οὐχὶ τῷ προφορικῷ λόγῳ διαφέρει τῶν ἀλόγων ζῴων ἀλλὰ τῷ ἐνδιαθέτῳ, et Plutarque, *De soll. anim.* 19, 973 A : προφορικοῦ λόγου καὶ φωνῆς ἐνάρθρου μέτεστιν αὐτοῖς (ψᾶρες, κόρακες, ψιττακοί). Mais on ne peut en tirer argument ici, car, selon les Stoïciens, le seul discours proféré ne fait pas qu'on puisse être dit λογικός, « raisonnable ». Porphyre toutefois exploite habilement cette vue des Stoïciens : il va montrer dans la suite au moyen d'une double analogie que le langage proféré des Barbares ne nous est pas plus intelligible que celui des animaux ; or, nous savons que les Barbares sont λογικοί : de quel droit dépouillerons-nous donc les animaux de cet attribut? Cette assimilation suffit provisoirement à fonder le devoir de justice envers les animaux, mais la suite va montrer qu'ils ont mieux que le simple discours proféré.

Page 154.

1. Ὑποβολή (*semina alicujus rei*) est un terme technique du stoïcisme. Cf. Musonius, fr. 2 Hense : φυσικὴν εἶναι ὑποβολὴν τῇ τοῦ ἀνθρώπου ψυχῇ πρὸς καλοκἀγαθίαν καὶ σπέρμα ἀρετῆς ἑκάστῳ ἡμῶν ἐνεῖναι (O. Hense, *C. Musonii Rufi reliquiae*, Leipzig, 1905, p. 7,21) ; cf. Sénèque, *Ep.* 108,8 : « omnibus enim natura *fundamenta* dedit *semenque* virtutum ». Voir encore Musonius, fr. 2 et 18 A Hense (*ibid.*, p. 8,11 et 96,6) ; Plut., *De fort. Roman.* 8, 320 B.

2. Sur cet imparfait et sa traduction, cf. R. Kuehner - B. Gerth, *Ausführliche Grammatik der griechischen Sprache*, 2e partie, Leipzig, 1898, t. I, § 383, 5 ; c'est un usage très fréquent dans la prose grecque pour renvoyer à un point déjà établi dans un développement : ici le renvoi est à 2, 1. Autres exemples dans le *D.A.* : I, 39, 3 ; 47, 2 ; 49 ,4 ; 52, 3, etc.

3. C'est à peu près la définition que Diogène de Babylonie donnait du *logos*, d'après Dioclès Magnes *ap.* D. L., VII, 56 (= *S.V.F.* III, Diogenes Bab., fr. 20, p. 213, 8-9) : λόγος δέ ἐστι φωνὴ σημαντικὴ ἀπὸ διανοίας ἐκπεμπομένη, <οἷον ' ἡμέρα ἐστί' > ; voir encore Arist., *De interp.*, 1, 16 a 1 sq. : τὰ ἐν τῇ φωνῇ τῶν ἐν τῇ ψυχῇ παθημάτων σύμβολα. Toute la discussion qui va suivre suppose les distinctions établies par Aristote au début

du *De interpretatione* : πράγματα - νοήματα (ou τὰ ἐν ψυχῇ πάθη) - φωναί.

4. On veut montrer que le langage proféré est universel : ce qui change c'est la manière de l'articuler, les signes, etc. Mais tandis que les hommes ont la faculté de se créer eux-mêmes leur langage, celui des animaux leur est donné ; cf. *De interp.* 2, 16 a 27-29.

Page 155.

1. La tradition sur les devins Mélampous et Tirésias remonte au moins à Homère (respectivement *Od.* XV, 225 et X, 492). Mélampous était célèbre parce qu'il comprenait le langage des oiseaux et généralement de tous les animaux (cf. APOLLODORE, *Bibl.* I, 9, 11, p. 86 Frazer) ; pour Tirésias, voir L. BRISSON, *Le mythe de Tirésias, essai d'analyse structurale* (*Études préliminaires aux religions orientales dans l'Empire romain*, t. 57), Leyde, 1976.

2. Sur Apollonius de Tyane, cf. P. DE LABRIOLLE, *La réaction païenne*, Paris, 1934, p. 175 sq. ; voir aussi *Notice* du livre II, p. 30-34. Sa vie nous est surtout connue par une longue biographie due à Philostrate. L'épisode auquel fait allusion Porphyre, se trouve chez PHILOSTRATE, *Vit. Apoll.* IV, 3 (p. 350-352 Conybeare), où l'épisode se déroule à Éphèse (*ibid.* IV, 1, p. 348). Chez Philostrate, l'oiseau est un moineau. Le changement est sans doute fait à dessein, parce que l'hirondelle est bien connue comme animal divinatoire : cf. ÉLIEN, *Nat. Anim*, X, 34 ; ARISTOPH., *Lysistrata*, 770 sq., etc.

Page 156.

3. Sur l'aigle dans l'Antiquité, cf. D'ARCY W. THOMPSON, *A Glossary of Greek Birds*, 2e éd., Londres, 1936, p. 2-16. L'usage de l'aigle dans les auspices est universellement connu, cf. *ibid.*, p. 7-8. Porphyre est le seul auteur à mentionner la particulière connaissance du langage des aigles par les Étrusques ; il y a peut-être une allusion au même fait chez SÉNÈQUE, *Q.N.* II, 32, 5.

4. Sur la purification des oreilles par la langue des serpents, cf. L. BRISSON, *op. cit.*, p. 49-50. Mélampous, plus haut cité, devait son pouvoir à des serpents qui lui avaient léché les oreilles.

5. Οἰωνισταί : le terme est ancien (cf. HOMÈRE, *Il.*, II, 258 ; XVII, 218 ; HÉS., *Scut.* 185) et équivaut le plus souvent, à l'époque impériale, à *augur* : cf. D. HAL., *Ant. Rom.* X, 5, 7 et D. CASS., XXVII, 27, etc.

6. Le rôle de la corneille dans la divination est bien connu : cf. THÉOPHR., *De signis*, VI, 3, 39 ; ÉLIEN, *Nat. anim.* VII, 7 ; PLUT., *Quaest. conv.* VI, 674 B ; VIRG., *Georg.* I, 410 ; elle sert pour prendre les augures : VIRG., *Buc.* IX, 15 ; CIC., *De divin.*

I, 39, etc. ; voir l'art. *Krähe* dans *R.E.* X, 2, col. 1556-1566 (spéc. col. 1564-65).

7. Sur l'imitation du langage humain par les corbeaux, cf. PLINE, *H.N.* X, 60 ; par les pies, cf. APOLLONIDE dans *Anth. Pal.* IX, 280 ; ÉLIEN, *Nat. anim.* VI, 19 ; PLUT., *De soll. an.* 19, 973 C ; DION., *De avibus*, 1, 18 ; par les perroquets : CTÉSIAS, *Indica*, 3 *ap.* PHOT., *Cod.*, 72, p. 45 a Bekker, p. 134 Henry ; ARIST., *H.A.* VIII, 12, 597 b 25 ; ARRIEN, *L'Inde*, I, 15, 8 ; ÉLIEN, *Nat. anim.* VI, 19 ; XII, 18 ; XVI, 15 ; PLINE, *H.N.* X, 58, etc. ; pour cette imitation par les rouge-gorges, c'est ici la seule attestation dans la littérature ancienne (voir D'ARCY W. THOMPSON, *Greek Birds*, p. 101).

Page 157.

1. Élien (*Nat. anim.* II, 43) rapporte comment un épervier dénonça un jour à Delphes un profanateur sacrilège en se jetant sur lui et en le frappant à la tête ; voir aussi PLUT., *De soll. anim.*, 12, 968 D, et 13, 969 C-F.

2. Élien qui rapporte les mêmes faits (*Nat. anim.* VII, 22) dans une version, il est vrai, plus développée et plus merveilleuse encore, fait des réserves sur leur véracité. Et Aristote (*H.A.* VIII, 5, 594 b 2 sq.) dit seulement : l'hyène tend des pièges aux hommes et aux chiens aussi en imitant l'homme qui vomit. Le même récit se retrouve chez DIODORE DE SICILE, III, 35, 10. Leur source commune est à rechercher dans CTÉSIAS, *Indica*, fr. 87 Müller : « il y a en Éthiopie un animal appelé κροκόττας et vulgairement chien-loup ; il a une force étonnante ; on dit qu'il imite la voix humaine et qu'il appelle la nuit les hommes par leur nom : ceux-ci s'approchent comme à l'appel d'un homme et ceux-là se jettent sur eux en troupe et les mangent. »

3. Dans l'Antiquité on apprivoisait couramment des perdrix, comme le montre une série d'épitaphes pour des perdrix familières tuées par un chat dans *Anth. Pal.* VII, 204, 205, 206.

Page 158.

1. Dans la source d'Aréthuse il y avait des anguilles sacrées : cf. PLUT., *De soll. an.* 23, 976 A ; ÉLIEN, *Nat. anim.* VIII, 4 ; ATH., *Deipn.* VIII, 3, 331 E (= II, 229, 20-25 Kaibel). On pense de prime abord à la source Aréthuse à Syracuse sur l'île d'Ortygie où, on le sait, vivaient des poissons sacrés (cf. D. SIC., V, 3, 5 ; *Schol. ad Pind. Nem.* 1), mais Athénée indique clairement qu'il s'agit de la source d'Arethusa près de Chalcis en Eubée.

2. Le fait est inconnu par ailleurs, mais on sait que les anciens considéraient la perche comme un poisson très intelligent (PLINE, *H.N.* XXXII, 11 ; OPP., *Hal.* III, 121 sq. ; PLUT., *De soll. an.* 26, 977 F) : c'est peut-être l'explication de la remarque de Porphyre. Sur l'identification du σαπέρδης, cf. D'ARCY W. THOMPSON, *A Glossary of Greek Fishes*, Londres, 1947, s. v.

3. 'Αλόγους : c'est avec l'emploi de λόγος « discours » trois lignes plus haut [5, 2[3]] un bon exemple du double sens de ce mot, « parole » et « raison », dans tout ce développement.

4. Sur cette désignation du premier dieu, cf. *D.A.* I, 57, 2 ; II, 34, 2 et voir t. I, *Introduction*, p. XXXIX-XL, ainsi que P. HADOT, *Porphyre et Victorinus*, t. I, p. 113 et t. II, p. 65 et n. 2.

5. Cf. PLUT., *Quaest. conv.* VIII, 8, 1, 728 F : « Les dieux manifestent leur volonté aux mortels intelligents par des actes et des faits sans recourir à l'usage de la voix » ; sur ce thème, voir les textes rassemblés par W. THEILER, *Forschungen...*, p. 307.

6. Porphyre concentre sa matière en évitant par cette formule tout un développement facile donné par sa source sur un thème connu et auquel il fait en quelque sorte un renvoi. Cf. PLUT., *De soll. an.* 22, 975 A : « les oiseaux grâce à leur rapidité, à leur intelligence, à la justesse de manœuvre avec laquelle ils se montrent attentifs à tout ce qui frappe l'imagination, se mettent, comme de véritables instruments, au service de la Divinité. Celle-ci leur imprime divers mouvements et tire d'eux des gazouillements et des sons. Tantôt elle les tient suspendus, tantôt elle les lance avec impétuosité comme des vents, soit pour interrompre brusquement certains actes, certaines volontés des hommes, soit pour faire qu'elles se réalisent. »

7. Cf. A. BOUCHÉ-LECLERCQ, *Histoire de la divination dans l'Antiquité*, Paris, 1875, t. I, p. 127-132.

Page 159.

1. Le semblable est connu par le semblable : sur l'histoire de ce principe voir C. W. MUELLER, *Gleiches z. Gleichem. Ein Prinzip frühgriechischen Denkens*, Wiesbaden 1965 ; chez Porphyre lui-même, voir *Sent.* 25, p. 15, 4-6 Lamberz : τῷ γὰρ ὁμοίῳ τὸ ὅμοιον γινώσκεται, ὅτι πᾶσα γνῶσις τοῦ γνωστοῦ ὁμοίωσις.

3. L'argument remonte à Chrysippe, comme le montre le passage parallèle de SEXT. EMP. *Hypot.* I, 69 (malheureusement omis dans les *S.V.F.*) : « Selon Chrysippe, qui s'est tout particulièrement occupé des vivants dépourvus de raison, le chien a même part à l'admirable dialectique. Le sus-dit auteur, en tout cas, dit que le chien utilise le cinquième syllogisme indémontrable lorsque, parvenant à l'intersection de trois chemins et après avoir flairé les deux chemins où la bête n'est pas allée, il se lance sur le troisième sans même le flairer. L'auteur ancien dit que cela revient à raisonner ainsi : ' La bête est allée ou bien par ici ou bien par là ou bien par là ; or, elle n'est allée ni par ici ni par là : elle est donc allée par là '. » On retrouve le même argument dans le texte de PHILON, *De animalibus*, 45-46, p. 147 Aucher, qui ne nous est connu que par une traduction latine de la version arménienne : or ce texte seul est relevé par Arnim dans *S.V.F.* II, 726 ; voir aussi ÉLIEN, *Nat. anim.* VI, 59 (plus voisin de Philon) et PLUT. *De soll. anim.* 13, 969 A-B. — Sur le cinquième indé-

montrable de Chrysippe, cf. *S.V.F.* II, 241, p. 80, 17-20 (= D.L. VII, 80 : πεμπτὸς δέ ἐστιν ἀναπόδεικτος, ἐν ᾧ πᾶς λόγος συντάσσεται ἐκ διεζευγμένου καὶ ἑνὸς τῶν ἐν τῷ διεζευγμένῳ ἀντικειμένου καὶ ἐπιφέρει τὸ λοιπόν, οἷον ʽ ἤτοι ἡμέρα ἐστίν, ἢ νύξ ἐστιν · οὐχὶ δὲ νύξ ἐστιν · ἡμέρα ἄρα ἐστίν ʼ) ; 243 (= Gal., *Intr. dialectica*, 6).

4. Cf. Aristote, *H.A.* IV, 9, 536 b 17 sq. : « on a vu un rossignol apprendre à chanter (προδιδάσκουσα) à un petit oiseau, ce qui suppose que le langage et la voix ne sont pas de même nature, et que le premier peut être façonné par l'éducation (ἐνδεχόμενον πλάττεσθαι). » Au début de ce chap. 9 Aristote distingue le son (ψόφος), ou bruit en général, la voix (φωνή), ou son émis par un être animé, et le langage (διάλεκτος), ou voix articulée. En 536 b 11-12, après avoir posé que le langage est le propre de l'homme, il reconnaît que les sons articulés des animaux pourraient être appelés une espèce de langage (ὥσπερ διάλεκτον).

Page 160.

2. Cf. Aristote, *H.A.* IX, 1, 608 a 17 sq. : « certains animaux ont une certaine capacité d'apprendre et d'enseigner (κοινωνεῖ τινος ἅμα καὶ μαθήσεως καὶ διδασκαλίας), que les leçons leur viennent de leurs semblables ou des hommes » ; et *An. part* II, 17, 660 a 35 sq. : « tous les oiseaux se servent de la langue pour se comprendre entre eux, mais les uns le font mieux que les autres, au point qu'il semble y avoir certaines espèces où ils s'instruisent mutuellement (μάθησιν εἶναι δοκεῖν παρ' ἀλλήλων) ». En somme Aristote est prudent et réservé : ὥσπερ διάλεκτον, dans le texte cité *supra*, p. 159 et n. 4, et ici : τινος ... μαθήσεως κ. διδασκαλίας, μάθησιν εἶναι δοκεῖν.

3. Le mot πλεονεξία, généralement construit avec εἰς, traduit le désir injuste d'empiéter sur les droits d'autrui, de le dominer : cf. *D.A.* II, 51, 2 ; III, 27, 2 ; IV, 2, 9 ; IV, 6, 4.

4. Sur ce passage, cf. U. Dierauer, *op. cit.*, p. 97-98 et notes 4-5, qui renvoie à Aetius, V,20, 4 : « Pythagore et Platon enseignent que les âmes des animaux appelés irrationels sont aussi rationnelles, mais elles n'agissent pas au niveau du discours *(logos)*... du fait que ces animaux n'ont pas d'organe leur permettant de parler ; ainsi en est-il des singes et des chiens. Ils émettent sans doute des sons mais ne parlent pas. » Rien dans l'œuvre de Platon ne se rapproche, semble-t-il, d'une pareille doctrine (voir cependant un texte comme *Lois*, XII, 961 D, où Platon semble reconnaître quelque intelligence aux animaux). Sur le texte d'Aetius, cf. W. Burkert, *Lore and Science in ancient Pythagoreanism*, Cambridge (Mass.), p. 57 et n. 27, p. 75 (cette tradition vient probablement de l'ancienne Académie : or Xénocrate, nous le savons, avait écrit en faveur de l'abstinence, cf. *infra*, IV, 22, 2 : raison de plus pour se méfier de cette notice).

5. Cf., par exemple, Cicéron, *De Re publica*, III, 19 et les textes cités par H. Diels, *FVS* 31 B 135.

6. Porphyre, ou sa source, ont peut-être en vue un texte doxographique comme Aetius, IV, 5, 12 (= *FVS* 28 A 45), où l'on apprend que « Parménide, Empédocle et Démocrite identifiaient *noûs* et *psyché* » : dès lors aucun être vivant (possédant une *psyché*) ne pouvait manquer d'avoir part au *noûs* (c'est-à-dire ici au *logos*). On peut penser que Porphyre avait aussi en vue des textes comme Plutarque, *De soll. anim.* 20, 974 A (= *FVS* 68 B 154) : les arts humains se retrouvent chez les animaux (v.g. l'art de la construction chez les abeilles, celui du tissage chez les araignées, etc.), et ce fait peut laisser croire qu'ils ont, au moins dans une certaine mesure, part au *logos*. Interprétation probablement fausse comme le note U. Dierauer, *op. cit.*, p. 34 et n. 14 ; voir aussi p. 43 et n. 19.

7. Le mot a surtout ici le sens de raison. Aristote, *An. Post.* II, 19, 99 b 34 sq., montre en effet qu'il y a chez les animaux une faculté naturelle de sentir (αἴσθησις). Ceux en qui la sensation laisse une trace durable (μονὴ τοῦ αἰσθήματος) accèdent à la raison (ἐκ τῆς τῶν πολλῶν αἰσθημάτων μονῆς γίγνεσθαι λόγον). Voir aussi *infra*, p. 163 et n. 1.

8. Aristote, *H.A.* VIII, 1, 588 a 21 sq. : « il y a dans les animaux des ressemblances (ὁμοιότητες) de... courage, lâcheté... et d'intelligence (τῆς περὶ τὴν διάνοιαν συνέσεως)... Ils diffèrent de l'homme par le plus et le moins (τῷ μᾶλλον καὶ ἧττον). » Comme on le voit, il n'est nullement question chez Aristote d'une différence entre λόγος προφορικός et λόγος ἐνδιαθετός : c'est donc une exploitation tendancieuse du texte par Porphyre. Voir U. Dierauer, *op. cit.*, p. 166-167.

9. Sans doute allusion à un argument stoïcien du type de celui rapporté par Sext. Emp., *Adv. Math.* IX, 78 (= *S.V.F.* II, 1013).

Page 161.

3. Cette maladie est appelée couramment « esquinancie ». Rappelons que Plotin est mort de cette maladie, cf. Porphyre, V. *Plot.* 2, 8-10.

4. Comme pour le développement précédent, l'idée de cette comparaison vient d'Aristote, *H.A.* IX, 50, 631 b 30 : τὸν αὐτὸν δὲ τρόπον καὶ ἐπὶ ἀνθρώπων. Notre texte reproduit parfois celui d'Aristote ; à propos du coq : μεταβάλλει ἡ φωνὴ εἰς τὸ θῆλυ (632 a 4 sq.) ; à propos du cerf : τό τε μέγεθος ταὐτὸν μένει τῶν κεράτων, καὶ οὐκ ἀποβάλλουσιν (632 a 12 sq.) ; d'où la traduction de συνέχουσιν, dans notre texte, par « conservent telles quelles ».

Page 162.

1. Si l'on écrit : ... ὁμοίως ; comme le propose H. Schrader dans *Philologischer Anzeiger*, 17, 1887, p. 459, dans son compte rendu

de l'édition de Nauck, on traduira : « L'homme ne perçoit-il pas... et les animaux ne le font-ils pas semblablement? » Mais l'affirmation a plus de force et l'enchaînement de la démonstration paraît meilleur sans cette correction. En forçant à peine le sens de οὐ γὰρ δὴ détaché avant le balancement par μὲν ... δὲ on a : « Ce n'est pas parce que l'homme perçoit... que les animaux ne le font pas tous semblablement ».

2. Cf. Plutarque, *De comm. not.* 44, 1083 D : « le fameux Lyncée voyait à travers un rocher et un chêne ». Sur l'acuité de la vue du serpent, cf. Élien, *Nat. anim.* X, 48 ; XV, 21 ; etc.

3. Rapprochement entre la forme poétique δράκειν (de δέρκομαι) et δράκων ; cf. P. Chantraine, *Dictionnaire étymologique de la langue grecque*, s.v. δέρκομαι : « on admet depuis l'antiquité que le terme δράκων (qui équivaut à ὄφις, cf. *Il.*, XII, 202 ; 208) se rapporte au regard fixe et paralysant du serpent (rapprocher *Il.*, XXII, 93 et 95) ; l'emploi du mot s'explique en partie par un tabou linguistique. »

Page 163.

1. Ainsi à propos de l'éléphant, Aristote remarque d'abord qu'il apprend et comprend beaucoup de choses, et il ajoute : ἔστι δὲ καὶ εὐαίσθητον καὶ τῇ συνέσει τῇ ἄλλῃ ὑπερβάλλον : « *à la fois* sa sensation est plus vive et son intelligence en général supérieure », reliant ainsi l'une à l'autre (*H.A.* IX, 46, 630 b 20 sq.). Pour le principe général, voir Aristote, *Mét.* A, 1, 981 b 21 sq.

2. Il faut évidemment suivre le texte des manuscrits et écrire μᾶλλον καὶ ἧττον et non pas, comme Nauck, μᾶλλον ἢ ἧττον ; cf. les très nombreux exemples de l'expression dans H. Bonitz, *Ind. Arist.* s.v. μᾶλλον, p. 444 b 50 sq.

3. Autre mauvaise correction de Nauck : il faut garder la leçon des manuscrits τῆς φαύλης ἡ μὲν ... ἡ δὲ ... ; voir un excellent parallèle dans Aristote, *An. post.* A, 2, 72 a 18 sq. : θέσεως δ' ἡ μὲν... ἡ δὲ κτἑ ... ; chez Porphyre lui-même, cf. *infra* 21, 4,[1-2]: τοῦ ἐμψύχου τὸ μὲν ... τὸ δὲ ...

Page 164.

2. Sur cette espèce de serpents, cf. *R.E.* 29, II A 1, 552, art. *Schlange*. Élien, qui désigne ce serpent par le nom de λίβυσσα ἀσπίς, rapporte la même tradition : cf. *Nat. anim.* III, 33 ; VI, 38.

3. Cf. Philon, *De animalibus*, 20 ; Élien, *Nat. anim.* I, 52.

4. Cf. Aristote, *H.A.* IX, 11, 614 b 31 sq., dans les mêmes termes, mais de façon plus limitée : τῶν δὲ ἀγρίων ὀρνέων αἵ τ' οἰκήσεις μεμηχάνηνται πρὸς τοὺς βίους καὶ τὰς σωτηρίας τῶν τέκνων : « certains oiseaux des champs fabriquent leur nid en fonction de leur subsistance et de la sauvegarde de leurs petits ». On a pu songer aussi aux chapitres précédents où Aristote parle

de l'acuité de l'intelligence (τὴν τῆς διανοίας ἀκρίβειαν) chez les petits animaux surtout, comme lorsque l'hirondelle bâtit son nid (IX, 7, 612 b 20 sq.), et de la prudence des grues (φρόνιμα πολλὰ περὶ τὰς γεράνους, IX, 10, 614 b 18).

Page 165.

3. La conjecture de Wyttenbach, adoptée dans le texte grec, vient de G. H. Schaeffer, *Iuliani imperatoris in Constantii laudem oratio*, Lipsiae, 1802, p. 201.

Page 166.

2. Cf. Élien, *Nat. anim.* III, 45 : « Aristote dit que la colombe mâle partage avec la femelle les douleurs de la parturition (συνωδίνει) et pousse vers le nid la femelle qui erre au dehors ; quand elles ont pondu, ils les obligent à couver ; eux-mêmes couvent et nourrissent les petits avec elles ». Et encore Aristote, *H.A.* IX, 7, 612 b 35 sq. : « les soins et la commisération (συναγανάκτησις) de la colombe mâle pour sa femelle qui enfante sont très grands ».

3. Pour un trait analogue voir *supra* chap. 4, 4 et n. 1, p. 157.

4. Développement traditionnel. Cicéron, *De fin.*, III, 19, 63, cite dans le même ordre, « les fourmis, les abeilles, les cigognes dont tels actes sont faits en vue d'autrui ».

5. Aristote, *H.A.* IX, 7, 613 a 14 sq. : « la tourterelle et le pigeon gardent le même mâle et n'en admettent pas d'autre ». La tradition d'Élien, *Nat. anim.* III, 44, précise : « s'ils jettent les yeux sur un autre que leur compagnon, les autres les cernent et les mâles déchirent le mâle, les femelles la femelle ».

6. Cf. Aristote, *H.A.* IX, 13, 615 b 23 sq. : « C'est un lieu commun de dire que les cigognes nourrissent en retour (leurs parents) » ; voir aussi Sophocle, *Électre*, 1058 ; Aristophane, *Oiseaux*, 1355 ; et Élien, *Nat. anim.* III, 23 : « les cigognes nourrissent volontiers leurs parents et prennent soin d'eux : nulle loi humaine ne le leur commande, mais c'est leur nature qui les y conduit (αἰτία τούτων φύσις) ».

7. Le Stoïcien Zénon reconnaît que la vertu est à la fois le fait de la nature : « par nature nous naissons tous orientés vers la vertu (φύσει πάντες πρὸς ἀρετὴν γεννώμεθα) », et le fait de la raison : « la vertu est un certain état et une force de la partie maîtresse de l'âme, nés de la raison (ὑπὸ λόγου) ou plutôt qui sont la raison elle-même » (*S.V.F.* I, 186 et 202).

8. Par conséquent le soleil est le représentant, dans le monde sensible, d'un dieu transcendant, qui nous est inaccessible, selon une conception répandue dans le paganisme d'époque hellénistique. Sur cette théologie, cf. le célèbre mémoire de F. Cumont, *La théologie solaire du paganisme romain* dans *Mémoires de l'Académie des Inscriptions et Belles-Lettres*, 12, 2, Paris,

1909, p. 447-471. On peut se demander si l'on ne serait pas en présence d'une addition de Porphyre, chez qui la religion solaire a une certaine importance, cf. Fr. ALTHEIM, *Aus Spätantike und Christentum*, Tübingen, 1951, 1re partie, p. 1-25 et 139-152 *(Porphyrios' Schrift über den Sonnengott)* et Fr. ALTHEIM-R. STIEHL, *Die Araber in den Altenwelt*, t. III, Berlin, 1966, p. 198-243 *(Porphyrios' Schrift über die Sonne)*.

Page 167.

1. Sur ce thème, cf. CIC., *De nat. deorum*, II, 52, 130 : *multae et pecudes et stirpes sunt quae sine procuratione hominum salvae esse non possunt* ; *ibid.* II, 63, 158 ; LUCR., V, 860, etc.

Page 168.

3. Cf. *S.V.F.* III, 760 (= PLUTARQUE, *Stoic. repugn.* 18, 1042 C) et surtout 459 (= PLUTARQUE, *De virt. morali*, 3, 441 C-D et 7, 446 F - 447 A).

4. Ainsi le mulet (PLUTARQUE, *De soll. an.* 24, 977 AB) : « il nage en rond à l'entour, donnant des coups de queue sur les viandes qui composent l'appât et dévorant à mesure ce qu'il en a détaché. S'il n'y peut parvenir, il resserre sa bouche, il la contracte, et du bout des lèvres il attaque l'objet, dont il attrappe toujours quelque chose ».

5. Allusion à l'épisode de Circé (*Od.* X) ou à celui des vaches du Soleil (*ibid.* XII, 339 sq.).

Page 169.

1. Ce type de raisonnement paraît remonter à Aristote dans le Περὶ φιλοσοφίας : « Dès lors qu'il naît des êtres animés sur la terre, qu'il en naît d'autres dans l'eau, d'autres dans l'air, Aristote trouve absurde de penser qu'il ne naisse aucun animal dans la région la plus apte à engendrer des êtres animés. Or les astres occupent la région de l'éther. Parce que l'éther est très subtil, toujours en mouvement et qu'il vit, il faut nécessairement que l'animal qui y naît ait une perception très aiguë et un mouvement très rapide. C'est pourquoi on doit penser que les astres qui naissent dans l'éther ont une perception et une intelligence. Il s'ensuit qu'on doit ranger les astres au nombre des dieux. Et en effet on peut regarder comme plus aigu et plus apte à l'intelligence le génie *(ingenia)* de ceux qui habitent les terres où l'air est pur et subtil, que celui de ceux qui vivent dans un climat brumeux et lourd. On pense même que la nourriture que l'on prend a quelque rapport avec la vigueur de la pensée. On peut donc penser qu'il y a une intelligence supérieure dans les astres qui habitent la partie éthérée du ciel et se nourrissent de l'exhalaison marine et terrestre raréfiée par la longue distance » (CICÉRON, *N.D.* II, 15,

42 - 16,44 = fr. 21 Walzer, p. 83-85 ; fr. 21 Ross). Les idées présentées ici sur la différence des intelligences selon la qualité des lieux habités et selon la nourriture d'une part, et d'autre part sur l'existence d'êtres vivants dans tous les éléments, portés au nombre de cinq, sont déjà dans Platon : 1° dans les *Lois* V, 747 d, Platon expose qu'il y a des lieux plus aptes que d'autres à faire des « hommes meilleurs ou moins bons » ; il mentionne l'influence des vents, de la chaleur, des eaux, de la nourriture tirée du sol, qui non seulement fournit au corps une alimentation ou meilleure ou moins saine, mais n'en est pas moins en mesure de produire dans les âmes tous les effets du même genre ; 2° l'*Epinomis*, 981-985 expose longuement la répartition des vivants selon les éléments qui sont, dans l'ordre décroissant de valeur, le feu, l'éther, l'air, l'eau et la terre. Le feu est habité par les astres, l'éther et l'air par deux sortes de démons dont les corps célestes, « l'espèce divine des astres », ont reçu le corps le plus beau, l'âme la plus heureuse et la plus parfaite (981 e). Sur la distribution des animaux dans les divers éléments, cf. les nombreux textes rassemblés par D. O'Brien, *Empedocles' Cosmic Cycle*, Cambridge, 1969, p. 192, n. 1 et 2.

2. Philon, *De animalibus*, 23, parle d'un singe qui conduit un attelage de chèvres ; cf. aussi Élien, *Nat. anim.* V, 26.

3. Sur le dressage des animaux dans l'antiquité, voir G. Loisel, *Histoire des ménageries de l'antiquité à nos jours*, 3 vol., Paris, 1912, t. I, p. 110 sq ; voir aussi G. Jennison, *Animals for show and pleasure in ancient Rome* (*Publications of the University of Manchester*, n° 258), Manchester, 1937, *passim*.

Page 170.

1. Toutes ces objections sont apparemment d'inspiration stoïcienne ; cf. *S.V.F.* III, 368 (= Origène, *C. Cels.* IV, 81) : « on ne saurait rien trouver chez les êtres non raisonnables (ἐν τοῖς ἀλόγοις) des plus nobles constitutions, magistratures et commandements ».

3. *I. e.* tant qu'a duré l'âge d'or. Pour une description de l'âge d'or, voir Platon, *Polit.* 271 d-272 b.

4. Cette tradition relative à un héros du folklore péloponnésien est sans aucun parallèle et résulte peut-être d'une confusion avec l'Apis égyptien ; cf. *R.E.* 2, art. *Apis* 6, col. 2810, 12 sq.

5. Sur Aristodicos de Cymé (en Lydie), cf. Hérodote, I, 157-159. Sur le respect des moineaux dans les temples par les Athéniens, cf. Élien, *Variae historiae*, V, 17.

6. Sur cette tradition, cf. *Scholia Platonica ad Apol. Socr.* 22 A, p. 5 Greene ou *ad Phaedr.* 228 B, p. 70 Greene, etc. ; voir aussi Cratinos, fr. 231 Kock : ἦν μέγιστος ὅρκος / ἅπαντι λόγῳ κύων, ἔπειτα χήν, θεοὺς δ' ἐσίγων. L'expression Ῥαδαμάνθυος ὅρκος est passée chez les parémiographes (cf. par ex. Zenobios, V, 81).

7. Sur la divinisation des animaux par les Égyptiens, cf. J. G. Griffiths, *Plutarch, De Iside et Osiride*, s. l., 1970, p. 542 sq. et J. Hani, *La religion égyptienne dans la pensée de Plutarque*, Paris, 1976, p. 381-464.

8. Cette interprétation des faits est probablement tendancieuse. L'emploi de ἐνδείκνυμι (16, 5), à rapprocher du terme technique ἔνδειξις, nous avertit que ces faits, assez éloignés des préoccupations végétariennes, sont traités par Porphyre comme l'indication, quoique encore très insuffisante, de réalités d'un ordre supérieur, de réalités mystérieuses ; de même, plus bas (16, 7) l'emploi de αἰνίττεσθαι, autre terme de l'exégèse allégorique (cf. p. ex., *De Antro*, 1, p. 2, 2 ; 3, p. 4, 2, Westerink, etc.). Sur les interprétations anciennes de la zoolâtrie égyptienne, cf. J. Hani, *op. cit.*, p. 440 sq.

9. Sur les traces de zoolâtrie dans la religion grecque, cf. M. P. Nilsson, *Geschichte d. griechischen Religion*², t. I, Munich, 1955, p. 212 sq.

10. Allusion aux statues de Zeus-Ammon, ainsi représenté à cause de l'identification de Zeus avec Ammon, lui-même symbolisé par le bélier ; cf. art. *Ammon* 1, *R.E.* 1, 2, col. 1853-1857.

11. Statues de Dionysos avec des cornes de taureau, cf. *Dionysos* dans *Roschers' Lexicon*, I, col. 1149-1151.

12. Sur les représentations de Pan, cf. l'article *Pan* dans *R.E.* Suppl. Bd. 8, col. 956 sq.

13. Cf. fr. 91 Snell-Maehler ou fr. 102 Turyn (Cracoviae, 1948, p. 306). Comme le note Snell *ad loc.*, on retrouve peut-être quelque chose du texte auquel fait allusion Porphyre dans le fr. 344 Snell. — Sur le recueil des Προσόδια en deux livres, dont il ne reste presque plus rien (fr. 89a-94 Snell), cf. *R.E.* art. *Pindaros*, 20, 2, col. 1683, 4-15 ; sur le genre littéraire, cf. *ibid.*, 23, 1, col. 856-863.

Page 171.

2. Seule attestation d'une activité législative de Rhadamanthe dans l'Antiquité ; cf. *Roscher's Lexicon*, art. *Zeus*, 6, col. 582-583.

3. Sur les formules de serment de Socrate, cf. par ex. *Gorg.* 461 a (et le commentaire d'Olympiodore, *In Gorgiam*, p. 64, 1-12 Westerink) ; pour le serment par l'oie, cf. Aristoph., *Aves*, 521, etc. ; voir aussi *supra* p. 170 et n. 6.

4. *Scil.* Rhadamanthe.

5. Cf. Platon, *Phaed.* 85 b : Ἐγὼ δὲ καὶ ὁμόδουλός τε εἶναι τῶν κύκνων καὶ ἱερὸς τοῦ αὐτοῦ θεοῦ, καὶ οὐ χεῖρον ἐκείνων τὴν μαντικὴν ἔχειν παρὰ τοῦ δεσπότου ; et Plutarque, *De soll. an.* 22, 975 B, dans un développement sur les oiseaux comme messagers des dieux : « Socrate, en particulier, se déclare ' attaché au même service ' (ὁμόδουλος) que les cygnes ».

6. Plutarque, *De soll. an.* 35, 982 F et 36, 984 B-985 C, rapporte de telles légendes sur l'alcyon aimé des dieux, le dauphin

chéri d'Apollon et ami des hommes. Quant au rossignol et à l'hirondelle, on connaît l'histoire de la métamorphose de Philomèle et de Procné.

7. Tout le monde sait que Romulus et Rémus ont eu pour nourrice une louve ; c'est une biche qui nourrit Télèphe, fils d'Héraclès et d'Augè (cf. APOLLODORE, *Bibl.* II, 7, 4, p. 252-254 ; III, 9, 1, p. 397 Frazer) ; une chèvre nourrit Zeus de son lait (D. SIC., V, 70, 2, etc.) ; de même pour Philandros et Phylacidès (PAUS. X, 16, 5) ; les abeilles nourrissent Zeus (p. ex. VIRG., *Georg.* I, 149 sq.) ainsi que Platon (*V. Platonis*, 2, 20 sq. Westerink). Pour Sémiramis cf. D. SIC., II, 4, 3-4, qui reproduit un texte de Ctésias de Cnide, où nous lisons que Sémiramis fut nourrie par des colombes. Pour Cyrus cf. TROGUE POMPÉE, I, 4, où l'on rapporte comment Cyrus fut exposé et recueilli par un berger alors qu'une chienne avait pris soin de l'allaiter et de le protéger. Sur ce Kyknos qui aurait été élevé par un cygne, cf. ATH., IX, 393 d et *R.E.* 11, art. *Kyknos*, col. 2439, 52 sq.

8. Dionysos est effectivement appelé très souvent εἰραφιώτης (le chevreau) : cf. par ex. *Hymn. Hom. à Dionysos* III, fr. B, vers 11 (Humbert). Apollon Λύκειος : p. ex. ESCH., *Agam.* 1211 ; Δελφίνιος : p. ex. *Anth. Pal.* VI, 278, 3. Athéna Ἱππία : p. ex. PIND., *Ol.* 13, 115 ; Poseidon Ἵππιος : p. ex. ARIST., *Nubes*, 83.

9. Suivant le cas, Hécate est représentée avec 3 ou 4 têtes ; cf. *infra* IV, 16, 7, elle a des têtes de cheval, de chien, de taureau et de lion (sur Hécate *triprosopos* ou *tetraprosopos*, cf. *R.E.* art. *Hekate*, col. 2782). Hécate apparaît précédée d'un cortège de chiens infernaux, les démons : cf. PORPH., *De philos. ex oraculis haurienda*, p. 151 Wolff (= EUS., *P.E.* IV, 23, 7-8, t. I, p. 215, 8-16 Mras) ; elle est elle-même invoquée comme chien dans le papyrus magique de Paris (*P.G.M.* IV, éd. Preisendanz, Leipzig, 1928, p. 120, l. 1432 : κυρία Ἑκάτη (...) εἰνοδία, κύων μέλαινα ; voir aussi *ib.* 2614 : ἱπποκύων). Pour le taureau, cf. PORPH., *De philos.* vv. 167-170, p. 151 Wolff, où Hécate déclare : ἥδ' ἐγώ εἰμι κόρη (...) ταυρῶπις κτέ. Pour le lion, cf. *Orac. Chald.* 147,1 des Places, et PSELLOS, *Comm. or. chald.*, 1133 B, p. 171, 10-12 des Places ; sur le texte des *Or. chal.*, cf. H. LEWY, *Chaldaean Oracles and Theurgy*, Le Caire, 1956, p. 94 et n. 114.

10. Cf. HÉRODOTE, IV, 26.

Page 172.

1. Cf. CHRYSIPPE, *Premier livre sur la justice* : μηδὲν εἶναι ἡμῖν δίκαιον πρὸς τὰ ἄλλα ζῷα (*S.V.F.* III, 367 = D. L. VII, 129) ; et dans PLUTARQUE, *De esu carnium*, II, 6, 999 A (= *S.V.F.* III, 374) : ναί, φησίν (ὁ Στωϊκός), οὐδὲν γὰρ ἡμῖν πρὸς τὰ ἄλογα δίκαιόν ἐστι. Et, pour l'argumentation, cf. *S.V.F.* III, 370 (= SEXT. EMP. *Adv. Math.* IX, 130) : « nous n'avons pas de devoirs de justice envers les plantes ni les pierres, et en les coupant,

en les sciant nous ne sommes pas injustes envers ces sortes d'êtres. Pourquoi, disent les Stoïciens, les hommes ont-ils entre eux et envers les dieux des liens de justice? Ce n'est pas parce qu'il y a un *pneuma* qui se répand à travers toute chose (car sinon nous devrions observer la justice même à l'égard des animaux dépourvus de raison), mais parce que nous avons une raison (ἐπεὶ λόγον ἔχομεν) qui nous relie entre nous et aux dieux ; les animaux, qui n'y participent pas (μὴ μετέχοντα), ne sauraient avoir de relation de justice avec nous ».

2. Cf. *D.A.* I, 18 et 21.

3. S'il est arrivé à Porphyre, à la suite de Platon, d'accorder la sensation aux plantes, il ne s'agit que d'un « mouvement corporel » non accompagné d'un « mouvement psychique », « sensation irrationnelle » et non impression produite dans l'âme par le moyen des organes des sens du fait que l'âme s'est attachée au corps » (PORPHYRE, *Ad Gaurum*, IV, 1-9 ; tr. fr. chez A. J. FESTUGIÈRE, *Révélation...*, t. III, p. 270-275).

4. Porphyre répond ici à l'objection annoncée *supra* I, 6, 3 et mise au compte des Stoïciens et des Péripatéticiens ; voir aussi *supra*, II, 13, 1.

5. A partir d'ici (18, 3) et jusqu'à 20, 6, on trouve un long fragment tiré d'une œuvre perdue de Plutarque : le texte a été recueilli comme fragment 145 dans la collection de Bernardakis (*Plutarchi Moralia*, t. VII, Leipzig, 1896, p. 169-173) ; comme fragment 193 dans celle de F. H. Sandbach (*Plutarchi Moralia*, t. VII, Leipzig, 1967, p. 119-122) ou comme fragment 193 dans la seconde édition de F. H. Sandbach (*Plutarch's Moralia in fifteen volumes*, t. XV, *Fragments*, Londres-Cambridge (Mass.), p. 352-361). Sur ce fragment de Plutarque, voir les indications générales données dans la *Notice*, p. 144-145.

6. Cf. ARISTOTE, *Top.* III, 2, 118 a 6 sq. : τὸ δ' ἐκ περιουσίας ἐστίν, ὅταν ὑπαρχόντων τῶν ἀναγκαίων ἄλλα τινὰ προσκατασκευάζεταί τις τῶν καλῶν.

Page 174.

1. Fr. 194 Nauck, 336 Mette du *Prométhée délivré*. Ce fragment se retrouve dans PLUTARQUE, *De fortuna*, 3, 98 C et *De soll. an.* 7, 964 F.

2. Sur cette prohibition, cf. par ex. VARRON, *Res Rust.* II, 5, 3-4 : *Hic socius hominum in rustico opere* (...) *ab hoc Antiqui manus ita abstineri voluerunt ut capite sanxerint si quis occidisset* ; ÉLIEN, *V.H.*, V, 14 (78,20-24 Dilts) : νόμος ... Ἀττικός · ... βοῦν ἀρότην καὶ ὑπὸ ζυγὸν πονήσαντα ... μηδὲ τοῦτον θύειν κτέ. (cette législation agricole archaïque est souvent attribuée au légendaire Bouzygès, fondateur de l'agriculture en Attique). Voir aussi *supra* II, 29, 1-2 et la *Notice*, p. 53, n. 2.

3. Arnim (*S.V.F.* I, 197) donne ce fragment avec la remarque suivante : *quanquam Porphyrii sunt, non Zenonis, adscripsi, quia*

ex sententia Stoicorum Porphyrius loqui videtur. F. Dirlmeier, *Die Okeiosis-Lehre Theophrasts* in *Philologus*, Suppl. XXX 1, Leipzig, 1937, a cru pouvoir soutenir (p. 48) que cette phrase ne peut s'accorder avec la doctrine de Zénon sur le devoir de justice que si l'on prend οἰκείωσις dans le sens de οἰκειότης. Cette thèse n'a guère été suivie : voir déjà la vigoureuse réfutation de M. Pohlenz, *Zenon und Chrysippus* dans *Nachrichten Gött. Gesellschaft*, I, 2, 9 (1938), p. 199-208 ; voir aussi l'article de C. O. Brink cité *supra*, p. 26 et n. 2, ainsi que l'article de S. G. Pembroke dans *Problems in Stoicism*, ed. A. A. Long, Londres, 1971, p. 114-149 ; on consultera l'excellente mise au point de P. Moraux, *Der Aristotelismus bei den Griechen*, t. I, Berlin, 1973, p. 316-350.

Page 175.

1. Sur le finalisme stoïcien (qui remonte à Aristote, *Pol.* I, 8, 1256 b 15-17), cf. les fragments rassemblés dans *S.V.F.* II, 1152-1167, en particulier 1153 (= Cicéron, *De natura deorum*, II, 37) qui est voisin de notre texte ; voir aussi les textes rassemblés par A. S. Pease, *Cicero, De natura deorum*, t. II, p. 629-630, 950-951, ainsi que U. Dierauer, *op. cit.*, p. 238 sq.

2. Sur ce thème, cf. Cicéron, *De natura deorum*, II, 161 et les textes rassemblés par A. S. Pease, *op. cit.*, p. 962.

3. On peut entendre aussi : « le plus savoureux de ces jolis raisonnements ». L'ironie de tout ce passage inclut aussi ce sens dans la traduction proposée.

4. Cf. *D.A.* I, 14, 3 ; *S.V.F.* II, 1154 (= Cicéron, *De natura deorum*, II, 64, 160) : *Sus vero quid habet praeter escam; cui quidem ne putesceret animam ipsam pro sale datam dicit esse Chrysippus*, et les nombreux textes rassemblés par A. S. Pease, *op. cit.*, p. 959-960 ; voir aussi *S.V.F.* II, 723 (= Cicéron, *De finibus*, V, 38) et I, 510 (= Cl. Alex. *Strom.* VII, 6, 33). — Le mot d'âme ici n'implique pas de fonction rationnelle ou spirituelle : l'âme est donnée au porc pour que sa chair ne pourrisse pas.

5. En regard de la conception platonicienne de Dieu comme le « tout autre », cette représentation grossière de la divinité prête à rire sinon à s'indigner.

6. Εἰς γλυκυθυμίας τὰς τιτθὰς ὑπερβαλλόμενος : pour la construction ὑπερβάλλειν εἴς τι, cf. Platon, *Critias*, 115 e.

7. Καταπυκνώσας ταῖς ἡδοναῖς : pour F. H. Sandbach, qui traduit *a concentration of pleasures* et renvoie à Épicure, *Sent.*, 9 (p. 53, 1 Von der Muehll), ce terme épicurien a été appliqué malicieusement au Dieu panthéistique des Stoïciens.

8. Cf. B. Wiśniewski, *Karneades, Fragmente, Text u. Kommentar*, Wrocław, 1970, fr. 97, p. 63 ; voir aussi Cic., *N.D.*, II, 64, 160 : *Sus vero quid habet praeter escam* (cité *supra*, n. 4).

Page 176.

2. Celse développe des arguments analogues : cf. ORIGÈNE, *C. Cels.* IV, 78 (*Sources Chrétiennes* 136, p. 378) ; voir aussi CIC., *Acad. prior.* II, 38, 120 (= CARNÉADE, fr. 98, Wiśniewski).

3. Ici commence une longue citation de PLUTARQUE, *De sollertia animalium*, 2-5, 959 E - 963 F, qui occupe chez Porphyre la fin du chap. 20 et les chap. 21-24 en entier. Sur cet emprunt, voir *Notice*, p. 145-147.

4. Cf. *D.A.* I, 23, 1 (citation d'Héraclide ou de Clodius de Naples). L'idée est encore reprise en III, 26, 6. Cf. PLUTARQUE, *Quaest. conv.* VIII, 8, 3, 729 E : « C'était pour s'exercer à la pratique de la justice et de l'humanité que les Pythagoriciens s'abstenaient particulièrement des bêtes aquatiques » ; *De esu carnium*, II, 3, 997 E : les philosophes « qui, à l'exemple de Pythagore et d'Empédocle, nous habituent à pratiquer la justice, même à l'égard des autres espèces » ne sont-ils pas ceux qui nous donnent « les meilleures leçons de douceur » ? Voir aussi *supra* II, 31, 3.

Page 177.

1. Les mots Ναί, φασίν, ἀλλ' remplacent dix-sept lignes du texte de Plutarque. Le texte de Porphyre laisse ainsi dans l'ombre que la théorie qui va être discutée est celle des Stoïciens, alors que Plutarque précisait : οἷον ἀντηχεῖν ἐκ τῆς Στοᾶς. Sur la théorie stoïcienne des contraires, voir M. POHLENZ, *Die Stoa, Geschichte einer geistigen Bewegung*, Göttingen 1948-49, t. I, p. 48 et II, p. 28 ; et *S.V.F.* II, 172 sq.

2. Nouvelle trace d'intervention de Porphyre dans le texte de Plutarque, semble-t-il.

Page 178.

3. Straton, fr. 112 Wehrli (*Die Schule des Aristoteles*, Heft 5, Bâle, 1950, p. 34). Comme le note Fr. Wehrli dans son commentaire (p. 72-73), cette doctrine a été anticipée par Diogène d'Apollonie (cf. *FVS* 64 A 19, t. II, p. 56, 3 sq. = THEOPHR., *De sensu* 42 : διότι πολλάκις πρὸς ἄλλα τὸν νοῦν ἔχοντες οὔθ' ὁρῶμεν οὔτ' ἀκούομεν). La question était disputée dans l'école péripatéticienne, cf. Ps. ARISTOTE, *De sensu* 7, 447 a 15 sq ; *Probl.*, XI, 33, 903 a 19 (où est précisément cité le vers d'Épicharme que l'on va rencontrer quelques lignes plus bas). En ce qui concerne l'anecdote relative à Cléomène, elle ne peut provenir de Straton, puisque Cléomène III fut roi de 235 à 222, c'est-à-dire à une époque bien postérieure à celle de Straton. Sur le titre de φυσικός qui est régulièrement attribué à Straton, cf. A. S. PEASE, *Cicero, De natura deorum*, t. I, p. 249, où un grand nombre de textes sont cités. Pour la psychologie de Straton, cf. G. RODIER, *La physique*

de Straton de Lampsaque, Paris, 1890, p. 92-103 et W. CAPELLE, dans *R.E.* 4, art. *Straton*, col. 305, 38 - 308, 6.

4. Cet emploi de l'aoriste à côté d'un présent se rencontre à diverses reprises chez Plutarque, comme l'a noté C. Hubert dans son édition du *De soll. anim.* (Leipzig, 1959), p. 56, 14 (apparat critique).

5. Citation d'un vers célèbre d'Épicharme (*FVS* 23 *B* 12 = fr. 249 Kaibel, *Comicorum Graecorum fragmenta*, I 1, Berlin, 1899, p. 137, où toutes les attestations sont recensées). Le sens du vers est évidemment : seul l'intellect voit, entend, tout le reste est sourd, aveugle, etc. On retrouve plusieurs fois ce vers dans les *Moralia* de Plutarque : cf. *De fortuna*, 3, 98 B ; *De Alex. fortuna*, 3, 336 B. Chez Porphyre on rencontre aussi le vers en *D.A.* I, 41, 1 ; et dans la *V. Pyth.*, 46, p. 42, 8-9 Nauck (voir aussi JAMBL., *V. Pyth.*, 228). Tel qu'il est transmis dans notre texte, le vers est amétrique : il faudrait écrire : νοῦς ὁρῇ καὶ νοῦς ἀκούει · τἆλλα κωφὰ καὶ τυφλά.

Page 179.

2. Cf. *S.V.F.* III, 173 (= STOBÉE, *Eclog.* II, 87. 14 W) : (le passage imprimé en caractères espacés est littéralement identique à notre texte) τῆς δὲ πρακτικῆς ὁρμῆς εἴδη πλείονα εἶναι, ἐν οἷς καὶ ταῦτα · πρόθεσιν, ἐπιβολήν, παρασκευήν, ἐγχείρησιν, <αἵρεσιν>, προαίρεσιν, βούλησιν, θέλησιν. Πρόθεσιν μὲν οὖν εἶναι λέγουσι σημείωσιν ἐπιτελέσεως · ἐπιβολὴν δὲ ὁρμὴν πρὸ ὁρμῆς · παρασκευὴν δὲ πρᾶξιν πρὸ πράξεως · ἐγχείρησιν δὲ ὁρμὴν ἐπί τινος ἐν χέρσιν ἤδη ὄντος · αἵρεσιν δὲ βούλησιν ἐξ ἀναλογισμοῦ · προαίρεσιν δὲ αἵρεσιν πρὸ αἱρέσεως · βούλησιν δὲ εὔλογον ὄρεξιν · θέλησιν δὲ ἑκούσιον βούλησιν. Voir aussi *supra* 21, 7.

4. Κατάληψις : c'est là un terme technique de la théorie stoïcienne de la connaissance, comme ἀξίωμα en est un de leur théorie de la dialectique. La « compréhension » à la suite d'une sensation est, par exemple, celle de la proposition suivante : « Socrate est camus » ; « comprise » par la mémoire elle devient : « Socrate était camus ». Sur tout ce passage voir l'importante étude de W. C. HELMBOLD, *Stoica*, dans *The Class. Rev.* 66, 1952, p. 146 sq.

5. On retrouve cette distinction stoïcienne chez PHILON, *Quod deus sit immutabilis*, 34 : Ἔννοιαν καὶ διανόησιν, τὴν μὲν ἐναποκειμένην οὖσαν νόησιν, τὴν δὲ νοήσεως διέξοδον (texte non relevé par Arnim dans son recueil) ; une partie de cette distinction se rencontre chez PLUTARQUE, *De comm. not.* 47, 1085 A (= *S.V.F.* II, 847). Voir la n. de H. Cherniss *ad loc.* (coll. Loeb, *Plutarch's Moralia*, t. XIII, 2, p. 863 n. *e*).

Page 180.

3. Cf. ÉLIEN, *Nat. anim.* XII, 44 ; 46 ; ANTIGONE, *Mirab.* 29, 3 (48, 219-220 Giannini) ; PLINE, *H.N.* VII, 50 ; source ultime de tous ces textes : AR., *H.A.* IX, 5, 611 b 26 sq.

4. Sur cette variété de crabe, cf. *R.E.* 11, art. *Krebs*, col. 1675, 35 sq. Élien décrit aussi longuement (*N.A.* VI, 31) cette capture : on notera que chez lui les chasseurs usent d'un instrument appelé φωτίγγιον (diminutif de φῶτιγξ) et qui désigne, selon Athénée, *Deipn.* IV, 78, 175 E (t. I, p. 394, 15 sq. Kaibel) et IV, 80, 182 D (t. I, p. 398, 11-12 K) une sorte de flûte : chez Plutarque on a, plus simplement, φῶτιγξ et, chez Porphyre, σῦριγξ. Voir aussi *supra, Notice*, p. 147.

5. Cf. Élien, *Nat. anim.* VI, 32 et Athénée, *Deipn.* VII, 137, 328 F (II, 224, 1-2 Kaibel). Plutarque ajoute à ces exemples : « afin de prendre le moyen-duc (ὦτος), on profite du charme qu'il éprouve à voir danser, et, par suite du plaisir qu'il ressent, il tâche de bien mouvoir lui-même ses épaules en cadence ». Par souci de concision ou peut-être par esprit critique Porphyre a laissé tomber ce passage.

Page 181.

1. Τὴν ἀρχήν, c'est-à-dire ici la raison, et τὸ τέλος, c'est-à-dire la vertu. On va répondre à l'objection que Porphyre feint de s'opposer (chez Plutarque c'est un autre personnage qui la formule), par une série de trois arguments. Premièrement les Stoïciens ne s'embarrassent pas d'accorder aux animaux un principe, l'affection pour leurs enfants, sans leur en reconnaître la fin, la justice ; deuxièmement, la nature donne un exemple où le principe, les organes sexuels du mulet, existe sans la fin, la génération. Une nouvelle comparaison de l'homme et des animaux, qui utilise une fois encore les théories mêmes du Stoïcisme, enlève tout fondement à l'objection.

2. Cf. Cicéron, *De fin.* III, 62 (= *S.V.F.* III, 340) : selon les Stoïciens « *natura fieri ut liberi a parentibus amentur : a quo initio profectam communem humani generis societatem* (cf. κοινωνία dans notre texte) *persequimur* » ; *De leg.* I, 15, 43 (= *S.V.F.* III, 344) : « *natura propensi sumus ad diligendos homines, quod fundamentum iuris est* » ; Plutarque, *De amore prolis*, 3, 495 B-C.

3. Cf. Aristote, *De animal. gen.*, II, 7, 746 b 15 sq. ; II, 8, 747 a 23 sq. ; Pline, *H.N.* VIII, 173, cite des cas de fécondité du mulet ; voir encore Cicéron, *De divinatione* I, 36 ; II, 49 ; Hérodote III, 151-153.

4. Zénon n'est pas nommé par Plutarque. Porphyre a pu l'ajouter pour rendre l'argument plus sensible aux Stoïciens.

5. Cf. *supra* 2, 3. Sur la théorie stoïcienne selon laquelle toutes les bonnes actions — ou les mauvaises — sont égales et qu'il n'y a pas de milieu entre vice et vertu, cf. M. Pohlenz, *Die Stoa*, t. I, p. 153, et les textes rassemblés dans les *S.V.F.* III, 524-539.

Page 182.

4. Cette phrase remplace celle-ci dans Plutarque : « Je n'en voudrais pour preuve que la discussion même qui vient de s'élever entre nos jeunes gens ; c'est en supposant quelque différence à cet égard qu'ils revendiquent, les uns pour les animaux terrestres, les autres pour les animaux aquatiques, plus d'aptitude à faire des progrès dans la vertu (μᾶλλον προῆχθαι φύσει πρὸς ἀρετήν). » Cette discussion est le sujet même du traité de Plutarque ; cf. *Notice*, p. 145.

5. Sur la conduite de la cigogne, cf. *supra*, 11, 1, p. 166 et n. 6. Pour l'hippopotame, cf. Élien, *Nat. anim.* VII, 19, qui ajoute que l'hippopotame « mange son père ».

6. Cf. Aristote, *H.A.* VI, 4, 562 b 17 ; Élien, *Nat. anim.* III, 45 ; Pline, *H.N.* X, 105.

7. Cf. Ar., *H.A.*, IX, 8, 613 b 27 sq. ; Antig., *Mirabilia*, 39, 2 (52, l. 261-263 Giannini) ; Pline, *H.N.*, X, 100 et 103 ; Élien, *Nat. anim.* III, 5 et 16 ; Ath., *Deipn.* IX, 41-42, II, 347, 25 sq. Kaibel. A propos du paon : Pline, *H.N.*, X, 161.

8. Antipater de Tarse (cf. *S.V.F.* III, 47, p. 251, 7-9) disciple de Diogène de Babylone. Selon Plutarque, *Aetia physica*, 38, (= *S.V.F.* III, 48, p. 251), il avait écrit un livre sur les animaux. On s'est demandé si ce ne serait pas là un ouvrage stoïcien qui tentait de répondre aux attaques de l'Académie contre la thèse stoïcienne des animaux privés de raison (cf. G. Tappe, *De Philonis libro...*, p. 51-54). Selon G. Dyroff dans *Blätter für d. Bayer. Gymn.* 23 (1897), p. 403, il s'agirait ici d'Antipater de Tyr (contre qui aurait été écrit le *De sollertia animalium*) ; cette thèse n'a généralement pas été acceptée. Voir maintenant U. Dierauer, *op. cit.*, p. 224 et n. 14.

Page 183.

1. Les Anciens connaissaient sur le lynx un conte singulier : le Ps. Aristote rapporte déjà (*Mirab.* 76, 835 b 29) que le lynx cache son urine parce qu'elle peut servir, entre autre choses, à faire des sceaux (πρὸς τὰς σφραγῖδας) ; même légende chez Théophraste, fr. 175 (éd. Wimmer, Paris, 1866 = Phot., *Bibl. cod.* 278 ; t. VIII p. 166 Henry). Théophraste, *De lapidibus*, 28 (p. 68, 2-4 Eicholz) rapporte que le lynx cache son urine dans la terre et qu'elle devient une pierre nommée λυγγούριον ; même tradition chez Élien, *Nat. anim.* IV, 17 ; voir encore Pline, *H.N.* VIII, 137.

2. Cf. Ar., *H.A.* IX, 7, 612 b 30 : « Les hirondelles enseignent à leurs petits à se retourner pour rejeter leurs matières au dehors » ; Antig., *Mirab.* 37, 3 (p. 52, l. 252-253 Giannini) ; Philon, *De animalibus*, 22 ; Pline, *H.N.* X, 92 ; Élien, *Nat. anim.*, III, 24.

5. Sur ce thème familier aux sophistes, cf. Plat. *Prot.* 320 d-e, etc. ; voir aussi Pline, *H.N.* VIII, 10 et X, 191 ; Al. Aphr.,

De fato 27, p. 198, 4 sq. Bruns : ὁ ἄνθρωπος τῶν ἄλλων ζῴων φύσει διαφέρει, καίτοι πολλῶν ζῴων ἀπολειπόμενος ἐν τοῖς σωματικοῖς πλεονεκτήμασιν. Voir aussi U. DIERAUER, *op. cit.*, p. 48 sq. C'est devenu par la suite un thème de la diatribe : cf. P. OLTRAMARE, *Les origines de la diatribe romaine*, Genève, 1926, p. 48 et 268.

Page 184.

2. Nous conservons la leçon transmise par les manuscrits de Porphyre (ἐντετύχηκα) et ne corrigeons pas, comme l'ont fait nos prédécesseurs, d'après le texte de Plutarque (ἐντετύχηκας) : nous voyons, en effet, dans cette leçon une trace de l'effort de Porphyre pour faire disparaître la forme dialoguée du texte de Plutarque.

3. On sait que Porphyre lui-même a souffert de mélancolie (cf. *V. Plot.* 11, 11 sq.). Mais on ne peut vraiment pas parler ici d'une trace autobiographique, puisque le passage est repris de Plutarque. Sur la mélancolie, cf. H. FLASHAR, *Melancholie und Melancholiker in den medizinischen Theorien der Antike*, Berlin, 1966 ; J. L. HEIBERG, *Geisteskrankheiten im Klass. Altertum*, Berlin, 1927, en part. p. 18.

4. Cf. *S.V.F.* III, 475 : διὸ καὶ ἐπὶ τῶνδε τῶν ἐμπαθῶν ὡς περὶ ἐξεστηκότων ἔχομεν καὶ ὡς πρὸς παρηλλακότας ποιούμεθα τὸν λόγον καὶ οὐ παρ' ἑαυτοῖς οὐδ' ἐν ἑαυτοῖς ὄντας (p. 125, 16-18).

Page 185.

2. Avec ces mots s'achève la longue citation du *De sollertia animalium*, 2 - 5, 959 E-963 F, de Plutarque, qui a commencé *supra*, 20, 7. Le chapitre 6, 964 A-C a déjà été cité dans le livre I, 4, 4 - 6, 1. (cf. *Notice*, t. I, p. 30-31).

3. Plusieurs livres : Porphyre a, en effet, tiré ses citations de deux ouvrages de Plutarque, le *De sollertia animalium* et un ouvrage aujourd'hui perdu, d'où provient l'extrait cité en 18, 3 - 20, 6 ; voir *supra Notice*, p. 144-145.

4. Ici commence un fragment de Théophraste, qui s'étend sur les paragraphes 1-3 du chapitre 25. Omis par F. Wimmer dans ses deux collections de fragments de Théophraste (Leipzig, 1854 et Paris, 1866), il a été recueilli par J. Bernays, *Theophrastos' Schrift*, p. 96 sq. et par W. PÖTSCHER, *Theophrastos'* Περὶ εὐσεβείας *(Philosophia Antiqua* 11), Leiden, 1964, p. 95-99 et 182-185, selon qui ce fragment pourrait provenir d'un traité intitulé Περὶ ζῴων φρονήσεως καὶ ἤθους (titre attesté par D.L., V, 49.) Voir *supra*, *Notice*, p. 148-151. Le concept auquel renvoie, dans ce passage, l'adjectif οἰκεῖος n'a rien à voir, selon nous, avec le concept d'οἰκείωσις que l'on a rencontré *supra* 19, 2. Les autres hommes nous sont οἰκεῖοι et c'est ce qui fonde la φιλανθρωπία. Mais Théophraste étendait notre amitié (φιλία) aux animaux. Notre texte insiste sur notre communauté (κοινωνία)

avec les animaux et reprend l'argument d'une différence qui n'est que de degré dans les qualités de l'âme. Sur les différences entre cette doctrine (qui, comme le remarque H. C. BALDRY, *The Idea of the Unity of Mankind* dans *Grecs et Barbares, Entretiens sur l'Antiquité classique*, t. 8, Vandœuvres-Genève, 1961, p. 184, n'est guère qu'une élaboration de l'explication par Aristote de la diffusion de la φιλία de la famille à l'ensemble de l'espèce humaine) et la doctrine stoïcienne de l'οἰκείωσις, cf. C. O. BRINK, Οἰκείωσις *and* οἰκειότης. *Theophrastus and Zeno on Nature in Moral Theory* in *Phronesis*, I (1956), p. 123-145 ; P. HADOT, *Porphyre et Victorinus*, t. I, p. 290 sq. ; voir enfin P. MORAUX, *Der Aristotelismus bei den Griechen, Von Andronikos bis Alexander von Aphrodisias*, t. I, Berlin, 1973, 316 sq. (et particulièrement p. 347-9). — Sur la φιλία au sein de la famille chez Aristote, voir des textes comme *Eth. Nic.* VIII, 14, 1161 b 1 sq., 1162 a 2 sq. : γίγνονται δ' οἳ μὲν οἰκειότεροι οἱ δ' ἀλλοτριώτεροι τῷ σύνεγγυς ἢ πόρρω τὸν ἀρχηγὸν εἶναι, ou *Pol.* III, 9, 1280 b 36 sq., et les textes cités par O. Brink, *art. cit.*, p. 128 sq.

Page 186.

1. On voit par ce dévoloppement, en particulier par 15, 1 et 2, que l'idée de la φιλανθρωπία, amour des hommes en général (sur ce sens cf. *infra*, p. 188 et n. 5), comme d'un sentiment naturel, qu'on a toujours tenu pour une idée stoïcienne, existe déjà chez Théophraste et même déjà chez Aristote : cf. *Eth. Nic.* VIII, 1, 1155 a 20 sq. (οἰκεῖον ἅπας ἄνθρωπος ἀνθρώπῳ καὶ φίλον).

2. C'est-à-dire les quatre éléments (terre, eau, air, feu). Pour l'expression « humeurs inhérentes aux animaux », cf. ARISTOTE, *H.A.* III, 20, 521 b 17 (opposé à γάλα et γονή) et *An. gen.* III, 1, 750 a 8. Le texte de l'*Histoire des animaux* montre, comme l'avait déjà vu Bernays, qu'il faut corriger le σπέρμα des manuscrits. — Pour la distinction entre στοιχεῖα et ἀρχαί (c.-à-d. les ὁμοιομερῆ), cf. AR. *De part. an.* II, 1, 646 a 12 sq.

3. Cf. ARISTOTE, *H.A.* VIII, 1, 588 a 18-b 3. Pour la pensée de Théophraste sur ce point, cf. F. DIRLMEIER, *Die Oikeiosislehre*, p. 90-91. — Sur le passage, cf. U. DIERAUER, *op. cit.*, p. 172 et n. 7.

4. On trouvera des considérations de même sorte dans le texte du *De sollertia animalium* cité *supra*, 23, 3-7.

5. Cf. EURIPIDE, fr. 1004 Nauck. Selon L. C. Valckenaer, *Diatribe in Euripidis perditorum dramatorum reliquias*, Leyde, 1767, p. 50, la citation se limiterait à φοινίους ἔχει ῥοὰς / τὰ ζῷα πάντα. Pour l'expression φοινίους ... ῥοάς on comparera *Suppl.* 690 : αἵματός τε φοινίου ῥοάς.

6. Les hommes y compris. Peut-être avons-nous ici un souvenir de la *Théogonie* d'Hésiode, 113 sq. et 820 sq. ; mais οὐρανόν et γῆν reprennent en chiasme τροφαί et πνεύματα.

7. Tout ce passage en effet s'inspire de doctrines pythagori-

ciennes : « Pythagore, Empédocle et tous les autres philosophes italiens disent que nous avons une communauté non seulement entre nous et avec les dieux, mais aussi avec les animaux (πρὸς τὰ ἄλογα τῶν ζῴων). Car il n'y a qu'un seul esprit (πνεῦμα) répandu par tout l'univers comme son âme et qui nous fait être un (ἑνοῦν) avec eux. Aussi en les tuant et en mangeant leur chair commettons-nous une injustice et une impiété (ἀδικήσομέν τε καὶ ἀσεβήσομεν), comme faisant périr des êtres de notre race (συγγενεῖς). C'est pourquoi ces philosophes prescrivaient de s'abstenir de viande (ἀπέχεσθαι τῶν ἐμψύχων) », Sext. Emp., *Adv. Math.* IX (= *Adv. Phys.* I), 127. Cf. Jamblique, *V. Pyth.* 108 (= *FVS* 31 B 135, I, 366, 15-20), où Pythagore fonde notre parenté avec les animaux sur la communauté de la vie et des éléments (διὰ τὴν τῆς ζωῆς καὶ τῶν στοιχείων τῶν αὐτῶν κοινωνίαν) et sur une sorte de fraternité (ἀδελφότης) d'êtres constitués du mélange de ces éléments (τῆς ἀπὸ τούτων συνισταμένης συγκράσεως). — Voir W. Burkert, *Lore and Science*..., p. 122, n. 6.

Page 187.

1. La même expression se rencontre *supra*, II, 22, 2 dans une citation de Théophraste. Cela pourrait être un indice que la citation de Théophraste s'étend au delà de 25, 3.

2. F. Thedinga, « *Die Paränese in des Porphyrios Schrift* Περὶ ἀποχῆς ἐμψύχων, dans *Rhein. Mus.*, N.F. 76, 1927, p. 54-101, fait commencer ici et se poursuivre jusqu'à la fin du livre III une citation d'un ouvrage perdu qu'il attribue à Numénius. Personne ne retient plus cette hypothèse. La pensée du morceau est familière à Porphyre et, si elle lui est commune avec Numénius, ce n'est pas assez pour lui en refuser la paternité. En outre ce morceau est intégré au plan du traité au point qu'il fallait supposer que Numénius répondait aux mêmes objections que celles auxquelles répond Porphyre.

3. C'était le propos de Chrysippe dans son traité *De la justice* que de montrer qu'en posant le plaisir comme un bien, mais non comme la fin, on peut sauver la justice : Εἰ μέν τις ὑπόθοιτο τὴν ἡδονὴν τέλος, οὐκ οἴεται (Χρύσιππος) σῴζεσθαι τὸ δίκαιον · εἰ δὲ μὴ τέλος ἀλλὰ ἁπλῶς ἀγαθόν, οἴεται (*S.V.F.* III, 23 = Plutarque, *De comm. not.* 25, 1070 D) ; voir encore *De Stoic. repugn.* 13, 1038 D et 15, 1040 C.

4. Pour cette idée cf. *supra*, p. 176, n. 4, et p. 98 et n. 3. Cf. Plutarque, *De esu carnium*, I, 7, 996 A : « quel mortel songerait à maltraiter une créature humaine, si envers les êtres qui ne sont pas de sa race et de son espèce il avait constamment professé la douceur et l'humanité ? »

Page 188.

1. Thedinga (*art. cit. supra*, p. 187 et n. 2) suppose, pour la cohérence du texte, que ἀπορρίπτειν τὴν ἔφεξιν était une expres-

sion employée en cavalerie. On a du moins une image préparée par περιγράψας : l'injustice qui se déploie au dehors exerce une pression immédiate aux frontières du monde des hommes et va tout envahir. Nous préférons suivre la conjecture de Nauck, ἄφεξις, la barrière qui contient, qui permet de maintenir éloignée (de s'« abs-tenir » de) l'injustice. Cf. *infra*, 26, 9 : ἡ δὲ δικαιοσύνη ἐν τῷ ἀφεκτικῷ ... « la justice consiste à s'abstenir... » Cette abstinence (ἀποχή) est l'image centrale du traité, liée au souci de sauvegarder la pureté.

5. Le mot s'emploie d'abord à propos de Dieu (cf. Platon, *Symp.* 189 d ; *Leg.* IV, 713 d ; Plutarque, *De Pyth. orac.* 16, 402 A) ; puis il en vient à désigner une vertu des souverains, et enfin plus généralement la vertu de bienveillance ; ici il s'agit de bienveillance envers les animaux. Sur l'histoire du mot cf. S. Lorenz, *De progressu notionis* φιλανθρωπίας, diss. Leipzig, 1914.

6. Thedinga *(art. cit.)* a proposé de lire ici ἀψύχων, parce qu'il voulait inclure dans le devoir de justice les plantes dont il va être question au paragraphe 12. La suggestion est intéressante, mais elle entraîne une anticipation dans le raisonnement de Porphyre : pour l'instant on a démontré que la justice doit s'étendre à tout ce qui a une âme, c'est-à-dire les animaux. C'est plus loin que l'on comprendra — et d'une manière lâche — les plantes dans le devoir de justice.

7. Sur cette définition de la justice cf. Platon, *Rép.* IV, 441 e 4-6.

8. Sur l'histoire de ce thème cf. H. Merki, Ὁμοίωσις θεῷ. *Von der platonischen Angleichung an Gott zum Gottähnlichkeit bei Gregor v. Nyssa* (Coll. *Paradosis*, 7), Fribourg, 1952 et S. R. C. Lilla, *Clement of Alexandria. A Study in Christian Platonism and Gnosticism*, Oxford, 1971, p. 106 sq., en part. p. 110-111. On a déjà rencontré ce thème *supra*, I, 54, 6 ; II, 34, 3 ; 43, 3. Ce thème de l'assimilation à Dieu qui revient dans toute la fin de notre livre (26, 10 ; 27, 1, 3, 5) remonte à Platon, *Théét.* 176 b : parce que la nature mortelle et le lieu d'ici-bas sont parcourus par le mal, un effort s'impose : « d'ici-bas vers le haut s'évader au plus vite. L'évasion, c'est de s'assimiler à Dieu dans la mesure du possible (ὁμοίωσις θεῷ κατὰ τὸ δυνατόν) ; or on s'assimile en devenant juste et saint dans la clarté de l'esprit ».

Page 189.

1. Voir Platon, *Rép.* X, 608 e : τὸ δὲ σῷζον καὶ ὠφελοῦν τὸ ἀγαθόν, ainsi que la première définition du Bien dans les Ὅροι pseudo-platoniciens (414 e 9-10) : Ἀγαθὸν τὸ αἴτιον σωτηρίας τοῖς οὖσιν.

2. Sur cet attribut divin, cf. p. ex. *S.V.F.* III, Antipater fr. 33-34, p. 249 (= Plutarque, *De Stoïc. repugn.* 38, 1051 E et 1052 B) : « tous ceux qui enlèvent aux dieux la vertu de bien-

faisance (τὸ εὐποιητικόν) se heurtent à la prénotion que nous avons d'eux. »

6. Sur les πρῶτα κατὰ φύσιν (ἀγαθά), cf. *S.V.F.* III, 140, 141, 181, 188, 497. Stobée (fr. 141) en donne la définition suivante : πρῶτα μέν ἐστι κατὰ φύσιν κίνησις ἢ σχέσις κατὰ τοὺς σπερματικοὺς λόγους γινομένη, οἷον <ἀρτιότης καὶ> ὑγιεία καὶ αἴσθησις (λέγω δὲ τὴν κατάληψιν) καὶ ἰσχύς. Autrement dit, il s'agit en partie de biens de caractère matériel qui, s'ils étaient posés comme fin (parce qu'ils seraient partie intégrante de l'εὐδαιμονία, elle-même posée comme fin), pourraient légitimer la consommation de viandes, et ainsi la justice véritable ne serait plus sauvegardée. Pour l'usage de ἐκκειμένων, cf. *S.V.F.* III, 16 (6, 14).

7. Peut-être s'agit-il des Épicuriens qui, effectivement, se proposaient de mettre le corps à l'abri du besoin et de la souffrance, cf. t. I, *Notice*, p. 19-24.

Page 190.

2. Cf. *supra*, I, 43, 2. Le mot ἀλογία est typiquement porphyrien : cf. K. Kalbfleisch, *Die Schrift* Πῶς ἐμψυχοῦται τὰ ἔμβρυα, dans *Abhandlungen der königlichen Akademie der Wissenschaften zu Berlin*, 1895, p. [14²] : « ἡ ἀλογία für die niederen Seelentheile », qui cite *D.A.*, III, 27, 2 et 7 ; Jamblique, *Protr.* 5 (35, 16 Pist.) ; Némésius, *De nat. hom.* 61 M, 213 M. ; Simplicius, *In Phys.* I, p. 8, 11 Diels.

3. A première vue, le mot εἰκών a une résonance chrétienne, d'autant plus que la plupart des auteurs juifs et chrétiens interprètent *Theaet.* 176 b ὁμοίωσις θεῷ κατὰ τὸ δυνατόν à la lumière de *Genèse*, I, 26, ποιήσωμεν τὸν ἄνθρωπον κατ' εἰκόνα ἡμετέραν καὶ ὁμοίωσιν ; voir p. ex. Philon, *De opif. mundi*, 71, etc.

4. Citation du second vers d'un fragment des *Catharmes* d'Empédocle (FVS 31 B 124, t. I, p. 361, 19-20), qui est aussi connu par Timon le Sillographe (fr. 10 Diels) et par Clément d'Alexandrie (*Strom.* III, 3, 14, 3, t. II, 202, 2-3 Stählin) sous cette forme :

ὢ πόποι, ὢ δειλὸν θνητῶν γένος, ὢ δυσάνολβον
τοίων ἔκ τ' ἐρίδων ἔκ τε στοναχῶν ἐγένεσθε·

« Ah ! dieux, ah ! des mortels gent pauvre et misérable !
De quelles querelles et de quels gémissements vous fûtes [enfantés ! »

La fin du second vers est transmise de deux façons : ἔκ τε στ. πέπλασθε (Timon) ou ἔκ τε στ. ἐγένεσθε (Clément). En ce qui concerne la « variante » de Porphyre, c'est évidemment une ré-écriture, destinée à faire mieux entrer la citation dans le mouvement rhétorique de la fin du livre III. On notera au surplus que τε νεικέων pèche contre le mètre.

5. Indigence et Expédient (Πενία et Πόρος) sont, dans le mythe de Platon (*Symp.* 203 b), les parents d'Éros, Expédient étant

lui-même fils de Sagesse (Μῆτις). Selon L. Robin (*Platon, Le Banquet,* notice, p. LXXIX), Indigence représente la déficience de notre nature, ce qu'il y a en elle d'indigent et de borné ainsi que le besoin de ce qui lui manque ; Expédient, fils de Sagesse, c'est au contraire, pour cette même nature, la possibilité perpétuelle de satisfaire ses aspirations par l'essor de la pensée ; ce sont ses ressources intérieures qui lui permettent indéfiniment de s'élever et de se répandre. Plotin (III, 5 [50]) interprète respectivement Poros et Pénia par λόγος (9, 1 sq.) et ὕλη (9, 49 sq.) ; voir aussi III, 6 [26], 14, 8 sq. Porphyre lui-même écrit dans ses *Sententiae ad intelligibilia ducentes* (37, p. 45, 5-9 Lamberz) : « Puisque l'âme qui glisse dans la matière devient manque de toutes choses et puisqu'elle se vide de sa puissance propre, tandis qu'en s'élevant vers l'intellect, elle vient à posséder sa plénitude en possédant la puissance de l'âme totale, ceux qui pour la première fois ont reconnu ces affections de l'âme ont donc eu raison de désigner l'une par Indigence et l'autre par Expédient ». *Ibid.*, 40, p. 51, 3-6 Lamberz : « Si nous avions pour nature d'être fixés dans notre propre essence, d'être riches de par nous-mêmes, si nous n'allions pas vers ce qui n'est pas nous et ne nous appauvrissions pas de nous-mêmes et si, à cause de cela, nous ne vivions pas dans la compagnie d'Indigence, malgré la présence d'Expédient (*sic* en lisant avec Theiler Πόρου au lieu de κόρου). » L'Indigence c'est donc, pour l'âme, perdre son vrai moi et, en particulier, s'adjoindre un corps. Indigence désigne donc la situation de l'âme dans le monde d'ici-bas. Sur l'interprétation de ce passage du *Banquet* par les néoplatoniciens, cf. W. THEILER, *Porphyrios und Augustin* (dans *Schriften der Königsberger Gelehrten Gesellschaft,* 10), Halle, 1933, p. 26-27 et 43 sq. (repris dans *Forschungen zum Neuplatonismus,* Berlin, 1966, p. 192-193 et 213 sq.) ; A. SOLIGNAC, *Saint Augustin, Les Confessions,* t. I (*Bibliothèque Augustinienne,* t. 13), Paris, 1962, Notes complémentaires 10 et 11, p. 664-667 (voir aussi Note complémentaire 29, p. 679-681), et enfin P. HADOT, *Porphyre et Victorinus,* t. I, p. 90-91 (et note 1, p. 90, où les textes sont mis en colonnes parallèles).

6. Sur cette image platonicienne, cf. *supra,* I, 31, 5 ; 38, 3 ; 57, 1 et la *Notice,* t. I, p. 11 (nº 8) et p. 41. Sur l'histoire de cette image, voir les textes rassemblés par P. COURCELLE dans l'article cité *supra,* t. I, p. 11, n. 3 (repris maintenant dans *Le « connais toi toi-même », de Socrate à Saint Bernard,* 3 vol., Paris, 1974-1975, t. II, p. 325-345).

Page 191.

2. Lointaine allusion à la légende d'Hercule au « bivium » : on a à choisir entre deux voies ; cf. R. JOLY, *Le thème philosophique des genres de vie,* Bruxelles, 1948 ; voir aussi I, 28, 3-4, et *Introduction,* t. I, p. LIX-LX.

3. Le § 9 contient une citation de PLUTARQUE, *Sept. sap. conv.* 16, 160 B-C, qui se poursuit en 10^{8-9}. A partir du § 11, Porphyre se contente de donner la substance du texte de Plutarque : « De même (οὕτως) l'âme nourrit aujourd'hui le corps (τρέφει τὸ σῶμα) en s'imposant beaucoup de fatigues et d'embarras. Mais supposez-la délivrée de ce servage et affranchie (ἀπαλλαγείη τῆς λατρείας), ce sera elle-même qu'elle nourrira (αὑτὴν θρέψει) : c'est en elle-même qu'elle contemplera la vérité, sans que rien ne l'en arrache ou ne l'en détourne (οὐδενὸς περισπῶντος οὐδὲ ἀπάγοντος) ». L'application du mythe des Danaïdes à l'âme et à ses passions provient de PLATON, *Gorg.* 493 b.

TABLE DES MATIÈRES

Ce volume,
le deux cent soixante-dixième
de la série grecque
de la Collection des Universités de France,
publié aux Éditions Les Belles Lettres,
a été achevé d'imprimer
en juillet 2022
sur les presses
de La Manufacture Imprimeur
52205 Langres Cedex, France

N° d'édition : 10269
N° d'impression : 220625
Dépôt légal : juillet 2022